中国城市
农产品流通发展报告

Zhongguo Chengshi Nongchanpin Liutong Fazhan Baogao (2015)

（2015）

北京物资学院城市农产品流通研究所
全国城市农贸中心联合会　著

中国社会科学出版社

图书在版编目(CIP)数据

中国城市农产品流通发展报告. 2015 / 北京物资学院城市农产品流通研究所，全国城市农贸中心联合会著. —北京：中国社会科学出版社，2016. 9

ISBN 978-7-5161-7658-0

Ⅰ. ①中… Ⅱ. ①北… ②全… Ⅲ. ①城市—农产品流通—流通产业—产业发展—研究报告—中国—2015 Ⅳ. ①F724.72

中国版本图书馆 CIP 数据核字(2016)第 224019 号

出 版 人 赵剑英
责任编辑 王 茵
责任校对 胡新芳
责任印制 王 超

出 版 中国社会科学出版社
社 址 北京鼓楼西大街甲 158 号
邮 编 100720
网 址 http://www.csspw.cn
发 行 部 010-84083685
门 市 部 010-84029450
经 销 新华书店及其他书店

印 刷 北京明恒达印务有限公司
装 订 廊坊市广阳区广增装订厂
版 次 2016 年 9 月第 1 版
印 次 2016 年 9 月第 1 次印刷

开 本 787×1092 1/16
印 张 24.25
插 页 2
字 数 448 千字
定 价 89.00 元

出版说明

2008 年 4 月，北京物资学院产业经济学科获批北京市重点建设学科，标志着我校的学科建设工作迈上了一个新的台阶。随着高等教育的不断发展，高校之间的竞争日趋激烈，这种竞争已经集中体现在学科的竞争上，学科建设的水平基本上代表了一个学校的整体水平和科研实力。与此同时，在当前日益强调高校办学特色的大环境下，学科建设其实也是最能体现特色并承载特色的一个载体。

北京物资学院早在 20 世纪 80 年代起就开始了对流通问题的深入系统的研究，是最早开始对流通（物流）问题进行系统研究的院校之一。在长期的研究中不仅取得了较丰富的科研成果，也在服务首都经济方面得到了社会的肯定，在流通领域的研究中形成了一定的优势，凝练了学科特色，形成了反映学科融合和发展的研究方向，即流通经济（产业）研究。立足流通领域已成为我校办学特色，也成为我校产业经济重点建设学科的研究定位和特色所在。而经济学专业获批国家级（第三批）和北京市特色专业建设点（2008），经济学教学团队获批北京市优秀教学团队（2009），流通经济研究所重组恢复（2009），现代流通发展与创新研究科技创新平台获批建设（2010），商品与金融期货研究科技创新平台的加入（2013），更形成了对学科建设的有力支撑。相信通过这些平台的搭建和优势资源的整合，我校的产业经济学科的研究优势会更加强化，特色更加突出，并且将会在原有研究的基础上得以前后传承和延续。

我们认为，我校的产业经济学学科建设应该把握好历史传承与创新超越、学科体系与研究重点、共性与个性的统一。学科建设中必须注意把握这样几点：一是方向要明确，内容要前沿，注意理论与实践相结合，不能脱离发展的主流；二是重点要突出，形成特色，要制定长期目标和近期目标，要有自己的特色，善于在实践中寻找到学科建设的突破口，学科才能有生命力；三是要有一支稳定的学术队伍和中坚的学术骨干，要树立责任感、使命感；四是要有经费的保障，能支撑重大项目的预研和高水平科研成果的形成。因此，在产业经济学的学科研究和建设中，既要实现国际惯例与中国国情的有机结合，又要遵从产业经济学研究的一般规范，还要在既已形成的研究格局和研究定式中找到有别于人的研究空间，这使得我们的学科建设任务异常艰巨和繁重。

搭建学科研究的平台，开展高水平的科学研究，取得标志性的科研成果，是学科建设的重要任务。为了实现学科专业建设的目标，我们致力于构建开放性的学科研究平台，集聚一批有志于流通经济研究的学术带头人和优秀骨干人才，把握学科方向，学习和借鉴国外先进的研究方法和理论，追踪学术研究的前沿，全方位开展流通经济理论、流通产业、流通现代化的深入系统的研究，提升学术地位，提高学术研究的权威性和前瞻性，推动我国流通经济理论研究的发展。

由北京物资学院产业经济学北京市重点建设学科、商品与金融期货研究科技创新平台、经济学国家级特色专业建设点、现代流通发展与创新研究科技创新平台、北京市属高等学校人才强教深化计划资助项目经费资助出版的北京物资学院学术研究文库系列，正是我们全方位开展学科研究的成果体现。

北京物资学院学术研究文库包括流通经济研究学术文库和产业经济研究学术文库，流通经济研究学术文库包括流通经济理论研究、中外流通比较研究、流通与消费研究、都市流通业与城市经济研究、城市农产品流通研究以及流通经济研究动态等研究系列；产业经济研究学术文库包括产业经济理论研究、产业金融研究、产业经济热点问题研究等研究系列。北京物资学院学术研究文库的出版旨在以科学的研究方法、前沿的研究视角、开阔的研究视野、开放的研究思路、丰富的研究内容、创新的研究观点，诠释学科研究的深刻内涵，追踪学科动态，把握学科前沿，提升我校学科研究的水平，实现学科建设的目标。

北京物资学院学术研究文库系列成果的不断出版，是团队集体合力的体现。这个团队由教授、骨干教师、硕士研究生和本科生组成，汇集了一批有志于流通理论研究和探索的优秀成员，致力于丰富流通基础理论研究成果，不断提升流通理论研究的水平。感谢团队成员的努力付出。同时也感谢中国社会科学出版社重大项目出版中心王茵主任对本书出版所给予的宝贵建议和细致工作。

默默耕耘，孜孜以求，在学术探索的道路上，我们真诚地期待同行们提出宝贵建议，也期待有更多的同行加入！

北京物资学院经济学院院长

北京物资学院流通经济研究所所长

产业经济学北京市重点建设学科学术负责人

北京市商品与金融期货科技创新平台项目负责人

赵　娴

2014 年 11 月于北京

中国城市农产品流通发展报告（2015）
编委会

南宁：

1. 广西海吉星农产品物流有限公司
2. 南宁市五里亭蔬菜批发市场
3. 南宁市淡村农贸市场
4. 南宁市商务局

广州：

1. 广州江南果菜批发市场经营管理有限公司
2. 广东省广弘食品集团有限公司
3. 黄沙水产交易市场

福州

1. 福州海峡蔬菜批发市场管委会
2. 海峡果品批发市场管委会
3. 福建名成水产品市场有限公司

厦门：

1. 厦门夏商集团有限公司
2. 厦门银鹭食品集团有限公司

长沙：

1. 长沙马王堆海鲜批发市场
2. 长沙马王堆蔬菜批发市场
3. 长沙红星水果批发市场
4. 长沙红星花卉市场

海口

1. 海南中商农产品中心市场
2. 海口南北蔬菜批发市场

序

“无农不稳。”农业，是人类的命脉。无论古今中外，都是事关世界上国家生存发展的基础性产业。“基础不牢，地动山摇。”

农业和其他产业相比，属于弱势产业。农产品是由农民这个弱势群体生产又覆盖每个人日常生活的特殊商品。群众对食品安全和价格的稳定性要求很高，这是完全正常的。因此，农产品流通基础设施和骨干产品批发市场是具有公益性的设施和市场。

世界上发达的经济体都高度重视农产品的流通和基础设施建设。它们在国内生产有政策支持、出口有补贴、进口有国内技术标准和价格保护。美、欧、日等发达国家的政府都以多种方式由财政投资建设农产品流通基础设施和批发市场。同时，充分发挥社会组织与企业的作用，引领并主导农产品流通健康发展和市场供应稳定。

出于对市场经济认识的片面性，我们一度把为数众多的农产品流通和批发业态几乎全部交给了市场，加之千家万户的小生产难以满足千变万化的大市场，粮食等主要产品抓得既稳又好，小商品却带来市场不稳，出现了“姜你军”、“蒜你狠”、“豆你玩”的调侃。当前，在国家更加重视民生的时期，人民对幸福生活有着不断提高的追求，“柴米油盐酱醋茶”自然就成了每天都会出现在生活中的“国家大事”。

中国是农产品生产大国，蔬菜、水果、水产品及部分肉类等农产品产量均居世界首位。这么大体量的农产品最终要依赖流通才能实现其价值。城市农产品流通体系是影响农产品流通成本和效率的关键和重点。中国农产品流通成本高、流通效率低的问题与城市农产品流通体系不完善有很大关系。目前，中国设市城市有 660 个，其中城区常住人口超过 1000 万特大型城市三个，500 万—1000 万人口超大型城市 20 多个，100 万—500 万人口大城市则上百个。因此，建立完善城市农产品流通体系已成为当前中国农产品流通体系建设的一个十分重要的任务。

改革开放 30 多年来，随着市场经济体制成为社会资源的基础配置手段，城市农产品流通逐渐形成了以批发市场为主导，农贸市场、菜市场以及连锁超市为城市农产品零售主渠道的流通网点。与此同时，城市农产品流通企业组织形式，呈现出多元化和规模化的特点，质量安全和品牌意识逐步增强。简言之，中国农产品流通基本上形成了以批发市场、集贸市场、连锁超市为主要渠道，以农民经纪人、运销商贩、中介组织、加工企业为主体，以产品集散、现货交易为基本流通模式，以原产品和粗加工产品为营销客体的基础流通格局，促进了农业和农村经济发展。但城市农产品流通中，还存在诸多问题，如一些城市农产品批发市场区位分布不合理、功能趋同；农产品流通环节保鲜手段落后，冷链运输占比低，缺乏品质标准化，难以实施行之有效的质量安全监管；专业化的农产品物流企业少，运营成本高；等等。

近期，商务部与国家相关部委连续发文推动公益性农产品基础性设施和重点骨干批发市场的建设，表明了国家对这项工作的高度重视。全国城市农贸中心联合会又会同北京物资学院联合组建了“中国城市农产品流通研究所”，并完成了研究成果《中国城市农产品流通发展报告（2014）》、《中国城市农产品流通发展报告（2015）》。这些都让我们看到，中国农产品流通领域建设，正在全面深化改革的大路上，迈着坚实的步伐。

消费者满怀期待。希望这些研究成果，最终惠及全体消费者！

张立刚

2016年4月13日，北京

目　录

图目录

表目录

第一章　专业报告

第一节　中国农产品批发市场结构分析

农产品批发市场是中国农产品流通体系的中心环节。农产品批发市场自20世纪80年代初在中国出现，迄今已有30多年的发展历史，伴随着经济体制改革与发展进程，农产品批发市场经历了自发萌芽（1978—1984年）、快速发展（1985—1990年）、盲目发展（1991—1995年）、规范发展（1996—2001年）、质的提升（2002—2008年）和集团化发展（2008年至今）六个阶段。在未来相当长一段时间内农产品批发市场仍是中国农产品流通的主渠道，并在稳定产销、保障供应、把关农产品质量、发展循环经济等方面发挥着不可替代的作用。但目前中国农产品批发市场分布不合理导致有些地区缺乏大型农产品批发市场，有些地区农产品批发市场之间却存在恶性竞争现象，故有必要从市场结构的角度对中国农产品批发市场进行详细分析。

一　中国农产品批发市场特点与结构分析

（一）中国农产品批发市场的特点分析

本书对年成交额在千万元以上的全国831家农产品批发市场进行研究（港澳台除外），其年交易额占2013年中国全部农产品批发市场的61.2%，数据来源于2013年国家商务部调查统计，数据指标包括市场类别、政府投资和支持情况、企业承担社会责任形式、年成交额、经销商法人化比例、电子结算交易比例、交易厅（棚）面积覆盖率、冷库库容、废弃物处理中心、标准化销售专区、检验检测中心、信息中心、电子结算中心、配送中心和拍卖中心。笔者运用Excel软件对全国831家农产品批发市场进行描述性统计分析，并结合实际调研，得出以下特点。

1．经营结构多样，综合市场是农产品批发市场的主力军

2013年，在年交易额达到1000万元以上的831家农产品批发市场中，综合市场数量达到448家，占市场总数的53.9%，是农产品批发市场行业的主力军，其中，年交易额在200亿元以上的综合市场有430个，占全部市场总数的51.7%，年交易额在350亿元以上的综合市场有4家；果蔬市场237家，占全部市场总数量的28.5%；水产品市场34家，占全部市场总数量的4.1%；肉禽蛋市场有21家，占全部市场总数量的2.5%；花卉、茶叶、调味品、药材等其他市场合计约占市场总数量的11.0%。（见图1—1）

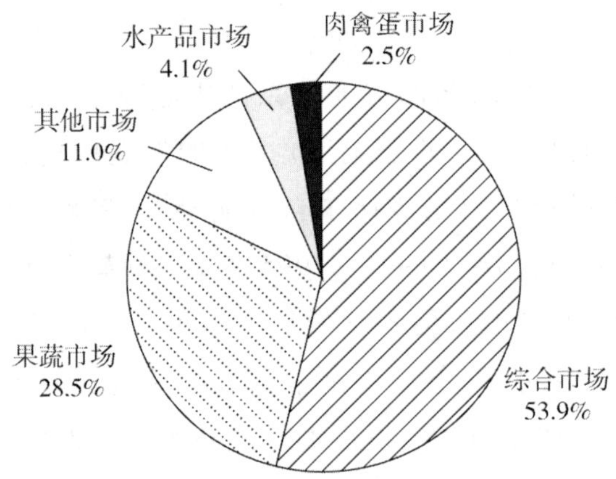

图1—1　农产品批发市场经营类别构成

2．市场交易规模大幅提升，集散功能突出

中国农产品批发市场交易规模大幅提升。2013年，全国农产品批发市场年成交总额已达37414.4亿元，比2012年上涨近20%，年成交量78138.7万吨，涨幅近10%。[①] 中国农产品批发市场体系已初步形成，如云南省通过开展“南菜北运”农产品现代流通综合试点，完善农产品市场体系，自2011年到2013年，云南省累计向北方销区城市外调蔬菜已超过2000万吨，有效发挥了集散作用，保障市场供应，促进农民增收。[②] 大型集散农产品批发市场利用较为有利的交通条件和配套设施优势，有效发挥了集散货作用，如长沙马王堆股份有限公司，汇集湖北、河南、山东等地的果蔬、水产品销往全国各地，大集大散功能不可替代。

---

① 马增俊：《中国农产品批发市场发展现状及热点分析》，《中国流通经济》2014年第9期。

② http：//finance. huanqiu. com/data/2014-01/4797153. html.

3. 政府大力支持农产品批发市场，市场积极承担社会责任

近几年国家对农产品流通行业的发展日益重视，持续出台了一系列优惠政策，并对农产品批发市场进行大力扶持。截至2013年，年交易额达到1000万元以上的831家农产品批发市场中，有35.7%的市场受到政府财政资金支持升级改造，14.7%的市场享受市场费用减免政策，5.3%的市场享有应急补助。另外，这831家市场中，有92家农产品批发市场是政府直接或间接投资入股所建。据调查统计，在这831家企业中，有限责任公司和国有企业形式的批发市场受政府财政资金支持力度最大，其数量占财政支持市场总数的21.4%。批发市场不仅商品集散、价格形成和信息发布功能等日趋完善，而且逐渐承担起不可或缺的社会责任。目前，831家企业中有127家农产品批发市场向商户提供卖难救助服务，其中国有企业和有限责任公司有69家；有275家市场提供减免入场交易费的优惠；有254家市场设立了农民免费交易专区。另外，在农产品卖难时承诺保护价收购的市场有76家，在改善民生、维系社会稳定方面做出了积极贡献。

4. 配套设施建设发展迅速，升级改造进程仍需加快

2013年中国农产品批发市场配套设施建设飞速发展，多数市场实现升级改造，市场逐渐向规范化、标准化方向发展，配套设施覆盖率逐步提升，功能进一步加强。在调查的831家农产品批发市场中，共计468家有废弃物处理中心，占市场总数的56.3%；农产品批发市场共建设检验检测中心633家，建设率达76.2%；信息化建设方面快速发展，共计579家市场建有信息中心，建设率达69.7%。同时具有废弃物处理中心、检验检测中心以及信息中心的批发市场有390家，占市场总数的46.9%。据全国城市农贸中心联合会针对全国4000多家市场进行的调查统计（见图1—2），2013年全国农产品批发市场建设废弃物处理中心同比上涨44.1%，检验检测和信息中心分别同比上涨24.2%和27.6%。[①]然而，标准化销售专区发展较为缓慢，样本中仅有39个，占市场总数量不足5%，农村市场、产地市场与中西部地区的市场更是中国农产品批发市场体系建设中最薄弱的环节和“短板”，成为未来需要加快建设的重点。

5. 市场现代化水平提升，品牌化经营已现雏形

2013年全国各大农产品批发市场在提升市场规范化水平、塑造农产品品牌化等方面取得了一定成绩。交易厅（棚）面积率、电子结算交易比例显著上升，超过一半的市场交易厅（棚）面积率达到50%以上，9.1%的市场使用电子结算

① 商务部：《2013年农产品批发市场行业统计分析报告》，2014年。

交易。在调查的831家农产品批发市场中已有10家市场具有拍卖中心，市场部分农产品运用现代化拍卖的交易方式，在引导农产品价格形成上发挥作用，较为先进的交易方式对中国农产品流通向标准化、规模化发展有很大的促进作用。据统计，17.3%的农产品批发市场已有法人化经销商，销售出去的农产品不仅可实现质量安全追溯，而且便于经销商品牌化建设，打造产品的美誉度，并有利于实现同种农产品的竞争优势。

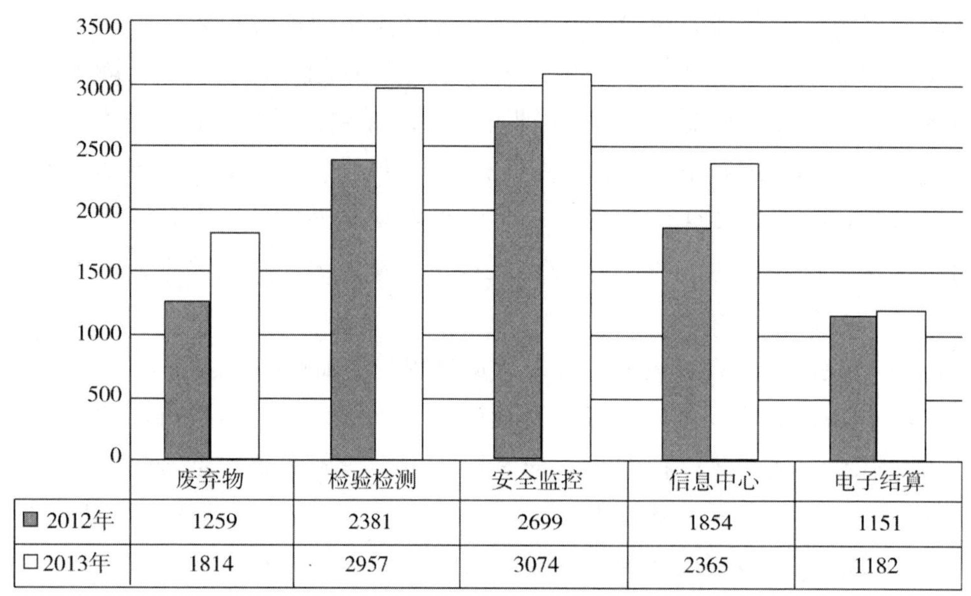

	废弃物	检验检测	安全监控	信息中心	电子结算
■ 2012年	1259	2381	2699	1854	1151
□ 2013年	1814	2957	3074	2365	1182

图1—2　农产品批发市场配套设施情况

资料来源：商务部：《2013年农产品批发市场行业统计分析报告》，2013年。

6. 市场发展更加注重功能提升

虽然总体来说中国农产品批发市场的配套服务水平较低，但近年来，中国农产品批发市场加速升级改造，不断完善电子结算、冷链物流、加工运输配送和金融等方面的服务功能。截至2013年末，拥有（含在建）电子结算系统的市场达到358家，67.4%的农产品批发市场具有冷库，同时拥有配送中心、冷库和电子结算系统的农产品批发市场63家，约占市场总数的7.6%。此外，一批新建农批市场不仅满足了市场交易主体对信息发布、电子结算、仓储、包装、冷链物流、废弃物处理的需要，而且借助互联网信息集成系统，构建农产品质量追溯体系，线上线下协调发展，市场洁净卫生，令人耳目一新。[①] 一些大型农产品批发市场还专门成立了融资担保或小额贷款公司，为批发商提供贷款服务，缓解农产品上市期集中采购带来的资金压力。同时，通过配送中心为批发商提供清洗、包装和配送服务，帮助批发商减少配送费用，并使批发商与大型零售和餐饮集团对接成为可能。

7. 市场积极探索电子商务

随着农产品价格波幅与频率增长，企业经营风险增大，客观上产生了避险需求，而现有期货品种满足不了现货企业的需求，在需求拉动和现代信息技术推动下，订单交易、远期合约交易、挂牌交易等中远期现货电子交易应运而生。各地农产品批发市场积极探索电子商务，打造电商模式。深圳农产品股份有限公司成立了多家生鲜农产品电子商务企业：依谷、鲜果 300、海吉星商城等提供生鲜农产品配送服务及 B2C 平台；广州江南果蔬批发市场有限责任公司在 2009 年成立易江南公司，开设农产品网上交易平台；北京新发地农产品批发市场也于 2010 年 12 月正式启动了北京新发地农产品电子交易中心。近年来，农产品批发市场电子商务一直是社会关注的热点问题，中国农产品现货电子交易涉及苹果、脐橙、玉米、花生、核桃、南瓜、猪肉、辣椒、普洱茶、进口火龙果等品种，今后，中国农产品批发市场对电子商务的应用与探索还将更加深入，未来将会是线上线下协调发展的局面。

（二）中国农产品批发市场结构现状分析

首先，根据特点分析，将中国农产品批发市场分为综合市场、肉禽蛋市场、水产品市场和其他市场，综合市场是中国农产品批发市场的主力军。从专业批发市场和综合批发市场的比例变动看，中国农产品批发市场结构有所改良。从表 1—1 可以看出，在亿元以上的批发市场中，综合批发市场的个数有所减少，从 2000 年的 820 个减少到 2013 年的 689 个。然而，农产品专业批发市场由 2000 年的 322 个增加到 2013 年的 1019 个，14 年间增长约为 2.16 倍，其中肉禽蛋、水产品、蔬菜市场个数增长较快。专业批发市场的数量在 2008 年首次超过综合批发市场，自此以后，专业批发市场快速增长成为常态，农产品批发市场专业化成为批发市场发展的重要趋势。在亿元以上的农产品批发市场中，综合市场占比由 2000 年的 72% 下降到 2013 年的 40%，而专业市场的占比则由 28% 迅速上升到 60%。这从一个侧面反映了中国农产品批发市场的结构改良——

① 北京物资学院城市农产品流通研究所、全国城市农贸中心联合会：《中国城市农产品流通发展报告（2014）》，中国社会科学出版社 2015 年版，第 15—40 页。

专业化水平是衡量行业和经济发展水平的重要标志。

表 1—1　　2000 年以来中国亿元以上农产品批发市场发展情况　　单位：个

年份	综合市场	专业市场	粮油市场	肉禽蛋市场	水产品市场	蔬菜市场	干鲜果品市场	棉麻土畜烟叶	其他农产品
2000	820	322	52	23	52	123	56	16	—
2001	858	352	46	23	57	146	61	19	—
2002	834	355	41	25	65	146	57	21	—
2003	820	378	42	32	64	152	65	23	—
2004	816	397	50	29	72	157	66	23	—
2005	539	717	146	116	69	265	102	19	—
2006	811	671	86	82	110	228	119	46	—
2007	830	715	91	86	120	247	126	45	—
2008	630	921	99	111	132	280	128	25	—
2009	657	946	102	116	142	289	136	23	146
2010	691	981	109	124	150	295	147	23	138
2011	702	1020	111	114	157	313	147	34	133
2012	715	1044	111	121	160	312	147	24	144
2013	689	1019	103	134	150	312	137	22	161

资料来源：根据《中国商品交易市场年鉴》（2001—2014 卷）计算整理。

其次，近年来，中国农产品批发市场行业发展迅速。纵观整个农产品批发市场行业，单一市场成交额呈逐年上升趋势；行业内出现大型跨省农产品批发市场集团；相当一部分经营农批市场的大企业正在筹备上市，以实现快速扩张；一些大企业直接引进港澳及国外资本提升市场档次和规模，提高其市场占有率。总体来说，中国农产品批发市场行业的市场集中度有上升趋势。针对中国农产品批发市场行业发生的变化，有必要从市场结构理论的视角分析中国农产品批发市场行业的市场结构现状。

1. 市场集中度

商贸流通业行业统计信息平台报告显示，截至 2013 年底，全国共有 4476 家农产品批发市场，年成交总额 37414.4 亿元，年交易额位于前八位的市场企业交易总额约为 3082.8 亿元（见表 1—2），可粗略计算得出 2013 年全国农产

品批发市场行业 CR_8[①] 为 8.23%。[②] 对照植草益的市场结构分类（见表 1—3），全国农产品批发市场行业属于竞争型中的分散经营市场结构。

表 1—2　　**2013 年全国年交易额前八名农产品批发市场**　　单位：亿元

企业名称	市场类别	年成交额
北京新发地农副产品批发市场中心	综合市场	500
烟台汇景蔬菜批发市场管理有限公司	综合市场	456
江山成坤农贸城有限公司	综合市场	421.8
河南万邦国际农产品物流股份有限公司	综合市场	400
荆州两湖绿谷农产品批发市场	综合市场	390
长沙马王堆农产品股份有限公司	综合市场	320
黑龙江雨润实业有限公司南极国际食品交易中心	综合市场	310
山东济南维尔康肉类水产综合批发市场	水产品市场	285

表 1—3　　**植草益的市场结构分类**　　单位:%

粗分	细分	CR_8
寡占型	极高寡占	$70<CR_8$
	高中寡占	$40<CR_8<70$
竞争型	低中寡占	$20<CR_8<40$
	分散经营	$CR_8<20$

资料来源：［日］植草益：《产业组织论》，筑摩 1982 年版，第 16 页。

秦远建认为，用 CR_4 或 CR_8 来判断产业的竞争性存在一定的局限性，局限性之一是市场集中度把全国作为一个整体，没有反映国际和地区经济关系对产业竞争性的影响，[③] 因此有可能高估或低估了产业的竞争性。例如，1982 年，美国汽车制造业的行业集中度高达 92%，但当年进口汽车销售额超过总销售额的 25%，所以 92%的集中度高估了该行业的市场垄断，汽车制造商间的竞争性

① 市场集中度计算公式：$CR_n=\sum_{i=1}^{n}S_i$。其中，S_i 为第 i 个企业所占的市场份额，n 为该行业中企业的总数。本书用年交易额衡量市场份额。

② 本书中 CR_8 是以单个农产品批发市场的年交易额数据来计算的，没有考虑集团化企业（如深圳农产品股份有限公司）全国性市场布局对 CR_8 的影响。

③ 秦远建：《产业集约化理论与中国汽车产业集约化发展研究》，硕士学位论文，武汉理工大学，2003 年，第 23—27 页。

被低估了。反之，如果运输成本很高，地区间的竞争性会下降，每个地区的行业集中度相应提升，CR_4 或 CR_8 指标就会低估市场垄断势力。由于中国在常温环境下流通的农产品占比很高，采用冷链物流的占比较低，中国农产品物流成本在整个成本构成中占40%以上，鲜活产品占60%左右，要比一般发达国家多出50%左右。另外，由于中国多数农产品流通企业冷链仓储物流设备不足，农产品及其制品产后损耗严重，果蔬、水产品、肉类的流通损耗率分别达到20%—30%、15%、12%，仅果蔬一类每年损失就达到1000亿元以上，而发达国家果蔬产品的损耗率平均为5%左右，美国仅为1%—2%。[①] 较高的农产品物流成本和损耗使得中国农产品消费存在明显的市场界限，在一定程度上降低了地区间的竞争性，因而8.23%的 CR_8 指标显然低估了农产品市场垄断势力。

全国范围内的农产品批发市场行业属于分散竞争型市场，由于农产品市场存在较为明显的地域市场界限，因此某些大都市的市场垄断格局已形成，市场集中度较高。例如，北京市形成了西南部、东部、北部三个大型农产品批发市场聚集区，各大市场在各自区域基本形成分工垄断的市场格局。西南部有锦绣大地、岳各庄、中央、新发地农产品批发市场；东部有大洋路和八里桥农产品批发市场；北部包括水屯、城北回龙观、顺鑫石门农产品批发市场。其中首都70%的蔬菜、80%的水果和90%以上的进口水果都由北京新发地市场供应，中央批发市场酒水批发量占北京市场份额的50%，大洋路农产品批发市场是华北鸡蛋价格的晴雨表，锦绣大地市场的干果、调料批发辐射全市。广州市农产品批发市场经营品种的专业性强，江南果蔬市场主营果菜批发，黄沙水产市场专营生鲜海鲜批发，广弘食品集团则专营冻肉批发，三者几乎瓜分了整个广州市农产品一级批发市场，形成寡头垄断。

2. 平均市场规模

近年来，中国农产品批发市场整体规模正在不断扩大，呈现稳步增长的态势。据《中国商品交易市场统计年鉴》数据显示，全国交易额亿元以上（含亿元）的农产品批发市场由2000年的1142家增加到2013年的1708家，年均增长近2.9%；用食品类居民消费价格指数扣除价格因素的影响，实际年成交额由3667.79亿元增加到11192.22亿元，实际年均增长8.3%，实际单个市场年均成交额由3211.7万元增加到6004.5万元，实际年均增长5.3%（见图1—3）。这表明中国农产品市场近年来正朝着大型化、规模化的方向前进。

不过，由于中国农产品批发市场标准化程度低，实现电子化结算方式的市

① 王慧珍：《浅析降低我国农产品物流成本的对策》，《学术交流》2012年第5期。

场不多，绝大多数市场的交易方式是对手交易。据实际调研可知，市场管理方对市场交易额的调查是根据经销商口述交易额（量）估算，然而农产品交易价格存在不确定性，经销商出于避税的考虑，通常会少报交易额（量），许多交易是市场管理方并不知晓的，因此，市场规模有被低估的可能。

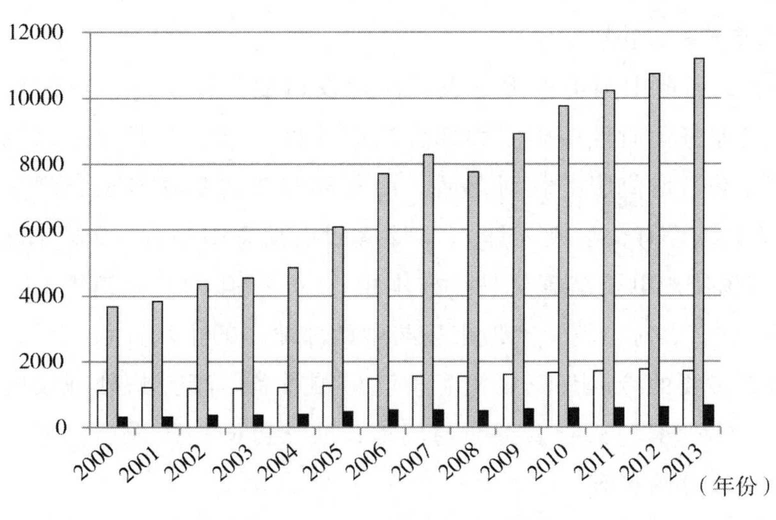

图 1—3　2000—2013 年中国交易额亿元以上的农产品批发市场数量、实际年成交额、实际单个市场年均成交额

资料来源：根据《中国商品交易市场统计年鉴》计算整理。

随着中国城镇化和工业化进程的不断推进，工商资本进入农业的热潮兴起，农产品大规模、跨区域流通逐渐增多，带动行业内发展出一批现代化大型农产品批发市场，但由于农产品市场存在较明显的地域市场界限，加之经济发展水平和人口数量的差异，因此地区间农产品批发市场规模存在明显的差异，中国中东部地区农产品批发市场较之西部地区具有规模大、数量多的特点。根据商务部的调查统计，从各省市分布来看，2013 年交易额在十亿元以上的农产品批发市场主要集中在中东部沿海地区。山东、浙江、河北、江苏、广东、辽宁、上海的市场数量明显高于其他省市，山东、浙江、河北、江苏、广东的农产品批发市场数量位居全国前五位，分别为 32 个、31 个、31 个、29 个和 27 个；市场成交额方面，农产品批发市场成交额占全国的比重在 5%以上的省市有六个，即山东、江苏、广东、浙江、北京及河南，成交额均超过 1000 亿元。其中，山东省成交额为 2334. 8 亿元，排在全国首位，市场成交额占全国的 10. 2%。这与中国地区发展不平衡有关，由于东部地区经济人口密度高，农业和交通运输业基础好，商贸业、物流业较为繁荣，商品经济较发达，中原地区为中国粮食主产区，农产品贸易发展较快，因此中东部地区农产品批发市场数量较多；而西部地区农产品产量相对较低，且由于经济欠发达，农产品贸易量较低，规模较大的农产品批发市场相对较少。

3. 产品差异[①]（服务差异）

总体来看，目前中国绝大部分农产品批发市场仍停留在市场建设发展初期阶段，即主营业务同质性较强。大部分农产品批发市场主营业务以摊位出租为主，特色不显著，增值服务相对落后。商务部调查的800多家农产品批发市场中，仍有17家未设有交易棚（厅），252家没有信息中心，270家未建冷库，仅有9.1%的市场使用电子结算交易。样本中仅39家有标准化销售专区，占市场总数量不足5%。农村市场、产地市场与中西部地区的市场建设滞后，这些批发市场普遍缺乏必要的冷藏保鲜设施、检验检测设备、废弃物处理设施和信息收集发布设施，不少市场只有露天交易场地，缺乏遮阳挡雨设施，部分仍处于马路市场和占道经营的状态。

全国范围来看，仅有少数农产品批发市场通过增加配套服务来寻求市场差异，形成了有别于其他市场的特色，提高了市场竞争力和差异化程度。比如北京锦绣大地批发市场，开通第三方支付创新业务，免费给商户提供POS机和结算卡，市场帮助商户接收支票，并T+3返现给商户，进而方便商户跟企业、机关单位做生意，提高商户的满意度和忠实度；无锡天鹏食品城通过RF冷链物流管理信息系统，采用先进成熟的条形码技术、数据采集技术、无线网络技术，通过物流管理系统，对冷链物流进行作业和库存管理的全覆盖，使商户更有效地储存农产品，为商户在产品销售和中转上争取了时间；苏州市南环桥市场建设平价商店配送直营中心，充分利用公司的物流配送渠道、队伍、设施等资源，在社区开办平价农产品直销站，提高商户的销货便利性；[②] 深圳海吉星农产品批发市场全面借鉴了法国伦吉斯市场的规划设计理念和基础设施配置要求，引进第三方实验室独立开展农产品质量检测，构建“农产品食品安全风险地图”，实现全程可追溯体系，保证进场货品的安全可靠；深圳农产品股份有限公司将农产品电子商务做得如火如荼，旗下的“前海指数”亦成为大数据时代的先锋；

① 产品差异是指某一产品市场内不同生产企业的同类产品，因为在质量、款式、功能、售后服务、品牌和消费者偏好等方面存在差别，从而具有不完全替代作用。

② 全国城市农贸中心联合会：《中国农产品批发市场行业通鉴（1984—2014）》，中国农业科学技术出版社2015年版。

雨润集团在哈尔滨新运营的市场，全面借鉴了日本现代农产品批发市场的管理模式，电子结算、信息发布、冷库仓储、废弃物处理设备齐全，满足了经销商对综合服务的需要；广州江南果蔬市场是全国水果进口的最大集散地，其进口量占全国进口水果的70%—80%，并形成了江南果蔬价格指数，且每天在央视财经频道公示；武汉白沙洲农副产品大市场是亚洲最大的淡水鱼市场。

4. 进出壁垒①

进入壁垒主要包括行政壁垒、经济壁垒、资本壁垒和差异化壁垒。农产品批发市场行业属于流通业，由于流通业自身的特点，再加上中国流通业的特殊性，使得中国农产品批发市场的进入壁垒较低。第一，农产品批发市场的设立执行一般流通企业的设立程序，只要达到基本的条件要求，通常就可向当地工商部门申请营业执照开业，多数地区没有其他行政门槛。但是近年来，中国一些一线、二线城市考虑到城市建设和土地规划因素，开始着手对农产品批发市场行业准入进行治理，如江苏省南京市，于2009年颁布行政令，禁止新建市场；北京市四环以内不允许新建农产品批发市场。第二，经济壁垒主要指规模经济壁垒，是指在那些存在规模经济的行业中，厂商的最低经济规模越高，新进入者的初始规模要求就越高。根据农产品批发市场行业集中度分析，总体来说该行业处于分散经营的竞争结构，行业规模经济壁垒不显著，但地区市场结构差异显著，北京、深圳、广州等城市的原有市场规模巨大，已经形成了分工垄断的局面，新进入者必须有较高的资本支持，否则会造成恶性竞争。例如，雨润通过商业地产的模式在全国范围新建市场，在多地形成了恶性竞争，造成资源浪费。今后随着市场单一规模的扩大，经济壁垒将在某些地区日益显著。第三，农产品批发市场的资本壁垒也较低。传统的观念认为农产品批发市场不是技术密集型产业，新市场开办时购进设备、引进技术、寻求供应商、培训人员等成本费用均不高，使得买卖双方较易进入。但是，随着大量的现代信息技术、物流技术、食品安全检测技术等现代化市场管理技术的应用，现代化技术在农产品批发市场中将发挥越来越重要的作用，技术壁垒将会日渐清晰。第四，目前，农产品批发市场的服务差异化不高。多数市场处于租赁业态的物业管理运营状态，市场提供固定摊位或非固定摊位，经销商缴纳一定的租金或者管理费。

中国农产品批发市场退出壁垒较低。由于中国农产品批发市场以收取摊位费为主要收入来源，单独靠收取租金难以短时间内收回投入成本。为快速收回

① 进入壁垒又称进入门槛，是指潜在进入企业在与该产业的现存企业竞争的过程中所遇到的较为不利的因素，即障碍。

投资，不少新建市场不仅经营农产品批发，还拉拢生产资料批发市场的经销商，经营其他产品的批发，或是通过出租土地搞房地产，从而导致沉没成本较低。但是随着中国农产品批发市场公益性地位的加强、单一市场规模的进一步扩大以及市场管理手段的规范化和现代化，中国农产品批发市场行业的进出壁垒有增高的趋势。

二　中国农产品批发市场的进入退出与绩效关系分析

根据以上分析，中国农产品批发市场地区分布不合理，东、中、西部批发市场发展不均衡，体现在：一方面，某些地区缺少大型市场，农产品生产、流通不活跃；另一方面，出现了乱建市场、无序竞争频发的局面，由此造成了资金、土地等社会资源的严重浪费，也扰乱了市场秩序。农产品批发市场是中国农产品流通的主动脉，与一般经营性企业不同，农产品批发市场之间的无序竞争会严重扰乱农产品正常的流通秩序，甚至会引起社会动荡。市场的进入与退出机制影响着市场竞争，并对市场结构、绩效有着重要影响。因此有必要对中国农产品批发市场进入退出进行分析，本部分主要以一二线市场的销地批发市场为研究对象，通过深入探究市场进入退出与绩效的关系，分析其产生的问题，并提出相应的对策建议。

（一）中国农产品批发市场进入条件与退出分析

1. 市场进入的决定条件

根据农业部发布的《农产品批发市场建设与管理指南》，建立农产品批发市场应遵循统筹规划、合理布局、讲求实效、发挥优势的原则，设立农产品批发市场应考虑以下条件：①设立者主要是农民合作组织，或涉农企业事业单位、社会团体等法人组织；②位于农产品的主要产地、销地或集散中心；③具备相应的场地、设施和资金；④具备企业登记注册的其他条件。本部分主要以一二线市场的销地批发市场为研究对象，新建市场还应充分考虑选址条件、原有市场规模、经营风险、市场容量、进入成本因素。

（1）选址条件

第一，城市规划要求。随着中国城乡一体化进程的快速推进，一些一二线城市更加注重改善市容市貌，从城市建设和土地规划方面限定农产品批发市场的准入，比如北京市四环以内不容许新建批发市场；上海市规定在中心城内不设置农产品批发市场，在外环线以外10公里半径内不重复设立农产品批发市场，不设立活禽专业批发市场；成都市中心城二环路至三环路之间严格控制新建批发市场，不允许在二环路以内新建批发市场；昆明市规定在二环路以内城区及二环路周边地区不再新建批发市场。

但总体来说，各省市对农产品批发市场规划体系不健全。主要存在以下问题：①农产品批发市场规划的制定部门较为庞杂。到目前为止，中国农产品批发市场依然实施的是多部门管理，因此导致了农产品批发市场规划也出自不同部门。根据整理的部分农产品批发市场规划及相关通知（见表1—4），可以看到，农产品批发市场发展规划的发布部门包括商务部门、农业部门、发改委供销部门等。由于制定原则与方案不同，不同部门制定的规划之间很容易相互矛盾，从而无法有效实施。②规划制定过于宏观，不利于规划内容实施的有效监督。一般来说，目前农产品批发市场规划分为两种，一种是国家职能部门制定的《全国农产品批发市场规划纲要》，另一种是地方相关职能部门制定的“地方农产品批发市场发展建设规划”。前者较为宏观，主要是指出全国市场的建设原则及重点，对地方制定相关规划具有指导作用。后者本应较为具体，达到有效执行的效果，但从目前地方制定的规划看，仅有部分省份的农产品批发市场规划到街道，很多地方还是仅仅规划到区域，仍以宏观、指导性为主，且缺乏具体实施的依据，因此规划的作用性较弱。

表1—4　**部分农产品批发市场规划政策及法规**

发布时间	发布部门	内容
2004年	农业部	《农产品批发市场建设与管理指南》
2005年	浙江省供销社	《浙江省供销合作社“十一五”农产品批发市场建设规划》
2006年	贵州省发改委	《贵州省重点农产品批发市场建设发展规划（2007—2015年）》
2007年	河南省政府（省发改委制定）	《河南省农产品批发市场建设规划（2006—2010年）》
2008年	中华全国供销合作总社	《中华全国供销合作总社关于印发〈农产品批发交易市场改造建设规划方案〉的通知》（供销经字〔2008〕46号）
2009年	农业部	《农业部办公厅关于组织编制〈农产品批发市场建设专项规划〉（2010—2015）的通知》（农办市〔2009〕10号）
2010年	商务部	《商务部办公厅关于做好农产品批发市场调查和规划编制工作的通知》（商建字〔2010〕394号）
2011年	国务院办公厅	《国务院办公厅关于加强鲜活农产品流通体系建设的意见》（国办发〔2011〕59号）
2013年	武汉市商务局	《关于武汉市现代农产品流通体系建设情况的汇报》
2014年	国务院办公厅	《国务院办公厅关于促进内贸流通健康发展的若干意见》（国办发〔2014〕51号）

资料来源：各政府网站规划文件收集整理得到。

第二，交通约束。商务部发布的《农副产品批发市场建设标准》中指出，农副产品批发市场应选在农副产品流向合理、集散方便和交易成市的地域或传统的商品集散地，应具有良好的交通运输条件，应有良好的地形、地貌、工程水文地质条件，场址附近应具有可供满足农副产品批发市场使用的电源和给排水条件。各省市也有农产品批发市场交通方面的规章制度，北京市商委发布的《北京市农产品批发市场建设规范（试行）》表明农产品批发市场要建设在交通便利区域；成都市对农产品批发市场的建设要求依托对外交通干线和交通枢纽。

随着农批行业的快速发展，用于运输北京农产品的大型货车越来越普遍，农产品批发市场门前交通拥挤现象严重，比如北京新发地市场周边经常物流、人流集中，客运、货运交织融合，呈现一片拥堵的景象，降低了物流运作效率，提高了运营成本，并给周边的城市交通和附近居民的出行带来了很大的影响。因此，农产品批发市场的选址必须考虑交通因素。

（2）原有市场规模及势力影响

原有市场的规模及势力大小对新市场进入的难易有重要影响。一是原有市场的规模方面，当前中国农产品批发市场地区发展不平衡。多数一二线城市原有农产品批发市场规模巨大，已经形成了分工垄断的局面，比如北京地区，70%的蔬菜、80%的水果和90%以上的进口水果都由北京新发地市场供应，京深海鲜市场的高档海鲜批发占北京市场的85%，农产品中央市场的特菜批发占北京市场总供应量的80%，酒水批发量占北京市场份额的50%，大洋路农产品批发市场禽蛋的批发量占全市的60%；广州市农产品批发市场经营品种的专业性强，江南果蔬市场主营果菜批发，黄沙水产市场专营生鲜海鲜批发，广弘食品集团则专营冻肉批发，三者几乎瓜分了整个广州市农产品一级批发市场，新进入者难以获取市场份额。二是原有市场势力方面，部分地区农产品批发市场依然存在黑暗势力和欺行霸市等行为，如海口市X农产品批发市场属一级批发市场，强行让当地二三级批发市场在他家进货，否则以后不再出售给该市场任何货品。

（3）市场容量

这里的市场容量是指根据销地人口数量来判断该地区所能容纳的农产品批发市场数量，人口数量的多少、市场辐射范围都是新进入者应该考虑的问题。例如，已经有四家较大农产品批发市场（宁夏海吉星国际农产品物流中心、宁夏四季鲜农产品综合批发市场、银川北环批发市场和新世纪冷链物流中心）入驻宁夏银川市，然而银川市只有200余万人口，周边属西北地区，人口数量不如东部地区，因此，如果有新市场进入，必然会导致市场间的恶性竞争。

（4）经营风险

新建农产品批发市场需考虑的经营风险主要体现在农产品质量安全方面。《中华人民共和国农产品质量安全法》指出，农产品批发市场除了验明农产品质量安全证明和其他标识之外，应当委托或者设立农产品质量安全检查机构，抽样检测进入市场的农产品质量安全；发现不符合农产品质量安全标准的，应当要求销售者立即停止销售，并向农业行政部门报告，违反以上规定的，责令改正，处2000元以上2万元以下罚款。2015年出台的《食品安全法》强化了农产品批发市场的民事连带责任，规定若农产品批发市场不对食用农产品进行抽样检验或发现不符合食品安全标准的未要求销售者立即停止销售的，食用农产品批发市场则和集中交易市场的开办者、柜台出租者、展销会举办者的责任追究相同，即由县级以上政府食品药品监督管理部门没收违法所得，责令改正，并处5万元以上20万元以下罚款，情节严重的，责令停业，直至由原发证部门吊销许可证。[①] 这样的规定表明中国农产品批发市场作为提供农产品交易场所的独立法人，应当承担进入市场的农产品的质量安全责任，并有义务保证市场上农产品的质量安全。

另外，食品安全监管也会导致农产品批发市场有丢失经销商的风险。例如，青岛市食药局发布的《关于农产品市场准入工作的实施意见（试行）》规定，凡在批发市场和农贸市场抽检一次不合格的，供货商一年内不得入市；两次不合格的，三年内不得入市；三次不合格的，终生禁入。

在这个信息化社会，网络媒介对负面消息的传播迅速。在农产品批发市场内批发交易的农产品若出现食品安全问题，负面新闻报道会严重影响该市场的声誉，市场上的买家势必减少，甚至导致有场无市现象。因此，对农产品进行质量把关不仅是农产品批发市场义不容辞的责任，也是新进入者必须考虑的关键点。

（5）进入成本

新市场的进入成本不仅体现在购进设备、引进技术、寻求供应商、培训人员等成本费用上，还体现在市场初期为了抢夺经销商而提供优惠服务所付出的成本上。一方面，商务部发布的《农副产品批发市场建设标准》中指出，农副产品批发市场应具有能适应交易活动所必需的综合服务设施，包括：经营设施：交易厅、棚；辅助设施：常温库、气调库、车库、停车场等；服务设施：招待

① http：//www. hebgcdy. com/2015/0525/125708. html.

所；办公生活福利设施：办公用房、生活福利用房。昆明市规划局要求新建农产品批发市场应有齐全的交易设施，有与交易规模相匹配的卫生、环保、消防等安全设施以及停车场、仓储及办公等服务设施。多数一二线城市农产品批发市场为提高市场服务差异化水平，投入大量资金建设服务设施。例如，西安西部欣桥农产品物流中心为了保障农产品的安全性，提高市场竞争力，不惜投入大量资金引进国外先进的设备来检测农产品质量安全，八个分类不同的检测室不仅可以进行基础检测，还可以检测重金属元素等内容。

另一方面，近年来，由于市场集团化扩张和地方政府招商引资，有些地方出现了不同程度的重复建设，部分新市场建设初期为抢占市场份额而投入了大量资金。比如，太原市朝阳街蔬菜交易批发市场为争夺桥西综合市场的经销商，推出了三项优惠措施：①一次性拿出550万元现金“收买”商户；②对进场的交易车辆发放“红包”；③对进场交易的商户不收取任何费用。[①] 成都市聚合国际果蔬交易中心和沙西国际农副产品批发市场之间的竞争更是造成两败俱伤的结果，聚合国际果蔬交易中心投入在3000万元左右，沙西国际农副产品批发市场投入在1.2亿元左右。

2. 市场搬迁与退出机制现状分析

随着农产品批发市场的快速发展，一些市区的批发市场带来了环境卫生、交通拥堵和噪声扰民问题，影响市容市貌，一些大中城市在扩大市区的同时，积极引导市内各处农产品批发市场按照统一规划迁至郊区，一般是采取批发市场群或农产品物流园区方式进行集中建设，使其产生集聚效应，提高竞争力，改善市区面貌。例如，2008年，杭州市将市区九个农产品批发市场全部迁入城南郊区新建的农产品物流中心，并加大对农产品批发市场的改造力度，整体搬迁后交易场地和摊位增加、交通和场内设施改善，批发市场群集聚效应凸显，交易量大幅增长，其中果品批发市场年交易额由原先的4亿多元，增长到2011年的28亿元；2010年，南京市将主城区八个农产品批发市场整体迁至江宁区众彩农产品物流园，增加了交易面积和摊位数量，以前由于市区批发市场土地价格贵、经营面积小、摊位紧张，距离南京仅50公里的安徽和县的蔬菜是先运到寿光再卖到南京，现在物流园区内的批发市场摊位充足，经销商可直接将来自和县的蔬菜销往南京，节省了物流费用，降低了菜价。2011年众彩农产品物流园交易总额相当于搬迁前8个市场的2.45倍。[②]

① 李炜、向敏清：《无序竞争何时休——太原市新老两大蔬菜批发市场战幕调查》，《农产品市场周刊》2004年第13期。

② 王跃：《批发市场进入转型升级期》，《大陆桥视野》2013年第4期。

在市场退出方面。中国农产品批发市场的退出机制尚未建立。由于目前发改委、农业部，甚至地方政府都可不定期地审批开办农产品批发市场，这必然为市场的监管和退出机制的建立带来巨大的挑战。商务部流通主管部门负责流通领域的行业管理，却无权强制管理发改委、农业部、地方政府审批开办的不符合要求、应该清退的农产品批发市场，针对农批市场之间恶性竞争、有场无市等不良现象的管理表现得心有余而力不足。

（二）新市场开办对市场绩效的影响分析

根据以上研究，目前中国农产品批发市场进入退出机制不完善，行政壁垒、经济壁垒、资本壁垒和差异化壁垒、退出壁垒并不高。因此，越来越多的企业能够进入这个行业，造成一些地方市场布局不合理，市场的盲目、重复建设使优质批发商成为稀缺资源。另外，由于城市规划的要求，原在市区的批发市场在搬迁到郊区的过程中，一些新建市场采取不正当竞争手段从其他批发市场拉拢批发商，严重扰乱市场秩序。根据产业组织理论，市场的进入与退出将改变市场结构，进而对市场绩效产生影响。对于农产品批发市场行业，新市场的进入对市场绩效的影响总体为负，可从经济利益和社会福利两个方面进行解释。

1. 竞争结果是新旧市场在短期内利益均有较大损失

根据产业集群理论，规模经济效益是通过一定空间范围内产业的高集中度，降低企业的制度成本（包括生产成本和交换成本），提高规模效益，进而提高产业和企业的竞争力，而过多功能趋同的企业集聚在一起，很可能导致企业间恶性竞争，资源配置效率低下，不利于该区域内产业规模经济效益的提高。[①] 同理，区域内农产品批发市场的过度密集不利于该区域内农产品流通规模经济效益的提高。

近年来，新市场的进入导致了很多地方农产品批发市场过度密集，甚至出现了市场之间恶性竞争事件，主要是通过采取优惠政策、商业贿赂等手段拉拢经销商进入新建市场经营，而最终的后果通常为双方花费巨资，造成双方短期内经济利益受损，甚至某一方市场由于无法吸引足够多的经销商而生意惨淡，出现“有场无市”局面。例如，新建的武汉四季美农贸城果蔬批发市场和白沙洲批发市场仅一江之隔，为争夺优质经销商，四季美市场对经销商采取了免除摊位出租费并给予高额现金补贴的政策手段。仅在一个月内，四季美抢占了白沙洲近八成的老商户。针对四季美市场的促销行为，白沙洲也密集采取一系列举措，给予经销商大量补贴，举行各种促销活动，反击四季美。随后，双方竞

① 齐微微、魏贺亮：《地区间产业结构趋同的研究》，《时代金融》2012 年第 8 期。

争进入白热化，采取手段进一步升级，包括许诺离开对方市场到己方市场经营立即奖励巨额现金；在各高速路口及交通路口截留客、货源；威胁利诱经销商与己方市场签订协议等。有关调查表明，在这场激烈竞争中，两市场单日投入资金最高达到200多万元，截止到2011年3月，双方各投入资金已达几千万元。[①] 新建的合肥徽商大地农副产品批发市场与周谷堆农副产品批发市场进行激烈竞争，徽商大地用买房免收一次费用的政策吸引广大经营户和顾客，而周谷堆也让利经营户，免收入场费，造成双方经济效益受损。新建的宁夏四季鲜农产品综合批发市场对银川北环批发市场构成威胁，为了吸引商户，四季鲜农产品综合批发市场有限公司规定商户进入市场交易，库房、摊位、卫生费都是免费的，还提供免费供暖，导致北环市场丢失部分经销商，最终造成北环市场的经济利润下降，四季鲜市场的短期利益也严重受损。

2. 社会福利总体为负

（1）不利于农产品流通产业集群的健康发展，造成社会资源的浪费

根据产业集群理论，产业集群是指在特定集中区域内，具有竞争与合作关系，且有相互关联性的企业、服务供应商、相关产业的厂商、金融机构及其他相关机构等组成的群体。产业集群有利于产业竞争力的提高。农产品批发市场是提供交易场所和各种促进农产品流通配套服务的组织，为促进众多独立的买者和卖者进行场内交易，市场管理者还会引入通信、物流、包装、加工、餐饮、金融等相关产业的厂商。因此，农产品批发市场本身可以抽象成一个农产品流通产业集群。在农产品流通行业中，形成农产品流通产业集群的目的是促进农产品高效流通和提高农产品竞争力，农产品批发市场是促进这一产业集群良性发展的组织者和服务者。因此，新进入者所导致的农产品批发市场之间的无序竞争不仅使市场的经济利益受损，而且会扰乱市场公平竞争的环境，影响所在农产品流通产业集群的健康发展。此外，过度密集的农产品批发市场所带来的闲置的市场交易场所是一种极大的社会资源浪费。

（2）扰乱市场秩序，不利于市场的价格形成机制

农产品批发市场的价格形成在特定区域或一定的范围内具有风向标的作用。如江南果蔬价格指数用于反映果蔬供求变化、价格变动和未来走势，有助于调节销向、引导生产。农产品批发市场的价格形成是否公正、能否真正反映供应关系不仅依赖于市场内部的交易方式、交易秩序和环境等一系列配套安排，还

① 全国城市农贸中心联合会：《农产品批发市场行业恶性竞争的问题应当引起高度重视》，《商业现代化》2011年第9期。

与市场所在地区的交易环境相关。由于市场进入退出所导致的市场间无序竞争可能会造成产品价格信息的错位。例如，北京市X农产品批发市场与北京Z农产品批发市场坐落于北京南城，仅相隔一条街。X市场规模较大，其经营的果蔬约占北京市总消费量的70%，相比之下Z市场规模较小。据调查，X市场对于散户收取的停车费比Z市场高，但是由于两家市场位置较为接近，因此批发菜价只能保持基本一致，但是实际上，由于市场收费不一样，菜价中包含的流通成本是不一致的，因此必然导致X市场的散户通过降低产品的品质来弥补高出的流通成本。[①] 由于中国农产品交易以对手交易为主，没有严格的分等定价，也就没有实现按质定价，市场交易双方存在信息不对称，因此X市场经销商降低菜品的行为容易被市场忽略。这种价格与质量不匹配的现象并不能从市场所形成的价格中体现，影响了市场价格机制的效率。

（3）降低经销商经营成本，食品安全问题堪忧

由于大型农产品批发市场寻求集团化发展，在多地新建市场，新老市场的竞争给经销商带来了很多优惠，降低了经销商的经营成本，比如免入场费、停车费、租金补贴等，但市场之间的竞争也带来了食品安全隐患。有些市场为了抢夺经销商，将农产品质检要求放低，让那些质检不合格的商品进入市场。例如，武汉市A市场对质检不合格的农产品执行不就地销毁、禁止进入的规定，B市场为了争夺经销商，把质检标准放低，那么经销商将在A市场质检不合格的农产品拉到B市场，就可以在B市场批发交易，这就给不安全的食品进入千家万户提供了可能。

（三）高利润引发了市场垄断资本掠夺性扩张

较高的垄断利润率是吸引社会资本的直接动力，导致了市场垄断资本掠夺性扩张。很多集团化发展的市场在多个城市新建分市场，试图构成行业垄断。从全国范围看，以S公司为例，该公司是目前国内最大的以建设和管理农产品批发市场为核心的上市公司，S公司在深圳、南昌、长沙、上海、北京、成都、柳州、西安、合肥、沈阳、惠州、昆明、南宁等城市投资建设30多家大型农产品综合批发市场及大宗农产品电子交易市场。因此，分析S公司的利润率具有一定代表性。尽管S公司在2012—2014年度毛利润率有小幅下降的趋势，但是总体来说稳定在35%以上（见表1—5）。该公司的主营业务收入来自于三块（见表1—6），包括农产品批发市场业务、农产品批发市场配套服务业务以及农

① 刘雯：《农产品批发市场公益性问题研究》，博士学位论文，中国农业大学，2011年，第60—70页。

产品生产加工养殖业务，三块业务的毛利润率依次为54.34%、68.56%、6.23%，可以看出公司内，农产品流通环节利润率远高于农产品生产环节。另外，高额的垄断利润率诱使S公司在全国范围内以商业地产的模式进行掠夺性扩张，其分布在各地的农批市场和全球农产品采购中心总数已经超过20家。

表1—5　**S公司毛利润（2012—2014年）**

会计年度	营业收入（万元）	营业成本（万元）	毛利润（万元）	毛利率（%）
2012年12月31日	164824.66	88919.63	75905.03	46.05
2013年12月31日	218242.52	134166.06	84076.46	38.52
2014年12月31日	168197.69	108642.73	59554.96	35.41

资料来源：S公司2014年度年报整理。

表1—6　**S公司2014年12月31日会计年度收入分配**

项目名称	营业收入（万元）	营业成本（万元）	毛利润（万元）	毛利率（%）
农产品批发市场业务	126983.03	57979.45	69003.58	54.34
农产品加工生产养殖业务	32209.96	30204.53	2005.43	6.23
农批市场配套服务业务	6743.90	2120.27	4623.63	68.56
减公司内部行业抵消	1266.41	1498.35	—	—
抵消后合计	164670.47	88805.90	75864.57	46.07

资料来源：S公司2014年度年报整理（http：//quotes. money. 163. com/f10/ggmx_ 000061_ 1768486. html）。

三　对策建议

通过上述对国内外研究成果的介绍和分析，以及对中国农产品批发市场结构的深入分析，总结了中国农产品批发市场的特点和市场结构现状，同时重点分析了市场进入退出与绩效的关系，归纳得出中国农产品批发市场结构存在总体上市场集中度低、分布不合理、进入退出壁垒较低等问题。笔者结合实际及以上研究，提出以下几点对策建议。

（一）扩大经销商规模，积极培养农户和经纪人的营销能力

从根本上看，农产品批发市场的市场集中度是由经销商的市场交易规模决定的，批发市场集约化整合的模式应通过单个批发商经营模式的扩大而实现，这种整合是一种正常的、健康的自然发展。根据本报告的分析，中国农产品批发市场结构总体上属于分散竞争型市场，市场集中度不高，因此，政府应积极

引导、管理和支持批发市场中经销商经营规模的壮大。只有扩大经销商的交易规模，整个行业的市场集中度才能提高，产地分类生产才能实现，从而内在地推动农业标准化和现代化，更能从根源上解决食品安全问题。此外，今后应注重农产品流通主体的发展，更加重视流通主体营销能力的培育。可考虑用农产品经理人或农产品批发业者取代商贩等原有称谓，提高其社会地位。可借鉴台湾高雄国际花卉批发市场的建设经验，吸收经销商和专业农户作为批发市场的主要股东（台湾高雄国际花卉批发市场股权结构：45%的股东是花卉经销商，55%为农民）。这种股权结构决定的公司内部治理，不仅有利于提升农户的种养殖积极性，还有助于农产品批发市场运行效率的提高。另外，经销商作为投资人，可保障交易的持续性与稳定性，也会尽量避免不良交易行为的发生，从而降低交易成本和风险。

（二）统筹全国农产品批发市场布局规划

根据本报告分析，中国农产品批发市场进入壁垒较低，分布不合理，部分市场间存在恶性竞争现象。鉴于农产品批发市场建设占地面积大、投入资金多，以及市场的选址要求具备一定的专业知识背景和掌握区域流通规律，因此，政府应加大农产品批发市场法规建设，统筹制定科学合理的全国市场布局规划，从根本上解决市场布局不合理和市场间恶性竞争问题。短期内，适当采取措施提高农产品批发市场的行政准入门槛，对申请进入的市场应在调研的基础上谨慎审批，避免市场乱建、重建或某些地区市场缺失。应依据市场所在地的区位、交通条件和周边市场远近，确定新建市场的建设地点；研究农产品批发市场购销走向及数量，预估批发市场的辐射带动作用和能力，确定市场的建设规模。对于已经出现的市场恶性竞争事件，不能仅作为危害治安的刑事案件处理，还需要从城市食品稳定供应的长治久安考虑，必要时候可以考虑对重复建设下的明显“过剩市场”采取行政关闭或指令性搬迁。由于有些地区农产品批发市场已形成分工垄断，因此需要采取管制，保证市场在一定辐射范围内的独占性，提高其规模经济和范围经济效益。但同时为了防止垄断市场自由决策时通过高定价等方式损害消费者利益，必须通过合理的价格管制方法防止其产生分配的低效率。

（三）建立市场分级管理体系和退出机制

由于中国农产品批发市场缺乏退出机制，市场管理不规范，造成一些符合布局规划、经营合法的农产品批发市场，一方面要按照相关部门要求符合设施投入标准，接受日常监督和检查；另一方面要无休止地应对那些不规范市场的恶性竞争。因此，有必要建立完善的农产品批发市场退出机制，对不符合要求的市场予以清退。并对农产品批发市场体系进行分级认定，建立国家级市场、地方级市场和一般市场的三级管理体系。国家级市场应确保涉及国家经济、政治命脉的重要城市及周边地区的生鲜食品流通。地方级市场指各省、自治区、直辖市政府根据各地农产品流通特点和经济发展现状，保证省会城市、重要城市及周边地区的生鲜食品流通，具备一定辐射能力的地方所在市场。其余市场划分为一般市场。国家级市场与地方级市场的监督管理分别由中央和地方专门部门承担，明确管理主体，避免在管理上各部门相互推诿的现象。对于一般市场的建设，政府可以采取补助的形式给予适当扶持。

（四）强化产地、县及县以下农产品批发市场建设的财政扶持力度

在过去几年内，中国对农产品批发市场建设的政策支持主要掌握在商务、发改委等部门手中，农业部门对农产品批发市场的支持力度偏小。这种格局在客观上导致了国家政策扶持主要指向大型批发市场，政策专项资金主要针对位于城市的批发市场，很少顾及产地、县及县以下农产品市场的建设与升级，致使销地批发市场与产地批发市场之间、大中城市的批发市场与县及县以下的批发市场之间在市场建设方面差距拉大。其结果是果蔬等易腐烂产品的产地批发市场急需通风库等设施，加之这些市场收费标准普遍偏低，产地集配中心建设运营投入成本大、收益小、回报率低、回收期长，公益性特征显著，总投入严重缺乏。为改善中国农产品批发市场数量上东多西少、建设上销地优于产地的现状，今后国家对农产品批发市场的财政扶持应以农村和中西部地区的市场为主，以产地、县及县以下市场为主，应引导市场结合优势农产品向专业化方向发展。

第二节　中国农产品流通标准发展报告

一　研究背景、意义

根据《农产品质量安全法》的定义，农产品是指来源于农业的初级产品，即在农业活动中获得的植物、动物、微生物及其产品。《关于加强食用农产品质量安全监督管理工作的意见》（农质发〔2011〕59号），植物、动物、微生物及其产品是指在农业活动中直接获得的以及经过分拣、去皮、剥壳、粉碎、清洗、切割、冷冻、打蜡、分级、包装等加工，但未改变其基本自然性状和化学性质的产品。因此，本节涉及的农产品既包括水果、蔬菜、畜禽、粮油等食用初级农产品，也包括花卉、木材等非食用农产品，但不包括已经改变物理化学性状

的深加工农产品。

农产品流通是指农产品中的商品部分，通过买卖形式，实现从农产品生产领域到消费领域转移的一系列活动，包括采购、粗加工、分级、包装标识、贮藏运输、销售等各环节。本节所指的农产品流通标准为初级农产品生产后到消费者消费之间涉及的采购、粗加工、分级、包装标识、贮藏运输、销售等各环节和过程涉及的各类标准。

农产品流通标准化是农产品现代流通体系建设的重要组成部分，实施农产品流通标准化不仅有利于推动农产品质量等级化、包装规格化、产品品牌化，提高农产品流通效率，促进大市场、大流通的形成；有利于建立可追溯体系，保证上市农产品的质量和安全；还有利于农产品实现优质优价，推动农业产业结构调整、产品结构优化，促进农民增收。因此，积极推进农产品流通标准化，为应用现代流通方式、流通手段，加快农产品流通方式转变创造了条件。①

中国政府历来非常重视农产品流通的标准化工作。2011 年 12 月 19 日，国务院办公厅发布了国办发〔2011〕59 号文件，即《关于加强鲜活农产品流通体系建设的意见》，文件指出："要把加快农产品流通标准体系建设，推进农产品质量等级化、包装规格化、标识规范化、产品品牌化，作为建设现代农产品流通体系的重要保障措施。"2012 年 8 月 7 日，国务院办公厅发布的国发〔2012〕39 号文件，即《关于深化流通体制改革　加快流通产业发展的意见》也强调要"积极完善流通标准化体系，加大流通标准的制定、实施与宣传力度"。

因此，研究中国农产品标准发展现状和存在的问题，探讨农产品流通标准发展对策，对于引导农产品市场交易的规范化、标准化、现代化，规范农产品市场交易行为和秩序，促进农产品交易公平，提升农产品交易效率，增强农产品流通质量保障能力，进而提升增强国际竞争力，促进我国农产品出口贸易等具有十分重要的作用。

二　农产品流通标准化管理现状

近年来，党中央、国务院高度重视农产品流通标准化工作。在各级政府的大力支持下，有关部门通力合作，农产品流通标准化工作取得明显成效，标准化意识不断提高，标准制定、修订步伐加快，标准结构有所改善，标准对农产品流通产业发展的促进和支撑作用初步显现。

① 国家标准化管理委员会组编：《现代农业标准化》（下），中国质检出版社 2013 年版，第 86—93 页

（一）农产品流通标准化管理现状

在农产品流通标准化管理法规方面，《中华人民共和国标准化法》、《中华人民共和国标准化法实施条例》、《国家标准管理办法》、《行业标准管理办法》、《地方标准管理办法》等一系列法律法规，分别就标准的制定、实施、监督与管理等方面做了规定和说明。中国已初步形成由国家标准、行业标准和地方标准构成的农产品流通标准体系。其中，国家标准由行业主管部门提出建议，国家标准委下达计划，主管部门负责组织起草、审查，国家标准委审批、发布和编号；行业标准由相关单位提出建议，主管部门下达计划，并组织起草、审查、审批、发布和编号；地方标准由地方主管部门提出建议并负责组织起草、审查，技术监督部门下达计划并负责审批、发布和编号。

在农产品流通标准化技术机构建设方面，围绕畜禽屠宰、物流、水果、蔬菜、粮油、蜂产品、水产品等行业和领域成立了全国农产品购销标准化技术委员会、全国屠宰加工标准化技术委员会等多个全国标准化技术委员会、分技术委员会及标准化工作组，有效推动了农产品流通标准化工作的开展。

在农产品流通标准化实施推广方面，国家标准委、商务部、农业部及国税总局共同开展了农产品批发市场标准化试点工作。商务部开展了绿色市场认证、“双百”工程，通过试点、认证等工作的开展，提高了农产品批发市场标准化管理水平，促进农产品流通领域标准化水平的提高。

（二）农产品流通标准化发展进程

中国农产品流通标准化工作起步较晚，十一届三中全会以后才开始起步，不仅同国外差距较大，同国内工业领域的标准化工作相比也存在一定差距。纵观其发展历史，中国农产品市场流通标准化发展主要经历了四个阶段：起步阶段、快速发展阶段、调整阶段和规范发展阶段。

起步阶段（1978—1992 年）。其间中国可供消费的农产品十分匮乏，凭票供应，农产品标准尚属空白，对标准的制定和管理处于摸索阶段，其中一段时期甚至停止了有关标准的制定（修订）工作。这一阶段的农产品市场流通标准化工作以丰富中国的加工农产品品种为主要目标，制定的标准以初级加工农产品的质量标准为主，同时做了个别农产品分类、定义、理化检验和包装的标准。

快速发展阶段（1993—2000 年）。其间中国经济由计划经济向市场经济过渡，农产品销售取消了凭票供给，消费者的农产品消费需求旺盛，各地的农产品品种日益丰富，农产品出口成为中国主要的创汇来源之一，中国海关和出口农产品企业对标准化的需求日益增加，极大地促进了中国农产品标准化的发展。同时，国家质量技术监督局主管中国的标准化工作，标准的制定和管理形成了稳定的工作机制。这一阶段的农产品流通标准化工作以确定农产品的检验方法为主要目标，制定了大量的出口农产品的检验方法标准、一些精加工农产品的标准和农产品加工、包装、标识、运输、储藏等流通环节的技术标准。

调整阶段（2001—2014 年）。其间中国加入了 WTO，国际农产品标准升级加速，中国的农产品出口频频遭受进口国的技术壁垒限制，国内的农产品安全问题时有发生，消费者的农产品质量要求意识增强。政府加强了对农产品市场流通领域的农产品安全监督和管理，2001 年国务院批准成立了国家标准化管理委员会，专门负责中国的标准化管理和发展战略的研究，管理机制趋于完善。国家标准化管理委员会加速了中国标准化与国际接轨的步伐，借鉴国外的经验提出了新的分类制度，加强了对农产品标准的清理，绝大部分在起步阶段制定的农产品标准被升级或废止，农产品市场流通环节的技术标准和准入管理方面的标准发展速度较快，农产品检测的标准跟着国际升级也在不断地升级，中国农产品流通标准化工作进入调整阶段。①

规范发展阶段（2015 年至今）。针对中国标准缺失老化滞后、标准交叉重复矛盾、标准体系不够合理、标准化协调推进机制不完善等问题，2015 年国务院相继发布了《国务院关于印发〈深化标准化工作改革方案〉的通知》（国发〔2015〕13 号）和《国务院办公厅关于印发〈国家标准化体系建设发展规划（2016—2020 年）〉的通知》（国办发〔2015〕89 号），重点改革标准体系和标准化管理体制，改进标准制定工作机制，强化标准的实施与监督，更好发挥标准化在推进国家治理体系和治理能力现代化中的基础性、战略性作用，促进经济持续健康发展和社会全面进步，农产品流通标准在保证农产品质量安全、降低流通损耗、提高流通效率、促进农产品优质优价等方面也将发挥更大的作用。

（三）农产品批发市场标准化发展进程

目前，中国每年约有 4 亿吨生鲜农产品进入流通领域，其中 70% 以上通过农产品批发市场流通，农产品批发市场已成为中国农产品流通的主渠道。中国农产品批发市场标准化进程经历了建设标准向管理标准过渡的过程。

1.《农副产品批发市场建设标准》

1991 年 11 月 11 日，中国首个农产品批发市场国家标准——《农副产品批发市场建设标准》（建标〔1991〕758 号）经有关部门会审，批准为全国统一标准予以发布，自 1992 年 3 月 1 日起施行。该标准主要用于规范农副产品批发市场建设，加强对农副产品批发市场工程项目决策和建设的科学管理，正确掌握

① 2009 年质检公益性行业科研专项项目《农产品市场交易关键技术标准研究》总研究报告。

工程项目的建设标准，合理确定建设水平，有效控制建设投资，全面提高投资效益。标准是编制、评估农副产品批发市场工程项目可行性研究报告和编制、审批项目设计任务书的重要依据，也是有关部门审查农副产品批发市场工程项目初步设计和监督检查整个建设过程建设标准的尺度。

2.《农副产品绿色批发市场》（GB/T 19220—2003）

2003 年 10 月 23 日，《绿色市场认证管理办法》由国家认监委和商务部公告颁布。绿色市场认证主要依据《绿色市场认证实施规则》根据《农副产品绿色批发市场》（GB/T 19220—2003）标准制定。截至 2010 年底，全国已通过认证的绿色市场 410 家，有力促进了农产品质量安全。

首先，标准对市场流通标准体系建设具有重要意义。绿色市场标准填补了中国农副产品流通行业管理标准的空白，是中国国家标准建设在规范市场流通环节方面迈出的可喜一步，开创了中国市场流通管理国家标准体系建设的新时代。

其次，标准对保障人民群众食品安全具有重要意义。绿色市场标准规定进入绿色市场销售的农副产品实行严格的市场准入制度和产品质量卫生安全追溯制度，建立了流通环节食品安全保障体系，有效遏制了假冒伪劣农副产品的生产经营和流通。为确保人民群众的消费安全提供了强有力的保障，也是当前推进“食品放心工程”的有力措施。

再次，标准对提高市场竞争力，促进农副产品出口贸易具有重要意义。目前，中国大部分农副产品批发市场硬件设施水平落后，管理水平不高，类似扩大了的农贸市场，与发达国家的批发市场相比，竞争力低下。绿色市场标准从场地环境、设施设备、商品质量、商品交易、市场管理、市场信用等方面对市场提出了全面、系统的要求。绿色市场标准的颁布和实施，将加快中国农副产品市场与国际接轨的步伐，提高国际竞争力，促进中国农副产品出口贸易。

最后，还有利于促进农业结构调整，增加农民收入。随着绿色市场的农副产品市场准入制度的建立和不断完善，将会不断促进农副产品生产的规模化、现代化、标准化发展，从而促进农业结构调整，增加农民收入。

3.《农产品批发市场管理技术规范》（GB/T 19575—2004）

《农产品批发市场管理技术规范》（GB/T 19575—2004）标准规范了农产品批发市场的经营环境、经营设施设备、经营管理技术条件三个方面的内容。全面覆盖了批发市场从硬件设施条件到软件管理规范的各项要求，并为农产品流通安全提供了必要的制度保障。2005 年 4 月 30 日，《商务部、农业部、国家税务总局、国家标准委关于开展农产品批发市场标准化工作的通知》，以国家标准

《农产品批发市场管理技术规范》（GB/T 19575—2004）为评定标准，按照企业自愿申请、地方政府部门推荐、专家评审机构评审认定的原则在全国范围内开展农产品批发市场标准化工作，随后此项工作演进为商务部“双百市场”工程。

本标准及与其配套的实施细则成了商务部“双百市场”工程建设和验收依据，为中国农产品批发市场建设发挥了积极作用。通过重点支持冷链、质量安全可追溯、废弃物处理、安全监控等准公益性项目的建设和改造，提升了农产品市场现代化水平，完善了市场功能，改善了农产品流通环境。2006—2009 年，中央财政累计安排 15 亿元资金，对 936 家农产品批发市场、流通企业和农贸市场的 1565 个建设项目给予了支持，包括 383 个冷链系统、80 个质量安全可追溯系统、67 个检测中心、81 个安全监控中心、89 个废弃物处理中心、17 个活禽屠宰交易中心、118 个配送中心和 497 个基础设施项目等。还在大力培育流通主体、促进地方经济的发展，完善市场功能、提升服务农业水平，履行社会责任、保障应急时期农产品市场供应等方面发挥了突出作用。

三　中国农产品流通标准发展现状及存在的问题

（一）农产品流通标准发展现状

经不完全统计，截至 2014 年底，中国已发布的国家和行业的农产品流通标准总数达到 633 项（现行标准，不包括正在起草和批准阶段的标准），其中国家标准 207 项、行业标准 426 项。标准体系主要涉及水果、蔬菜、粮油、畜禽蛋、水产、林产品等农产品（不包括“三品一标”类标准，即无公害食品、绿色食品、有机食品、地理标志产品类的标准），涵盖采购、粗加工、质量分级、包装标识、贮藏运输、销售等流通环节，内容主要包括农产品分等分级、标签标识、冷藏运输指南、农产品批发市场建设规范等，初步建立了农产品流通标准体系，为提高农产品流通效率，降低农产品流通成本和损耗发挥了重要作用。

本部分对 633 项农产品流通标准从农产品类别、农产品流通过程环节和标准类别三个角度进行了划分，以此更详细地解析中国农产品流通标准发展现状。

1. 农产品类别角度

从农产品类别来看，可以将农产品流通标准划分为综合类标准（涵盖两类以上农产品）、禽畜产品类（包括鲜活畜禽蛋和冷冻畜禽产品）标准、水产类（包括鲜活水产品和冷冻水产品）标准、粮油类标准、蔬菜类标准（含食用菌）、水果类标准（含坚果）、烟草类标准、林产类标准（包括花卉、木材、经济林产品、树胶等）以及其他标准（包括蜂产品、桑蚕产品、茶叶、糖料、棉花、麻类等经济作物产品）。①

（1）食用农产品标准数量占绝大多数

中国各农产品类别中，与广大消费者日常生活密不可分的蔬菜、水果、粮油产品、畜禽产品、水产品等食用农产品标准数量较多，占标准总数的72.2%（见图1—4、表1—7）。这主要是因为以上几种食用农产品具有常温保鲜期短、易腐、易烂、易损、易变质的特性，因而在流通过程中对于保鲜、贮藏、运输、包装甚至销售环境的要求都比较高，需要制定流通标准。

（2）部分产品行业标准之间存在交叉重复问题

目前中国行业标准管理仍沿用1990年原国家技术监督局颁布的《行业标准管理办法》，行业标准由行业标准归口部门统一管理，主管部门下达计划，并组织起草、审查、审批、发布和编号。因此，中国农产品流通标准推行的是部门管理的条块分割管理模式，农产品流通行业标准有：NY（农业）、SC（水产）、LS（粮食）、LY（林业）、SB（国内贸易）、GH（供销合作）等，这就造成了农产品流通行业标准之间存在交叉重复等问题。例如，蓖麻籽既有LS/T 3107—1985《蓖麻籽》标准，也有NY/T 1266—2007《蓖麻籽》标准，还有SB/T 10038—1992《草菇》和NY/T 833—2004《草菇》标准，在标准的适用范围、标准结构等方面高度雷同、重复。

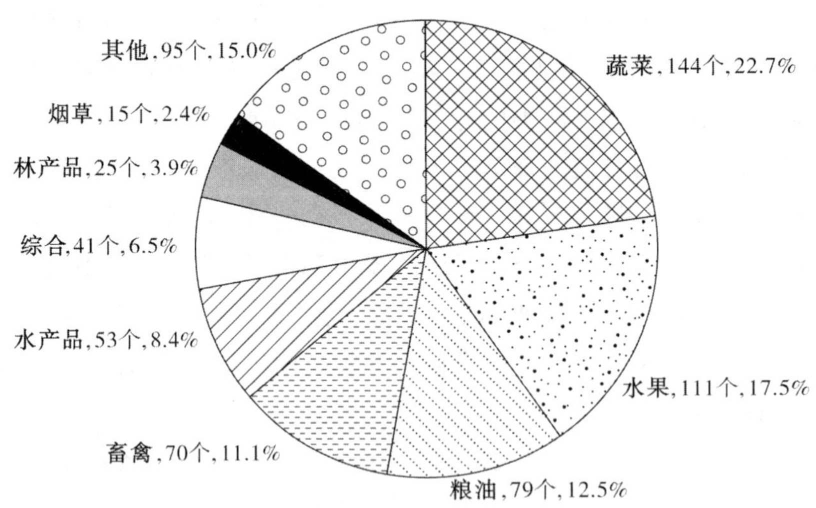

图1—4　农产品类别标准数量及比例

① 中华人民共和国国家质量监督检验检疫总局：《全国主要产品分类与代码　第1部分　可运输产品》（GB/T 7635.1—2002）。

表 1—7　　**各农产品类别国家标准和行业标准数量**

	国家标准（个）	行业标准（个）	合计	
			数量（个）	占比（%）
蔬菜	29	115	144	22.7
水果	27	84	111	17.5
粮油	32	47	79	12.5
畜禽	29	41	70	11.1
水产品	10	43	53	8.4
综合	24	17	41	6.5
林产品	6	19	25	3.9
烟草	4	11	15	2.4
其他	46	49	95	15.0
合计	207	426	633	100

2. 农产品流通过程环节角度

从农产品流通过程来看，将农产品流通标准划分为综合类标准（涵盖多个流通环节的标准）、采购类标准、粗加工类标准（主要是针对畜禽类产品的屠宰和分割，果蔬类预冷、清洗、打蜡等，包括加工技术、加工环境等）、分级类标准（包括分级和等级规格等）、包装标识类标准（进一步划分为包装设施环境、包装材料与容器、包装标签标识和具体的产品包装）、贮藏运输类标准（包括保鲜、贮藏、运输和配送）、销售类标准（包括交易方式、购销、信息化等）。

（1）标准涵盖流通的各个环节

通过分析所有现行标准的所属环节可知，中国农产品流通标准囊括了流通涉及的采购、粗加工、包装标识、贮藏运输、分级、销售等各环节。

（2）多数标准覆盖面广而宽

中国农产品流通环节中，涵盖多个流通环节的综合类标准占标准总数的51.7%（见图 1—5、表 1—8）。

（3）销售环节的相关标准还很不完善

农产品流通销售环节主要包括农产品进入批发市场和生鲜超市的销售、整个交易过程中的信息化技术，等等；网上交易、订单交易、电子商务交易的相关标准，等等；在销售阶段涉及批发、零售的相关标准，在整个市场销售环节涉及全程的信息化标准等。而中国现阶段关于上述销售环节的相关标准还很不完善，涉及交易方式、信息化等众多要素的销售环节标准共 22 项，不能完全适应现代化的农产品流通模式和未来的发展趋势，有待于在今后的标准制定过程中不断完善。

（4）采购、包装标识和粗加工类农产品标准数量少

农产品流通环节中，采购类标准最少，仅 14 项，占标准总数的 2.2%；粗加工类和包装标识类标准分别为 39 项和 29 项，占 6.2%和 4.6%（见图 1—5、表 1—8）。这说明中国现有农产品流通标准体系中，生产过程和流通过程相衔接的采购环节标准数量缺乏，存在着农业主管部门着眼于农产品产前和生产过程中的技术规范要求，商务部门重视农产品流通及加工过程控制，而对于采购环节标准缺乏重视。中国绝大多数农产品未经粗加工或包装后就进入消费市场，农产品采购环节几乎没有标准化。

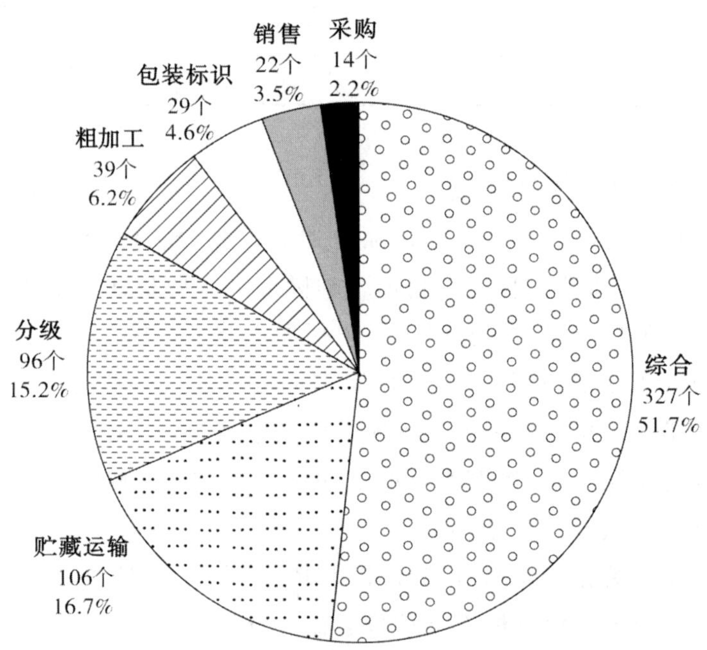

图 1—5 农产品流通过程各环节标准数量及比例

表 1—8 农产品流通过程各环节国家标准和行业标准数量

	国家标准（个）	行业标准（个）	合计	
			数量（个）	占比（%）
综合	91	236	327	51.7
贮藏运输	49	57	106	16.7
分级	23	73	96	15.2

续表

	国家标准（个）	行业标准（个）	合计	
			数量（个）	占比（%）
粗加工	14	25	39	6.2
包装标识	13	16	29	4.6
销售	7	15	22	3.5
采购	7	7	14	2.2
合计	204	429	633	100

3. 标准类别角度

从标准类别方面，将农产品流通标准划分为基础通用标准（包括术语、符号、分类、编码等）、产品标准（包括某一类产品或若干类产品的品种、规格、质量、等级、包装、运输、储存以及工艺等）、方法标准（如作业规程、操作规范等）和管理标准。[①]

从分布结构来看，产品标准和方法标准多，其中产品标准为 363 项，占标准总数的 57.3%；基础通用和管理标准少，说明注重的是硬性的技术标准，而轻基础通用标准和涉及流通过程的软性管理标准。（见图 1—6、表 1—9）

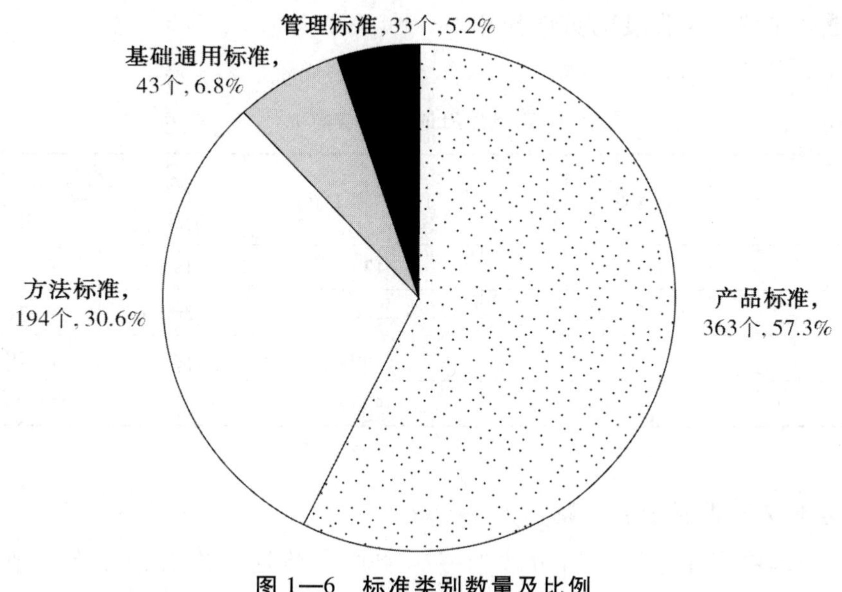

图 1—6　标准类别数量及比例

① 国家标准化管理委员会：《国家标准化体系建设工程指南》，国标委综合〔2009〕40 号。

表 1—9　　各标准类别国家标准和行业标准数量

	国家标准（个）	行业标准（个）	合计	
			数量（个）	占比（%）
产品标准	108	255	363	57.3
方法标准	71	123	194	30.6
基础通用标准	15	28	43	6.8
管理标准	10	23	33	5.2
合计	204	429	633	100

（二）农产品流通标准发展中存在的问题

1. 标准更新缓慢，不能适应市场需求的变化

西方发达国家的标准基本上是以五年为周期进行一次修订，其标准的内容能够根据农业生产状况和市场需求的变化及时进行调整，这大大提高了标准实施的有效性。根据中国的《国家标准管理办法》，“国家标准实施后，应当根据科学技术的发展和经济建设的需要，由该国家标准的主管部门组织有关单位适时进行复审，复审周期一般不超过五年”。但从农产品流通标准体系总体来看，标龄多于五年的标准约占标准体系的70%（见表1—10）。随着农业生产环境和农产品流通环境的不断变化，这些已经过时的标准不但不会促进农产品的高效流通，还会起到一定程度的负面作用。

表 1—10　　农产品流通标准结构

	国家标准（个）	行业标准（个）	合计	
			数量（个）	占比（%）
5 年以下	62	133	195	30.8
5—10 年	103	206	309	48.8
10 年以上	39	90	129	20.4
合计	204	429	633	100

2. 标准交叉重复矛盾问题

由于中国农产品流通实行分段监管，农产品流通标准分散于各个涉农部门和多个环节，标准从计划的提出、制定到审批发布，涉及多个政府职能部门，而且各部门职责范围上界定模糊，容易造成政出多门、相互掣肘的多头管理体制，导致标准之间相互交叉重复矛盾，标准配套化程度低，缺乏整体性。

根据国务院办公厅批复的有关部门的“三定”规定、国务院标准化行政主管部门批复的行业标准归口管理范围，包括：国家技术监督局《关于农业行业、水产行业标准归口管理范围的批复》（技监局标发〔1991〕456号），原国家质量技术监督局《关于中华全国供销合作总社、国家粮食局实行标准化工作归口管理的函》（质技监办发〔2001〕92号）规定，国家标准化管理委员会《关于调整国内外贸易标准化归口管理部门的复函》（国标委农轻函〔2004〕19号），中国农产品流通行业标准管理范围见表1—11。

表1—11 **中国农产品流通行业标准及其范围**

标准类别	行业标准代号	行业主管部门	行业标准管理范围
供销	GH	中华全国供销合作总社	果品、茶叶、食用菌、天然香辛调味料及复合香辛调味料、蜂产品及制品、部分食品添加剂
粮食	LS	国家粮食局	原粮、油料、成品粮油、粮油复制品、饲料原料和饲料产品以及粮油机械、仪器
林业	LY	国家林业局	林木种子、木材、林产品、林业机械等
农业	NY	农业部	种子种苗（苗种）、畜禽品种、农药、兽药、饲料及饲料添加剂、肥料、生物制剂、农业机械、定点屠宰与流通管理
国内贸易	SB	商务部	农产品流通管理、农产品流通及加工过程控制、农产品及其加工品检测方法、农产品购销、农产品市场建设与管理
水产	SC	农业部	水产品、渔具
烟草	YC	国家烟草专卖局	烟草

3. 标准体系不够合理，标准适用性差

中国农产品流通国家标准、行业标准、地方标准均由政府主导制定，而作为标准的实施主体，如企业、专业合作组织、行业协会参与制定修订的很少。标准制定过程中，也没有广泛地向社会公开征求意见，制定出来的标准往往滞后，缺乏针对性和适应性，而且与市场需求和实施主体的实际需要不相符。

4. 农产品流通标准执行效果不理想

目前，在农产品流通领域，标准化知识尚未普及，实施标准还不能成为农产品流通企业的自觉行为，标准的作用尚未得到充分发挥。各级政府和主管部门还没有真正把这项工作列入议事日程，农产品流通企业标准意识淡薄，尤其是中小企业，根本没有把标准化工作作为企业参与市场竞争的手段，反而认为是增添了管理成本，给工作增添了麻烦。

四　农产品流通标准发展对策

（一）构建层次清晰、分工合理的流通标准体系

首先，明确团体标准的法律地位。根据中国现行的《中华人民共和国标准化法》，标准分为国家标准、行业标准、地方标准和企业标准，未规定社会团体标准的地位和作用，这与国际上多数发达国家的普遍做法不同。明确团体标准的法律地位，对团体标准不设行政许可，由社会组织和产业技术联盟自主制定发布，鼓励具备相应能力的学会、协会、商会、联合会等社会组织和产业技术联盟协调相关市场主体共同制定满足市场和创新需要的标准，对解决中国农产品流通标准更新周期长、标准适用性差等问题具有十分重要的作用，也能够发挥标准研究部门、企业、中介组织等各环节“制标”和“用标”的积极性。其次，合理界定标准的制定范围。农产品流通国家标准重点制定需要在全国范围内统一的基础、通用标准；行业标准重点制定本行业领域的重要产品、技术、服务和行业管理标准；鼓励企业制定高于国家标准和行业标准的诸如非重要农产品分等分级标准、生产技术规程等技术标准。

（二）加强标准的针对性和实用性

首先，提高标准制定的透明度和社会参与度。借鉴美国、欧盟、日本等发达国家的经验，在网络、报纸、杂志、公报上公布标准制订计划，改变政府标准化管理机构下达指令性制标计划的方式，广泛吸收社会各方的意见和建议，提高标准制定的透明度，从根本上解决国家标准、行业标准交叉重复的现象，以便真正做到标准制定公开、实施自觉。其次，建立标准废止和协调机制。《中华人民共和国标准化法实施条例》规定，“行业标准在相应的国家标准实施后，自行废止”。《行业标准管理办法》规定，“行业标准不得与有关国家标准相抵触。有关行业标准之间应保持协调、统一，不得重复”。建立废止标准的公告制度和标准矛盾的协调机制，是解决标准重复交叉和矛盾问题的重要手段。

（三）加大农产品流通标准的贯彻实施力度

首先，加大宣传和示范力度。政府要多渠道、多形式地大力宣传农业标准化的重要意义，使全社会都来关心、支持农产品流通标准化工作。其次，建立信息反馈和互动机制。充分发挥标委会、标准研究机构、协会、检测机构、企业、消费者等多方联动的信息反馈体系，使标准与实施主体的需求更相符，有利于保证标准的针对性和实用性。再次，制定配套的鼓励政策和合理的利益驱动机制，加快农产品流通标准的贯彻实施。开展农产品流通标准实施效益评价，上级主管部门将是否实施标准，作为考核企业和评价企业的重要依据；对于真

正实施标准化或标准化水平较高的企业实施优惠政策，国家财政部门、农业部、发改委、商务部等政府部门鼓励、支持其发展。①

第三节 中国农产品冷链物流发展报告

冷链物流是随着科学技术的进步、制冷技术的发展而建立起来的，以冷冻工艺学为基础、制冷技术为手段、直接面向广大居民餐桌的一种专业性的物流服务。根据国家技术监督局发布的《中华人民共和国国家标准物流术语》的定义，冷链物流指为保持新鲜食品及冷冻食品的品质，使其从生产到消费的过程中始终处于低温状态的、配有专门设备的物流网络。换言之，冷链物流泛指冷藏冷冻类产品在生产、储存、运输、销售和消费的各个环节始终处于规定的低温环境下，以达到保证产品质量、减少运输损耗的一项系统工程。此外，冷链物流不仅强调对相关商品的存储、运输要在冷藏冷冻的技术条件下进行，更重要的在于“链”，即整个冷链物流由多个相互衔接、联系的环节构成。从链环节的角度来看，冷链物流服务的一般流程及内容如图 1—7 所示。

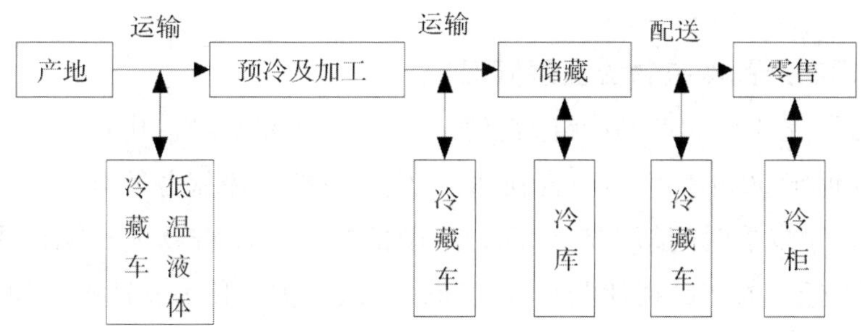

图 1—7 冷链物流流程

作为一个特殊的物流服务行业，冷链物流除了具有一般物流服务的共性特征外，也有着其自身的特殊性。冷链物流的运输对象主要是一些在常温条件下易腐易烂的商品，其目的在于借助冷冻冷藏的技术减少这些商品在储存、运输、配送直至到消费者手中的整个过程中发生的品质降低。目前，通过冷链物流运作的商品主要包括三类：一是初级农产品，包括蔬菜、水果、肉、禽、蛋、水产品、花卉等；二是加工后的食品，包括速冻食品、水产、包装熟食、冰激凌

① 张敏：《我国农产品流通标准体系现状及问题分析》，《农产品质量与安全》2015 年第 5 期。

和奶制品等；三是特殊商品，包括一些特殊药品及疫苗等。

“民以食为天。”食品问题是关系国计民生的大事，也是一直以来受到各地、各级政府高度重视的问题。随着中国经济的持续高速发展以及人民生活水平的不断提高，人们的食品消费观念在慢慢地发生变化，从以往的单一化、数量化向着多元化和质量化转变。除此以外，三鹿毒奶粉、苏丹红等食品安全事件近年来在中国的频繁发生也使得人们对于食品安全问题有了更多的、更苛刻的关注和诉求。这种诉求的一个重要特征就在于近年来人们对生鲜农产品的数量及质量上的更高需求。生鲜农产品的易腐特性使其对于物流运输有着更高的要求。为了使生鲜农产品在从产地到消费者餐桌的整个运输配送过程中依然能够保持高品质，就必须借助冷链进行运输配送。

农产品冷链物流指使肉、禽、水产、蔬菜、水果、蛋等生鲜农产品从产地采收（或屠宰、捕捞）后，在产品加工、储藏、运输、分销、零售等环节始终处于适宜的低温控制环境下，最大限度地保证产品品质、质量安全，减少损耗、防止污染的特殊供应链系统。农产品冷链物流的发展在推动经济发展模式的转型、促进农民持续增收和保障国家食品安全等方面具有十分重要的意义。

本节将主要围绕生鲜农产品冷链物流展开，内容组织上包括中国农产品冷链物流的发展概况、发展分析、发展存在的问题及对策建议几个部分。

一　中国农产品冷链物流发展概况

“十二五”是中国农产品冷链物流发展的一个关键时期。中国的农产品冷链物流起步于20世纪50年代，然而直到90年代，冷链物流服务才开始真正地迈上了发展之路。由于发展时间短、起点低，中国的农产品冷链物流长期以来都存在着规模小、效率低、农产品损耗严重等问题，与欧、美、日等发达国家的差距明显。

中国是一个农业大国和人口大国，大力发展冷链物流既是经济发展的需要，也是更好地从根本上解决食品安全问题的需要。2009年3月，国务院常务会议通过了《物流业调整与振兴规划》，明确将农产品冷链物流列为未来物流行业发展的重点领域。2010年7月，国家发改委又出台了《农产品冷链物流规划》，在对中国农产品冷链物流的发展现状、发展环境进行综合分析的基础上，提出了“到2015年，我国果蔬、肉类、水产品冷链流通率将分别提高到20%、30%、36%以上，冷藏运输分别提高到30%、50%、65%左右，流通环节产品腐损率分别降至15%、8%、10%以下”的发展目标。

近年来，在政策与市场的双重刺激作用下，中国的农产品冷链物流实现了全方位的快速发展，整个冷链物流行业在总体规模、基础设施、技术引进升级等方面都取得了实质性的进步。

（一）农产品冷链物流总体规模发展概况

经过近几年的快速发展，中国农产品冷链物流行业初具规模。作为一个农业大国和人口大国，中国在农产品生产与农产品消费方面都有着广阔的市场发展空间。目前，中国每年的蔬菜产量约占全球产量的60%，水果、肉类产量约为30%，禽蛋与水产品产量约为40%，从数量上来讲都居于全球首位。中国每年约有4亿吨的生鲜农产品进入流通领域，然而真正在冷链体系流通的比例却很低，其中果蔬、肉类、水产品的冷链流通率分别达到5%、15%、23%，冷藏运输率分别达到15%、30%、40%的水平。与此相对的是欧、美、日等发达国家农产品平均近95%的冷链流通率。

随着中国农业生产的不断发展以及人们食品消费观念的逐渐转变，农产品冷链物流的发展呈现出快速增长的趋势，年均增长率达到20%左右。2014年中国冷链物流需求达到11200万吨，较2013年增长了近22%，如图1—8所示。当前，冷链物流已经发展成为现代物流业中增长最快、最具活力的领域之一。

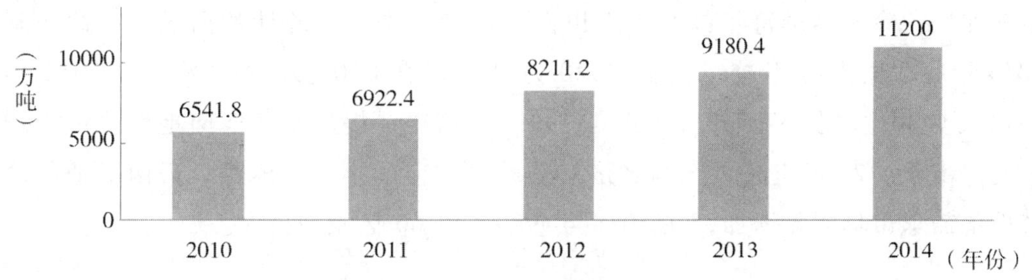

图1—8　2010—2014年中国冷链物流需求规模

资料来源：《中国冷链物流发展报告（2014）》。

从冷链的技术层次来讲，中国的冷链物流市场以高温冷链为主，低温冷链为辅。2015年冷链市场规模达1583亿元，其中低温冷链流通总量占比较低，高温冷链流通占比较高。低温冷链物流又称为冷冻链，主要针对冷冻肉、速冻食品和冷饮冰品等，技术上需要将商品温度控制在-18℃或-20℃。相对地，高温冷链又称为冷藏链，技术上需要将商品的温度控制在0℃—4℃或者6℃，主要面向蔬菜、水果、牛奶、冷鲜肉等农产品。

从两类冷链的发展趋势来讲，二者的这种差距未来必将继续增大。首先，对于低温冷链的商品而言，如冷冻肉、速冻食品等，由于其对温度变化更为敏感、更易腐坏，对冷链物流的需求具有较强的刚性，即此类商品的物流运输大多必须在冷链环境下进行。相比较而言，诸如果蔬等农产品，对温度的变化相对较不敏感，且耐储藏性相对较好，现状是其冷链流通率远远低于低温冷藏商品。然而，从农产品品质保证的角度来讲，这些农产品需要尽量在冷链环境下流通。其次，从市场总的产量及需求来看，适宜高温冷链的农产品产量远远高于适宜低温冷链的农产品，高温冷链相比低温冷链无疑有着更大的增长空间与发展潜力。因此，随着中国冷链物流的不断发展，笔者认为，高温冷链物流的市场占比将进一步稳步提升，并拉大与低温冷链的占比差距。

（二）农产品冷链物流基础设施发展概况

1. 冷库规模及构成

冷库是冷链物流体系中的一个重要基础设施，是在低温条件下对货物以人工制冷的方法进行储藏的建筑群。冷库的核心作用在于借助其储藏能力，在生产与需求之间、生产的淡旺季之间，充分发挥缓冲、调节作用。通常来讲，一个国家冷库的容量在很大程度上决定了其冷链物流流通率的水平，因此，它也成为衡量一个国家冷链物流发展水平的重要指标之一。

2008 年以来，随着中国食品物流需求的日益旺盛，中国的冷库建设速度也逐渐加快，冷库容量每年都基本上以翻倍的速度增长。统计数据显示，截止到 2014 年底，全国冷库总量达到 3320 万吨，折合 8300 万立方米，与 2013 年 2411 万吨相比增长 37.7%（见图 1—9）。更值得一提的是，西南地区冷链投资情况，由于“21 世纪海上丝绸之路”等政策效应的推动，成都、云南等地的冷链设备需求市场明显增加，在 2014 年吸引了近 60 亿元的投入。

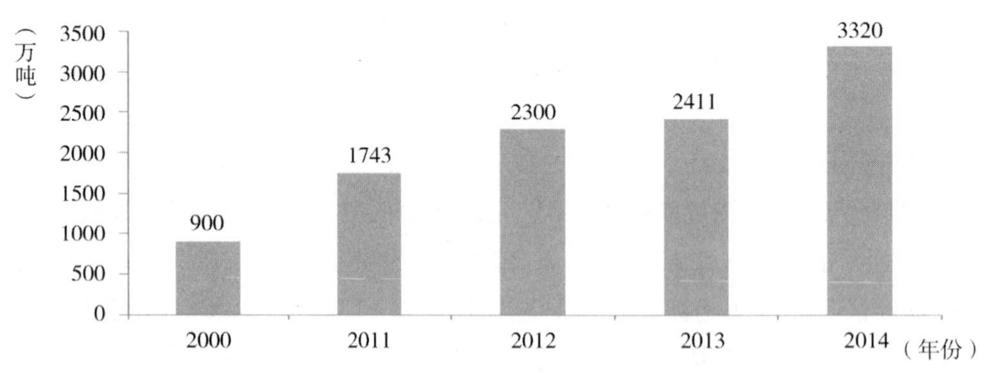

图 1—9　2010—2014 年中国冷库容量规模

虽然中国近年来的冷库建设在以比较快的速度发展，但与发达国家相比，在冷库构成、人均冷库的拥有量等方面仍存在不小的差距。在现有的冷库中，国有与非国有冷库数量各占约50%，其中国有冷库以大中型冷库为主，库龄多在30年左右，技术相对比较落后；非国有冷库则以中小型冷库为主，库龄多在10年左右，在储藏能力等方面存在不足。经过多年发展，中国冷库技术在不断地创新，目前中国已经形成了超低温库、冷冻库、冷藏库、果蔬气调库等主要的多种类型冷库建设体系。然而中国的各类冷藏库，不论规模大小或功能如何，大多还是按照土建工程的模式建造，且到目前这种模式仍占主导地位。实际上，这种建筑结构存在许多不合理的地方，不适用于现代冷链物流运作模式，必须进行冷库资源的整合和新建。

从地域分布的角度来看，中国60%以上的冷库集中分布在经济发达的东部地区（如上海、江浙等地），分布于各水果、蔬菜主生产区及大中城市周边的果蔬基地。在中国东部沿海农产品加工发达地区的乡镇农村，100吨以下的小型冷库分布较为广泛。

2. 冷藏运输规模

冷链冷藏运输方式主要有公路运输、铁路运输、航空运输与水路运输四种，它们在整个冷链物流的发展中形成了既互补又相互竞争的关系。其中，公路运输在网络与货源组织等方面具有明显的优势，是当前中国冷链运输的主要力量。

冷藏保温车辆的数量决定了冷链物流运输的能力。近五年来，随着冷链物流的快速发展，中国冷藏保温车的数量呈现出了快速增长的趋势。从20世纪90年代开始，中国冷藏运输车以每年近50%的速度增长；到21世纪初期，增长速度有所回落，保持在20%左右；从2005年开始，中国冷藏车的年增长速度则进一步放缓到10%左右。至2012年，中国冷藏车保有量约为9万辆，全年增加9450辆。其中，冷藏汽车保有量为5万辆左右，占货运汽车的比例约为0.30%（见图1—10）；铁路冷藏车辆约为7000辆，占全部运行车辆的2%。

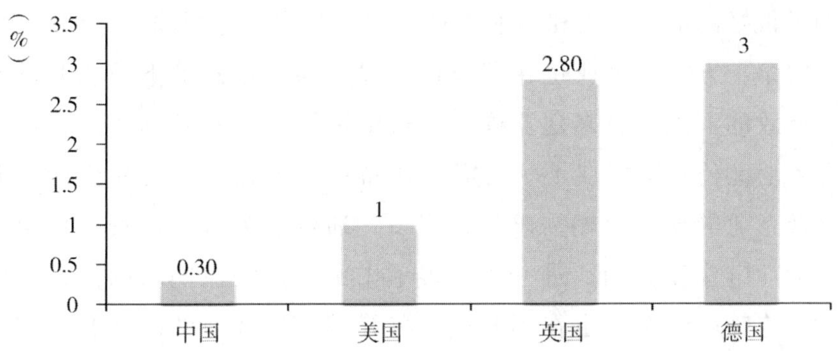

图1—10 中国冷藏汽车占货运汽车比例与发达国家对比

（三）农产品冷链物流技术发展概况

当前，中国农产品冷链物流技术的应用水平存在明显的两极分化特征。

首先，中国冷链物流起步于20世纪50年代，其间又经历了较长的一段发展停滞期。在此期间形成了中国冷链物流早期的一些基础设备设施。例如，一些机械式的速冻车皮，缺乏温度监控装置的大型冷库、冷藏运输车辆等。经过多年的发展，这些设备设施现在依然在中国冷链物流行业中占据一席之地。从当前冷链的发展及市场需求来看，这些设备设施在技术上已经严重落后，很难满足当前冷链物流行业的发展要求，也无法很好地保障通过其进行存储、运输的农产品的品质安全。

其次，近几年来中国农产品冷链物流发展经历了一个快速的膨胀式过程，许多企业自建了冷链物流部门，同时一些专业的第三方物流公司也陆续成立。这些企业在构建其冷链物流体系时大量采用了最新的冷链技术设施、设备。例如，一些生鲜农产品出口企业率先引进了国际先进的HACCP（危害分析和临界控制点）认证、GMP（良好操作规范）等管理技术标准，普遍实现了冷链的全程低温控制。诸如双汇等大型肉类屠宰企业则采用了国际先进的冷链物流技术，从屠宰、分割加工、冷却排酸等环节低温处理起步，逐渐向储藏、运输、批发和零售环节的低温处理延伸，最终向着全程低温控制的方向发展。除此之外，无线网络技术、卫星定位系统（GPS）、地理信息系统（GIS）和射频标识技术（RFID）、条码技术等信息化技术也在这些企业中得到了一定的应用。

（四）农产品冷链物流体系构建概况

冷链物流行业的发展重在体系化、规模化。首先，中国近年来已经建成了一批冷链物流重点项目，包括中铁快运、武汉肉联、松冷冷链等，对整个行业的发展起到了很好的示范作用和辐射带动作用。其次，包括联想集团、中外运、中粮等在内的第三方物流企业也在积极通过强化与产业链上下游企业进行战略合作，通过有效的资源整合来建立国际先进的冷链设施和管理体系，积极拓展冷链物流业务。此外，诸如双汇、雨润、众品、光明乳业等食品生产企业，则从自身发展及企业的冷链运输需求特征出发，通过业务整合与资产重组，自建了独立核算的冷链物流公司，进一步完善了中国冷链物流网络的建设体系。最后，一些大型连锁商业企业也在不断地完善终端销售环节的冷链管理，加快发展生鲜食品配送，进一步使得中国冷链物流体系趋于完整。

二　农产品冷链物流发展分析

（一）国外先进冷链物流发展现状

现代物流作为一种先进的组织方式与管理技术，在国民经济发展中扮演着重要的角色。从权威杂志《劳氏航运经济学家》发布的相关统计数据可以看出，在欧美发达国家，其物流支出在国内生产总值中普遍占有较高的比重，通常达到10%—12%。2000年，美国物流产业总规模达到9500亿元，约占国内生产总值的10%；2011年，其物流产业总规模达到12800亿元，占国内生产总值的比重为8.5%，虽然比重有所下降，但依然在国民经济中占据重要的地位。

食品行业的发展与广大居民的生活息息相关，同时其发展对物流运输也有着极高的依赖性。据统计，美国的食品物流成本占商品价格的比例为30%左右。中国由于食品物流发展水平落后、物流过程中损耗率高等方面的原因，物流成本常占到食品价格的60%以上。物流发展水平的滞后，直接或间接地制约着中国经济发展效益的提升。欧、美、日等发达国家的经验则表明，大力发展食品物流业有着十分巨大的社会效益和经济效益。

欧、美、日等发达国家的食品冷链物流起步自20世纪二三十年代，经过80余年的发展已经形成了极为完善的食品冷链物流体系，在提升整个国家经济发展效益的同时，很好地解决了其国民的食品问题。综合起来，其冷链物流发展的核心特征及经验对于中国冷链物流发展有着重要的指导意义，体现为以下几个方面。

1. 从田间到餐桌的完善的冷链物流体系

由于农产品加工的特殊性，其物流运输需要经历从田间到餐桌的流转过程，也就意味着农产品冷链物流有着链条长、构成复杂的特征。同时，由于农产品的常温下易腐易烂的特性，以及其品质腐坏的不可逆性，对于农产品冷链物流而言就不是某一个或几个物流环节做好的问题，而是整个冷链的体系化、无缝衔接。如此才能确保整个农产品物流过程中的质量与安全。欧、美、日等发达国家对农产品冷链物流体系的安全性十分重视，制定了一系列包括食品的生产、加工、包装、运输、储存，甚至标签、品质分级、农药残余等行业标准及法律法规，全程确保农产品冷链物流的高效、优质。以美国的蔬菜冷链物流为例，其已经实现了从田间采摘到进入消费者餐桌的整个过程中蔬菜始终处于所需的低温条件下，且结合先进的信息技术实现了蔬菜产前、产中、产后的全方位监控、管理。

2. 积极引进先进的冷链物流技术

冷链物流是一项复杂的低温系统工程，需要各种先进的技术来支撑整个物流体系的运作，使整个过程可控、可见。在先进技术方面，欧、美、日等发达国家也是做到了从田间到消费终端。其先进技术主要包括几个环节：第一，建设标准化的原料基地，使用友好农业生产管理技术和快速、便捷的有害物质分析检测技术，确保进入冷链物流的农产品从源头开始便是安全优质的。第二，农产品采摘后，就地采用真空预冷技术和冰温预冷技术，第一时间采取措施降低农产品的代谢过程，最大限度地延长农产品的保质期。第三，采用自动化冷库技术与气调储藏技术，进一步确保鲜活农产品的品质，延长其储藏保质期。第四，物流运输则因地制宜，根据实际需要向着小批量、多品种的方向发展。在冷藏运输车辆方面也主要采用节能环保的技术，进一步降低了冷链物流运输的成本。第五，基于先进的信息技术搭建冷链物流供应链管理系统，实时跟踪、监控冷藏车及农产品的状态，保证整个冷链物流过程透明、可控。此外，供应链管理信息系统也负责采集农产品的各种供需信息、销售状况，进一步提升整个冷链物流系统的服务效率。

3. 推进行业标准及法律法规建设

一个行业的健康、可持续发展既需要相关的行业标准来引导行业自律，也需要通过严苛的法律法规对违规、违法行为施以惩罚来实现他律。欧美等发达国家有着完善的行业组织机制，在行业管理中发挥了极其重要的协调配合作用。其物流协会协调行业企业及政府管理部门，协助政府制定行业标准，宣传、引导行业企业共同遵守行业规范和纪律，进行相关技术咨询与人员培训。除了以行业组织及行业标准等为基础的行业自律外，这些发达国家也十分重视对冷链物流行业的相关政策保障及法律法规，为农产品冷链物流的健康发展保驾护航。美国发布了《冷链质量标准》，并以此为基础监控、管理整个冷链，并实施冷链认证准入制度。

4. 引入竞争机制，保证行业的健康发展

在整个冷链物流系统中，大型批发市场与超市集团等龙头企业是行业发展的关键。美国、加拿大等国充分发挥批发市场交易便利、货品齐全、具有规模经济的优势以及超市集团配送及时便捷、更接近消费终端的优势，使二者相互竞争，最终促进整个物流行业的效率提升和健康发展。这一点在中国则是需要政府部门重点考虑的问题。当前中国的冷链物流区域特征突出，由于其发展与地方利益密切相关，容易形成许多无谓的地方政府干涉市场的情况。

（二）中国冷链物流发展环境分析

1. 经济环境

2014 年中国国内生产总值实现 636462.7 亿元，较 2013 年增长 7.4%。

2015 年第一季度国内生产总值实现 140667.2 亿元，同比增长 7.0%。从整个 2010—2015 年第一个季度的经济成果数据来看，中国经济增速明显放缓，从 2010 年第一季度的 12.1%下降到 2015 年第一季度的 7.0%（见表 1—12）。对于经济增速放缓的主要原因，一方面在于我国经济发展基数较大，另一方面也在于中国政府应对近年来席卷全球的经济危机过程采取的一系列宏观调控措施。

从国民经济各个产业的角度来讲，第一产业的增速相对比较稳定，第二产业则处于与国内生产总值相似的增速放缓状态。与此相对，第三产业的增速则呈现出一个先减速后增速的 U 型变化过程。从 2010 年第一季度开始到 2015 年第一季度，增速逐渐放缓然后增速逐渐加快。

在经济增速放缓的同时，中国政府适时地采取了一系列改革举措，使得中国的经济发展结构得到了一定的改善。这种改善首先就体现在第三产业，即通常所说的服务业，增速逐渐加快（见表 1—12），在国民经济中的重要性也日益提升。此外，从 2014 年各季度的第三产业下属产业的增加值情况来看，中国的经济发展模式也逐渐地向着内需（尤其是消费方面）拉动型转变。从表 1—13 可以看出，2014 年各季度第三产业各行业中批发及零售业、金融业的增长速度明显快于其他行业，达到 10%左右，高于同期 GDP 的增速。此外，交通运输、仓储和邮政业，住宿和餐饮业等行业也保持了较快的增长速度。这些都从一个侧面表明，中国的经济增长模式已经开始转变，而这也将成为中国经济未来更快更好发展的一个开端。

表 1—12　　2010—2015 年各季度中国分产业产值及同比增长

时间	GDP（亿元）	同比增长（%）	第一产业（亿元）	同比增长（%）	第二产业（亿元）	同比增长（%）	第三产业（亿元）	同比增长（%）
2010 年 3 月	82613.4	12.1	5143.6	3.8	39436.1	14.5	38033.6	10.5
2010 年 6 月	174878.8	11.2	13379.1	3.6	86261	13.3	75238.8	9.9
2010 年 9 月	272626.7	10.7	25623.1	4	129947.2	12.6	117056.4	9.7
2010 年 12 月	401512.8	10.4	40533.6	4.3	187383.2	12.3	173596	9.8
2011 年 3 月	97418	9.8	5951.7	3.3	46944.2	10.8	44522.1	9.6
2011 年 6 月	206368.6	9.6	15625.7	3	102526.6	10.6	88216.3	9.6
2011 年 9 月	322124.6	9.5	30196.4	3.6	154552.1	10.6	137376.1	9.5
2011 年 12 月	472881.6	9.3	47486.2	4.3	220412.8	10.3	204982.5	9.4
2012 年 3 月	108486.4	8.1	6922	3.8	51413.1	9.1	50151.2	7.5

续表

时间	GDP（亿元）	同比增长（%）	第一产业（亿元）	同比增长（%）	第二产业（亿元）	同比增长（%）	第三产业（亿元）	同比增长（%）
2012 年 6 月	228035	7.8	17471	4.3	110863.8	8.3	99700.2	7.8
2012 年 9 月	353723.6	7.7	33088	4.2	165428.5	8.1	155207.1	7.9
2012 年 12 月	519322.1	7.8	52377	4.5	235318.6	8.1	231626.5	8.1
2013 年 3 月	123170.8	7.8	7213.8	3.2	56025.5	7.8	59931.5	8.3
2013 年 6 月	256911.2	7.6	18087.3	2.8	120233.2	7.6	118590.6	8.3
2013 年 9 月	400987.3	7.7	34644.9	3.2	180089.2	7.9	186253.1	8.4
2013 年 12 月	588018.8	7.7	55321.7	3.8	256810.0	7.9	275887.0	8.3
2014 年 3 月	132920.2	7.4	7491.0	3.4	59172.8	7.3	66256.4	7.8
2014 年 6 月	278740.4	7.4	19143.0	3.8	127357.8	7.4	132239.6	7.9
2014 年 9 月	435021.9	7.4	36816.0	4.1	191083.4	7.4	207122.5	7.9
2014 年 12 月	636462.7	7.4	58331.6	4.1	271392.4	7.3	306738.7	8.1
2015 年 3 月	140667.2	7.0	7770.0	3.2	60291.9	6.4	72605.3	7.9

表 1—13　　2014 年各季度第三产业各行业产值及同比增长

行业	2014 年 3 月		2014 年 6 月		2014 年 9 月		2014 年 12 月	
	产值（亿元）	同比增长（%）	产值（亿元）	同比增长（%）	产值（亿元）	同比增长（%）	产值（亿元）	同比增长（%）
交通运输、仓储和邮政业	6577.2	5.7	13462.3	6.8	22285.0	7.0	28750.0	7.0
批发和零售业	13045.3	9.8	25622.2	9.8	39298.7	9.7	62215.6	9.5
住宿和餐饮业	2366.0	5.9	4722.8	6.1	7530.7	6.2	11198.8	6.2
金融业	11379.5	9.5	22507.3	9.4	36331.4	9.1	46953.6	10.2
房地产业	9534.6	2.9	18868.4	2.5	28489.0	2.3	38166.6	2.3
其他	22762.6	8.9	45748.3	9.0	71067.7	9.1	116311.3	8.8

固定资产投资是体现一个国家经济发展潜力及模式的一个重要指标。2014 年各行业实现固定资产投资 5502004.90 亿元，同比增长 15.7%。从各个行业来看，第一产业从 2010 年开始便呈现出一种快速的增长趋势，至 2014 年更是保持了 30%左右的高的增长速度。这一方面是因为之前中国固定资产投资在第一产业上的投入基数较小，另一方面也体现了中国经济发展战略上向着

一个更全面的方向发展的调整。这种调整在第二、第三产业的投资增速方面也有所体现。特别是2014年以来，第二产业固定资产投资明显减少，至2014年第四季度则降到只有13.2%。在第三产业方面，同样经历了一个先减速后增速的过程，至2014年则固定资产投资增速全面超过第二产业，如表1—14所示。

表1—14　　2010—2014年各行业固定资产投资及同比增长

时间	第一产业（亿元）	同比增长（%）	第二产业（亿元）	同比增长（%）	第三产业（亿元）	同比增长（%）
2010年3月	364.37	9.7	12459.64	22.4	16968.67	30
2010年6月	1682.03	17.8	41517.94	22.3	54847.41	28.4
2010年9月	2783.07	17.7	69611.69	22	93474.82	26.7
2010年12月	3966.08	18.2	101047.8	23.2	136401	25.6
2011年3月	652.45	10.8	17014.03	24.8	21798.43	25.6
2011年6月	4957.23	25.5	92828.78	26.9	114488	23.4
2011年9月	4957.23	25.5	92828.78	26.9	114488	23.4
2011年12月	6792.38	25	132263.5	27.3	162877	21.1
2012年3月	885.84	35.8	21270	24.6	25709.56	17.6
2012年6月	3654.11	28.6	67767.85	23.7	79288.1	17.4
2012年9月	6545.45	32.2	113662.4	22.4	136725	19.4
2012年12月	9004.26	32.2	158671.5	20.2	197159.3	20.6
2013年3月	930.03	31.4	24634.79	16.2	32527.46	24.5
2013年6月	3883.96	33.5	78051.63	15.6	99382.02	23.5
2013年9月	6798.73	31.1	132607.21	17.1	169801.63	22.3
2013年12月	9240.95	32.5	184804.36	17.4	242482.39	21.0
2014年3月	1169.56	25.8	28253.77	14.7	38898.38	19.6
2014年6月	4820.43	24.1	89185.72	14.3	118764.29	19.5
2014年9月	8642.45	27.7	150179.63	13.7	198965.11	17.4
2014年12月	11983.16	33.9	208106.86	13.2	281914.89	16.8

国外研究表明，当人均GDP达到4000美元时，冷链物流会得到快速发展。无论是从国内生产总值还是固定资产投资来看，当前中国经济发展现状及方向

对冷链物流的发展无疑是有利的。在这样的经济背景下，各地政府及行业企业都应该把握机遇，推动冷链物流在我国的快速发展、高水平发展。

2. 政策环境

冷链物流的发展不仅符合当前中国经济发展模式调整的要求，更是关系到人民食品安全问题的重点发展产业。因此，近年来随着各方面条件的逐渐发展成熟，以及在市场的大力推动下，国家对发展冷链物流给予了极大的重视和支持，从 2010 年的《农产品冷链物流规划》开始，陆续发布了多个与物流行业相关的规划及文件。2012 年 8 月，被誉为物流业“国九条”的《关于促进物流业健康发展政策措施的意见》（以下简称《意见》）发布。《意见》从宏观的体制改革到具体的发展举措都有所涉及，包括税收、土地政策、道路收费、物流行业管理体制、行业资源整合、技术创新应用、资金扶持以及农产品物流等九个方面，其中农产品物流被列为重点发展的领域。

除了国家从产业发展规划、引导的角度发布的一系列规划及文件外，各地方政府也在冷链物流发展的政策保障方面做了许多积极的工作，多个农业发展水平较高的重点区及省市都纷纷推出了地方性的冷链物流发展规划。

无论是中央还是地方政府的规划、文件，都释放出了强烈的信号：物流业是当前第三产业发展的重点，而农产品物流则是当前及未来很长时间里物流行业的发展重点。

3. 产业环境

对于农产品冷链物流而言，农业生产构成了其最大的产业背景。对于农产品冷链物流而言，其主要的运输对象包括水果、蔬菜及肉类等。近年来，中国在这些农产品的生产加工方面不仅数量上取得了极大的进步，质量也有了大幅的提升，也对中国农产品冷链物流提出了更高的要求。

（1）水果行业分析

从水果生产的角度来讲，从 2003 年开始中国的水果就以年均 6%的速度快速地增长，水果的品种、质量方面也都有着实质性的提升。国家统计局 2014 年统计资料显示，2014 年我国水果总产量达到 26142.24 万吨（含瓜果），比 2013 年增加 1049.2 万吨，增幅达到 4.2%。

在诸多的水果品种中，中国以苹果、柑橘、梨、香蕉和葡萄为主。2014 年中国的苹果产量为 4092 万吨，占水果总产量的 15.7%，较 2013 年增长 3.1%左右。柑橘产量为 3492 万吨，占水果总产量的 13.4%，较 2013 年增长 5.2%，如表 1—15 及图 1—11 所示。

表 1—15　　**2009—2014 年中国水果产量**　　单位：万吨

年份	苹果	柑橘	梨	香蕉	葡萄
2009	3168	2521	1426	883	794
2010	3326	2645	1505	956	854
2011	3598	2944	1579	1040	906
2012	3849	3168	1707	1156	1054
2013	3968	3320	1730	1207	1155
2014	4092	3492	1796	1179	1243

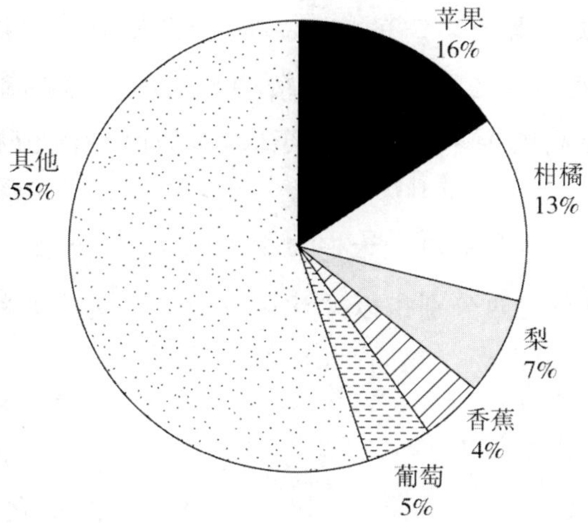

图 1—11　2014 年中国水果生产结构

中国的水果生产地域特征较为明显。苹果产地主要集中在山东、辽宁及河北等省区。此外，黄河流域的豫东、鲁西南、皖北和苏北等地，秦岭北麓的豫西、关中等地，西北黄土高原的渭北、陇中、青海、宁夏部分地区也都有苹果生产。柑橘的主要产地则集中在广东、四川、广西、福建、浙江、湖北等省区。梨的生产则主要集中在河北、辽宁、山东，山西、甘肃、新疆等省区亦有种植。葡萄的种植主要在新疆、山东、河北、河南、辽宁等省区。香蕉则集中在台湾、广东、广西、福建、云南等地区。

（2）蔬菜行业分析

当前，中国的蔬菜生产已经基本形成了华南、长江土中游冬春蔬菜基地，黄土高原、云贵高原夏秋蔬菜基地等八大蔬菜生产重点区域的格局，逐步改变了以往沿路、沿海、沿边建立蔬菜生产基地的模式，使中国的蔬菜生产形成了一种大生产、大市场、大流通的格局。近年来，中国的蔬菜产量上涨幅度较大，年均增速稳定保持在4%左右，据统计2014年我国蔬菜产量为76005.48万吨，年度进口总量为825.53万吨，出口数量为825.53万吨，同期国内蔬菜表观消费量为76045.56万吨。无论是蔬菜的种植面积还是产量，中国都位于全球第一。

当前，由于蔬菜自身的易伤、易腐的特点以及中国物流运输行业管理、操作处理上的不规范（采后处理不及时），蔬菜运输普遍腐损率较高，高达20%—30%。这使得当前中国蔬菜有着“生产产地靠近消费地，运输半径小”的特点。从另外一个角度来讲，也正是由于管理难度大、运输损耗高，蔬菜的运输流通常常不能达到很好的连接产销两端的作用，反而形成“蔬菜产地有产量无销量，大中城市菜难买、菜价高”的情况。加之蔬菜生产所具有的季节性特点，更需要在蔬菜的供销环节之间有充足的缓冲与调节。这些都对中国农产品冷链物流的发展提出了更高的要求，同时对于农产品冷链物流也是一个重要的发展机遇。

从全国范围看，蔬菜供销已基本形成了“五圈”、“两基地”的格局（见图1—12）。“五圈”由东向西分别指以“沈阳—大连”为中心的辽宁、河北、内蒙

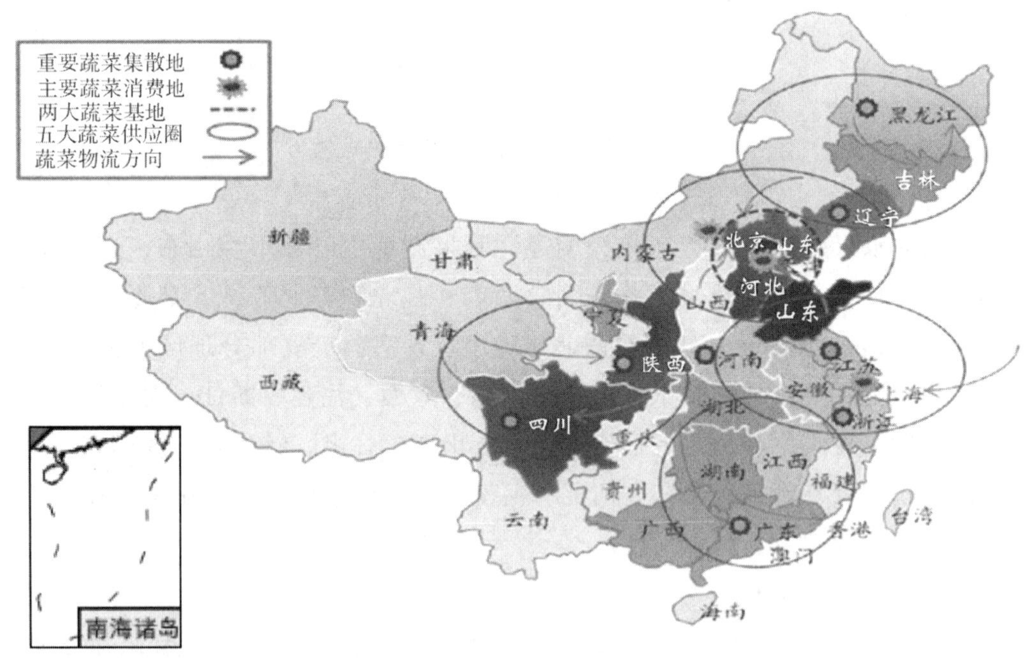

图1—12　中国蔬菜生产消费的五圈、两基地

资料来源：《2012年中国冷链物流发展报告》。

古、山东蔬菜供销圈；以“北京—天津”为中心的辽宁、内蒙古、河北、山东蔬菜供销圈；以“上海—杭州—南京”为中心的河南、安徽、山东、江苏、浙江蔬菜供销圈；以“香港—广东—深圳”为中心的湖南、湖北、广西、广东蔬菜供销圈；以“西安—成都”为中心的内陆蔬菜供销圈。两个基地则分别指山东与河北—北京蔬菜集散基地。

（3）肉类行业

随着中国经济快速发展和人民生活水平的不断提升，中国肉类产品消费近年来呈现快速增长的态势，目前已达到约每年 8000 万吨的水平。2005 年以来，中国肉类产量整体上处于一个不断增加的状态，但增速并不稳定，呈现出一个“W”的形状。其中 2007 年和 2011 年是这个时期内产量增速的两个波谷。2012 年，在国家政策以及市场需求的共同推动下，中国肉类产量达到 8384 万吨，较 2011 年增加 5.36%；2014 年，中国肉类产量达到 8706.74 万吨，同比增长 2.01%（见图 1—13、表 1—16）。

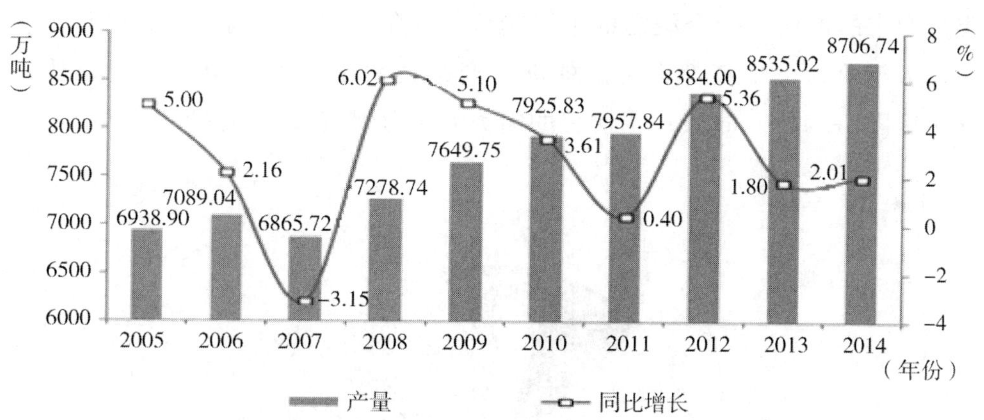

图 1—13　2005—2014 年中国肉类产量及同比增长

表 1—16　**2005—2014 年中国肉类产量及增长情况**

年份	总产量		猪肉		牛肉		羊肉	
	产量（万吨）	增速（%）	产量（万吨）	增速（%）	产量（万吨）	增速（%）	产量（万吨）	增速（%）
2005	6938.90	5.00	4555.33	4.94	568.10	1.38	350.06	5.15
2006	7089.04	2.16	4650.45	2.09	576.67	1.51	363.84	3.94
2007	6865.72	-3.15	4287.82	-7.80	613.41	6.37	382.62	5.16

续表

年份	总产量		猪肉		牛肉		羊肉	
	产量（万吨）	增速（%）	产量（万吨）	增速（%）	产量（万吨）	增速（%）	产量（万吨）	增速（%）
2008	7278.74	6.02	4620.50	7.76	613.17	-0.05	380.35	-0.59
2009	7649.75	5.10	4890.76	5.85	635.54	3.65	389.42	2.38
2010	7925.83	3.61	5071.24	3.69	653.06	2.76	398.86	2.42
2011	7957.84	0.40	5053.13	-0.36	647.49	-0.85	393.10	-1.44
2012	8384.00	5.36	5335.00	5.58	622.00	-3.94	401.00	2.01
2013	8535.02	1.80	5493.03	2.96	673.21	8.23	408.14	1.78
2014	8706.74	2.01	5671.39	3.25	689.24	2.38	428.21	4.92

从肉类生产的类别来看，中国肉类以猪、牛、羊肉为主。历年来猪、牛、羊三种肉类在全部肉类生产中的占比均达到75%以上，近年来猪、牛、羊肉在肉类生产中的占比有一个缓慢的下降趋势。在猪、牛、羊肉中，又以猪肉生产为主，历年的猪肉生产都占到总的肉类产量的一半以上，2014年的占比达到65%（见图1—14）。这和中国居民的肉类消费习惯有着密切的联系。

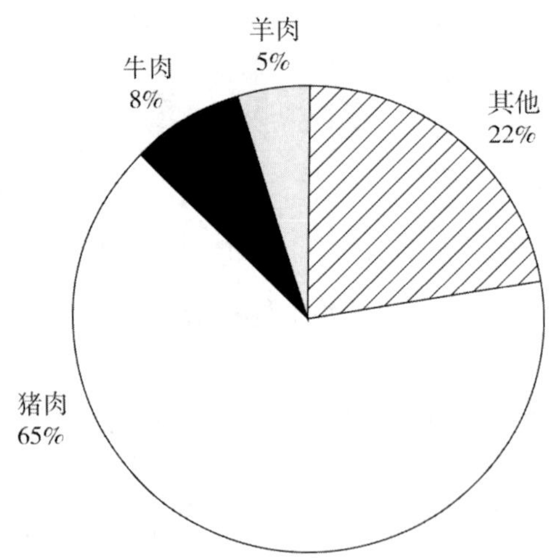

图1—14　2014年中国各类肉产品占比情况

（三）中国农产品冷链物流发展前景

1. 中国农产品冷链物流发展优势

当前，中国农产品冷链物流起步较晚、发展水平低，和中国当前的经济发展水平以及人们食品需求的特征极不协调。近年来，在政策及市场的双重刺激下，中国冷链物流呈现出快速发展的势头。首先，中国是一个农业大国与人口大国，在这样的背景下冷链物流的发展有着巨大的空间。其次，中国正处于经济发展的转型时期，冷链物流符合当前转型的需要，能够有效地促进经济发展的效率提升，促进消费型（特别是内需）经济的发展。此外，近年来中国在冷链物流基础设施建设方面投入不断加大，基础设施不断得到完善，一些技术先进、规划科学的冷链物流重点项目陆续得以建设，对中国的冷链物流发展有着重要的带动、辐射效应。

2. 中国农产品冷链物流发展劣势

目前中国冷链物流行业的制冷技术只相当于发达国家20世纪80年代的水平，农产品冷冻冷藏质量无法保证、无法监控，使得中国冷链物流的损耗率一直居高不下，物流成本占食品的销售价格的很大比重。此外，中国的农业生产还主要是一种分离、零散的作业方式，农业生产的科技含量普遍低下，在很大程度上制约了中国冷链物流发展。作为一个高度交叉的专业领域，冷链物流的发展需要更多的冷链专业人才的助力，这也是中国当前发展冷链物流的一个软肋所在。这些因素对中国冷链物流的发展都会形成根本上的阻碍，需要政府及行业组织、企业去规划、解决。

3. 中国农产品冷链物流发展机遇

随着中国经济体制改革的不断推进，市场体制的不断完善，物流业当前已经成为中国经济发展的先导性行业与经济的支柱性行业。2008年以来，为了更好地推动物流业的发展，中国政府做了一系列政策部署。2009年3月10日，国务院下发的《关于印发物流业调整和振兴规划的通知》，正式提出将物流业列为我国当前的十大产业振兴计划。在这种政策背景下，各地、各级政府及相关部门都进一步采取各种积极的措施，来支持、鼓励、引导物流业的发展。中国农产品冷链物流也在这样的发展背景下迎来了前所未有的发展机遇。

4. 中国农产品冷链物流发展威胁

2008年的金融危机席卷全球，国际经济发展形势有恶化的趋势，中国的经济发展也受到极大的打击，2014年的国内生产总值增速只有7.4%。经济的全面减速对冷链物流的持续发展是一种潜在的威胁。此外，国际化是当前的主流，加入WTO意味着中国冷链物流的发展也将是全球竞争的一部分。中国的农产品外贸出口需要严格执行更高的标准，国内的冷链物流市场也面临着国外物流业巨头的直接竞争。这对于相对落后的中国食品冷链物流行业而言无疑是一个巨大的挑战和威胁。

三　中国农产品冷链物流存在的问题

当前，中国农产品冷链物流正面临着很好的机遇，这些机遇主要来自国内农产品需求市场的变化。中国是一个幅员辽阔的农业大国，农产品数量、种类极其丰富。近年来，中国水果产量年均增长率达到6%左右，蔬菜则达到3%左右。这些都为中国农产品冷链物流的发展奠定了基础。此外，随着人们生活水平的逐年提高，人们对食品的消费需求也逐渐由温饱型向营养调剂型转变。人们对果蔬产品的需求不仅体现在数量上的增加，而且也有着更高的质量要求。如果说农产品数量的增加还仅仅是对冷链物流发展的一种间接推动的话，质量要求则直接为农产品冷链物流创造了广阔的发展空间。除此之外，近年来国内频繁爆发的食品安全问题促使消费者更加重视食品安全和环境卫生问题，这又进一步成为中国农产品冷链物流发展的有效推力。

面临着大好的发展机遇，如何抓住机遇，发展好我国的农产品冷链物流是当前摆在各地政府及行业从业者面前的一个现实课题。欧美发达国家的农产品冷链物流兴自20世纪30年代，经过80余年的发展，其发展已经实现了体系化、现代化、信息化，重要的表现就在于其较高的农产品冷链物流率和极低的物流损耗。欧美发达国家的农产品冷链物流率通常达到50%以上，日本则达到了98%。从物流运输损耗的角度来讲，欧美发达国家已经实现了将损耗控制在1%—2%的水平，农产品在物流运输过程中得到了极好的保存。

中国的农产品冷链物流行业起步较晚，最早起步于20世纪50年代的肉食品外贸出口，90年代才开始真正发展，整个行业的发展还处于一个较低的水平，发展中也还存在较多的问题。对于冷链物流而言，体系化是关键所在。换句话说，冷链物流的关键不在于某一个或者某几个物流环节做好，而在于整个冷链的各个环节都做好并做好环节间的无缝衔接。一个体系化的冷链物流系统构建，不仅对冷链物流的各种基础设施有着较高的要求，冷链技术以及管理水平、相关行业标准、法律法规等都是极其重要的决定因素。

（一）冷链物流基础设施建设滞后，不能满足中国农产品冷链发展的需要

对于起步较晚的中国农产品冷链物流行业而言，基础设施的建设有着决定意义。相关基础设施是否能够满足整个行业的发展需求决定了冷链物流的发展速度和建设质量。近年来，随着中国经济水平的不断发展，人民生活水平的不断提高，农产品冷链物流的市场需求呈现出快速、大幅度增长的特征。同时，冷链物流的市场供给却增长相对缓慢。这对于本来就发展起点较低的中国农产品冷链物流行业无异于雪上加霜。当前，冷链物流供给的决定因素主要包括冷

藏运输车辆、冷库等基础设施建设方面。

1. 冷藏运输车辆保有量严重不足，技术落后

中国的冷藏运输方式主要有公路运输、铁路运输、航空运输和远洋运输四种，其中公路运输是当前冷链物流运输的主要力量。截至2010年，中国的冷藏保温车数量为5万辆左右，占货运汽车的比例仅为0.3%。加上2011年、2012年新增的大约2万台冷藏车，中国当前的冷藏车辆保有量大约为7万辆。从铁路运输的角度来讲，截至2011年底，中国共有冷藏列车6152量，占总的铁路货运列车的0.95%，也是处于一个较低的水平。

虽然近几年来中国冷藏保温车的数量已经有了一个较快的增长，但与欧、美、日等发达国家还是存在较大的差距。截至2008年，美国拥有的冷藏保温车辆为20多万辆，日本则拥有12万辆左右的冷藏保温车。美国的冷藏保温车占货运车辆的比例达到1%，而英国、德国等国的该项指标则通常在2%—3%之间，远远高于中国当前的水平。当然，以上只是数量上的简单对比，若考虑到中国总人口以及城市人口的数量因素，一个直接的结论就是中国现有的冷藏运输车辆是严重不足的。这也将成为一段时间内制约中国农产品冷链物流发展的一个最大障碍。

除了数量上的不足之外，中国现有冷藏车辆中相当部分还属于陈旧、落后的车型。这部分冷藏运输车辆大多来自于海运报废或者即将淘汰的海运冷藏集装箱、机械式速冻车辆，年代久远，冷冻冷藏技术和工艺极为落后，甚至都没有配备专门的冷藏设备，根本无法满足现代冷链物流管理严格、复杂的保鲜冷链运输车厢及温度控制的需要。这些车辆的使用对农产品冷链运输的质量构成潜在的威胁，急需升级换代。而这又进一步使得当前我国冷链物流车辆捉襟见肘。

冷藏运输车辆不足带来的直接后果便是当前中国较低的农产品冷藏运输率。相比于欧、美、日等发达国家80%—90%的农产品冷藏运输率，中国当前仅有10%—20%。由于不适宜的农产品运输方式，中国每年仅在农产品的运输环节，由于农产品腐烂、变质带来的损耗就超过1000亿元。这些损耗最终还是体现在了农产品的市场销售价格中。在中国，对于一些易腐食品而言，售价的70%都是用来补贴运输过程中的货损支出的。而在欧、美、日等发达国家，这一指标通常不超过50%。

2. 冷库数量严重不足，且结构、分布不合理

冷库是冷链物流体系另外一个关键基础设施，其核心功能在于存储进而调节农产品的供给量。从中国当前冷库的建设情况来看，不仅冷库的数量不足，

在冷库的配置、分布等方面也存在不尽合理的地方。据中物联冷链委统计，2014 年全国冷库总量达到 3320 万吨，折合 8300 万立方米。在这些冷库中，有一定数量的冷库是由其他用途的建筑改建而成，条件简陋，其冷藏功能单一，且库龄较长，大多在 15 年以上，而有的国有大中型冷库的库龄则大多在 30 年以上，根本无法满足不同冷藏技术要求的农产品的冷藏保鲜要求。

除了数量上不足之外，中国现有冷库的结构及分布也存在不尽合理的地方。大型冷库项目较多，批发零售冷库的建设相对较少；肉类冷库建设较多，而果蔬冷库的建设则相对较为落后；城市销售市场冷库发展较快，而产地加工冷库的建设则相对滞后；普通冷库多，专业冷库少。由于冷库的结构、分布上的不合理，加之冷库配置的区域协调缺乏机动性以及管理方面的问题，中国现有的冷库资源也常常不能得到充分利用。当处于生产淡季和原料资源不足时，冷库往往处于闲置状态，不仅冷库资源被白白浪费，而且还要白白损耗大量的能源。

在冷库总容量方面，美国要低于中国，但也达到 7074 万立方米，参考存储量为 2200 万吨。考虑到美国农产品冷链物流的管理水平、技术水平以及美国人口仅为中国的 1/5 等因素，当前中国的冷库保有量还是存在不足的，相较于市场的需求仍然存在较大的缺口。

3. 交通设施建设也不能满足冷链物流发展的需要

对于农产品冷链物流而言，运输的时效性是一个非常重要的因素，而决定运输时效性的一个重要因素就在于交通设施的建设，即道路交通的可达性与便利性。

欧、美、日等发达国家在交通设施建设方面不仅起步早，而且整个体系十分完善、布局规划较为合理，在许多方面为冷链物流的发展提供了坚实的支撑。截至 2010 年，美国的州际高速公路总长达到 75116 公里，居全球第一位，且其交通体系分层分级构建，可以从最繁华的都市直接延伸至最偏僻的乡村。因此，其农产品的流转渠道就被大大地缩短，农产品可以非常快捷地运达超市消费终端并进入千家万户。日本的道路交通基础设施建设也是极为完备的，包含了道路、铁路、沿海港口、航空枢纽等，也为农产品的冷链物流助力不少。

与此相对的是中国当前的道路交通建设情况。近年来，在国家基础设施建设的投资力度下，中国在道路交通运输方面确实取得了巨大的成就。但道路的建设却存在极不均衡的现象，主要集中于一些经济发达地区，在经济相对落后的地区甚至连条公路都没有。此外，中国的公路建设质量也是急需解决的问题。对于高等级公路，建设质量高，且有定期的养护；但对于二三级城市、县乡镇的公路则质量堪忧。缺乏体系化、高质量的道路交通设施，无形中增加了农产品冷链物流的流通环节，甚至成为一个门槛阻碍农产品冷链物流的发展。

从冷藏运输车辆数量、冷库容量、道路建设综合来看，当前中国的冷链设施及冷链物流装备等基础设施都还处于比较匮乏的状态，从根本上制约了中国农产品冷链物流的发展。

（二）完善、高效的冷链体系尚未形成，断链问题较为突出

“冷”与“链”是冷链物流的两个关键字，其中“冷”是技术层面的概念，也是冷链物流的基础与前提；“链”则是冷链物流的精髓与核心。一条链将整个冷链物流的各个环节有序地联系在一起成为一个有机的整体，“链”也是冷链物流建设的重点与难点所在。“链”包括了农产品从生产、冷藏、运输、销售及到达最终消费者手中的所有环节，链的构建要求链条的完整、有序衔接、不断链。这也符合当前冷链物流行业的国际先进经验以及农产品冷藏保鲜规律的。

中国每年约有 4 亿吨生鲜农产品进入流通领域，却只有 10%—20%进入冷链物流流通。其中，进入冷链物流流通的蔬菜比重为 5%，肉类为 15%，水产品也仅只达到 25%左右。其中，许多所谓的冷链运输实际上只是打着冷链物流的幌子，实质却只是一种“冷藏运输”。与此相较，欧、美、日等发达国家现在已普遍实现 90%以上的农产品在冷链物流体系中流通。

美国的农产品冷链物流现在已经能够做到从“田间采摘—预冷—冷库—冷藏车运输—批发站冷库—超市冷柜—消费者冰箱”的全过程冷链管理，很好地实现了高效率地将高质量的农产品送到消费者家中的目标。而中国的农产品冷链物流却常常面临冷链断裂的威胁。在中国，由于农业发展的个体化以及农业技术的落后，农产品从田间采摘开始便已经为其后续的保鲜运输留下了隐患：采摘效率低下，采摘过程中也缺乏对果蔬有效的保护；采摘下的果蔬长时间暴晒在田间地头，没有立即进行预冷处理。此外，由于道路交通基础设施以及管理水平等方面的不足，农产品冷链运输通常要经过多个冷链环节进而导致装卸作业过多。这些装卸作业也大多是在户外进行，甚至会出现农产品长时间停放户外的情况。实际上，国际通行的标准实践是在专门的保温装卸车间进行冷藏货物的装卸工作，保证冷藏农产品在整个物流过程中一直处于低温状态。这些农产品冷链物流体系构建上的问题从多个方面增加了中国农产品冷链运输过程中损耗，降低了农产品的质量水平。

完善、高效的冷链物流体系化不仅包括冷链运输的体系化，也包括冷链物流产业上下游的运作及信息的体系化。当前，中国农产品冷链物流从起始点到最终的消费点的流动储存效率和效益都还没有实现有效的控制和整合。对处于

冷链下游的生鲜超市来讲，其上游的运作始终处于不顺畅、不稳定、不可控、不可知的状态。换句话说，中国的冷链物流行业当前的发展缺乏整体的规划与整合，缺乏一种“一荣俱荣，一损俱损”的“链”的观念。从中国当前冷链冷藏产业运作的现状看，销售终端的消费信息采集、分析，冷链运输环节的温度监控、质量检测，农产品产地的生产、收获信息等，这些在整个冷链物流体系中都无法实现实时、流畅的传递。在欧美发达国家，销售终端连锁企业与冷链物流经营主体及农场大多以一种经营联合体的形式运作，各个环节之间保持密切的信息沟通，并在信息沟通、整合的基础上规划整个冷链物流产业链的发展。

对于冷链物流而言，只有运输体系以及整个产业的上下游都实现了体系化，整个冷链物流才能够高效、高质量地运作起来。

（三）农产品冷链物流行业标准与法律法规不健全

对于任何行业的发展，一套科学的、可执行的、可检验的、得到行业管理者和从业者一致认可遵从的法律法规、行业标准都是至关重要的。由于中国冷链物流尚处于起步阶段，规范冷链物流各环节市场主体行为的法律法规体系尚未建成，可以遵循的行业标准规范也尚不完善。相关法律法规、行业标准的不足也就意味着当前中国农产品冷链物流行业的发展无法得到有效的监控和管理，意味着这个行业的发展无法健康、可持续地进行。

冷链物流法律法规、行业标准的缺乏有着客观的原因。一套科学的、适合中国冷链物流行业发展实际的法律、标准的构建需要大量的行业实践为基础。然而中国冷链物流只是在近几年才得到了政府、企业及公众的重视，虽然近几年发展较为迅速，但发展水平依然较为落后。这种发展现状成为我国相关行业法规标准制定的天然障碍。此外，从学术界、研究的角度来看，冷链物流也是近几年才得到了较多的关注，理论研究的落后也无形中影响了行业法规、标准的制定。

近年来，中国相继颁布了《冷冻食品物流包装、标志、运输和储存》、《易腐食品机动车辆冷藏运输要求》、《农产品冷链物流发展规划》等导向性文件与政策、标准，但具体的执行标准与硬性的法规还存在很多空白。这些标准、规定中许多都是推荐性标准，企业在具体的操作中是否遵从、执行在两可之间。冷链物流是一个资本密集型的行业，特别是企业发展的早期阶段，需要大量的投资进行基础设施的购置、建设，这种投资通常也很难在短期内获得回报。重要的是，对于中国现阶段农产品冷链物流而言，企业对行业标准的贯彻执行虽然会有效地降低物流损耗、提升农产品质量，但通常也意味着其经营成本的大幅增加。因此，很多企业许多时候会从自身利益出发，选择不去执行相关标准，在具体的冷链物流运作中表现出很差的自律性。例如，为了节约成本，许多企业会在农产品运输的过程中关闭保鲜冷藏系统，人为地导致大量时鲜果蔬腐烂或者不同程度地损坏。

（四）专业化的第三方物流发展滞后

第三方物流是指经营企业为了更好地实现自身的核心竞争力，把原来由自己设立专门的部门运作、管理的物流活动，以合同的方式委托给专业物流服务企业，同时通过信息系统与物流企业保持密切联系，以达到对物流全程管理、控制的一种物流运作模式。第三方物流的核心竞争力便是物流服务本身，其引入无疑可以为生产经营企业提供更为个性化、专业化、系统化的物流服务。第三方物流的发展对于整个冷链物流行业的发展无疑也意义巨大，不仅可以通过服务的整合、优化、集中产生可观的规模效应，而且能够提高冷链物流基础设施的利用率、冷链运输的效率，降低农产品冷链物流损耗。

当前，除了出口外，中国农产品冷链物流的承担者依然是以鲜活易腐农产品的制造商和分销商为主。第五次中国物流供需状况调查结果表明，中国商贸企业物流作业中，27%的企业是由第三方提供，11%的企业则是由商品的供货方提供，高达62%的企业则是公司自理。可以预见的是，在冷链物流行业，第三方物流的引入比例将会更低。

此外，对于中国现有的第三方冷链物流企业而言，目前也存在网络覆盖范围有限、信息系统技术落后、服务质量低下、服务层次低等不足。目前，国内可以提供全面、综合、集成的冷链物流服务的第三方物流企业在所有的物流企业中的占比不到5%，大多数的第三方物流企业仅仅提供货运代理、库存管理、装卸和运输等服务。这些第三方物流企业的服务在准确性和及时性方面都难以保证，严重影响了农产品冷链的运行效率及质量。在这种情况下，一方面是自营物流的成本居高不下，另一方面是第三方冷链物流的高损耗、低质量、低效率。对于物流要求极高的农产品冷链物流来讲，国内大多数生产厂商就不得不选择自建冷链或者仅仅外包一部分简单的物流业务。例如，双汇集团就选择了自营物流，并专门配备了200多台冷藏食品车辆来满足企业日常的生鲜食品冷藏运输需求。但是，自营物流毕竟是经济不规模效应的，从长远来讲，大力发展第三方物流势在必行。

（五）冷链物流技术及管理水平不高

冷链物流是随着科学技术的进步、制冷技术的发展而建立起来的，以冷冻工艺学为基础、制冷技术为手段的低温物流过程。作为一个特种物流行业，冷链物流有着一般物流行业所普遍具有的运行规律特征，但同时也有着冷链物流自身专业的要求。冷藏食品在流通中由于温度的变化会引起品质的降低，且这种降低会有累积性和不可逆性，对不同的农产品和不同的品质要求都应该有相应的技术指标。这是冷链物流区别于一般物流服务的核心所在。这也对冷链物流的技术标准、管理提出了更高的要求。

中国在冷链物流质量监控、温度监控、卫生管理、包装技术等方面目前都还与欧美发达国家有着较大的差距。例如，当前中国生鲜农产品采摘后的预冷、低温环境下的分等分级、包装加工等农产品的商品化处理等操作的普及率还很低，运输过程中温度监控、控制的技术还非常原始粗放，发达国家普遍采用的运输环节全程温度自动控制技术在国内尚未被广泛采用。加拿大最大的第三方物流企业汤姆逊，拥有目前世界上最为先进的自动控温、记录、卫星监控的“三段式”冷藏运输车，可同时运送三种不同温度需求的农产品。与此形成鲜明对照的是，中国现有的一些冷冻冷藏车根本没有制冷设备、采用冰块和被子进行货物冷藏的现状。

四 中国农产品冷链物流发展的对策与建议分析

农产品冷链物流的发展对农户、经销商、批发商及消费者都有着重要的意义。冷链物流已经成为全球各国改善农产品流通条件、保障农产品质量、提高农产品附加值以及提升农产品的国际竞争力的有效手段。对于当前中国的冷链物流行业而言，一方面是巨大的市场需求带来的前所未有的发展机遇，另一方面来自各方面的实际问题带来的挑战，如何扬长避短，发挥壮大中国农产品冷链物流行业是摆在各地政府及从业企业面前的重大课题。

（一）加大政策扶持力度

任何行业要想实现健康、持续、快速的发展，宏观政策的支持、健康健全的市场环境非常重要。冷链物流体系建设环节多，产业链长，是一个跨部门、跨行业、跨地区的系统工程，需要多个地方、部门的配合与支持。农产品冷链物流要实现健康、可持续发展，就离不开国家宏观政策的支持，且应该是符合当前中国冷链物流的发展实际的国家宏观支持政策。

国家政策扶持要实现从硬件与软件两个方面综合改善中国的冷链物流发展环境。硬件主要指支持冷链物流发展的基础设施建设方面，基础设施从更一般的角度来讲主要包括道路、港口、机场等，从冷链物流的专业需求来讲则包括冷藏车、冷库、配送中心等。软件方面则主要指国家行业发展的产业政策与财政金融政策。现阶段中国冷链物流还处于发展的起步阶段，一些大型重点项目的建设以及由其所带来的辐射、带动效应就极为重要。那么，国家就可以在一些重点项目的建设方面给予特殊的政策支持与鼓励，包括资金、土地、税收等方面。

（二）建立中国冷链物流的行业标准及相关法规

当前，中国农产品冷链物流发展正面临着很好的机遇。但机遇能否最终转化为行业实际的进步，并且实现行业健康、持续、快速的发展，行业的标准化以及对应的法律法规极其重要。标准化的作用不仅在于约束、规范行业的运作，也在于指导相关企业的日常运作。相关法规则是以行业标准为标杆的行业监督、惩罚措施。

一方面，中国农产品冷链物流还只是处于起步阶段，冷链的各个环节如何运作、如何衔接等都还处于探索阶段。这种探索就可能导致各种行业发展乱象的产生，威胁到整个冷链行业的发展。作为行业管理部门的各级政府就应该承担起相关行业标准的制定，使整个行业的发展尽快步入规范、标准化的发展通道。另一方面，同样是因为中国冷链物流所处的起步阶段，企业的运作就可能存在较多的投机行为。如为了降低运输成本，有些冷链运输企业仅在运输的首尾两端启动制冷设备，而在运输的过程中则关闭制冷设备。考虑到农产品品质下降的累积性与不可逆性特点，这种投机行为对整个冷链都是一种极大的威胁。不仅增加运输损耗，重要的是可能导致食品安全问题。摆在各级政府部门面前的一个紧迫的任务就是能够结合中国冷链物流发展基础条件、需求条件等实际情况，制定科学的、适用的、有前瞻性的行业标准、法律法规，为冷链物流的快速健康发展保驾护航，为其快速发展提供助力。

以往的经验表明，许多行业不是没有行业标准，而是缺乏行之有效的监督机制以及对违规、违法行为的惩治力度。从这一点来讲，在相关法律法规的制定中，笔者建议应强调第三方监督机制的建立，净化市场竞争环境，促进行业的公平竞争，提升企业冷链物流质量。此外，从经济学的角度来讲，违法成本的增加是减少违法行为的一种有效途径，因此，在违法、违规惩治方面应坚持从严、从重的原则，力争在行业发展的起步阶段便形成有力的约束机制。

（三）完善冷链物流基础设施建设

冷链物流基础设施是冷链物流发展的必要支撑。对于冷链物流行业而言，冷库、冷藏运输车辆以及配送中心是冷链的关键基础设施。同时，为了实现冷链物流行业发展的现代化、信息化，与冷链技术紧密相连的建筑、车辆隔热保温材料、冷链温控设备、冷链温度实时监控设备等都是必需的、重要的方面。

对于冷链基础设施的建设要分两个方面来考虑。对于新建项目而言，应该以一种系统的观点来对待，面向未来设计、规划冷链体系、选择冷链设施。对于已有的、技术落后的冷链项目而言，则应该在条件成熟时果断实施基础设施的升级改造，保证整个冷链体系能够达到相关行业标准，满足冷链运输过程中的温控、监控等要求。

此外，对于冷链物流基础设施的建设也要考虑中国当前的农业生产特征。对于欧美发达国家而言，其农业生产主体为众多大型农场，农产品的生产较为集中。从消费的角度来讲，高度的城市化也使得欧美农产品的消费趋于集中。这就决定了其冷链物流的“链”非常短，易于管理，实现体系化。相比较而言，中国的农业生产则有着完全不同的特征，发展水平低、生产分散、缺乏规模性。从消费的角度来讲，不仅分散且地区差异较大。因此，中国农产品的运输流通常常要经历多次的集散，无形中增加了冷链的环节，也就决定了多品种、小批量的运输是中国冷链物流当前发展的主要趋势。那么在冷链基础设施的建设方面就需要充分考虑这些实际情况，在基础设备、设施方面科学规划、合理配置。

（四）加强冷链物流专业人才队伍的引进培养

冷链物流是一项高度专业化的物流服务，涉及多个学科的专业知识，如物流供应链、食品学、冷冻工艺学、制冷技术、机械技术等，其发展离不开具有这些专业知识的人才。实际上，有专家就认为导致中国当前农产品物流运输每年近 1000 亿元的损耗最重要的原因就在于缺乏训练有素的食品物流供应链人才和现代化的冷藏运输设备设施。

对于冷链物流人才队伍的建设，笔者建议应考虑外部引进与自身培养相结合的方式进行。一方面，中国当前冷链物流的发展还处于较为落后的水平，专业人才的缺乏是整体性的，暂时还没有能力培养对冷链物流发展极为重要的高端人才。另一方面，中国当前的冷链物流发展处于一个关键的时期，急需高端专业人才在行业标准、技术、管理等方面的全方位的贡献。因此，外部引进在短期内应该成为中国冷链物流人才获得的主要方式。此外，从冷链物流行业的长期发展来看，为了满足人才梯队的建设要求以及人才需求规模随着冷链物流不断发展而不断增加的需要，我们又必须着眼于自身的人才培养。从这个角度来讲，应考虑在国内高校的物流工程专业中增加设置冷链物流工程以及一些相关的交叉研究方向，积极探索与国外有关机构或企业的合作，举办有针对性的在职培训。

（五）大力发展第三方物流

当前中国的冷链物流的运营模式以生产经营企业自我运营为主，但这种运营模式从国际先进经验来看并非农产品冷链物流发展的首选模式。相反，大力引入第三方物流的发展模式已经被大量实践经验验证为对冷链物流的发展有益的模式。只有大力发展第三方物流，提高冷链物流的专业化水平，才是我国冷链物流长远发展的正确选择。

低温物流是对基础设施、技术含量和操作要求都很高的物流行业，并非生产经营企业的核心竞争力所在。作为非核心业务，自营的物流运作方式虽然能够较好地满足企业的冷链物流运输要求，但也常常意味着设施、设备、网络建设、人才队伍建设的高投入，物流运输能力的低利用率等问题。相比较而言，第三方物流不仅能够提供专业的服务，而且具有规模经济效应。当前，中国第三方物流的发展可考虑整合现有资源，将企业自营的、具有一定规模的冷链体系剥离成立独立的第三方冷链服务公司；在重点地区，开展低温物品区域配送服务；进一步加强与生产经营企业的联合，按条块开展冷链运输服务。

（六）大力推进冷链物流的信息化建设

信息化代表了一种信息技术被高度应用，信息资源被高度共享，从而使得人的智能潜力以及社会物质资源潜力被充分发挥，个人行为、组织决策和社会运行趋于合理化的理想状态。当前，中国冷链物流行业的发展依然处于较低的水平，使得推进信息化建设并通过信息化促进行业快速、健康发展的需求显得更加迫切。此外，农产品冷链物流发展不仅是一个行业的问题，而且也是关系到民生的大事。因此，为了保证农产品的及时、新鲜配送，政府及行业组织需要对冷链物流企业的运营及运输过程进行严格的、实时的监控，而信息化建设则是实现这种监督机制的基础。因此，冷链物流信息化建设应坚持实时、透明、公开的原则。

冷链物流信息系统是企业实现资源最优化配置，物流网络实现高效、合理、可靠运作，提高企业竞争力的重要环节。冷链物流涉及生产、运输、销售等多个环节，这些环节的有序、无缝衔接是保证食品安全性的关键所在。从政府到行业管理组织到企业应该基于各自职能的分工，整合、规划整个冷链物流行业的信息化平台，实现冷链物流信息在各个平台间的实时、透明流通。信息化的重点在于构建冷链物流和质量信息追溯系统，不仅是对物流过程中各个环节点的监控，更重要的是跟踪整个冷链，实现对冷链从产地到运输、销售，最后到消费者手中的全程监控。从政府及行业管理部门的角度来讲，可以实现对企业的监督管理。企业则可以基于信息技术对物流运输中大量的运营数据进行实时的采集、分析和处理，把物理上分散的不同物流配送中心实现逻辑上的整合、连接，提高企业物流系统的整体效益和服务水平。

信息化平台也是整个冷链行业、运营企业进行技术创新、管理创新的基础。信息化平台可以帮助行业及企业对日常运作、管理进行诊断，并做出各种优化、改进，最终推动整个行业的发展。

第四节　中国连锁超市企业生鲜经营状况研究报告

一　国内连锁超市业总体情况概述

（一）连锁超市的定义

根据国家《零售业态分类标准》，连锁超市业态包括便利店、折扣店、超市、大型超市和仓储会员店五种主要类型。

便利店是以满足顾客便利性需求为主要目的的零售业态。商圈范围小，顾客步行五分钟内可到达，目标顾客主要为单身者、年轻人，顾客多为有目的的购买；营业面积一般在100平方米左右，利用率高；有即时消费性、小容量、应急性等特点，单品种类在3000种左右，售价一般高于市场平均水平；营业时间一般在16小时以上。

折扣店是一种店铺装修简单，提供有限服务，商品价格低廉的小型超市业态。拥有不到2000个品种，经营一定数量的自有品牌商品。位于居民区、交通要道等租金相对便宜的地区；辐射半径2公里左右，目标顾客主要为商圈内的居民；自有品牌占有较大的比例，商品平均价格低于市场平均水平；以开架自选方式进行商品销售。

超市是开架售货、集中收款，以满足社区消费者日常生活需要的零售业态。根据商品结构的不同，可以分为食品超市和综合超市。位于市区商业中心、居住区；辐射半径2公里左右，目标顾客以居民为主；营业面积在6000平方米以下；经营包装食品、生鲜食品和日用品。食品超市与综合超市商品结构有所不同；采用自选销售，营业时间一般在12小时以上。

大型超市的实际营业面积在6000平方米以上，品种齐全，是一种满足顾客一次性购齐的零售业态。根据商品结构，可以分为以经营食品为主的大型超市和以经营日用品为主的大型超市。位于市区商业中心、城郊接合部、交通要道及大型居住区；辐射半径2公里以上，目标顾客以居民、流动顾客为主；以大众化衣、食、日用品为主，品种齐全，注重自有品牌开发；采用自选销售方式，出入口分设，在收银台统一结算；一般设有不低于营业面积40%的停车场；信息管理系统程度较高。

仓储会员店是以会员制为基础，实行储销一体、批零兼营，以提供有限服务和低价格商品为主要特征的零售业态。位于城乡接合部的交通要道；辐射半径5公里以上，目标顾客以中小零售店、餐饮店、集团购买和流动顾客为主；营业面积一般在6000平方米以上；以大众化衣、食、日用品为主，自有品牌占相当部分，商品在4000种左右，实行低价、批量销售；采用自选销售，信息管理系统程度较高并对顾客实行会员制管理。

（二）国内连锁超市业总体发展情况

经过20多年的快速发展，我国连锁超市业已进入稳定增长期，超过百货业成为快速消费品零售的主流渠道。但受到宏观经济增速放缓、消费需求不振、成本持续上涨的影响，超市行业效益下滑。而多年来依靠跑马圈地形成规模效应带动销售增长的模式日渐式微，超市企业将真正步入精细化管理时代，并且尝试线下线上融合以适应新的市场环境。根据中国商业联合会中华全国商业信息中心公布的统计数据显示，2014年全国50家重点大型零售企业商品零售额累计同比下降0.7%，与上年的增速差距为10.2个百分点，全年12个月中有7个月的零售额同比呈现负增长，全年累计零售额同比下降的企业家数为38家，较上年增加了23家，在统计样本中的占比接近八成。据该中心分析，与2013年相比，2014年影响实体零售企业发展的因素没有减少，反而有所增加，其中宏观经济增速持续放缓，房地产市场低迷等负面因素进一步加大了实体零售企业销售增长的困难。同时，传统促销手段在拉动销售增长上的作用和效果在不断减弱。客流难以提升、销售持续下滑、竞争力下降等使得大型实体零售企业2014年纷纷加速转型，而在转型的过程中出现了“关店潮”。根据统计，2014年全国50家重点大型零售企业门店数相比2013年减少了11.6%，降幅比2013年扩大5.5个百分点。2014年12月全国百家重点大型零售企业零售额同比增长0.4%，增速与上年同期相差较大。主要商品方面，粮油食品、服装、家用电器、金银珠宝、化妆品、日用品同比增速分别为1.7%、-0.4%、-2.2%、1.6%、0.4%和-9.0%，增速均不及上年同期水平，分别低了13.1、4.4、6.9、11.4、4.0和22.1个百分点。

表1—17为2014年中国快速消费品连锁十强名单。

表1—17　**2014年中国快速消费品连锁十强**

序号	企业名称	2014年销售（万元）	销售增长率（%）	2014年门店总数（个）	门店增长率（%）
1	华润万家有限公司	10400000	12.60	4127	7.60
2	康成投资（中国）有限公司（大润发）	8567000	6.90	304	15.20

续表

序号	企业名称	2014 年销售（万元）	销售增长率（%）	2014 年门店总数（个）	门店增长率（%）
3	沃尔玛（中国）投资有限公司	7237558	0.20	411	1.00
4	联华超市股份有限公司	6175067	-10.30	4325	-6.00
5	家乐福（中国）管理咨询服务有限公司	4572212	-2.10	237	0.40
6	永辉超市股份有限公司	4300000	22.60	337	15.40
7	农工商超市（集团）有限公司	2938187	-2.10	2566	-3.00
8	海航商业控股有限公司	2790000	5.70	507	5.20
9	步步高集团	2703795	27.60	525	18.00
10	北京物美商业集团股份有限公司	2196447	11.30	565	3.30

（三）连锁超市企业经营发展趋势

1. 外延式扩张放缓

根据中国连锁经营协会的统计数据，从 2010 年到 2014 年，全国连锁百强零售企业零售总额增长率连续 5 年下降，2013 年增幅跌破 10%，2014 年的增幅仅为 5.1%，并远低于 2014 年全国社会消费品零售总额增幅（12.0%）（见图 1—15）。

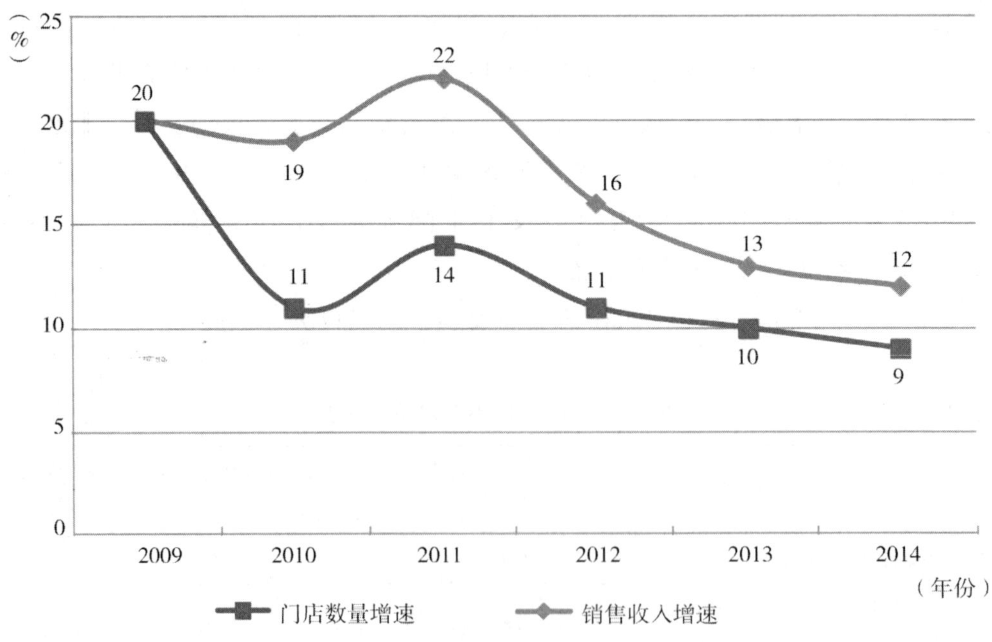

图 1—15　2009—2014 年中国超市行业增速

过去10年中国连锁超市的快速发展，很大程度上依赖于门店增加带动的外延扩张。近年来，一、二线城市超市日趋饱和，超市扩张速度显著放慢。大型连锁超市企业纷纷采取异地扩张战略，三、四线城市逐渐成为主战场，但是期间不少企业深受异地发展困境之苦，甚至出现关店现象。一些大型零售企业已经开始转变公司战略，不再轻易新开门店，而是将主要精力投入在做精做强现有门店，或者开展对中小型零售企业的兼并收购，通过控股合作的方式进行扩张。

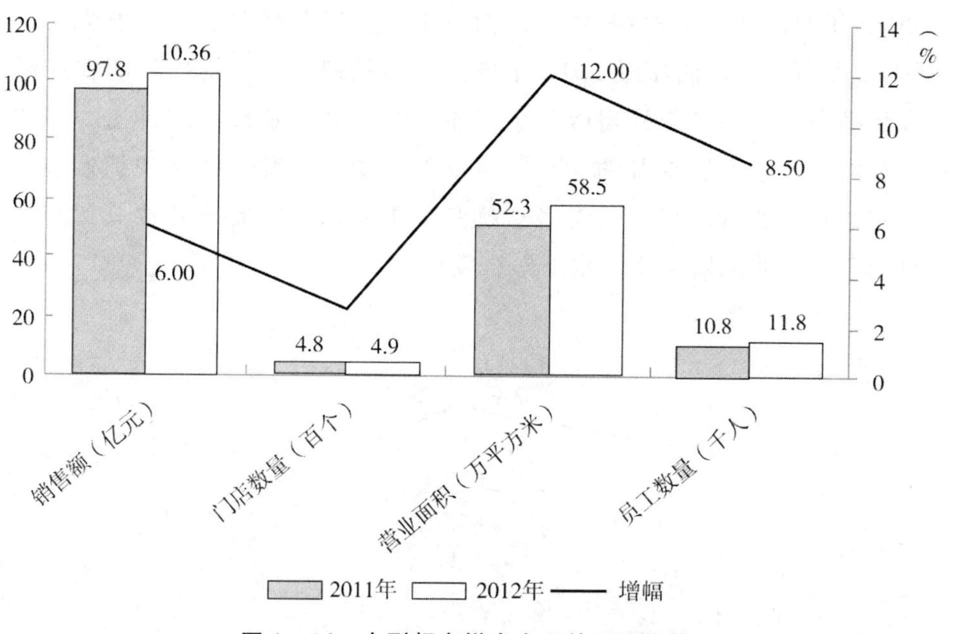

图1—16　大型超市样本企业的平均规模

2．精细化作用真正显现

随着外延扩张的放缓，内生增长在拉动超市企业销售增速方面的贡献将增大。要想提升毛利率，企业越来越重视精细化管理，挖掘内部潜力。精细化管理的重点是企业如何将规模优势和市场优势转化为赢利能力，包括对超市购物环境、品类管理、营销策略的提升。除此之外，企业还需要在信息化、供应链等方面进一步改善：通过减少采购环节、有效利用资金、建立高效节能的物流配送网络、搭建先进的信息系统、鼓励员工和管理层的有效沟通，达到提高其人流、物流、资金流效率的目的。

3．深度融合电子商务

由于线下门店扩张速度放缓，传统超市企业开始尝试触网，探索线上线下融合发展模式。继2012年成功入股1号店后，沃尔玛广州山姆会员店网上商城在 2013 年开通上线；在天猫商城试水电商后，麦德龙宣布其 B2B 网上商城正式上线。样本超市企业中共有 19 家超市企业已开展了网络零售业务，其中顺客隆、联华超市、新合作等都经营网络超市。还有 28 家企业计划三年内开展网络零售业务，包括步步高集团、山东家家悦超市、长江汇泉等从三、四线城市起家的零售企业。除了传统超市企业触网，根生于互联网的线上“食品超市”迅速崛起，包括 1 号店、中粮我买网、顺丰优选在内的多家电商都专注于网上超市。根据中国连锁经营协会发布的“连锁百强企业开展网络零售”的报告，1 号店 2012 年的销售规模为 68 亿元，相当于一个经营状况非常好的大卖场年销售额的 20 多倍。京东商城继 2012 年推出生鲜频道后，又推出商超在线频道扩充其食品品类。线上“食品超市”无疑将对线下超市造成一定冲击，但传统超市也具有网络超市无法企及的深加工食材等方面的优势。线上快捷便利、线下体验丰富，对消费者来说，二者各有优势。未来，商家需要各取其优势，并解决各自的不足，才能做到线上线下融合发展。

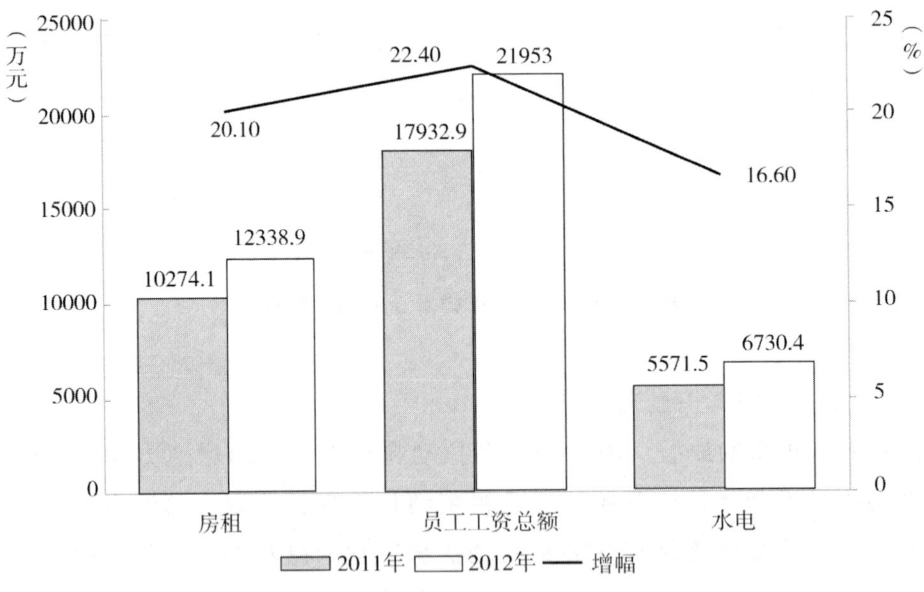

图 1—17　大型超市样本企业的三项成本费用

二　生鲜超市发展情况及趋势

（一）连锁超市生鲜品类经营规模扩大

目前在零售市场中接近 40%的鲜活农产品通过超市渠道销售给消费者。数据显示，2013 年生鲜农产品零售市场中连锁超市的渠道占比为 37.8%，比上年增加 0.5 个百分点，比 2008 年增加 3.1 个百分点。另据中国连锁经营协会调查，2010 年，超市企业生鲜类商品销售额相当于销售总额的 24.5%，比 2009 年提高 5.2 个百分点，比 2008 年提高 12.0 个百分点。2013 年在上市超市企业中，永辉超市生鲜及加工业务收入 134.61 亿元，比上年增长 22.8%，相当于主营业务总收入的 46.1%；人人乐生鲜收入 21.07 亿元，与上年略减 0.06%，占主营收入的 18.5%；新华都生鲜收入 16.72 亿元，增长 17.1%，占主营收入的 28.2%；三江购物生鲜收入 13.93 亿元，下降 5.4%，占主营收入的 30.9%。为集聚客流、带动其他商品销售、增加顾客黏性、加快资金周转，越来越多的超市不断加码生鲜品类经营。

在便利店、折扣店、超市、大型超市和仓储会员店五种主要连锁超市业态中，大型超市和仓储会员店生鲜农产品销售占比最高。从单体效益看，仓储会员店的平效、劳效和单店销售额均明显好于大型超市。从地区看，2012 年浙江、江苏、辽宁、广东与河南大型超市门店数均在 500 个以上，其中浙江和江苏各有门店 4667 家和 3754 家，分别占总数的 39.1% 和 31.4%。从销售额方面看，2012 年上海大型超市销售额最高，年销售额为 1045 亿元，占大型超市销售总额的 24.7%。企业对生鲜品类的控制力明显增强，综合毛利率也相应得以提升。2013 年物美生鲜品类的销售收入和综合毛利率都取得了两位数的增长。其中大北京地区（包括北京、天津及河北）生鲜销售增长 14.3%，综合毛利增长 17.9%；杭州地区生鲜销售增长 13.7%，综合毛利增长 27.6%。

从企业层面看，2013 年，国内永辉、物美等主要连锁超市企业继续聚焦生鲜业务，重点加强了生鲜农产品采购供应链的提升与整合。2013 年，以生鲜农产品为经营特色的永辉超市，继续实现快速增长。新开门店 46 家，门店总数达到 288 家，覆盖全国 17 个省份，全年实现营收 305.43 亿元，增长 8.7%。其中生鲜及加工业务收入 134.61 亿元，增长 22.8%，相当于主营业务总收入的 46.1%。永辉生鲜采购包括全国统采、区域直采、供应商采购，由总部垂直管理。香蕉、大米等大批量、易保存的基础商品采用全国统采；叶菜类等保存期短的商品下放为区域直采；为保障供给、适应各地区差异，供应商采购也保持一定比重。为降低采购成本和流通成本，对于生鲜农产品，区域直采是永辉的优先选项。2013 年 4 月，物美为强化生鲜品类的龙头作用，成立生鲜事业部，生鲜商品采购、营运、营销、配送等主要职能部门的一体化，各个流程节点实现无缝衔接，整体效率得到明显提升。通过不断积累、总结，物美根据各类生鲜产品的商品规律，提前做好采购、订货、配送、营销及销售计划，达到了事半功倍的效果。自2012年开始，生鲜品类的自营销售额占比由此前不足50%提升到近70%。

超市零售农产品传统上以粮油等保质期长的大宗农产品为主，生鲜品类由于在采购、储存运输和卖场管理等方面都更为复杂，管理难度大，利润率低，经营规模一直不大。在超市同质化竞争日渐激烈的背景下，为集聚客流、增加顾客黏性，带动其他高利润率产品的销售，越来越多的超市开始加大生鲜品类经营力度，将原来出租经营方式改成自营模式，积极开展农超对接，扩大基地直采规模。这样不但缩短了流通环节，降低了采购成本，而且还更好地实现了企业对生鲜农产品质量的有效控制。现阶段估计，生鲜品类超市的渠道占比为30%左右，处在对农贸市场等传统渠道逐渐替代的过程中。

（二）生鲜超市电子商务进入高速增长期

1. 网购交易规模大幅度增长

由于网络的大规模普及、居民消费习惯的改变和配送、支付等配套服务的进一步完善，实惠、便捷、高效的网络购物方式已被国内消费者广泛接受，成为人们日常生活的一部分。2013年，中国网络购物市场交易规模达到1.85万亿元，比上年增长40.9%，虽然增幅较2012年回落较大，但仍高出社会消费品零售总额名义增幅27.8个百分点。网络购物交易额占社会消费品零售总额的比重已达到7.9%，比上年提高1.6个百分点。分品类看，服装鞋帽、日用百货、3C数码是国内网购市场最热门的销售品类，2013年这几个品类的网购人群占比分别达到75.6%、45.1%、43.3%。同期，食品、保健品网购渗透率较低，只有22.4%。作为日常生活中购买频次最高的商品，食品类网购潜力巨大。

2. 生鲜网购市场爆发性成长

为了拓展品类、提升利润水平、增加顾客黏性，自2012年以来，食品特别是生鲜食品逐渐成为国内电商发展的一个热点领域。2012年5月，顺丰速运旗下的电商网站“顺丰优选”正式上线，主打水果等常温生鲜品类。2012年7月，京东商城和中粮“我买网”的生鲜频道也相继开通，经营范围涵盖了水果、蔬菜、海鲜水产、禽蛋、鲜肉和加工肉类等常温和低温生鲜品种。从2013年2月起，“顺丰优选”首先在北京地区开通了以“全程冷链”为特色的生鲜配送业务。生鲜经营范围进而扩展到肉类、水产、冷藏奶制品和饮料、蛋品、水果、蔬菜、肉类熟食和速冻主食等品类。2013年3月，“1号店”宣布进军生鲜领域，首先开通了上海地区的全程冷链配送服务；8月开通北京地区的冷链配送服务。“1号生鲜”在北京首批上线的生鲜产品以水果为主，种类超过70种，随后，经营品种逐渐扩展到海鲜水产、新鲜乳品、肉禽蛋类、冷冻速食、蔬菜、熟食、方便菜半成品等其他品类。

（三）生鲜电商与生鲜超市深度融合

1. 生鲜电商作为新的生鲜零售渠道快速兴起

以往消费者购买生鲜食品的主要途径是各类市场、超市。各类市场、小型超市的生鲜食品质量良莠不齐，缺乏统一标准，不能完全满足居民对安全食品的要求。各大超市都覆盖了生鲜食品这一品类，在食品安全上相对较有保证，但由于地域和超市空间的原因，品种不够齐全。生鲜电商通过发挥自身的优势，有效地解决了覆盖半径和品种问题，满足了部分细分群体的需求。生鲜电商已经作为农产品一种新的零售渠道快速兴起。2011 年起生鲜电商开始大规模涌现，2012 年一些大的电商进军生鲜领域，开启生鲜电商的投资热潮。2013 年末，阿里研究院发布的《阿里农产品电子商务白皮书（2013）》统计，在淘宝（含天猫）平台上，同其他项目相比，生鲜相关类目（肉类/新鲜蔬果/熟食）连续两年保持最快增长，2012 年同比增长 99%，2013 年同比增长 194.58%。无独有偶，中粮集团《2013 年食品网购白皮书》通过对“我买网”的数据分析，统计出生鲜食品增长最迅速，增速达到 108.91%。生鲜电商发展增速惊人。

目前电商企业经营生鲜主要有自营模式和平台模式。自营模式下，电商企业通过赚取进销差价，获取收益。而在平台模式下，电商企业通过引进供应商，提供平台和信息，收取一定的费用。大多数生鲜电商区域性非常明显，由于生鲜的特性，生鲜电商经营难度很大，目前只能局限于小部分有稳定货源及客户群体地区。受经营成本、用户体验、后台管理等因素的影响，生鲜电商需要走差异化路线，提供一些高附加值的生鲜商品，比如有机蔬菜、高档水果、海鲜、进口食品等。另外，生鲜电商能有效解决农产品滞销问题，利用互联网强大的营销能力，采取订单农业及产地直采的方式，走差异化路线，与线下形成互补。

2. 生鲜电商在供应链整合上具有优势

在供应链上，各参与方的关系不仅是合作共赢的关系，也是竞争博弈的关系。各自能否降低成本，提高效率，其实都要以能否降低交易对方的交易成本或经营风险为前提。无论是传统零售商，还是电商，都需要先从生产商或者经销商处购买商品，采购成本的高低，很大程度是根据采购规模来定的，采购规模越大，成本越低。另外，能降低成本的就是采购的渠道层级。随着采购规模的扩大，直接向生产商进行采购也越来越成为可能。目前各生鲜电商企业规模、实力都较小，为了降低自身经营风险，供应链中存在大量的批发商参与，但拉长看，渠道扁平化是大的趋势，即层级将越来越短。因此缩短供应链的关键点一是销量，二是风险承担。在整个生鲜供应链体系中，生鲜电商还没有解决好规模与库存的问题，生鲜保质期短，必须快速出清，但是在线上，生鲜销售可预见性并不是非常强，不像在线下市场，降价可能卖出去。在线上，降价也不一定能卖出去，对于一般的商品，由于保质期较长，库存波动不会带来很大的损耗。但生鲜保质期短，如果不能快速周转，损耗成本非常高，如果对销量预估不足，会造成卖断货情况，浪费销售机会。因此，目前来看，生鲜电商的供应链反应速度和库存管理在与超市渠道竞争中并没有优势。

3. 生鲜电商随着规模的扩张，经营成本都会有所下降

（1）物流配送费用降低

生鲜电商面临的最大问题在于物流配送，物流成本分为三部分：仓储、分拣和包装费用。在仓储方面，如果是纯粹平台模式的生鲜电商，可以选择零仓储；但如果是自营模式，则必须自建或租赁仓库。除了仓储费用外，还有配送费用，由于生鲜保质期短、易腐烂损耗，全程配送需要冷链物流，这是生鲜电商面临的最大问题，目前生鲜电商基本采用第三方物流公司的配送服务，由于生鲜的配送难度比普通商品高很多，所以单笔配送成本要比普通商品高出 50%。普通商品配送成本占营业额的 8%—10%是合理范围；那么生鲜电商配送费用占比将达到 12%—15%。除仓储、配送费用外，还有产品分拣、包装、搬运、运输等相关环节产生的费用。确保生鲜产品的质量和新鲜度是生鲜电商的核心竞争力，因此仓储和物流尤为重要。1 号店采取的是直达果园、农场的直采方式，也就是在各大水果的重点产区采购，采摘后的产品直接进入 1 号店仓库。顺丰优选的策略与 1 号店类似，针对生鲜品类专门设立采购部。在产地采购，并借助其物流网络实现快速配送。

（2）营销推广费用降低

虽然生鲜电商不用建实体门店，减少了租金、折旧摊销等固定支出，但为了吸引顾客到场，也不得不付出较高的营销推广费用。当然，随着销售规模越来越大，顾客黏性提高，其营销推广成本也能得到分摊，长期看需要维持的投入将降低。

（3）研发费用降低

生鲜电商网站运营费用从大的方面来说包括网站建设及维护费、服务器及宽带费用、产品及系统研发费用。网站运营是电商运营的核心之一，包括网站如何布局、商品如何分类、导航系统怎样设置、站内搜索如何排序、商品如何展示推荐、购物流程如何设计，等等。最后是服务器及宽带等硬件费用，目前大多选择租赁，随着云计算的逐渐普及，这部分费用或将可能下降。技术研发的投入，在电商的初期，是比较高昂的，但长期看，也不需要更多的新增投资，

但仍然需要维持一定的比例，也是较大的变动成本。当生鲜电商的规模做大之后，营销费用和研发成本的占比会有所下降，但物流配送成本中，除了前期需要投入的物流中心，配送费用为变动成本，随着规模的扩张，边际成本会有所下降。

4. 生鲜电商发展模式

（1）依靠平台争天下，流量推动模式——代表网站：京东、1 号店、天猫平台类电商

相比垂直类电商的优势在于相对稳定的人气和网站流量。平台类电商提供百货、3C 等全方位的产品覆盖，服务多样。这类网站借助流量优势推出生鲜电商平台，不仅完善了自身品类，也会带来新的利润增长点。同时，借助平台的品牌优势和信誉，这类电商非常容易吸引到高质量的进口食品、农产品入驻，也基本能打消潜在消费者对所售食品安全的疑虑。另一个优势在于平台类电商覆盖面广，营销手法成熟，针对生鲜食品做一定的推广存在很高的销售增长概率。生鲜电商，通过深耕细分领域，进行区域化经营，符合未来发展趋势。而且整个产业链未来分工将会更加明确。电商企业可以向产业链上游延伸，拥有自己的生产基地，以保证自身货源的稳定。也可以把物流承包给拥有冷链配送能力的物流企业。物流会限制电商生鲜的规模，因为配送半径有限，生鲜电商区域化非常明显。大平台电商如京东、1 号店主要集中在北上广等一线大城市，而垂直生鲜电商则基本上集中在北京。物流已成为电商经营的瓶颈，对于生鲜食品而言，物流必须要“高配”。生鲜食品采用冷链物流，在运输、库存各个环节必须全程保鲜。因此，在物流上具有优势的电商，做生鲜也会占优。

（2）专注生鲜食品，小而美的垂直电商模式——代表企业：顺丰优选、我买网、本来生活网、沱沱工社

第一，物流为王，抢占冷链市场的顺丰优选。顺丰优选是顺丰速运旗下的全球美食优选网购商城，它坚持大规模引进海外直采和国内直采商品，目前进口商品达到 70%，几乎涵盖所有食品种类。生鲜食品在顺丰优选的销售额占比为 30%—40%。顺丰优选的生鲜食品主打“直采”，通过与大型有机蔬菜、绿色蔬菜基地、果园和农场合作，实行产地直供，涵盖水果、蔬菜、水产、肉制品、蛋制品等。

第二，依靠母公司支持，打造全产业链模式的我买网。我买网从 2009 年 8 月上线以来，依托中粮全产业链模式，尽享内部供应稳定的全球优质货源和议价权。我买网的主营业务基本涵盖了所有的食品品类，生鲜食品只是其中一部分。在我买网 2013 年的销售额中，生鲜食品占比 6.73%，主要包括蔬菜、水果、肉品禽蛋、海鲜等。我买网自建专业储运体系，自有仓库，自有冷链体系，

自行配送。

第三，像送牛奶一样送菜的优菜网。优菜网定位中高端，主营有机和绿色蔬菜，提出了“像送牛奶一样送菜”的生鲜经营模式。先将菜送到社区，然后通过电动三轮车送到千家万户，并且通过取菜箱，实现不见面配送，不但降低成本，而且“菜等人”的模式可以让客户有更好的体验；通过订单式农业，降低蔬菜损耗。这种模式降低了物流配送成本，而且取菜箱又能起到良好的广告效应，一个区域做好后，迅速复制。但是，生鲜经营的复杂性很高。优菜网缺少稳定的货源，很难做大。目前覆盖的范围仅限于北京部分城区。

第四，主打原产地和有机的本来生活网。本来生活网是一家专做生鲜食品的网站，主打有机产品，凭借“励志橙”一举成名，依靠独创的“原产地买手制”，派遣专业买手直溯产品原产基地，一方面剔除传统供应链的冗余环节，为消费者提供高性价比的食品；另一方面，通过源头监控，保证食品的健康安全。

第五，自建基地+战略合作基地的沱沱工社。沱沱工社是由美国上市公司九城集团旗下北京九城天时生态农业有限公司巨资打造的有机、安全食品的有机食品网上超市，也是主打有机。货源供给上，沱沱工社出巨资在北京市平谷区马昌营镇投资建设了1050亩有机种植基地——沱沱有机农场，种植有机蔬菜，养殖有机家禽、家畜。向产业链上游延伸。沱沱工社投入2700万元建成了全程冷链宅配系统，包含固定资产、人力等成本在内，沱沱工社每配送一个订单的成本高达30—40元。北京地区以外的配送则与第三方物流合作，承诺收到订单后24小时内发货。除了自有网络渠道，沱沱工社还进驻天猫、京东、库巴等第三方平台。目前沱沱工社拥有50万名注册用户，客单价在270元左右，2012年的销售收入同比增长181%，营收2311.2万元，毛利474.9万元。

（3）打造有机农场，把菜卖给有钱人的高端会员模式——代表企业：“多利农庄”

多利农庄在全国拥有2万亩地，十余个有机农业生产基地，产品销售给家庭会员和企业会员，通过月卡、季度卡、年卡的方式销售，产品种类根据季节而变换。多利的主要营收来源是家庭宅配及企业事业单位的福利采购，有约1万名宅配会员，年销售额已破亿元。目前暂未开发独立的B2C商城，主要依靠其官网和线下来配合操作。

（4）实体零售商触网，会员配送模式——代表企业：永辉半边天

永辉半边天网站是由永辉现代农业发展有限公司提供，并未涉及第三方产品采购。并不是所有消费者都可以订购，只有永辉超市会员才能获得配送。半边天的定位是通过家庭宅配的方式为会员配送生鲜产品。“半边天”的网站更多

的是承担信息沟通的功能，严格来说本身并不能算作电商，半边天也在运营了几个月之后关闭了。2014 年 1 月，永辉 O2O 商业平台——永辉微店上线，实现移动终端 APP 线上订购、支付和超市门店线下提货，目前，永辉微店服务仅支持福建省福州市区域的黎明永辉超市等八家门店，在试运行实践后经升级完善将适机推广至公司全国门店，并且力争在三年内让微店的营业份额达到永辉总体份额的 5%左右。

三　连锁超市经营生鲜农产品优势分析

（一）三个生鲜流通渠道的比较

批发市场、超市、电商是中国生鲜产品流通最主要的三个流通渠道（见图 1—18）。

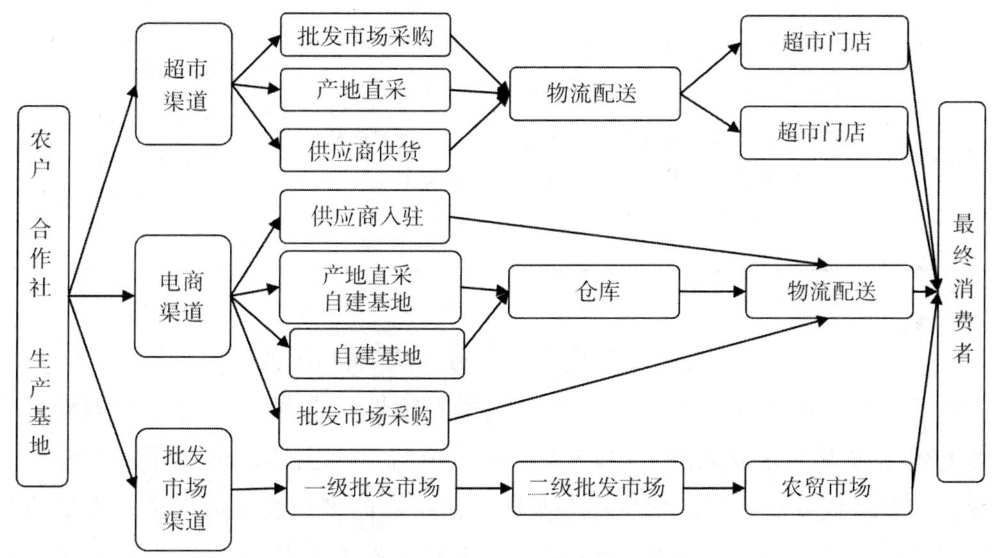

图 1—18　农产品主要供应渠道

各渠道的特点如表 1—18 所示。

表 1—18　**三个生鲜零售渠道的对比**

	超市渠道	生鲜电商渠道	批发市场渠道
渠道层级	产地直采占比逐渐提高，层级缩短	当前生鲜电商大多数采取的是供应商制度，渠道层级比较长	经过各层级批发商，层级长

续表

	超市渠道	生鲜电商渠道	批发市场渠道
采购成本	产地直采使得采购成本比较低	采购成本比较高，少部分可以进行产地直采	采购成本比较高
运营成本	主要是租金和人工成本，超市租金和人工成本压力比较大，但是这两个因素规模效应明显，超市通过做大规模，消化运营成本上涨的压力	主要是物流成本、营销成本、研发成本，其中电商需要负责最后一公里的配送，物流成本占比比较高。做大规模后，营销及研发成本占比会下降	主要是租金，批发市场租金受商业地产升值、供给减少的影响，呈不断上涨的趋势，而批发市场单个经营规模有限，难以消化租金的上涨
市场空间	通过门店的快速扩张，能够突破地域的限制，发展空间大	能够突破地域和空间的限制，市场空间广阔	基数很大，但受地域及供给的限制，市场空间有限
存在问题	人工成本的上涨是一个长期趋势，如果不能通过快速扩张来进行消化，会对利润进行吞噬	电商做生鲜的效率不一定高，高昂的冷链物流成本使其只能聚集于高端细分市场	供给市场在缩减，租金上涨压力较大，而最终端消费者对食品安全愈加重视，政府也希望通过批发市场改善市场监管

（二）生鲜农产品通过农贸市场渠道流通呈现下降趋势

由于生鲜具有易腐烂损耗、库存周期短等特性，需要快速地进行周转，产业链上各主体为了分散风险，将产品快速分销给下一主体，形成了农户—一级批发商—二级批发商—三级批发商—菜贩—消费者的多层级流通渠道，农贸市场承担了最后的分销过程，农贸市场一直以来是生鲜产品流通的最主要渠道。但是随着经济的发展、居民收入的提升、食品安全问题等因素的影响，各地逐渐推出农改超方针，农贸市场地位受到连锁超市的挑战。

1. 农贸市场租金和人工占比较高

农贸市场菜贩规模较小，相对零散，导致议价能力弱，只能被动接受租金的上涨，租金上涨已成为菜贩零售环节加价的主要驱动因素。而农贸市场菜贩的利润主要为自身的人工成本，一旦需要雇用劳动力，经营效益会出现明显下降，所以个体菜贩很难做大规模，成本也很难分摊。

2. 农贸市场供给不断缩小

农贸市场的供给有限，而租金不断上涨挤压了菜贩的生存空间，城市快速发展使得很多住宅小区有配套的农贸市场，这也为超市提供了有利的发展空间。农改超推进以后，越来越多的农贸市场被超市取代。现在“农贸市场超市化”的发展思路，是以连锁生鲜超市逐步取代传统的农贸市场，进而提升农产品销售终端的档次，真正为农产品销售渠道改造找到了准确的定位。未来超市和农贸市场的定位将实行差异化，两者都有明确的客户群体。

3. 消费者对食品安全、购物环境等提出了更高的要求

长期来看，超市取代农贸市场成为城市生鲜农产品流通的主要渠道已是大势所趋。一方面消费者对食品安全要求更高。超市经营生鲜产品具有可追溯性，会对生鲜产品进行严格把关，而且对部分产品进行了粗加工，能够满足居民对生鲜产品安全及质量的需求。另一方面消费者对购物环境要求更高。很大一部分消费者已经把购物作为一种休闲、享受的过程，传统的农贸市场脏乱差，无法与环境舒适的超市竞争。同时，消费者需要“一站式”的购物场所。城市中人们生活节奏日益加快，节省时间成为人们的一种需求，人们更愿意选择一次性购物满足所有需求的购物方式，而拥有大量商品品种的超市可以满足消费者的“一站式”购物的需求。所以，笔者认为农贸市场渠道的占比会逐渐缩小，尤其在一线城市，土地租金上涨压力及供给的萎缩、政府支持农改超等因素都会影响农贸市场的份额。

（三）连锁超市经营生鲜农产品具有规模优势

随着连锁超市的兴起，超市加大了对生鲜产品的配比，超市渠道在生鲜流通中的占比逐渐提升。

1. 生鲜经营有助于超市打造经营壁垒

由于生鲜的集客能力强，它占超市各个门店中的销售份额也在增大。而且通过超市渠道销售生鲜的占比也在提升，据中国农产品市场协会调研，2015 年通过超市销售生鲜产品的比例达 50%以上。生鲜经营对超市具有的重要意义：①吸引客流。生鲜是超市用来吸引客流最好的品种，也是顾客每天所必需的产品。②差异化经营。当前超市同质化竞争非常严重，人工成本和租金上涨压力大，利用生鲜形成差异化经营，通过快速扩张消化成本上升压力。③打破供应商区域分割。当前供应商区域分割严重，经营生鲜可以打破这一局面。④创造利润。经营生鲜最终的目的还是为了创造收益，生鲜经营难度大，但同时也为有实力的企业提供了机会，未来生鲜市场空间广阔，一旦发挥规模效应，有效控制损耗，生鲜经营前景将非常可观。超市如果能够对生鲜产业链进行延伸，在生鲜经营上形成绝对优势，就很有可能成为整个超市的行业杀手。

2. 超市生鲜自营及产地直采已成为大势所趋

当前超市对生鲜的经营模式主要有三种：自营、联营和出租柜台，这三种模式各有优劣，各超市受自身规模、经营能力的限制，选择适合自身发展的生鲜经营模式。下面笔者对三种模式进行具体分析：三种经营模式具有不同的盈利模式，承担的风险各不同，目前来看，超市自营生鲜已经成为大势所趋（见表1—19）。

表1—19　**超市生鲜经营三种模式对比**

生鲜经营模式	详细内容	发展趋势
自营	超市赚取进销差价，毛利率较高，需要承担经营风险，需要投入的资金较多	自营模式占比越来越高，自营生鲜可以采取灵活的定价策略，把生鲜作为吸引客流的重要手段
联营	采用联营扣点模式，引进经销商，不需要承担经营风险，但超市只能获得基本收益，毛利率较低	联营模式占比逐渐下降，一方面是因为毛利率偏低，另一方面生鲜经营越来越重要，联营模式下，超市对生鲜没有定价权，不能发挥生鲜的重要性
出租柜台	收取租金模式，引进经销商，不承担经营风险	出租模式占比很低，只能获得固定的租金收入

超市自营生鲜后，目前采购的方式主要有三种：第一，直接到当地一级批发市场采购；第二，通过专业的供应商供货；第三，直接到生鲜产地直采。三种采购方式中，大型的连锁超市都开始加大产地直采的占比，尤其是供给端规模壮大以后，越来越多农民合作组织的出现，降低了产地直采的交易成本，从批发市场采购及供应商供货仅作为一种补充方式（见表1—20）。

表1—20　**超市生鲜采购方式比较**

采购方式	优势	劣势	发展趋势
直接从批发市场采购	能够迅速补充货源，在超市规模较小时，这种方式应用较多	生鲜采购价格较高	该采购模式逐渐减少
通过专业的供应商供货	能够降低超市的交易费用，提高配送效率，并且产品的质量和安全有一定的保障	把一部分利润转移给了供应商	这种采购模式越来越多

续表

采购方式	优势	劣势	发展趋势
产地直采	可以减少流通环节、降低损耗，成本优势明显，并且对生鲜产品的质量和安全在源头监控，满足了人们对食品安全日益提高的要求	对采购买手团队、运输等要求较高，增加了储存、运输的难度，对企业的规模要求较高	大型超市开始尝试直采模式，直采占比越来越高，成为行业发展趋势

这三种采购方式其实是不同程度地代表了超市在农产品供应链上向上游的延伸。三种采购模式的毛利率差别很大，这也决定了超市经营生鲜的盈利水平。

3. 超市渠道经营生鲜的市场空间巨大

超市向生鲜产品基地集中采购，减少中间环节，建立直接、有效的流通渠道，缩短生鲜产业链条，既能保证生鲜产品质量和安全，又能够降低经营成本，给消费者带来实惠。所以超市有动力和资金来整合生鲜产业链。未来随着居民收入水平的提升，对食品安全的要求更加严格，对购物环境、便利程度需求也更高。农贸市场、个体商贩虽然具有经营成本和价格上的优势，但农贸市场很难提供标准、卫生和新鲜的商品，不能从根本上保证城市居民的消费安全性。目前我国超市销售生鲜占比不到30%，未来还有很大提升空间（见表1—21）。

表1—21　**中国超市经营生鲜占比**　单位：%

	物流成本占总成本比重	物流环节损耗率	加工比重	加工增加值	超市连锁经营销售比重
发达国家	10	5（粮食）	80	1∶3—1∶4	80—95
		1—5（果蔬）			
中国	40（粮食）	15（粮食）	10	1∶1.8	不足30
	40（果蔬）	25—30（果蔬）			

通过对三个生鲜经营渠道的对比分析，无论是电商、农贸市场还是超市，比拼是对整个生鲜供应链的控制力，包括产品采购、质量和损耗的控制、物流配送、库存周转等。在采购环节，超市凭借自身规模优势，逐渐实现了产地直采，缩短产业链；而电商和农贸市场由于规模的限制，在采购环节还需要通过供应商和批发商，渠道层级较长。在物流环节，大规模的采购可以摊低运输成

本，而且超市和农贸市场不需要负担最后一公里的配送，电商需要承担高昂的冷链配送成本。在终端零售环节，电商可以突破地域的限制，辐射半径广，但需要选择人口密度大的区域来降低物流成本；超市与农贸市场辐射半径有限，需要密集布点来扩大销售规模。在三个生鲜经营渠道中，笔者认为电商生鲜主要定位于高端细分市场，主打有机高端及进口食品，而农贸市场渠道由于供给收缩及租金上涨等因素影响，销售占比会逐渐下降。笔者更看好未来超市渠道经营生鲜，通过规模扩张，增加直采比例，降低经营成本。目前超市渠道占比偏低，未来市场空间巨大。

（四）连锁超市经营生鲜农产品有利于推进供应链扁平化

1．生产集中化、流通简洁化、零售规模化成为产业链发展趋势

正是因为存在以上这些诉求，各利益主体进行了改变，供给端农户开始组成农民合作社、农业公司来实现规模化生产，通过合作社与超市、一级批发商签订合作协议，降低产品滞销风险。零售端超市开始整合产业链，与农民合作社合作，实现产地直采，这样既能够保证稳定的货源和食品安全，又能降低采购成本，让农户按照自身要求，对产品进行粗加工。总体来看，①生产环节中小规模农户在逐渐减少，农村土地流转放开以后，大户及农民合作社快速提升，国家政策也在不断扶持农业产业化发展，未来大量的农民合作组织将会出现，从而使供给端实现规模化，为产地直采提供有利条件。②流通环节中，各类专业的中间商及供应商将逐渐上升，而批发市场的地位将逐渐下降。一旦流通环节中间商的成本过高，甚至高于产销地价差收入，很容易导致中间流通环节的断裂，出现生鲜产品滞销的局面。一方面是产地菜贱伤农，另一方面销地生鲜终端价格暴涨。③零售环节中，农贸市场、流动摊贩等传统零售终端占比将逐渐下降，而以连锁超市为代表的现代零售终端通过提供较高质量、较低价格的产品、较好的购物环境，迅速提升市场份额，在各零售终端中，农贸市场的卫生及环境较差，主要以低收入和传统消费阶层为主，各类蔬菜水果专营店以局部细分市场见长，但经营商品的组合宽度不足，无法满足生鲜消费一次性基本购足的需要。现代连锁超市以丰富的生鲜品类、良好的购物环境吸引大量客流。

2．物流成为生鲜产销衔接的关键环节

（1）缩短产业链符合各方利益，加大直采比重已成为超市经营方向

缩短产业链，减少流通环节，一方面能够降低成本及损耗，缩短流通时间，使终端消费者购买新鲜便宜的产品；另一方面能够让菜农的销路稳定，避免菜价波动过大，保障菜农的利益。越来越多的超市已经开始利用自身资金、规模

及信息优势，整合产业链，避开一级批发商而到基地直采。超市对农产品质量及品相要求高，基地直采一方面能够保障产品质量，在源头进行监控；另一方面，在采购过程中，超市可以让菜农按照自己的要求对产品进行分拣和粗加工，降低损耗及其他成本。

（2）物流成为生鲜产销衔接的关键环节

连锁超市实行产地直采，物流成为最大的限制因素，目前市场上缺少专业化的生鲜商品物流服务商，超市自建生鲜加工配送中心成为行业发展趋势，但生鲜物流中心建设对超市企业的规模、投入和管理都提出了较高的要求。如果生鲜经营不能达到足够的规模，无论是大型综合超市，还是连锁经营的小型超市，建立生鲜加工配送中心都是不现实的。向农产品生产基地集中采购生鲜商品，减少中间环节，是符合生产者和消费者利益的流通方式。在这样的要求下，一些专业化、现代化的生鲜加工配送中心逐步形成。包括永辉、步步高、中百都在建设大型的生鲜加工配送中心。通过建立生鲜物流园，可以提高流通一体化，降低生鲜产品损耗，并对产品进行粗加工，提高产品附加值。

（3）可以仿照国外强大的物流体系及合作社制度提高生鲜产业链效率

目前美国和日本的农产品购销合作社非常发达，流通渠道的一体化程度很高，因此农户、中间商有着很强的动力降低果蔬腐损率。而且通过集约化的物流，有效推动了生鲜产品的对接。美国许多农业合作社通过建立产销一体化的经营模式，减少价值链环节，降低流通成本，且农户通过参股合作社，与中间流通环节成为利益共同体，因此价值链的各个环节参与者均有强烈的意愿降低腐损率。与美国集中程度高的“大农业”相比，日本农业与中国更加相似，建立在土地私有和分散经营的基础之上。但是日本农协提供各种服务，能够在相当程度上克服小生产的局限性。中央、县、基层三级农协联合力量，把分散生产的农户同城乡结合的大市场有机地连接起来，提高农民的组织化程度。据统计，日本80%以上的农副产品是通过农协贩卖的。与美国市场化的农业合作社不同，日本农协具有浓厚的政府背景。政府要求农协对农户生产的农副产品实行无条件委托贩卖。美国每个农业合作社一般只覆盖单一品类，而日本的农协则是一个综合性、全面性的组织。

3．农产品采购能力成为生鲜连锁超市核心竞争力

所谓的产地直采不构成竞争门槛，只要采购量足够大，任何超市或批发商都能够到产地采购。对生鲜产品及价格等信息的跟踪和获取，才是生鲜采购的核心竞争力。由于生鲜产品非标准化特征，同一品种质量差别很大，而且生鲜价格波动频繁，短期供需关系变化较快，如何把握生鲜产品价格走势，选择更

好的产品成为生鲜采购的核心。有些超市虽然也是所谓的产地直采，但由于投入和规模有限，只能被动地与几家合作社签订协议。有的超市，通过投入大量人力物力，与许多家优秀的农民合作社建立关系，既丰富了产品品类，又将主动权掌握在自己手中。例如，永辉超市在全国拥有700人生鲜采购团队，可以及时掌握各地生鲜价格、产品质量、生产周期等信息，并与全国数百个农民合作社建立合作关系，有效地保证了货源的稳定，并建立了完善的溯源机制，提高产品质量和安全性，由于采购量大，极大地降低了采购成本，通过精细化管理，降低了生鲜的损耗，建立了以生鲜为主打的核心优势。

4. 超市经营生鲜农产品符合产业链“两头大，中间小”的格局

超市要想实现大规模的产地直采，产业链必须形成“两头大，中间小”的格局，即产地供给规模大，终端需求规模大，中间环节少。目前中国农产品流通的现状刚好是“两头小，中间大”，供给和需求分散，中间流通环节过多，这样无法形成规模优势，减低流通成本。通过规模优势对生鲜产业链进行整合是行业发展趋势，成立大量的农民合作组织，负责和超市对接，既能降低农民卖菜的风险、提高农民的收益，又能降低超市采购成本。超市最大的优势就是对终端消费信息的掌握，能够了解消费者的购物习惯，而且生鲜产品是居民每日必须消费的产品，购买数量相对稳定。一旦农民合作组织与大型连锁超市有效结合，将提高整个生鲜产业链的效率。

（五）电商企业布局社区超市，促进生鲜农产品销售

社区超市的渠道价值正日益凸显，电商企业纷纷布局线下，通过自建实体店或者与社区超市合作，解决最后一公里配送问题。社区超市可以充当收发快递、包裹的固定点。充分利用贴近社区的优势，既能满足消费者最迫切的需求，又能解决电商最后一公里配送的问题。如红旗连锁、7-11等纷纷推出代收发快递服务，京东联手便利店整合线上线下资源。如果未来生鲜电商能够获得社区超市的支持，利用好社区超市的仓储及物流资源，既能解决最后一公里配送难的问题，又能有效降低损耗问题。目前来看，社区超市未来渠道价值将进一步显现，发展已粗具规模的有以下几家。

2014年3月京东商城与15座城市的上万家便利店进行O2O合作，京东在平台上为1万多家便利店搭建入口，消费者在京东下单，便利店的后台信息系统会指导商品的分拣及配送。货品将直接由便利店提供并配送，最快15分钟就能收到便利店货品。相比于传统的B2C电商，京东的O2O利用了线下零售的物流和仓储，提升了时间效率。对于便利店来说，京东的平台可以为他们提供更为丰富的产品品类，带来更多的客流，两者达到共赢。本次京东与线下实体零

售的合作是一种商业模式的创新，通过京东平台上便利店的官网，消费者可借助网络定位，在其旗下所有门店中找寻最近的店面进行购物，而且由于仓储体系的共通，便利店可以在网上扩充品类，建立线上卖场、生鲜超市、冷饮店等多类业态，大大丰富产品品类。

顺丰自建便利店，深耕社区，解决最后一公里难题。为了解决“最后一公里”的服务难题，快递企业开始发力渗透终端市场。顺丰在 2011 年开始试水“快递+便利店”模式，一度提出开设 1000 家便利店计划，目前已经开始逐步建立一些门店作为快递收发点，未来在便利店业务上将逐渐发力。

1 号店打造线下虚拟店，增强用户体验。1 号店计划首先在北、上、广、深四个城市开设 1000 家虚拟店面。“无限 1 号店”的布局完全模拟线下超市，有入口大门、指示牌、通道、货架等，并且还设有品牌专区。但这并非是实体店，而是一个虚拟店铺。最大特点是把线上电子商务搬到了线下，并充分结合传统零售与电子商务的优势，让用户能利用电子商务方便、快捷购物的同时，享受“逛超市”的体验。每家“无限 1 号店”占地 1200 平方米，货架上一次性呈现 1000 个商品，每天定时自动更新。

红旗连锁及中百集团社区便利店业态。渠道价值将逐步显现越来越多的电商企业已经开始寻求与社区超市合作，作为线下的入口。红旗和中百在各自区域深耕多年，拥有众多的实体门店，渠道价值将逐步显现。

红旗连锁——深耕成都市场，社区超市业态发力增值服务公司拥有实体门店 1500 家左右，未来几年计划每年净新开门店 170 家。目前提供 40 余项增值服务，包括公交卡的充值和销售、电费充值、燃气收费、中国移动充值及积分兑换、拉卡拉电子支付、自来水费和联通话费代收、代售航空机票、长途客车票代售及取票、广电网络业务费代收等。平均佣金率为千分之五。每年增值服务的增速非常快，2013 年增速达到 25%，增值服务的流水达到 30 多个亿，佣金将近 2000 万元。这部分增值服务切实解决了消费者的需求，带动了门店人气，也为公司带来了稳定的收益。

中百集团——深耕湖北市场，门店数量众多，渠道价值明显。截至 2012 年末，公司连锁网点总数达 948 家，其中仓储超市网点 244 家（大卖场 157 家：武汉市内 75 家，湖北省内 82 家；重庆社区超市 87 家），便民超市网点 651 家（含加盟店 45 家），百货店 8 家，电器专卖店 45 家。2013 年公司新增网点 100 家左右，其中大卖场 10 家，便民新店 90 家。公司在湖北省优势地位明显，门店数量保持快速稳定增长。公司在湖北省内拥有常温干货配送中心五座，分别设在武汉、咸宁、恩施、浠水，库房总面积达 12 万平方米。另外，公司自建的生鲜物流园投资近5亿元，占地300亩，包括冷链配送中心、蔬果配送中心、生鲜加工配送中心、食品加工中心等四大功能区，建成后预计年加工配送生鲜食品达60亿元。这些都为公司各网点实现低成本、高周转经营提供了强有力的保障。

四　经营案例分析

（一）连锁超市经营生鲜农产品

1. 永辉超市简介

永辉超市是以生鲜为主导，以食品用品及服装为辅助，以产地直采为主的采购模式，公司生鲜销售占比及直采占比都远远高于行业平均水平。拥有700人的生鲜买手团队，并且有专门的生鲜研发中心，对以往的数据进行分析统计，能及时掌握全国各地生鲜价格、生产周期等信息，使得生鲜采购环节具有很大的优势。“永辉模式”背后，是建立的一整套完善的全国性生鲜农产品直采体系，减少了生鲜产业链的中间环节，降低了物流、仓储和损耗成本，因此永辉在生鲜经营上拥有很强的竞争力。

分产品来看，生鲜占比远高于行业平均水平，带动食品用品等高毛利产品的销售。永辉当前生鲜的占比在45%左右，而行业其他超市在25%左右，但永辉的生鲜毛利率达到13%，远高于行业平均水平。并且如此高的生鲜占比并没有拉低公司综合毛利率，反而通过生鲜带动食品用品等高毛利产品的销售，使得公司综合毛利率保持在20%左右的水平。从公司产品结构来看，公司是以生鲜及加工（占营业收入46%）吸引客流，以食品用品（占营业收入46%）提升公司毛利，以服装（占营业收入8%）提升公司毛利率，从而使公司业绩保持平稳增长。公司通过以生鲜为核心驱动力，快速进行跨区域扩张，该模式能够有效复制，并且竞争力强。永辉进入新区后，会以较低的价格进行促销，迅速占领新市场，经过培育期后，公司毛利率显著提升，而且新区门店的密集布点将使得规模效应更加明显，加速实现盈利。目前公司门店已经分布到全国14个省市，截止到2013年末，拥有门店288家，基本上每年保持了40—50家的开店速度。公司在成熟区域的主营业务毛利率较高，进入新的区域后，会以较低的价格进行促销，以迅速占领当地市场，此时新区域的毛利率极低，一旦市场成熟，新区毛利率会出现大幅度提升，而且公司在新区门店加密后，规模效应开始显现，平销及毛利提升明显。

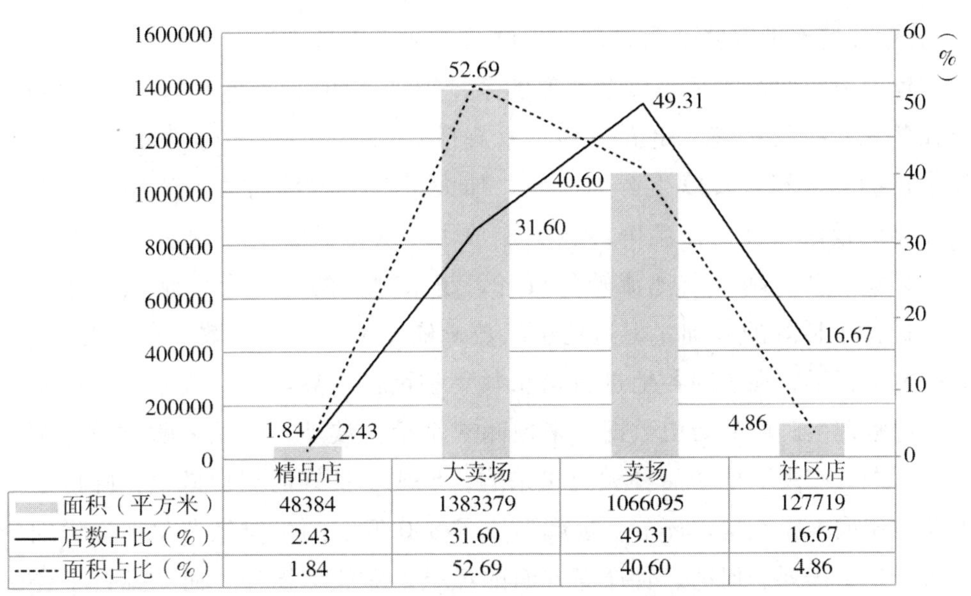

	精品店	大卖场	卖场	社区店
面积（平方米）	48384	1383379	1066095	127719
店数占比（%）	2.43	31.60	49.31	16.67
面积占比（%）	1.84	52.69	40.60	4.86

图 1—19 永辉超市门店类型占比情况

2. 永辉超市统一采用区域直采战略，奠定价格优势

公司建立的全国性生鲜农产品统一采用区域直采体系，是经过多年实践总结出的独特的模式，使公司在部分生鲜农产品采购中获取了比批发市场多25%—30%的利差。大规模的生鲜采购离不开物流的支持，永辉近几年也加大了物流中心的投入，目前已经完全建好的有四家，还有五家大型的物流中心正在建设当中。这些都将为永辉快速推进全国扩张，区域密集布点提供了保障。

永辉超市生鲜采购模式及具体措施如表 1—22 所示。

表 1—22 **永辉超市生鲜采购模式及具体措施**

采购模式	具体措施及优势
基地采购	订单采购和预算采购，保证了永辉超市生鲜农产品供应的稳定性和安全性
当地采购	满足当地消费者特色需求的产品采购，是公司主要的生鲜农产品采购渠道，主动寻找当地种植农户、合作社进行合作，不仅降低了成本，而且减少了农产品流通环节
远程采购	主要是根据生鲜农产品生产和消费的地域差、时间差、季节差，进行调节性采购，使得公司在品种、价格上始终保持对农贸市场的竞争优势；在农产品流通领域，公司打破不同地区之间的信息、路程的封闭，在全国各地建立采购中心，拥有了固定或季节性的远程采购点。这些采购点与农户保持长期的跟踪联系，对季节性、地方性特色的农产品直接到生产地采购
批发市场采购	发挥批发市场的调节和保障作用

3．永辉超市推行精细化管理的生鲜买手和卖手激励机制

永辉生鲜经营模式是一整套完整的系统，如果单纯学习买卖环节某些细节，难以抓住该系统的精髓。笔者认为，永辉模式的成功主要得益于其建立了良好的激励机制，永辉一直以生鲜为核心，加大了对生鲜部门员工的倾斜力度，经过十几年的摸索，公司在生鲜经营上形成了一套体系，这是很多同行难以复制的。在采购环节，随着土地流转的放开，越来越多的农民合作组织兴起，为产地直采提供了良好的基础，但这些组织数量依然很多而且分散，永辉投入了700多人的生鲜买手，在全国各地进行信息收集和询价，甚至专门成立了生鲜研发中心，通过整理生鲜产品历史数据，来预测未来价格波动，降低采购腐败。在采购模式上，永辉实现了单一品种大批量采购，形成了良好的规模效应，降低了采购成本及物流成本。在销售环节，永辉形成了800万字的生鲜经营手册，详细分析了销售过程中排列、促销、管理等方面的经验，降低了损耗，而且推行了合伙人机制，让员工能充分享受公司的收益，提高了员工的积极性。永辉通过精细化管理，在产地直采时让菜农按照公司的要求进行粗加工，并加大冷链物流的投入，降低损耗。在销售环节，对销售人员进行专门培训，定时对在售生鲜进行整理。在整个产业链各环节都强调精细化，形成了买和卖一整套完整的系统。很多超市对永辉的模仿仅仅是纠结于如何买和卖，并没有抓住永辉模式的精髓，很难成功。

生鲜是永辉进行差异化经营的突破口，随着销售规模的扩大，公司生鲜议价能力得到提升，采购的价格也越来越低。产生规模优势后，对商品的议价能力越来越强。通过快速的周转有效地降低了损耗（目前的损耗率在5%以内，远低于行业水平），建立了有效的生鲜采购及销售机制；并拥有强大的生鲜需求预测能力；能够结合当地市场消费习惯推出优质的生鲜产品，迅速占领市场。通过缩短生鲜产业链，使产业链各方都获得利益，形成了正向能效循环，创造更多的价值（见图1—20）。

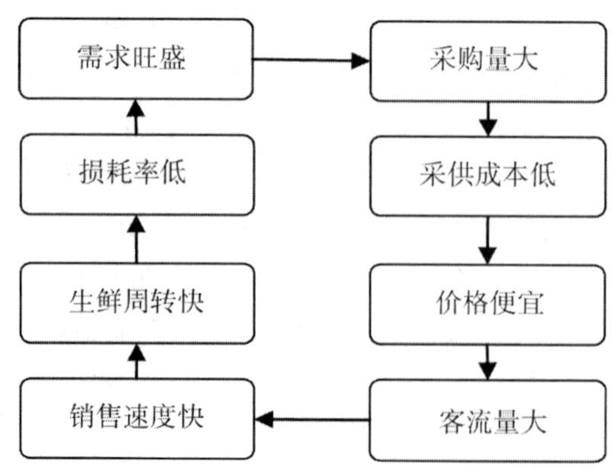

图1—20　超市生鲜农产品销售正向循环

4. 农改超加速永辉超市发展

2013 年 7 月永辉与上海上蔬签订《投资意向书》，共同出资经营上海 4000 平方米以下的生鲜菜市场。其中永辉主要负责经营，上蔬公司主要负责协调当地政府以及主管部门的关系，积极争取菜场网点。按照合资公司规划，争取在 2013 年度内取得 5—8 家菜场网点，2014 年度内取得 20—30 家、2015 年度内取得 20—30 家菜场网点；目前已基本完成规划。上海上蔬，由上海蔬菜集团有限公司和战略投资者设立。其中上海蔬菜集团公司是由有着 50 多年历史的原上海市蔬菜公司改制而成，大股东为上海国盛集团，主要从事于蔬菜及其他食用农产品批发，旗下拥有 10 多家各类批发市场，其中蔬菜占上海市社会供应总量的 80%以上。农贸市场是菜篮子工程的重要部分，但由于其分散性和复杂性带来的管理难度和食品安全等问题亦较为突出。目前来看，永辉超市从该业务起家，且已实现可复制和跨区域发展，上海地区突破若成功，中长期可能带来新城市效仿效应。

（二）批发市场自建连锁便民店经营生鲜农产品

1. 新发地农产品批发市场建设便民连锁店

中国农产品供应链较长，一些农产品从外地来到北京，流通环节的费用转嫁到消费者身上的现象非常突出，有些流通成本是不合理的，是可以避免的。例如，海南的辣椒从产地到北京的一级市场新发地市场要三天两宿时间。在产地，每斤收购价为 0.8 元，在中间运输环节上，包含产地包装、仓储、运费、司机工资等，摊到每斤辣椒上成本为 1 元，这样进入新发地市场的辣椒约为每斤 1.8 元；在一级批发环节，加上不到 0.1 元，就进入北京市的二级市场，到了宣武、西城的农产品市场价格涨到了每斤 2.2—2.4 元；到了欧尚等超市，价格又超过了每斤 3.0 元；到了东方新天地等高档卖场，当初的辣椒价格涨到了每斤 8 元，有的地方卖到了每斤 10 元。因此，减少农产品消费的中间环节太重要了。如果减少新发地市场的农产品到北京的流通环节，直接配送到北京的社区，将给北京的居民带来很大的实惠。

北京市政府统计，在城区中平均 2 平方公里只有一家小型菜场，居民买菜非常不便。丰台区政府和丰台街道领导非常关心支持便利菜店建设，促成了新发地市场便民连锁菜店的实现。新发地市场先后建立了七个菜店，丰台区政府不收场地租金，使新发地市场的蔬菜水果通过这些菜店，减少中间的流通环节，让当地的居民能买到从新发地市场直接配送的新鲜、价格便宜的蔬菜水果。同时，新发地市场和丰台街道也订立了合作意向，在保证质量、价格、服务、安全和卫生框架内，双方利用各自优势和资源，把这个民生工程做好做实。现在，新发地市场采用市场直接配送的方式，统一经营，收到了当初预想的效果。

2. 新发地连锁菜店购销流程介绍

新发地连锁菜店购销分三个环节，分别是采购环节、配送环节和销售环节，整个流程“六统一”管理贯彻其中，分别是：统一采购、统一配货、统一运输、统一标准、统一品牌、统一销售。以下分别是各环节介绍。

第一，采购环节。七家菜店根据当天具体销售情况，在下午2点到4点将本店第二天所需水果、干货类品种数量等信息通过电话、手机短信等报到办公室（现设在吴志广门市），下午4点到6点将水果、新鲜蔬菜等信息发到。通过整理后，总结成全部需求量报到采购员手中，两名采购员随时根据需求总量统一采购，这是第一个“统一”。

第二，配送环节。包括统一配货、统一运输。在这个环节中，统一采购的货品分批进入车间（特菜厅的21号），由专门的分货员根据每个菜店的供求信息进行配货，同时，对产品进行检查，把不合格产品挑出来另行处理。配货完毕后，由专门运输车辆把当天购进的货统一运输。配货员将货装车，并与押货人员交接，把货品运到各个菜店，交接完毕，才完成整个配送环节。

第三，销售环节。包括统一品牌、统一销售。现在运营的七个菜店全部由丰台区丰台街道协助设立，没有场地租金，把菜店经营成本降低了一大块，也让利给当地居民。“统一品牌”指的是菜店由街道服务中心与合作方新发地市场联合打造品牌，这个品牌内涵直接是“便”民。所谓“便”，一是方便了当地居民买菜，解决了城市生活中“买菜难”等大问题。二是便宜，因为新发地市场是整个北京地区蔬菜水果的一级批发市场，是整个首都农产品价格形成的“晴雨表”，加上当地街道居委会协助在各社区公用面积上盖菜店，省了场地租金，上述这几个因素必然能降低菜的价格。

现在，各菜店的价格，主要由两个因素决定：一是与本地区的早市价格对比，规定零售价格不能超过早市的20%，部分商品不能超过30%。二是由当地消费水平、接受能力、消费习惯等决定。价格高了，居民接受不了，东西卖不出去；价格低了，各菜店就得赔本经营，他们自负盈亏，所以也不行。这就要求双方要找到一个良好的结合点。“统一销售”指的是，在销售过程中，服务标准是统一的。

五　连锁超市经营生鲜农产品面临的一些困难

（一）冷藏保鲜及高损耗率增加了生鲜经营难度

生鲜产品保质期短，很多需要冷藏保鲜，而且损耗率高。一旦超过保质时间，那就完全失去价值，这就导致生鲜的毛利率偏低。超市生鲜订单量波动大，增加了库存的不确定性。同时影响消费者购买生鲜食品的因素很多，比如天气变化、节假日等。如果库存不足，那将影响客户体验；如果库存过多，那么将出现大量损耗。生鲜产品损耗率达到了10%—30%，而普通产品的损耗率却仅仅不足1%。如此高的损耗率增加了生鲜经营的难度。

（二）超市经营规模化之后质量控制风险加大

生鲜超市需要做到高周转，周转率一旦下降就导致大量库存，大部分生鲜产品的生命周期很短，尤其是蔬菜类。生鲜食品从采购、入库、发货整个环节都必须控制在保鲜期内。这些环节包括生鲜采摘、运输车送至冷库、冷库保鲜、消费者下订单、订单区域化处理、库存发货、消费者收到产品七大步骤。整个周期必须在保鲜期内完成。以生鲜蔬菜为例，从采摘到入库一般为1—2天时间，它们在库里最多能保存2天，也就是说整个库存周转为2—4天，这已经是一个极限。所以快速周转需要有强大的营销能力，这样限制了生鲜超市做大规模，因为一旦实现规模化之后，很难控制质量风险，而且库存周转速度也会下滑。

（三）冷链物流严重缺失，配送成本高昂

配送成本是超市企业做生鲜面临的最大难题。生鲜类的食品，对于物流配送要求极高，既要保持食品的新鲜，又要保证达到的速度，最常用的方式就是冷链物流。冷链物流比普通物流成本高很多。而且国内一线城市的交通本身就十分拥堵，增加了冷链物流配送压力。中国市场的食品冷链运输率只有10%左右，远低于欧美等发达国家80%—90%的水平。根据国家发改委印发《物流业调整和振兴规划》及《农产品冷链物流发展规划》，提出进一步促进农产品流通，提高冷链物流水平，增强食品安全保障能力，未来我国果蔬、肉类、水产品冷链流通率分别达到20%、30%、36%以上，冷藏运输率分别提高到30%、50%、65%左右，流通环节产品腐损率分别降至15%、8%、10%以下，未来冷链市场空间巨大。

（四）缺少稳定货源，难以实现大规模的产地直采

生鲜超市都有着强大的后台支持，一旦没有稳定的货源，生鲜超市很难规模化。单一农场不能满足超市的需求；如果多个农场供货，采购量小，物流成本高。由于一些超市经营生鲜刚刚起步，很难实现与产地直接对接，从而无法在源头把控产品的质量和价格。同时国内很多小区附近就有菜市场，当前买菜的主要群体为中老年人，他们有时间和精力去逛市场，超市生鲜还很难改变这部

分群体的购物习惯。对绝大多数生鲜电商企业而言，需要根据自身企业实力，选择优势区域和产品，寻找及挖掘目标客户，做优质农产品的生鲜超市。超市未来比拼的是供应链的整合能力，包括对源头产品的管控、物流配送体系的建设，等等。虽然生鲜会刺激购买，增加客户黏性，但到底超市经营生鲜只是一种渠道，最后还是要比拼对整个产业链渠道的控制力。

六　超市经营生鲜农产品发展策略

（一）统筹构建物流配送体系

超市需加快建设物流配送基地。通过物流配送基地带动和促进整个物流体系的建设，提高物流配送社会化、专业化和现代化水平。要积极规划建设主要为生鲜食品物流配送服务的冷链配送体系，冷链配送体系以政府投入和资助为引导，吸引外资、民资参与。要对纳入冷链物流的冷饮食品、肉制品、乳制品、速冻食品等实行全程冷链配送，达到低温保鲜要求。通过建立冷链配送体系，着力提供社会化服务，既保证食品安全，又服务于企业需求。具有较大规模的商业集团自建物流企业，在集团内部实行统一采购、统一配送，优化供应链、降低物流成本、提高运作效率。

（二）提高连锁企业规范化经营

连锁经营企业需要规范的作业标准和管理手册。企业总部要强化对门店经营行为的监管和约束，杜绝不规范的商业行为。既要借鉴国外的经验，又要适应中国的实际情况。在强调统一经营中，最重要的是统一核算（指直营连锁）、统一进货、统一配送和统一管理，并在此基础上形成具体标准，实行规范化管理。按照连锁经营标准化、专业化的要求，逐步建立完善的经营管理体系，加强对企业经济活动的计划与成本控制，不断提高管理水平和经济效益。深入开展连锁经营管理理论和现代营销技术的研究和学习，在连锁企业推广先进的经营理念、营销技术和管理方法。同时加强行业自律。通过行业协会对连锁经营企业进行规范化经营的指导、检查和监督，促使企业提高规范化经营的水平。

（三）积极培养和引进发展连锁经营的人才

连锁超市需要抓紧培养熟悉现代流通规则、方式、管理及技术的高素质人才，积极开展连锁经营从业人员培训，尽快提高从业人员素质。同时连锁超市要制订培训计划，采取多种形式和渠道，坚持理论教育与实践培训相结合、基础培训与专业培训相结合、上岗培训与轮岗培训相结合。加强连锁经营理论研究，建立连锁教育培训基地，大量培训各级管理干部和基层员工，以满足连锁经营所需的人才资源。通过各种渠道，积极引进国内外连锁经营方面的人才。要关心引进人才的子女入托入学、家属工作等切身利益问题，切实解决引进人才的后顾之忧。

（四）努力提升连锁超市信息化水平

超市企业需建设连锁经营系统的信息网络系统，要结合为商贸流通企业服务的公共信息网络，及时了解有关的政策方针、行业动态等方面的信息。同时推进和完善连锁经营企业时点销售系统、客户关系管理系统、管理信息系统、电子订货系统的建设，建立连锁企业连接总部与分店的信息网络，实行覆盖全系统的信息化管理。中国中小零售企业占了绝大多数，要将自愿连锁作为提高零售网点组织化程度的重要手段，选择有实力的企业作为自愿连锁的核心企业（总部企业），给予扶持优惠政策，引导和鼓励小型企业以自愿连锁的方式成为核心企业的加盟店，加快发展各种行业和各种业态的自愿连锁系统。也可以以知名度高、管理基础好的企业为依托，推动特许经营的发展，提高行业整体素质和服务水平，形成规范化、可复制、易扩张、能够实施有效监管的特许经营体系。

（五）着力打造连锁经营采购平台

规模较大的连锁超市企业可以联手打造采购平台，并鼓励其他中小连锁经营企业进入该采购平台。平台可以分为综合采购和专业采购两层架构。综合采购平台为股份制的独立企业法人，发起者为在行业内对企业采购、物流配送有举足轻重作用的企业集团和战略投资者，承担综合采购平台的投资、决策、建设和管理工作。若干专业子平台则承担不同行业和商品的交易和结算任务。通过构建采购平台，有利于将连锁超市打造成生产资料和生活资料的集散地，形成富有竞争力的“超市价格”，巩固和强化超市在农产品供应链中的地位；也有利于整合供需资源，可以引入国际知名供应采购商，从而降低企业的采购成本。平台可以与先进的仓储管理、银行、保险等行业合作，降低企业的财务成本；可以引入第三方、第四方物流，优化企业的供应链。

（六）国家需制定鼓励连锁经营的政策措施

政府要建立健全法律法规，加强维护市场秩序，及时发布政策信息，避免商业网点盲目发展、重复建设。结合国家商务部以明确鼓励连锁经营的精神，各地需制定鼓励连锁经营的优惠政策和得力措施。连锁企业引进信息管理系统、建设物流配送中心、经营生鲜熟食商品所需设备等方面的技术改造，可享受国产设备投资抵免所得税的政策。同时拓宽连锁企业融资渠道，通过资产划拨，发行股票、债券，以及加速折旧等政策，改善连锁企业的融资条件。对商贸流通的平台建设予以资金支持和资助。如对商贸物流配送基地、冷链配送体系、商贸信息集成系统等项目，可以专门立项，从财政拨专款予以扶持。需加大对连锁经营民生重要商品的扶持力度。对于连锁超市等经营生鲜农产品的部分，由于经营的损耗大、利润薄，又是必须充分保证供给的民生基本食品，应该予以税收优惠。

第五节　京津冀一体化农产品流通体系投资建设模式研究

4月30日，中共中央政治局召开会议审议通过《京津冀协同发展规划纲要》。会议指出，推动京津冀协同发展是一个重大国家战略，要在京津冀交通一体化、生态环境保护、产业升级转移等重点领域率先取得突破。

据财政部测算，京津冀一体化未来6年需要投入42万亿元。[①] 同时，有业内人士分析认为，42万亿元投资主要是针对基础设施建设，未来，加上能源、产业流动等带来的投资效应，京津冀可能撬动的资本将达百亿元。

作为关系民生稳定的京津冀一体化农产品流通体系建设，如何在京津冀一体化百亿元投资大潮中分得一杯羹？应该是什么模式？如何建设？需要多少投资？都是我们亟须研究的问题。

一　顶层设计为方向，农产流通关民生，三地功能需明确

《京津冀协同发展规划纲要》中对北京、天津、河北三地功能定位进行了明确的顶层设计。北京的核心功能明确定位是“要坚持和强化首都全国政治中心、文化中心、国际交往中心、科技创新中心的核心功能”[②]；天津的定位是“全国先进制造研发基地、国际航运核心区、金融创新示范区和改革开放先行区”；河北的定位主要涉及产业转型升级、商贸物流、环保和生态涵养以及科技成果转化等方面。

要建设京津冀一体化农产品流通体系，需按照京津冀三地核心功能定位顶层设计，明确三地在该体系中的功能定位。在京津冀协同发展的大背景下，要

① http：//jr. cnhubei. com/html/2015/zijin_ 0430/49550. html.

② http：//www. btcbd. com/mil/201403/97914. html.

打造环首都现代农业高地，河北作为供应北京的农产品保障基地是社会共识。天津作为离首都最近的特大型港口城市，必须将其打造为北京的海港物流中心，充分发挥北京平谷、朝阳两个无水港作用，加快规划建设天津北辰、静海两个物流中心，促进京津冀农产品物流效率的提升，所以天津的定位应该是京津冀一体化农产品流通体系中物流关键点和发力点。北京作为特大型农产品消费城市，自给率不足20%，80%需要外埠供应，应该定位为津冀特别是河北农产品的主要终端市场。

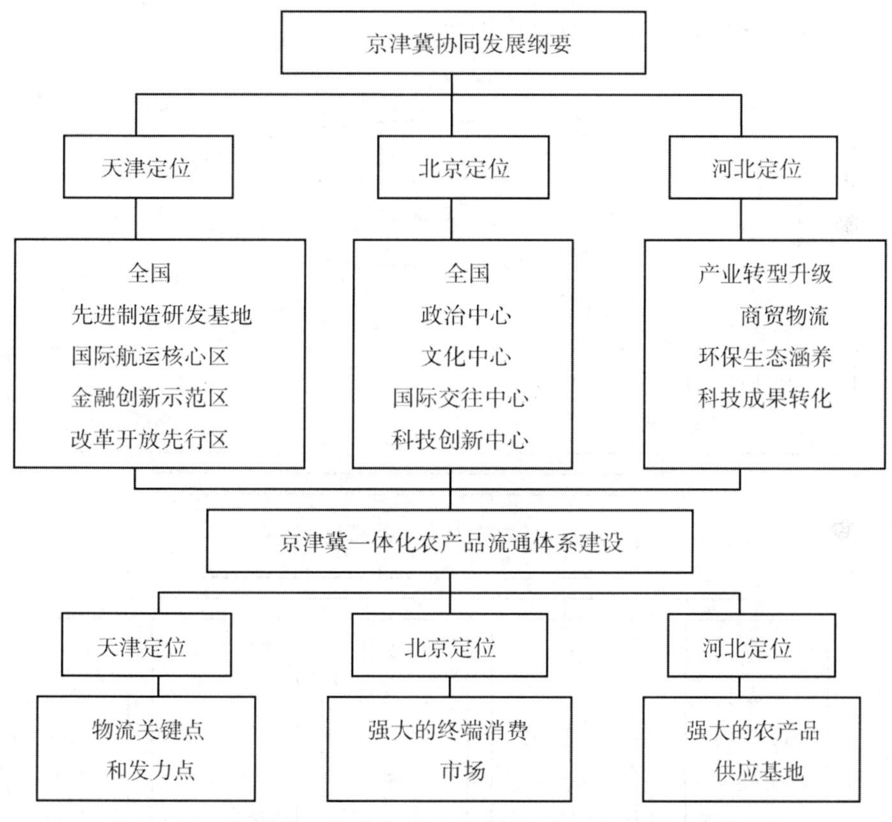

图1—21　京津冀一体化农产品流通体系中“三地”功能定位

二　北京需求底数清，外埠基地需加强，各方要素齐发力

2014年末，北京市常住人口2151.6万人，流动人口约600万人，农产品当期消费人口约2750万人，全年鲜活农产品总消费量约2000万吨，[①] 如此庞大的消费市场为河北以及天津农产品进京提供了巨大的商机。据北京市农委统计数字，每年有300万吨河北鲜活农产品进入北京市场，并且河北农产品进入北京

① 《北京市2014年统计年鉴》。

的量在逐年上升。同时，天津自贸区的重磅出炉将会给北京农产品市场，特别是进口生鲜市场带来贸易量和报关速度方面的显著提升。为此，京津冀农产品流通一体化建设应该是以北京强大的消费市场为龙头，以河北、天津大型农产品生产基地为源头，以天津自贸区为对外关口，以天津海港物流中心为物流关键抓手，以京津冀一体化交通体系为流通血管的总体模式布局。

在 2015 年 2 月 28 日的北京市农村工作会议上，北京市副市长林克庆表示，将继续支持京津冀外埠蔬菜生产基地建设，发展一批畜禽、水产品外埠基地，鼓励北京市农业产业化企业到环首都地区建设现代化的种养和加工基地；组织区域间“农超对接”，搭建产销合作平台。

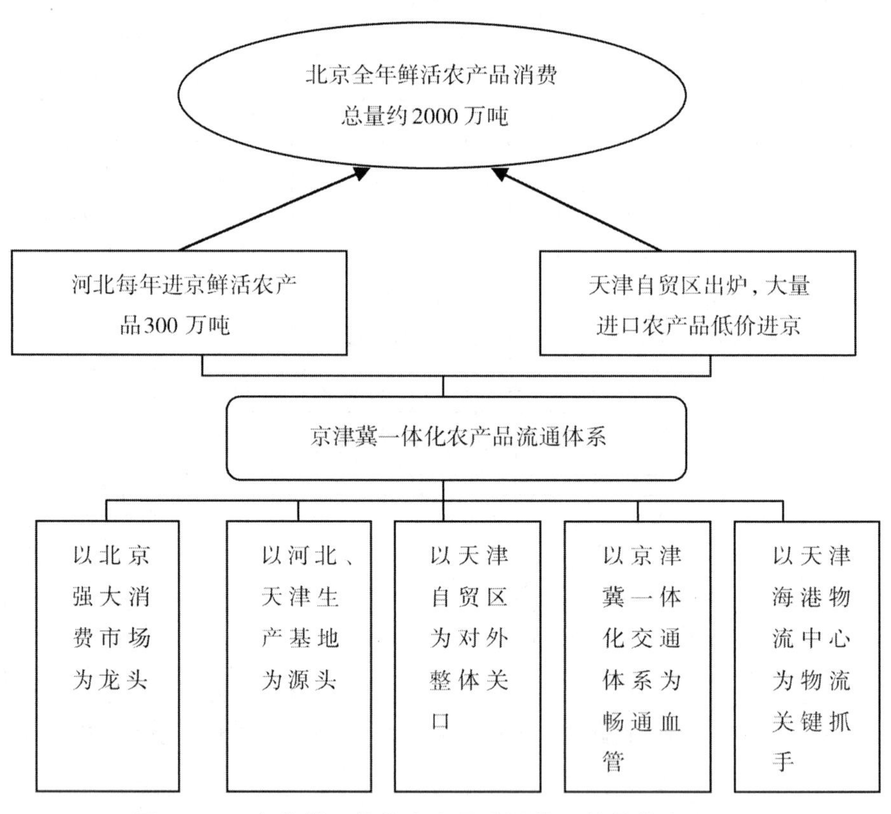

图 1—22　京津冀一体化农产品流通体系的具体布局

三　非核功能待疏解，环京物流更迫切，整体格局初构建

按照习总书记来北京调研时对首都“四个中心”核心功能定位要求，与建设世界一流和谐宜居之都相适应，要积极疏解非首都核心功能，五环内大型批发市场要实现有序退出和外移，未来将形成新发地市场与北京鲜活农产品流通

中心保障首都农产品安全供应的“双中心”格局。[①] 新发地市场已经将农产品流通上游产业链相关功能外迁至河北高碑店市场，北京市场将改变过去的摊商式经营，重点扶大扶优扶强，打造农产品电子交易中心、农产品展示展销中心，不断进行产业升级。新建的北京鲜活农产品流通中心将立足现实，迎接未来，积极拥抱互联网，向着线下“实体市场”、线上“信息流、资金流”珠联璧合的现代化物流中心迈进，同时，未来首都两大一级农产品批发市场更亟须建立环六环、环华北的农产品物流仓储、分拣、加工中心，并努力将农产品上游初加工等环节向田间地头前移，不断实现市政府“净菜进城”的要求，减少进城垃圾、交通流量和大气污染。

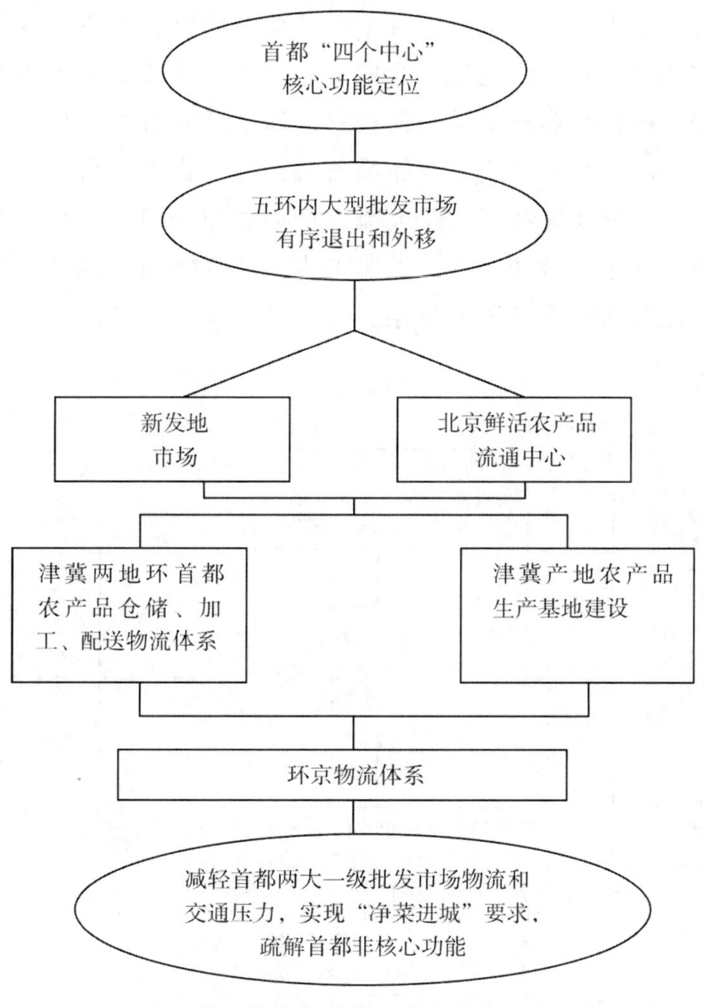

图 1—23 京津冀一体化背景下环首都农产品物流体系格局

① 《京津冀协同发展规划纲要》。

四 政策支持成助力，国有企业为主导，社会资本广进入

农产品流通体系同样属于关系民生稳定的基础设施领域，其投资建设必将惠及河北、天津两地的农民，惠及农产品流通行业中间各类主体，惠及首都广大市民，所以应该形成三地政府政策大力支持，国有企业敢于担当做龙头，充分发挥市场在资源配置中的作用，吸引社会资本广泛进入的投资建设模式。

比如，在北京市大力鼓励农业龙头企业在外埠建立农产品生产基地和物流一体化体系，以及河北、天津地方政府大力招商吸引农产品流通绿色物流项目进入的基础上，市属国有企业可与农产品流通行业社会民营资本合作，在地方政府的大力支持下，积极到津冀产地及重要中间物流节点建立后方生产基地和中转物流平台，形成“北京市属国有企业、地方政府、社会资本”三方投资共建模式，建立环首都的生产基地和仓储物流体系，实现农产品生产初加工、仓储、分拣和安全检测产业链上游功能前移，以此疏解首都非核心功能，保障首都农产品安全供应，为京津冀农产品物流协同发展提供平台，全面保障首都农产品安全供应，大幅度提高河北及天津农产品的市场组织化程度和订单农业规模，带动腹地农业上规模上水平，提高市场体系对腹地的辐射能力和影响力，形成京津冀一体化的农产品流通体系，对河北乃至环京津地区的经济发展产生巨大推动作用。

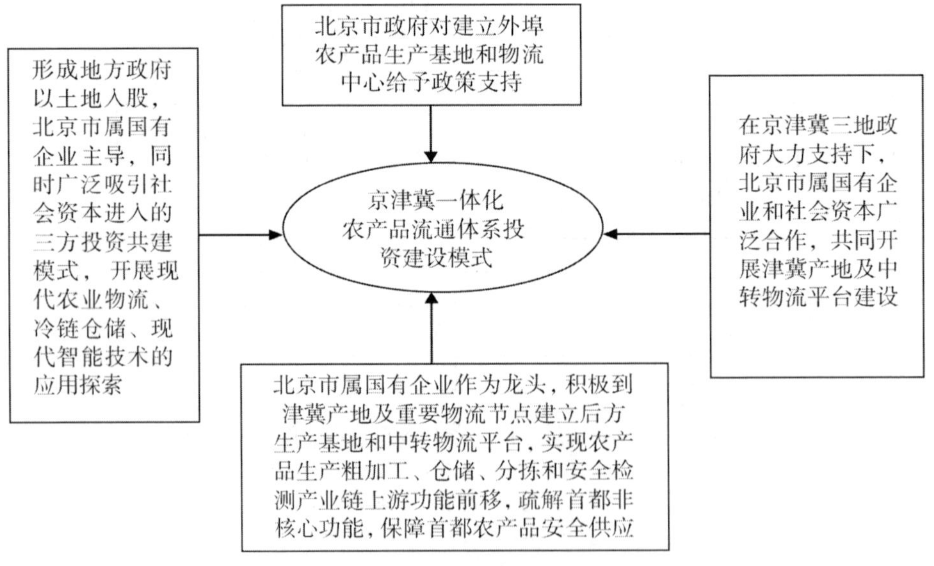

图 1—24 京津冀一体化农产品流通体系投资建设模式

五 市场空间无限大，投资前景确可期，惠及京津冀三地

京津冀一体化农产品流通体系投资建设具体可以分为硬件设施和软件设施两类。其中硬件设施包括以下内容：一是津冀两地大型农产品生产基地建设以及在生产基地形成的初加工设施，生产基地建设主要是指让当地农民按照京津两地市场需求播种、施肥、田间管理，达到“以销定产”的目的；二是在京津冀一盘整棋上，依据科学的物流原理，在合理区位建立辐射多个产地的中转物流中心，以此实现初加工、包装、分拣、安检等产业链上游环节相关职能；三是连接生产和消费的农产品冷链物流硬件设施建设。软件设施包括以下内容：一是连接生产、流通、消费的京津冀一体化农产品质量安全可追溯体系建设；二是连接生产、流通、消费的京津冀一体化农产品流通信息化平台建设；三是连接生产、流通、消费的京津冀一体化农产品流通电子商务平台建设。

在投资规模测算上有以下估算数据可以参考：一是硬件设施投资建设：首先，河北共有蔬菜生产大县 60 个，[①] 主要集中在张家口、承德、衡水、保定、唐山几个区域（因天津主要为大型消费城市，本地生产农产品主要供应天津市，暂不考虑供应北京市场），所以可以考虑建立环北京 60 个大型农产品生产基地，按照每个基地 5 万亩计算，生产种植全程标准、封闭管理以及田间地头初加工设施投资约 1 个亿；其次，建立 5 个农产品上游初加工中转物流中心，具备初加工、分拣、包装、仓储、安全检测职能，每个中转物流中心规划在 1000 亩左右，投资约 20 个亿；再次，按照河北年 300 万吨鲜活农产品进入北京供应量，每天供应量为 8219 吨，按照 12 吨大型货车计算，需配备大型冷链物流车约 700 辆，每辆现代化冷链运输车初始购置费用约 150 万元，初始投资约 1 个亿。二是软件设施建设，软件设施建设主要是前期系统研发费用和后期维护费用，农产品质量安全可追溯体系建设、农产品流通信息化平台建设、农产品流通电子商务平台建设长期投资预计约 10 个亿，上述软硬件设施投资共计约 170 亿元。上述投资还将撬动产业链上下游以及关联产业的投资，按照京津冀一体化 42 万亿元总投资撬动 100 万亿元的杠杆比例，京津冀一体化农产品流通体系将撬动投资达 400 亿元。

① 《河北省 2014 年统计年鉴》。

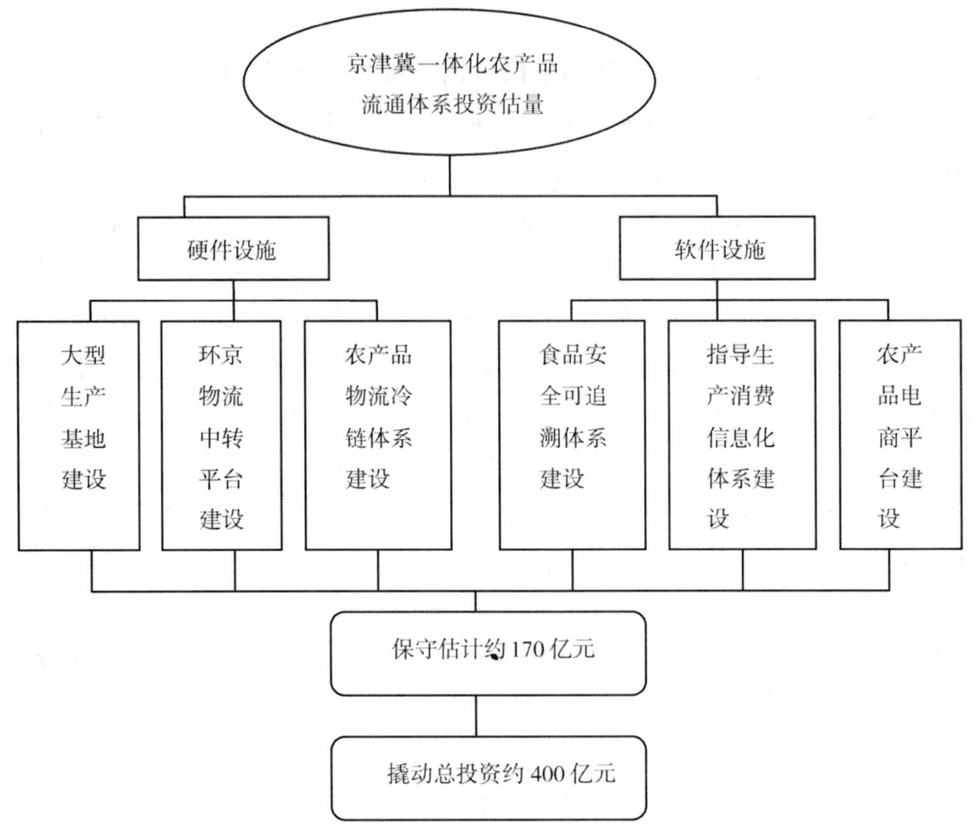

图1—25　京津冀一体化农产品流通体系带动投资规模估算

第六节　中国农产品电子商务发展报告

一　中国农产品电子商务发展概述

（一）农产品电子商务相关概念和特点

1. 农产品电子商务相关概念

随着互联网技术的广泛应用，农产品电子商务得到快速发展，出现了许多现代名词和概念。多数人会把“农产品”与“食品”和“生鲜”混为一谈，因此，有必要先来梳理一下这几个名词的范畴。

（1）农产品相关概念

农产品（farm produce）是指农业中生产的物品，如高粱、稻子、花生、玉米、小麦、瓜果、蔬菜、蛋奶、鱼、禽肉等。“食品”最宽泛，简言之就是能吃能喝的成品和原料，包括农副产品和工业化食品，其中农副产品主要指动植物的初级产品（农、林、牧、渔）；而工业化食品是指经过半加工或深加工的食品，诸如膨化食品等。“生鲜”主要来自农副产品，主要指土里种出来和畜牧场里养出来的一级产品，涵盖生活所必需的果蔬、蛋肉、海鲜、五谷杂粮等。

（2）电子商务概念

源于 electronic commerce，简称 EC。EC 即指利用电子信息网络等电子化手段进行的商务活动，主要是商务活动的电子化和网络化发展。广义而言，电子商务还包括政府机构、企事业单位各种内部业务的电子化。电子商务可被看作一种电子化的商业和行政作业，这种方法通过改善产品和服务质量、提高服务传递速度，满足政府组织、厂商和消费者降低成本的需求，并通过计算机网络加速信息交流以支持决策。随着信息技术的发展，电子商务的内涵和外延也在不断地充实和扩展，电子商务成了通过电子方式进行的各项活动的总称，并不断被赋予新的含义开拓出更广阔的空间。电子商务将成为 21 世纪人类信息世界的核心，也是网络应用的发展方向，具有无法预测的增长前景。电子商务是构筑 21 世纪新型的贸易框架的重要手段。是“互联网+商务活动”的主要模式。大力发展电子商务，对于国家以信息化带动的战略，实现跨越式发展，增强国家竞争力，具有十分重要的战略意义。

（3）农产品电子商务

农产品电子商务是指在农产品生产、销售、管理等环节全面导入电子商务系统，利用信息技术，进行供求价格等信息的发布，并以互联网终端、手机移动端为媒介，依托农产品生产基地与物流配送系统，以线下线上多种网上支付服务为保障，使农产品交易与货币支付迅捷、安全地同步实现。

（4）农村电子商务概念

农村电子商务是通过网络平台嫁接各种服务于农村的资源，拓展农村信息服务业务、服务领域，使之兼而成为遍布乡、镇、村的“三农”信息服务站。作为农村电子商务平台的实体终端直接扎根于农村、服务于“三农”，真正使“三农”服务落地，使农民成为平台的最大受益者。包括将农产品、农资、农业服务上网让更多的人共享，拓展市场和销售量，从而促进农业规模化和产业化发展，并且将日用品、耐用消费品下乡。农产品电子商务、农资电商、农村日用工业品电商、再生资源电商共同构成农村电子商务。

（5）生鲜电商概念

生鲜产品电子商务，简称生鲜电商，指用电子商务的手段在互联网上直接销售新鲜果蔬、生鲜肉类等生鲜类产品。生鲜电商随着电子商务的发展大趋势而发展。2012 年被视为生鲜电商发展的元年。

综上所述，现在农产品电子商务主要是针对农村生产的农副产品及其制品，利用电子商务拓展市场完成交易。农产品电子商务是农村电子商务的重要组成部分。

2. 农产品电子商务的特点

中国农产品电子商务刚起步，商务模式、体制都不完善，不可能全部取代传统商务模式，农产品电子商务作为中国农产品走出去的有效途径，发展必然是一个渐进的过程。在国家政策的助推下，农户和新农人[①]通过互联网来拓展农产品销路的热情高涨，更有各路资本竞相争夺、抢占巨大潜力市场，看好农产品电子商务这块诱人的蛋糕，加大投资，使得这场农产品电商的“盛宴”拉开了大幕，成为未来发展的方向。其发展特点如下。

（1）农产品电商成倍增长且主体多元化

2007年中央一号文件后商务部实施的“农村商务信息服务”工程，涉及农业的电子商务蓬勃发展起来，2014年中国涉农电子商务得到飞跃发展，涉农电商3.1万家以上，其中涉农交易类电商有近4000家，包括：具有特色的大宗商品交易市场如广西糖网、全国棉花交易市场、四川白酒交易中心、中农网、泌坤农产品交易中心等；具有特色的农产品网络零售网站如阿里系列（淘宝、天猫、1688等）、京东、我买网、沱沱工社、顺丰优选、美味七七、本来生活网、淘常州、甫田网、龙宝溯源商城、中国地理标志产品商城、青年菜君、电子菜箱、新疆“维吉达尼”等，呈现蓬勃发展的态势。

新农人成为电商主体，老农人也积极参与。随着中国创业合作社的兴起，新农人群体会越来越庞大，他们植根于农村，创业于农业，成功于农业。可以说是进入了新农人的时代。而传统意义上一直以种植农业为生的老农人，为了摆脱农产品滞销的尴尬处境，转而开始学习触网，到网上销售农产品，也有了一个新身份标签——“农产品卖家”。如今，这一人群总数已达近百万级。

（2）“三品一标”农产品将成为农产品电商的“主角”

随着世界绿色浪潮的兴起，绿色、有机食品营销的市场环境已经形成，农产品涉农电商主要以“三品一标”的农产品为主，农产品“三品一标”产品占整个电商的比例将超过80%，生鲜农产品电商将实现“三品一标”化，占农产品交易额比例超过60%。在网上交易的农产品是否被消费者购买取决于网民对产品的信任感，以及网上图片与农产品品质的一致性，而“三品一标”产品经

① 新农人概念是指那些为了创业理想而投身到农业行业之中的创业者们，他们通过承包或者其他方式，获得拥有使用权的土地，然后在此基础上进行养殖、种植的创业，并通过团队的智慧进行管理，进行科学化、系统化的生产创业活动。

过相关部门认证就更能够赢得网民的青睐。

（3）农产品电商成为新热点，生鲜电商被称为新“蓝海”

20 多年来，中国电商经历了图书、服装、3C 三大电商热潮，现进入农产品电商的第四个热潮。据统计，2010 年至今阿里平台农产品销售额的年均增速为 112.15%，农产品销售额从 2010 年的 37 亿元左右，2014 年突破 800 亿元。2013 年，淘宝网生鲜产品（包括水产、肉类和水果）的增速高达 194.58%，在所有品类中排名首位，中国生鲜电商交易规模 130 亿元，同比增长 221%，2014 年中国将达到 260 亿元，增长 100%。农产品电商是电商皇冠，生鲜电商被称为电商领域的新“蓝海”，也是电商的皇冠上的皇冠。阿里平台完成农产品销售额近 700 亿元，卖家数超过 90 万个。2015 年阿里平台上完成农产品销售 695.50 亿元，其中阿里零售平台占比 95.31%。经营农产品的卖家数量超过 90 万个，其中零售平台占比 97.73%。

（4）农产品电子商务吸引资本“抢食”这千亿蛋糕

数据显示，2010 年中国流通领域农产品的价值总额为 2.24 万亿元，但农产品电商网络交易额占比仍非常小，业内曾有预测为不到 1%。阿里巴巴报告指出，2014 年其市场容量或会突破 1000 亿元。相比其他电商过度竞争的品类，农产品特别是生鲜的利润目前尚非常可观。市场容量巨大、利润率高，农产品电商自然成了资本追逐的对象。2012 年以来，中国大型电子商务和快递企业龙头纷纷进军生鲜领域，农产品电商大规模地发展起来。由此，更多的社会资本、创业者，都看到了其中的机遇，纷纷入局这场农产品电商的“盛宴”。

以阿里巴巴、京东为代表的电商巨头们大肆抢占农村电商市场，扶持农业电商发展，带动农产品触网，推动农产品电子商务发展。阿里集团美国上市之后启动“千县万村计划”，投入 100 亿元发力农村电商，计划建立 1000 个县级运营中心和 10 万个农村服务站。将涉农电商、大数据业务和跨境电商服务定为阿里集团未来的三大发展方向，通过大数据技术平台打造新一代农村电子商务。淘宝村从 2009 年的 3 个，发展到 2015 年的 780 个，中国淘宝村同比增长 268%，覆盖活跃网店超过 20 万家。这些淘宝村广泛分布于 17 个省市区，浙江、广东、江苏淘宝村数量位居全国前三位，实现了跨越式发展。京东渠道下沉，把目光聚焦在农村这个市场，让小城镇的居民知道京东是干什么的，是为了激活广阔的农村市场用户，也为农产品拥抱互联网提供了无限机遇，必将对传统的农产品行业带来巨大冲击。此外，苏宁等各路资本也早已瞄准农产品电商的蛋糕，纷纷抢滩市场。

（5）农产品电商占电商市场份额有限且多微利

2013年的“双11”350亿元、1.5亿个包裹，2014年11月11日零点开始，大屏幕上开始滚动起数字，第二分钟交易额突破10亿元；第五分钟交易额突破20亿元；第十分钟，36亿元。2014年继续上演着疯狂，一年一度的淘宝盛宴又结出了丰硕的果实——这是让世界都侧目的一个新纪录。2015年天猫“双11”的一连串数字：912亿元的成交额，支付宝全天7.1亿笔的支付，8.59万笔/秒的支付峰值，4.67亿元的物流订单。912亿元，超过了2014年全国社会消费品日均零售额719亿元，相当于2015年10月份日均全国社会消费品零售总额，更远远高于2014年美国感恩节购物季（包括感恩节、黑色星期五、感恩节周末、网络星期一）五天在内的网络成交额65.6亿美元（约合417亿元）。然而农产品电商交易额仅占农产品交易额的5%，涉外农产品电商交易额占1%，农产品移动商务交易额占2%。

一般商品电商，早已过了标准化生产的阶段，开始步入个性化订制、柔性化生产的阶段，小量多批、随时翻单已经成为电商的生产基础。然而农产品电商却依旧寂寞，农产品具有完全不同于一般工业品的特殊性质，既不可能像工业化一样完全实现产品的标准化，更面临产业链分割、供应链不成熟的严峻现实，所以，套用一般电商的“轻资产”模式在农产品电商上根本无法施展。生产上的非标准化与质量追溯体系不健全往往导致一个结果：只要有大批量订单，一般也必然伴随大量的差评与退货。常规的物流仓储也不适用于农产品，特别是在生鲜电商方面，其在保温、保湿、包装、运输上的苛刻要求，已经不是一个简单的技术问题，还需要科技创新与流程再造，成为一个复杂的新系统工程，多少电商企业为此而倒在探索的征途上。农产品网上销售远高于一般农产品的价格，与“网购就便宜”的电商概念形成了反比，影响了农产品网上销售，主要是服务于中高端消费群体的，终将难以普及。

以生鲜为例。早在2011年我买网便涉足冷链电商服务，近两年，京东、顺丰优选、淘宝等巨头的加入，使得生鲜电商市场争夺的战争呈现白热化。中国全社会生鲜产品零售总额约2.5万亿元，而网络交易额仅占总额的1%，未来五年内这一比例才有望达到10%。

目前，大多数农产品商品价值较低，运输成本较高，有的超过商品成本的100%，甚至更多。因此，涉农农产品电商分散化经营，不仅没有降低其流通成本，甚至会增加其流通成本，导致价格上涨，拖累了企业的发展。国内4000家农产品电商中仅有1%盈利，其余有7%巨亏、88%略亏、4%持平。

（二）农产品电子商务行业发展环境分析

近年来，中国电子商务交易用户数量逐年上升。即使在国际金融危机时期，电子商务仍然显示了巨大的发展优势和市场潜力。

1. 农产品电子商务市场广阔

随着中国网络购物、电子商务的兴起，市场规模的扩大，农产品电子交易发展迅猛。中国农村社会消费品零售总额连续 30 多个月增幅超过城市，三四线成为投资热土，许多零售企业和电商企业下沉。据阿里研究院的统计，仅阿里平台上，2013 年农产品零售卖家为 39.40 万家，2014 年该数据为 75 万家，几近翻番。阿里也曾预计，农产品电商 2014 年市场容量有望突破 1000 亿元。网上农产品交易服务平台的需求规模巨大，农产品网上交易发展前景广阔。

（1）社会文化环境

沱沱工社 2014 年日交易超过 1 万单；我买网、本来生活生鲜农产品交易额双双超过 3 亿元；顺丰优选采取 O2O 模式，建了 2000 家“嘿客”店，菜管家在食品质量管控、供应链一体化建设、智能冷链配送等方面摸索五年取得优异成绩；中国地理标志产品商城探索特色农产品网站；龙宝溯源商城打造中国第一安全食品网站。

长春市农产品电子商务交易平台 2014 年正式上线运营，打造与“汽车城”、“电影城”相并列的“白金城”（长春松花江大米）。湖南宁乡引进湖南现代农商信息有限公司，自 2014 年 5 月平台上线以来，交易额达到 1.3 亿元，日交易额突破 200 万元。

建立网上绿色消费平台，有效地减少了现在一些菜市场出现的环境污染，有利于对环境的保护，是社会经济条件的进步，使农产品增加销售渠道，减少流通环节，同时也为居民生活带来便利。

（2）中国是农产品的生产、消费大国成为农产品电子商务的基石

中国是农业大国，是农产品生产大国。2003—2014 年，中国粮食“十一连增”，农民收入“十一连增”，农产品产量达到 19.46 亿吨，其他农产品产量也呈现增长，成为全球最大的农产品生产大国。

中国也是最大的消费大国，每年消费大量的农产品，包括进口的农产品，14 亿人口的巨大消费量也使中国成为最大的农产品消费大国。2014 年中国网民达到 6.49 亿人，普及率达到 47.9%；手机网民达到 5.57 亿人，网民中手机占有者达到 85.8%；网民中农村网民占比 27.5%，规模达到 1.78 亿人。随着互联网的日益普及、网民的更加成熟，拓展了电子商务的发展空间。互联网普

及率日益提高，网民对电子商务的认知度和接受度加速提升。据 CNNIC 统计，截止到 2009 年 6 月，中国网购用户为 8788 万人，同比增加 2459 万人，年增幅达 38.9%。网络购物的使用与网民网络使用年限密切相关，随着网民数量的提升和网民网龄的增加，电子商务的使用率和交易额必然会有更大的提升空间。

2. 发展政策环境良好

应对国际金融危机过程中，电子商务的市场环境更趋优化。自 2008 年末至今，受国际金融危机影响，中国各行业都受到冲击，但包括电子商务在内的网络经济却是经济寒冬中的暖流。为应对危机，电子商务行业进行了相应调整。部分外贸型 B2B 企业转向内贸，注重国内需求拉动的消费。B2C 和 C2C 网商也不断完善配套服务，电子支付工具不断改善。中国重视“三农”问题。为了保护农民合法权益，出台了一系列的惠农政策。

一是 2014 年中央一号文件新政策对农产品电商带来新的机遇。

二是《关于促进内贸流通健康发展的若干意见》从推进现代流通方式发展、加强流通基础设施建设、深化流通领域改革创新、着力改善营商环境等四个方面出台 13 项具体政策措施，丰富了扩大消费工作抓手。

三是 2014 年 9 月 12 日国务院颁布《物流业发展中长期规划（2014—2020 年）》，提出了加强农村物流发展的内容，如解决“北粮南运”运输“卡脖子”问题。加强“南糖北运”及产地的运输、仓储等物流设施建设。加强鲜活农产品冷链物流设施建设，支持“南菜北运”和大宗鲜活农产品产地预冷、粗加工、冷藏保鲜、冷链运输等设施设备建设，形成重点品种农产品物流集散中心，提升批发市场等重要节点的冷链设施水平，完善冷链物流网络。

四是 2014 年 7 月 24 日，财政部、商务部《关于开展电子商务进农村综合示范的通知》，在河北、黑龙江、江苏、安徽、江西、河南、湖北、四川进行综合示范，即在 8 省 56 个县开展电子商务进农村综合示范，建立适应农村电子商务发展需要的支撑服务体系，发展与电子交易、网上购物、在线支付协同发展的物流配送服务。

五是《关于进一步加强农产品市场体系建设的指导意见》明确未来 5—10 年中国农产品市场体系建设的指导思想、基本原则、发展目标和主要任务，加快建设高效畅通、安全规范、竞争有序的农产品市场体系。

六是 2014 年 8 月 22 日，为贯彻落实 2013 年国务院召开的部分城市物流工作座谈会和 2014 年 6 月国务院常务会通过的《物流业发展中长期规划（2014—2020 年）》精神，商务部出台《关于促进商贸物流发展的实施意见》，另外还有《关于开展电子商务进农村综合示范的通知》、《关于加快推进农业科技创新　持续增强农产品供给保障能力的若干意见》等都是国家保护农民权益、农民意志的体现。

因此，各级政府出台的一系列扶持政策为电子商务发展营造了良好的政策环境。为促进个人和企业开展电子商务，中国各级政府出台了一系列扶持性措施，包括税收优惠、就业扶持等。完善管理体制、规范行业运行，为国内电子商务的发展营造了一个较为宽松的政策环境。

3. 农产品电子商务所需的硬件网络条件基本具备

信息通信技术作为一种普适性技术，为经济社会发展开辟了前所未有的广阔空间，特别是互联网的实时互动性带来了人类生产生活方式的深刻变化。借助互联网，电子商务彻底打破了传统的交易方式，极大拓展了人们的交易途径和贸易范围，推动形成了人类全新的商务模式。特别是新一轮信息技术变革为电子商务发展提供新动力。进入 21 世纪，全球信息技术发展突飞猛进，正在步入泛在、智能、集成的新阶段，从计算技术到网络技术，再到软件技术和感知技术，正在经历一系列创新和变革，将为电子商务发展带来更为强大的技术支撑。第一，计算技术向计算密集和数据密集方向发展，驱动能力计算和容量计算同步提升。第二，网络技术向宽带、无线、智能方向发展。第三，软件向开源化、智能化、高可信和服务化加速发展。第四，感知和识别技术向智能化方向演进。

智能手机的普及被视为助力农产品电子商务的一个重要因素。2014 年中国手机用户达到 12.86 亿户，移动智能终端用户规模达到 10.6 亿户，较 2013 年增长 231.7%。与此同时中国在实施“互联网+”战略的推动下，在全国城乡全面推行互联网宽带入户、移动网络全覆盖的建设。这些都将成为农产品电商发展的坚实基础。

4. 农产品电子商务软件服务技术飞速发展

微博、微信的出现，不仅改变了人们的日常生活，也带来了新的营销渠道，特别是微信端的微营销，商业价值被各路人士看好。在 2013 年初露锋芒之后，2014 年，微营销继续呈现一片大好之势。专家认为，微信在农产品的社区化、交流的平台化、个人的媒体化、企业的人性化、支付的网络化、分销的隐匿化、传播的及时化、诚信的体制化等多个方面帮助农产品企业打破市场缺口，快速发展壮大。另外，如许鲜网等 APP 软件开发在手机移动终端应用于农产品电子商务，增加了农产品电子商务的人气，方便了网民消费。

5. 创新发展驱动力强劲，新模式新平台层出不穷

电子商务作为一种新兴业态，正在给中国传统的农产品流通模式注入新的发展活力和动力。如何更好地创造条件推动农村电子商务的健康发展，政府、电商平台、企业皆大有文章可做。发展农产品电子商务，电商必定是不可或缺的参与者。第三方电子商务平台正悄然成为农村网商创业的核心驱动力。政府应鼓励农产品电子商务第三方平台服务提供商不断创新质优价廉的服务产品，鼓励开发面向农村电子商务需求的定制服务，帮助农民网商降低业务成本。鼓励网络平台进一步透明化，在平台上建设共享信息、知识和业务的“社区”，为业务拓展提供必要的技术与经验支持。

农产品电商基本上以 2009 年为爆发点，开始快速发展，是在整个电商发展进入成熟阶段后被动带入的，基本没有经历以商品信息对接为主的交易撮合阶段，直接进入以支付和物流为支撑的商品直接交易阶段；也没有经过一般工业品的 B2B 阶段，直接进入竞争激烈的网络零售市场，无论 B2C 还是 C2C、C2B、O2O 都有电商涉足。

6. 冷链考验生鲜电商生存能力

虽然将生鲜市场誉为电商的“最后一块蓝海”，但是，做生鲜市场的门槛很高，最大的“拦路虎”则是生鲜产品本身的产品特征与品质控制之间的矛盾。生鲜产品从田间到餐桌的产业链较长，时间跨度大，很难保证其新鲜度。并且，生鲜产品受环境、温度因素影响较大，对储藏、运输要求非常高，而物流不完善、成本高正是电商涉足生鲜的最大困难。在生鲜电商方面，有机农产品一般能有 50%左右的利润，但全程冷链配送下每单的配送成本也基本维持在 40 元。除了冷链运输的高昂投资，影响生鲜物流成本的还有巨大的损耗率，生鲜产品的运输损耗率可达到 10%—30%，普通商品损耗率则不到 1%。高损耗、高配送成本，让生鲜电商不堪重负。沱沱工社初期冷链的投入每年达到千万元级别。即使是电商巨头京东，对生鲜的运营都谨慎有加，主要以平台模式采取商家入驻形式，为商家提供流量，避免后期的物流配送等难题。

（三）农产品电子商务的发展概述

1. 中国农产品电子商务发展经历了五个发展阶段

第一阶段：1998—2005 年，棉花、粮食两个品种先后在网上交易，当时叫“粮棉在网上流动起来”。1998 年，郑州商品交易所集诚现货网成立（现在叫中华粮网）。1998 年全国棉花交易市场成立，通过竞卖交易方式采购和抛售国家政策性棉花。2005 年 10 月中央储备粮网上交易。

第二阶段：2005—2011 年，生鲜农产品开始在网上进行交易。2005 年易果

网成立；2008 年出现了专注做有机食品的和乐康及沱沱工社做生鲜农产品交易；2009 年，专业面向上海外籍人士的甫田网正式上线；2010 年，沱沱工社和优菜网分别开始运营；2010 年中国生鲜 B2C 市场成交额仅为 4.2 亿元，仍处于起步阶段；2011 年，中粮旗下的我买网和淘宝网开设生鲜频道，综合类电商网站也开始开拓生鲜电商市场。这几个企业开始都是做小众市场。在国内频发食品安全事件，导致很多消费者产生了对品质高、安全性高食材的需求，这使得很多企业看到了这个巨大市场。

第三阶段：2012—2013 年，褚橙进京、荔枝大战两个重要事件在北京出现，使生鲜农产品电商品牌运营一时成为热点。2012 年顺丰优选、本来生活网以及京东商城的生鲜频道分别上线，营销见长的本来生活网主打“褚橙”产品，年底生鲜电商本来生活网的“褚橙进京”事件，迅速使生鲜电商进入人们的视线。中国电子商务研究中心监测数据显示，2012 年中国生鲜 B2C 市场成交额井喷至 40.5 亿元。2013 年，1 号店和苏宁易购分别开始涉足生鲜电商，东方航空也宣布东航产地直达网上线。由于生鲜市场的交易额巨大且市场渗透率低，各方对于生鲜电商市场的争夺日渐激烈。许多生鲜农产品电商开始探索品牌运营，顺丰优选、1 号店、本来生活网、沱沱工社、美味七七、甫田、菜管家获得资金注入，过多的商家进入这个行业，也导致了行业泡沫的产生，当时的市场需求并没有那么大，而生鲜电商的模式也是原封不动地复制了普通电商的模式，如 2013 年初的北京都是做有机和绿色蔬菜的电商如“优菜网”。以上海“天鲜配”曾寻求转让、被迫“下线”为标志，最终引发很多电商倒闭。

第四阶段：2013—2014 年模式创新阶段。生鲜电商交易规模达到 130 亿元，同比增长 221%，冷链宅配规模 39 亿元，生鲜电商交易规模有 7 倍成长空间。如 B2C、C2C、C2B、O2O 等各种农产品电商模式竞相推出，宽带电信网、数字电视网、新一代互联网、物联网、云计算、大数据、微博、微信等大量先进信息技术被采用，“互联网+”使生鲜从小而美，转变为大而全，人们生鲜消费理念向电商转变。2013 年底 2014 年初，天猫和京东也加入了这个阵营，后有天猫、顺丰优选、1 号店及沃尔玛山姆会员网店等电商涉及生鲜类，而这些电商网站经营生鲜模式以单品为主。天猫和京东的加入促使“互联网+生鲜”进入资源整合与格局更变的阶段。2013 年 5 月初永辉超市“半边天网”低调上线运营，以生鲜套餐形式面市，所有配送的蔬菜均为集团旗下基地自产有机商品，多数产品不在门店销售。蔬菜和菌类产品均为上午采摘，当日下午配送，且配送时公司用保险运输车运送，以保证其新鲜度。虽然在线销售产品还略显单一，但是推出精选膳食、素食养生、精品膳食的生鲜套餐形式进行销售。按商品种类和数量的不同，分为精品膳食（A）、精选膳食（B）、素食养生（A）、素食养生（B），单价从最低 338 元到最高 1188 元不等，网络预订量分为月度、季度和年度三种。配送的时间固定为每周二及周五。品种可以依照顾客喜好搭配，一个月可配送 8 次。可是这种尝试上线不足百日就下线寻求微商发展模式。庞大诱人的市场背后却是整个生鲜电商平台的 90% 亏损，甚至倒闭。

第五阶段：2014 年至今，本来生活、美味七七、京东、我买网、宅急送、阿里、青年菜君、食行生鲜先后获得投融资农产品电商进入融资高峰期。2015 年农村电商值得纪念的一年，无疑将成为政策密集出台，电商企业纷纷下乡，农村人才加速回流，发展模式的竞相探索，让 2014 年下半年刚刚热起来的农村电商在一年后已经初具规模，尽管其中也有问题，但无疑已经掀开了电商历史新的一页。从阿里零售平台上农产品卖家地域分布来看，广东省的农产品卖家数量最多，超过 10 万，其次是浙江、江苏；各省区中，陕西增幅最快，达 56.35%，再次是山西、江西。农村产品电商的创新出现了很多新的亮点，其中包括，从溯源到品控，供应体系的创新；从物流到金融，基础设施的完善；从合伙人到淘帮手，服务体系的创新；从留学到招商，政府服务的创新；从创富到消贫，社会责任的创新。因物联网的安装将为农产品电商发展迎来新的机遇，同时农产品 B2B 的春天也即将到来，大宗农产品更具标准化，刚需更强，企业客户信息化基础也更好，一旦爆发，必将势不可当。以茶叶为例，阿里研究院发布了《2015 茶叶电商微报告》统计指出，阿里零售平台 2014 年共卖出了 88 亿元的茶叶，同比增长 27.5%，相比 2013 年则增长超过一倍，福建省以年销 30 亿元成为全国茶叶电商的领头羊，云南、广东、浙江和安徽紧随其后。

2. 中国农产品电子商务发展现况

如果从内涵角度看中国电商的发展历程，大体经历了以商品信息对接为主的交易撮合阶段、以支付和物流为支撑的商品直接交易阶段，目前正在进入金融全面渗透、产业链深度整合、线上线下加速融合的电商新经济阶段。

回顾 2014 年中国农产品电商发展，农产品电商交易额可以分为四大块：①农产品网上期货 17 个品种，成交量 21.86 亿手，交易额达到 32.29 万亿元；②大宗农产品商品交易市场有 300 家，交易额达到 15 万亿元，增长 50%；③商务部农产品政府网上交易会交易额 110.3 亿元；④农产品网络零售额约为 1000 亿元（其中阿里系列交易额 800 亿元），增长接近 50%。

多年来，农产品电商形成了“两超”、“多强”、“小众”的寡头竞争格局，“两超”是两个超级垄断网站，如阿里系网站、京东系网站，加起来占市场份额的 80% 以上；“多强”是“我买网”等许多具有较强竞争力的网站；“小众”是指具有特色的网站，如中国地理标志产品商城、龙宝溯源商城。以下仅以生鲜农产品电商为例。

“两超”主要指：①阿里系列：淘宝网、天猫“喵鲜生”；②京东系列：京东商城、京东商城生鲜频道等。

“多强”主要指：亚马逊、顺丰优选、沱沱工社、我买网、本来生活网、1号店、苏宁“苏鲜生”等。

“小众”主要指：中国地理标志产品商城、龙宝溯源商城、社区001、天天果园、电子菜箱、多利农庄、青年菜君、15分绿色生活、鲜码头、爱鲜峰、新疆“维吉达尼”、淘常州、甫田网、芒果网、鲜达网等。

二 中国农产品电子商务的发展模式分析

（一）农产品电子商务的交易模式分析

并非不同的电商就被称为模式，成功的模式主要表现为六个方面的特征，即有效性、整体性、差异性、适应性、可持续性、生命周期性。适合中国现状的农产品电子商务模式主要是“第三方交易市场”模式，第三方市场模式除了降低交易成本而外，相对于其他模式而言，还有其他主要优势。按不同的标准可以划分为以下几种。

从平台角度来看，农产品电商模式主要有五种：政府农产品网站、农产品期货市场现有三大期货交易所17个品种的网络交易平台、大宗商品电子交易平台、专业性农产品批发交易网站、农产品零售网站等，网络期货交易市场2014年还增加了夜场网络交易。

从驱动的角度看，农产品电商模式主要有供应链驱动型、营销驱动型、产品驱动型、渠道驱动型、服务驱动型五大类型。

从参与电子商务的主体上看，农产品网上流通分为B2B、B2C、C2C三种模式。

从B2B角度而言，出现了许多新型的农产品电商模式，如广西糖网、中国棉花网、中华粮网、泌坤农产品、B2B食材网、美菜、链农、大厨网、小农女、优配良品、菜筐子、饭店联盟、一亩田、中国惠农网等。2014年B2B农产品大宗商品交易平台达300个，交易额突破15万亿元。

从粮食电商的角度来看，粮食电商发展模式也是多样的，如中华粮网、中国网上粮食市场、中国安徽粮食批发市场交易网、中国谷物网、宁波网上粮食市场、台州网上粮食市场、黑龙江中米网、哈尔滨网上粮食交易市场、北京买粮网、京粮点到网等。

从生鲜农产品角度看，网上供应链模式开始是B2C模式，后来发展衍生出F2C（农场直供）模式、C2B（消费者定制）模式、C2F（订单农业）模式、O2O模式和CSA（社区支持农业）模式等。从采用的网络工具而言，生鲜电商常用模式有五种：自建电商平台、借助公共平台、委托电商平台代办、合作共建平台（O2O模式）、“三微营销”（如微博、微信、微店营销）。

从淘宝村的角度看，2014年主要有淘宝村模式、特色馆模式、O2O模式三种形式，2014年底出现全国212个淘宝村、19个淘宝镇，到2015年又出现了300个亿元淘宝县。

以上案例可分为16种模式：第1种是遂昌模式，走生产方+网络服务商+网络分销商区道路；第2种是成县模式，走资源整合道路；第3种是通榆模式，走生产方+电商品牌化道路；第4种是沙集模式，走加工厂+农民网商道路；第5种是清河模式，走“专业市场+电子商务”道路；第6种是武功模式，走以园区+龙头+人才+政策+配套（集散地+电商）的道路；第7种是临安模式，走科技智慧+生态宜居+文化活力+和谐幸福道路；第8种是赶街模式，走“看得到、想要买、买得到”（赶街网+农村电商代购点+农户）的道路；第9种是货通天下模式，走供应商+平台商+采购商道路；第10种是桐庐模式，走以选址为中心变成选人为中心的“合伙人机制”道路；第11种是安溪模式，走网商+制茶大师+魅力茶园+五星茶企+创新创意道路；第12种是江苏模式，走线下与线上交易齐头并进的道路；第13种是海宁模式，走跨境外贸电商的模式；第14种是博兴模式，走引导青年回乡创业道路；第15种是成县模式，走农户+网商的道路等；第16种是浙江丽水模式——区域电商服务中心+青年网商。丽水是国内农村电商发展最好的地方之一，9个县（市、区）中就有7个入围“全国电商百佳县”。截至2014年末，丽水有8349家网店，2.2万从业人员，全年销售额达38亿元，同比增长89.94%，高于浙江省平均增速54个百分点。

（二）农产品电子商务的支付模式分析

中国农产品电商支付模式多样，主要有互联网支付、移动支付、货到付款POS机支付、卡基支付、礼券支付，也有货到现金付款等，也就是说现代付款方式、传统付款方式、传统+现代付款方式同时存在。

阿里巴巴主要有：支付宝快捷支付、余额宝支付、支付宝卡支付、货到付款等，主要采取了线上与线下相结合，线下是货到付款。

天猫主要有：支付宝快捷支付、支付宝余额支付、支付宝卡支付、货到付款等，主要采取了线上与线下相结合，线下是货到付款。

淘宝主要有：支付宝快捷支付、支付宝余额支付、支付宝卡支付、货到付款等，主要采取了线上与线下相结合，线下是货到付款。

京东主要有：银行卡支付（支持网银与快捷支付）、支付平台（网银钱包、微信支付、快钱、在线支付、电子钱包）等，主要采取了线上与线下相结合，线下是货到付款。

1号店主要有：网上支付、银行转账、货到付款、抵用券等，主要采取了线上与线下相结合支付方式，线下是货到付款。

沱沱工社主要有：在线支付、账户余额支付、雅高E卡、多种福利卡、货到付款等，主要采取了线上与线下相结合，线下是货到付款。

我买网主要有：货到付款、网上支付、礼券支付、我买卡支付等，主要采取了线上与线下相结合，线下是货到付款。

顺丰优选主要有：第三方支付平台、网上银行支付、优选卡、货到付款等，主要采取了线上与线下相结合，线下是货到付款。

中国地理标志产品商城主要有：账户余额付款、支付宝付款、财付通、礼品卡等，主要采取了线上与线下相结合，线下是货到付款。

龙宝溯源商城主要有：网银、银联、账户余额、支付宝、龙宝卡（券），主要采取了线上与线下相结合，线下是货到付款。

菜管家主要有：在线支付、货到刷卡、货到付款等，主要采取了线上与线下相结合，线下是货到付款。

除了在线付款外，线下付款也十分活跃，如拉卡拉进军社区生鲜。依托原有便民服务支付业务，拉卡拉通过拉拢街边小店，绘制社区电商版图。2015年1月，拉卡拉电商“生鲜速达”频道正式上线。社区居民在拉卡拉移动商城下单后，与拉卡拉合作的社区小店会将生鲜商品送货上门。截至目前，拉卡拉生鲜小店已与万得妙、福成、佳沛等优质品牌商和渠道商达成合作。2014年底拉卡拉电商公司拉卡拉生鲜小店还只是在北京地区做试点，首期先选客群密度较高的天通苑、回龙观等做试验。2015年拉卡拉小店在全国达到15万家。

（三）农产品电子商务的发展趋势

农产品电商如何将未来发展空间变成现实市场就需要农产品加强品牌营销的深度，需要农产品物流体系的进一步改善，还需要电商与传统农产品销售体系的融合。当普通农产品能便捷地在社区实现网上交易和就地送配的无缝对接时，将是农产品电商的高端化最终向“飞入寻常百姓家”的转型。不过目前农产品电商第一步却是要活着，从干果类的精细化做起，梯次推进生鲜农产品的电商化，特别是传统的大型农产品经销企业，确实有必要琢磨依托现有社区配送体系，以电商模式改造现有营销方式。未来发展趋势如下。

1. 生产规模化趋势

随着电商越来越成熟，农产品电商交易额越来越大。要有组织化生产，形成规模化；同时中国农资电商、农村日用工业品电商、农村再生资源电商将得到较大的发展。2015年农村供销合作社、邮政、电信等部门在农村领域的发力，将对农产品电子商务起到重要的推动作用。

2. 品质标准化趋势

随着电商越来越成熟、农产品种养加工等全产业链过程的工厂化，农产品电子商务越来越规范，越来越标准。建立品质控制标准体系，保证农产品的质量，形成一定的特色品牌，把价值传递出去。

3. 服务多功能趋势

随着电商越来越成熟，农产品交易平台的功能越来越多样化，交易功能、展示功能、信息功能、外向型功能、上下延伸的供应链功能、融资功能等将更多地表现出来。经过5—10年的努力，冷链物流效应将得到充分发挥：一是成本降低，二是效率提高，三是品质提高，四是给“新农人”带来新的利润增长点。

4. 经营全渠道趋势

随着电商越来越成熟，将实现农产品网上与网下渠道融合创新发展，网上渠道更加多样，表现为平台、自营、平台+自营相融合的多种模式创新。网下渠道的社区店、便利店网络及其电子菜箱、智能菜柜等新型业态涌现。农产品网上交易、网下交易与物配融为一个有机整体，使网上渠道与网下渠道“无缝连接”，交易、物配、支付相互服务。

5. 品类体系化趋势

网上期货交易、大宗商品交易、各类批发交易、各类零售交易、各类易货贸易等多种方式、多种市场逐渐体系化，期货市场与现货市场形成相互联系、相互融合的关系，而不是“板块化”关系，这样也就使中国电商大市场形成。

6. 跨界国际化趋势

随着中国经济的一体化，两个市场和两种资源的充分利用，中国每年1900亿美元的农产品进出口，2014年中国粮食进口超过1亿吨（其中大豆超过7000万吨）。随着电子商务发展，农产品跨境电子交易将发挥越来越重要的作用，商务部在互联网+流通行动计划中提出在国外建设100个海外仓的行动计划。

7. 技术智能化趋势

随着“三网融合”+物联网+大数据+云计算等新技术的应用，移动商务在新一代电商中发挥越来越大的作用，微博、微信、微店“三微”营销，促进农产品电商进入一个精准营销新阶段，智能交易、智能支付、智能物流、智能配送、智能仓储等，新的信息技术革命将给我们带来新的机遇和挑战。

8. 市场区域化趋势

农产品电商是电子商务的皇冠，生鲜农产品电商是皇冠的皇冠。随着经济和社会的发展，生鲜农产品电商的区域化越来越明显，随着区域化电商的发展，也使其越来越有效率。农产品电子商务交易中有通过平台建设，进行专业化分工，基地只负责产品生产环节，电商只管发展用户和服务用户，物流外包给专业生鲜物流企业，可以同时解决标准化、产品安全性、冷链物流等三大难题，其业务也越来越区域化。

9. 终端社区化趋势

随着城镇化和农业现代化加速推进，社区电商将扮演重要的角色。农产品的性价比会很高，比以往传统渠道购买的还要高。生鲜农产品电商更被消费者接受，生鲜电商企业开始赢利，以社区为主力的移动端涉农电子商务占主体，产地直发影响力降低，生鲜电商物流冷链等问题可以得到很好的解决。

10. 管理法制化趋势

2016 年 6 月《电子商务法》将出台，与之相适应，中国电子商务法律、法规、标准体系将不断完善。同时，国家工商总局、质监总局、商务部、农业部、海关、税收、银行等金融部门加强电商管理，出台《流通领域商品质量监督管理办法》、《网络销售商品质量抽检有关规范》、《电商企业落实新〈消费者权益保障法〉7 日无理由退货指引》等，会提高消费者维权规范化、程序化、法治化程度。

三　县域农产品电子商务的发展分析

（一）县域农产品电子商务发展现状和模式

拥有巨大消费人群的县域市场正逐步成为中国网购消费的新增长点。阿里巴巴研究中心的发布数据显示，2013 年县域网购消费额同比增长速度比城市快 13.6 个百分点。县域经济在中国具有举足轻重的作用，GDP 占全国约 50%、人口占全国约 70%。随着县域企业和消费者应用电子商务日益广泛和深入，电子商务对于县域经济和社会发展的战略价值日益显现。[①]

目前中国县域农产品电子商务正处于快速发展的时期，“淘宝村”成为县域农产品电子商务发展的生力军，“淘宝村”集聚发展逐渐成为“淘宝镇”。阿里

① 《阿里农产品电子商务白皮书（2013）》，《农产品市场周刊》2014 年第 2 期，第 44—55 页。

研究院对“淘宝镇”的定义是：一个镇、乡或街道出现的“淘宝村”大于或等于三个，即为“淘宝镇”。截至2014年12月，阿里研究院已在全国发现212个“淘宝村”，分别分布在福建、广东、河北、河南、湖北、江苏、山东、四川、天津、浙江等10个省市（见表1—23）。以“淘宝镇”为代表的共有19个，其中，浙江6个、广东5个，福建、河北、江苏、山东各2个（见表1—24）。

表1—23　**2014年“淘宝村”在各省市的分布情况**　单位：个

序号	省市	“淘宝村”数量
1	浙江	62
2	广东	54
3	福建	28
4	河北	25
5	江苏	24
6	山东	13
7	四川	2
8	河南	1
9	天津	1
10	湖北	1

资料来源：《中国淘宝村研究报告》。

表1—24　**2014年“淘宝镇”在各省市的分布情况**　单位：个

序号	省	市	区/县	镇/乡/街道	“淘宝村”数量
1	广东省	广州市	增城市	新塘镇	9
2	广东省	广州市	白云区	太和镇	7
3	山东省	菏泽市	曹县	大集乡	6
4	河北省	邢台市	清河县	葛仙庄镇	6
5	河北省	保定市	高碑店	白沟新城	5
6	山东省	滨州市	博兴县	锦秋街道	5
7	浙江省	温州市	永嘉县	桥下镇	5
8	江苏省	徐州市	睢宁县	沙集镇	5
9	福建省	泉州市	安溪县	尚卿乡	5

续表

序号	省	市	区/县	镇/乡/街道	“淘宝村”数量
10	浙江省	金华市	义乌市	江东街道	4
11	浙江省	台州市	天台县	坦头镇	4
12	浙江省	台州市	温岭市	泽国镇	4
13	广东省	揭阳市	普宁市	占陇镇	4
14	福建省	莆田市	仙游县	榜头镇	3
15	江苏省	南通市	通州区	川姜镇	3
16	广东省	广州市	番禺区	南村镇	3
17	浙江省	杭州市	临安市	清凉峰镇	3
18	广东省	广州市	花都区	狮岭镇	3
19	浙江省	湖州市	吴兴区	织里镇	3

资料来源：《中国淘宝村研究报告》。

“淘宝镇”的出现带来了更加显著的规模效应，其创造的创业氛围和产业辐射更强，同时也带动了当地特色产品的销售。

2013年，全国涌现了一批以农产品为特色的县域电子商务案例，如浙江省的遂昌模式、陕西省的武功模式、甘肃省的成县模式和吉林省的通榆模式等（见表1—25）。

表1—25　**遂昌、成县、通榆三地的农产品电子商务比较**

地区	电商基础	运作方式	协会角色	运营主体	农户角色
遂昌	电商开展已颇具规模	协会出面对网商进行培训和规范，同时成立麦特龙分销平台组织供应、组织订单（B2C+C2C）	遂昌网店协会，为服务商开店培训，不赚取中间价的统一采购、统一仓储、统一配送、统一物流、统一包装等零成本开店的运营服务	遂昌网店协会、个体经营者	农产品供应者，网店创业和经营者
成县	基础一般，有零星网商	政府牵头组织培训班教授网店开设、经营知识，鼓励农民开店创业，成立协会发展会员店铺（C2C），利用微博、微信进行社会化营销	农林产品电子商务协会，负责发展会员店铺，推介特色产品	个体经营者为主	农产品供应者，网店创业和经营者

续表

地区	电商基础	运作方式	协会角色	运营主体	农户角色
通榆	基础薄弱	政企合作，创立“三千禾”品牌，企业在淘宝商城开设旗舰店经营（B2C）	农产品电子商务发展中心，代理政府与企业合作	杭州常春藤实业有限公司经营旗舰店，云飞鹤舞运营检验检测平台	农产品供应者，将农产品售予旗舰店

资料来源：网上资料收集。

1. 遂昌模式

也称分销服务型模式。其核心是以本地化电子商务综合服务商作为驱动，带动县域电子商务生态发展，促进地方传统产业，尤其是农业及农产品加工业实现电子商务化。遂昌模式借助政府的强大支持和自身体系巨大的聚合力，集合了当地千余家小卖家共谋发展。为千余家松散、非标准且不专业的小卖家提供专业的培训服务，对上游货源进行统一整合并拟定采购标准，由“遂网”专业团队进行统一运营管理，线下则按照统一包装、统一配送、统一售后等标准化操作执行。

2. 成县模式

其核心是协会指导+微营销。其依托在淘宝网店上进行销售。招募了一批批年轻销售人员，对他们进行专业化的微营销培训。建设了“一馆两园一中心”：在淘宝网建立特色中国陇南馆，在当地建陇南电子商务产业孵化园、顺通电子商务物流园、农产品（核桃）交易中心。探索微博、微信、微店营销，至今他们80%的销售额来自这些免费的社会化媒体。成县电子商务的发展和县委书记李祥的推动有着密不可分的关系，李书记因在网上频频叫卖家乡的鲜核桃，而被网友尊称为“核桃书记”。

3. 通榆模式

其核心是单店模式+品牌化。通榆拥有得天独厚的地理位置，会大大地增加品牌附加值，目前主要售卖来自世界三大黑土地之一的杂粮杂豆、葵花籽、具有国家地理标识的草原红牛肉等。通榆县农产品旗舰店的名称叫“三千禾”，入驻天猫旗舰店后由专业的第三方主体运营。2014年11月，通榆县作为全国第三个农村淘宝试点县，被阿里巴巴纳入“千县万村”发展战略，在淘宝举办的首个年货节上，通榆县33个村级服务站在全国14个试点县中，以24114单获得了订单总量、村站平均单数、平均金额全国第一的好成绩。

（二）县域农产品电子商务发展中存在的问题

1. 农业标准化和品牌化程度仍不高

中国目前仍未摆脱小农经济态势，农产品生产分散，品种类别多，品质也不尽相同。目前，中国的大宗农产品大多数已经形成了规模化的生产和自身的标准体系，如面粉、玉米、棉花、菜籽等，但对于生鲜类产品而言，大多数都以非标准化的状态存在，其形状、颜色、大小以及口感的标准化程度还很低，很难以具体的标准来管控，以次充好的现象时有发生，远未达到发达国家的农产品标准化水平。农产品的分散化生产也造成中国农业品牌化程度低。中国农业生产者的知识结构和品牌保护意识较低，同种产品品牌多、规模小，很多农产品企业和农户各自为政，品牌没有得到整合，农产品竞争力低。且农产品的附加值较低，通过品牌化可以提高产品的附加值，但中国对于农产品一直提倡良种化、规模化、标准化、区域化、产业化等，对于品牌化才刚刚开始重视。在电子商务的新模式下，有些地方县域农产品的网商和服务商尝试建立新的标准和品牌，如遂昌“自订标准”线上卖红提，对果穗重量、单粒果重、颗粒大小、着色、甜度、农药检测等方面做了详细的规定，收获了消费者极高的好评率。

2. 农产品电子商务专业人才不足

中国种植农产品的大多数是农民，其文化水平普遍不高，对电子商务的运营有一定的难度。随着电子商务的超常规发展，中国电商人才短缺现象日益严重。据阿里研究院与淘宝商学院联合发布的《县域电子商务人才研究微报告》显示，有79.1%的县域网商表示缺乏电子商务运营推广人才，60.4%表示缺乏电子商务美工设计人才，分别比城市的网商高1.5个和6.4个百分点。有50.3%的县域网商表示缺乏数据分析人才。在年销售额超过百万元的网商中，25.3%表示特别缺乏电子商务客服人才。[①] 该报告预测，未来两年县域网商对电商人才的需求量超过200万。其中，最缺的三类人才分别是运营推广、美工设计和数据分析。经营县域农产品电子商务的人才是需要了解农业、农产品，同时具备电商技能的专业型人才，然而，中国目前缺乏对农产品电子商务专业化人才的培养体系和机制。

3. 缺乏完善的物流配送体系

目前，县域农产品电子商务正处于发展阶段，大多数县域电商为个体经营

① 阿里研究院：《县域对电商人才的需求量超过200万》（http：//www.aliresearch.com/blog/article/detail/id/19731.html）。

者，受资金、人力、规模等限制，没有能力做到规模化、正规化冷链物流运输，缺乏专业的物流服务能力，难以支撑电子商务物流的配送需求。大多数县域电商普遍选择第三方物流公司负责物流配送。但农产品与其他3C、服装等产品不同，农产品的易腐易损性决定其物流配送及货物仓储对保鲜的要求比较高，特别是生鲜农产品。然而中国对于“保鲜型”果蔬包装、物流配送及货物仓储等产业配套服务相对滞后，冷链物流的保鲜技术、储存能力、配送力量都还处于很弱的发展水平。相比普通物流，冷链物流在经营难度、成本等方面要高出好几倍。且大多数第三方物流配送的覆盖范围通常只包括县市一级的地区，未涉及乡镇街道等偏远地区。覆盖乡镇的快递只有中国邮政EMS，但邮政EMS收费较高。这造成许多村民的消费需求无法实现。中国农村人口地域分布广泛，交通相对落后，这在一定程度上造成了县域农产品电子商务的物流配送难题。

（三）县域农产品电子商务发展对策与建议

1. 构建农产品标准化体系，提高农产品的标准化和品牌化

中国对农产品一直提倡良种化、规模化、标准化、区域化、产业化，品牌化刚刚开始重视。农业品牌化可以使农产品摆脱低价，获得品牌附加价值，甚至成为奢侈品，达到高价格、高价值。只有标准化的商品才适合电子商务模式，制定质量标准、包装标准、储藏标准和配送标准，建立农业标准化体系、农产品质量安全的监测体系和农产品可追溯体系。其次，在品牌认证、品牌保护、品牌宣传等方面下功夫，强化品牌建设，提升县域电子商务竞争优势。制定特色农产品标准化生产与管理体系，保护地方品牌。制定各生产养殖环节的标准化指标，推进农业生产过程规范化，提高原产地农产品质量，保证农产品的独特性。管理上建立原产地农产品检验检测标准，鉴别农产品质量和品质，保护原产地认证的农产品品牌。对同一类产品实行质量等级化、标准化、包装规格化。实行信息共享，指导新参与企业或农业合作社规范有序开展电子商务活动，引导已有的电子商务活动不断规范化，使开展电子商务的企业有良好的品牌意识。

2. 注重县域农产品电子商务专业人才的培养

随着电子商务的迅速崛起，人才成了最稀缺的资源。据预测，未来十年，中国电商人才缺口将达200万到500万人。注重电商人才的培养必将迎来一个新的高潮。通过开展电子商务培训班，邀请电子商务领域相关专家学者及具有丰富“实战”经验的电商企业领导，通过专题讲座、深度培训、案例剖析、现场体验等方式，对主管领导、部门骨干以及企业领导进行电子商务系统性、实战型培训。其次，加强对农民的教育培训，普及农产品电子商务基本理论知识及使用技巧，为农村电子商务发展提供人才支撑。同时加强电子商务宣传，为

广泛开展电子商务奠定基础。从当地选择一些文化水平和信息素质水平较高的人，依托农村实用人才培训、新型职业农民培育和农民学校等平台，进行高层次的电子商务培训。同时还要制定优惠政策，吸引大专院校的电子商务人才回当地帮助电子商务发展。

3. 完善农产品物流配送服务，保证产品质量

货物及时、准确并安全送达是电子商务的核心，可见物流是电子商务的关键一环。目前县域农产品电子商务的物流体系不健全、不配套、不协调等问题较为突出，制约了县域电子商务的快速发展。应大力完善物流配送体系建设，发展农产品物流配送服务，整合并利用好县内现有的快递资源，引入专业化的物流服务企业，提供农产品物流、冷链物流等专业化物流服务模式，以提供专业领域的物流服务能力，支撑农产品电子商务物流的配送需求。建立适合当地实际发展的“农超对接”、“农社对接”等多元物流配送模式，进一步推动“电子商务进万村”，通过建立“农村电子商务服务点”，承担基层农村网货代购、收发快递、惠民团购等服务，加快县域物流中心建设步伐，做好农产品物流的“最后一公里”配送。此外，大力支持农产品加工流通企业、批发市场与农民专业合作社、生产基地对接，建立鲜活农产品自生产、加工、保鲜储存、冷藏运输至销售终端的一体化冷链物流直销配送通道。

四　农产品电子商务物流的发展分析

（一）生鲜农产品电子商务物流配送模式分析

1. 自营物流模式

自营物流模式通常是从事生鲜业务的电商企业自身开展生鲜产品配送活动，拥有自己的配送队伍。目前国内部分垂直生鲜电商采用自营物流模式，如顺丰优选、沱沱工社等。自营物流模式的优势在于服务管理灵活度高，可以加快送货速度，提高服务质量，进而提升企业品牌价值和企业形象，加强企业声誉；自营物流模式对产品具有质量可控性，且能提供稳定的服务；还能快速掌握消费者信息，加强过程控制。从长期发展来看，自营物流模式能够实现规模化发展，规模经济可以使平均成本减低。其劣势在于自建物流配送体系需要强大的经济实力作为支撑，需要投入大量的人力、物力，管理成本高，投资资金大，承担的相应风险非常大。

如顺丰优选凭借顺丰速运在冷链物流领域的优势，成为国内第一家走出北上广深、将生鲜配送拓展至二线城市的垂直生鲜电商。目前入库的生鲜商品可以配送54个城市，产地直供的生鲜商品可配送至全国。

2. 第三方物流模式

第三方物流模式是指电商自身没有建设物流体系，也没有自己的配送团队，物流配送完全交由第三方物流企业负责。第三方物流模式的优势在于其专业化程度高，进行标准化操作，提供相对专业的供货、仓储和物流操作，更加提升企业竞争能力。然而，目前国内拥有冷链物流设备的专业冷链物流企业并不多，且缺乏统一规范。另外，将生鲜产品交由第三方物流企业负责配送，电商无法全程保证产品质量及配送服务质量，与第三方冷链物流的合作需要长时间的磨合。选择第三方物流模式的生鲜电商大多是中小企业。

3. 自营物流+第三方物流模式

自营物流+第三方物流模式通常是从事生鲜业务的电商企业一定地域内的物流活动由自己独立运营，而该地域之外的物流活动则外包给第三方物流企业。① 对于想长期在生鲜领域发展而企业资源有限的电商企业，选择自营物流+第三方物流模式是比较合适的。例如，沱沱工社依托其在北京城内的客户商圈（如白领集中区、别墅区等）、目标人群集中程度、订单密集分布程度等因素，进行合理的配送站点分布，并由专员进行站点的选址考察。目前，沱沱工社已在北京六环内建立了20余个辐射带动力强的配送站点，实现了北京六环内物流服务无重叠、无盲区的全网络覆盖。② 除北京六环内，六环外及其他省市地区的生鲜产品冷链物流配送由顺丰速运负责，常温商品则由圆通速递和宅急送等负责配送。

（二）农产品电子商务物流中存在的问题分析

1. 难以保证配送的时效性

目前，中国缺乏完善的冷链物流体系，部分生鲜产品的运输采用常温配送或是半冷链配送。但生鲜产品不同于其他3C或是服装产品，具有配送的时效性，配送不及时容易造成生鲜品的营养流失和变质。“最后一公里”是电商与消费者唯一直接接触的阶段，是成功完成交易的重要环节。导致配送不及时的原因主要来源于以下两方面：一是配送量大或城市交通拥堵导致配送员无法按时送达，这将导致客户不满，影响其对电商的忠诚度；二是客户不在家或是时间冲突等原因而无法按时接收。因上述原因而出现的一系列问题对消费者和电商而言，损失都是巨大的。对消费者来说，因配送不及时而使生鲜产品的质量未能保证，验收时对于不满意的产品消费者可以选择拒收，生鲜产品不像其他产

① 魏国辰：《电商企业生鲜产品物流模式创新》，《中国流通经济》2015年第1期。

② 丁俊发：《中国供应链管理蓝皮书（2014）》，中国财富出版社2014年版，第434—451页。

品可以轻易进行二次销售，拒收不但增加了电商的成本和损耗，同时也带来了多余的逆向物流成本。

另外，每个配送员一天的配送量是受时间限制的。对于上班族的客户而言，其配送时间集中在下班时段，通过实地调研了解到，生鲜产品平均每单的配送时间20—30分钟，较慢的30—40分钟。如配送员一天配送20单，也需要将近10个小时的时间。由此可见，配送量变大更难保证配送时效性。这也是生鲜电商对是否做促销活动而犹豫不定的原因。

2．冷链物流成本居高不下

据相关资料显示，冷链物流成本比普通物流要高出40%—60%。若进行冷库建设，其前期成本非常高，如普通仓库的造价约为400元/平方米，而冷库要配备保温系统，造价就至少要高达2000元/平方米，且冷库需要花费高额的电费，1万平方米的冷库一个月的电费至少要20万元。中国蔬菜、水果类等鲜活产品的物流成本占比在60%以上。美国鲜活产品物流成本占比30%左右。在损耗方面，中国农产品在物流环节的平均损耗率为30%，水果蔬菜等鲜活产品在物流环节的损耗率高达35%左右。而美国的水果蔬菜在物流环节的损耗率仅有2%左右。在整个生鲜电商行业内，平均每一个订单的物流配送成本大概在47元左右，整个行业内至少都在40元以上，这还不包括整个仓储、IT、客服系统等一系列成本，因而100元左右的订单，对于生鲜电商而言都是亏损的。

3．冷链物流资源不足，基础设施欠缺①

根据国家发改委、中国物流与采购联合会、中国冷链物流网资料，与发达国家相比，中国生鲜产品冷链的流通率、冷藏运输率都远远落后。冷冻冷藏库容量、机械冷藏列车数量、机械冷藏汽车数量、冷藏船吨位、年集装箱生产能力等冷链物流基础设施数量远远无法满足需求。冷链物流技术推广乏力，还未应用到全程低温控制中。《中国冷链物流发展报告（2015）》数据显示，目前中国冷藏保温车辆约有8万辆，而美国拥有20多万辆，中国的冷藏保温汽车占货运汽车比例仅为0.3%左右，显著低于美国的1%、英国的2.6%、德国的3%的水平。中国冷库总量为3320万吨，人均冷库容量不足25公斤。当前中国冷库设施设备陈旧、发展分布不均衡、结构不尽合理，功能失衡。比如肉类冷库多果蔬类冷库少，冷冻库多保鲜库少，城市冷库多农村冷库少，经营性冷库多加工类冷库少，土建式冷库多装配式冷库少，东部冷库多中西部冷库少等现象

① 张夏恒：《生鲜电商物流现状、问题与发展趋势》，《贵州农业科学》2014年第42卷第11期，第275—278页。

明显。尽管中国冷链物流基础设施在国家相关部门的大力扶持下已有较大的改善，但与中国农产品电子商务行业所需的冷链物流基础设施的发展要求相比仍存在着较大的差距，冷冻运输装备和技术手段落后，物流信息技术应用滞后，这也直接影响着农产品电子商务行业的冷链物流效率。

4. 缺乏专业的第三方物流服务商

根据陈镜羽对 648 家电子商务企业样本的研究可发现，648 家企业中有 205 家企业销售生鲜类产品等。在这 205 家企业中，提供冷链物流服务的有 111 家企业，占比 54.15%；不提供冷链物流服务的有 94 家企业，占比 45.85%。在以上 111 家企业中，可提供冷链运输、仓储、销售、包装四类冷链物流设备的企业仅占 28%，其中自营模式的企业占 16%，外包模式的企业占 10%，自营与外包混合的企业占 2%。[①] 可见，总体上来看，生鲜电商行业的全程冷链物流服务比例还处于比较低的水平。在以上 111 家企业中，有 27 家是第三方平台类模式，其余 84 家生鲜农产品电子商务企业的模式分别为自营、外包、自营与外包混合这三种模式。其中，自营模式 50 家，占比 60%；外包模式 21 家，占比 25%；剩下 13 家是混合模式，占比 15%。可见，在生鲜电商行业中，冷链物流的社会化程度水平较低。对于以上 34 家选择外包服务商的企业，它们多数选择顺丰、黑猫宅急便和邮政 EMS。其选择的集中度可以反映外包服务商的能力认可度（见图 1—26）。从图 1—26 中可明显看出，顺丰快递的选择度最高，占比

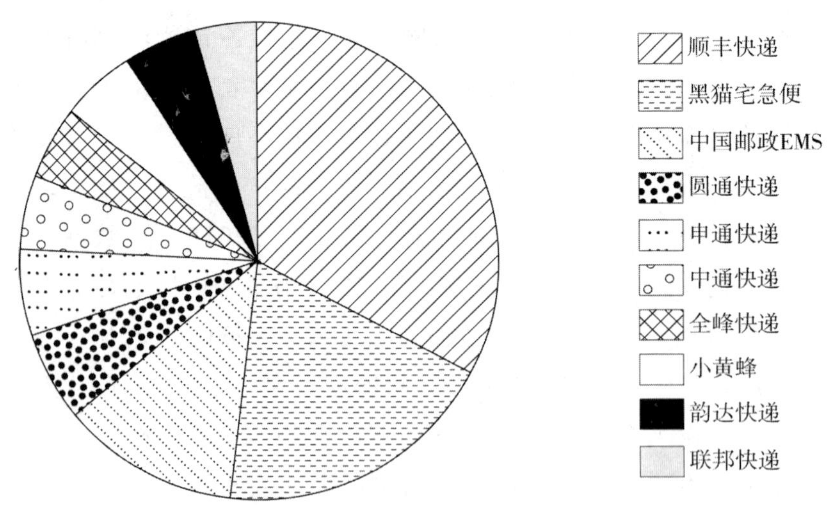

图 1—26　生鲜农产品冷链物流外包服务商选择的集中度

① 陈镜羽：《中国生鲜农产品电子商务冷链物流现状与发展研究》，《科技管理研究》2015 年第 6 期。

近 1/3，其次是黑猫宅急便、中国邮政 EMS，其余外包服务商主要是圆通快递、申通快递、中通快递、全峰快递、小黄蜂、韵达快递等负责。

由此可以看出，目前中国的第三方冷链物流发展缓慢，缺乏能够提供完整的冷链物流服务的第三方物流服务商。

（三）农产品电子商务物流相关对策与建议

1. 完善农产品电子商务物流配送的基础配套设施

首先，政府应在交通运输方面给予大力支持，加大对交通公路建设的投入，重视农产品电子商务物流配送中心的规划管理。同时对物流配送车辆进行统一规范管理，推动配送车辆的标准化、专业化发展，合理规划物流配送车辆通行路线，保障物流配送车辆的便利通行。鼓励采用清洁能源车辆开展物流配送业务，支持充电、加气等设施建设支持物流配送站、智能快件箱等物流设施建设，带动社区物业、村级信息服务站点、便利店等提供快件派送服务。支持快递服务网络向农村地区延伸。有条件的城市应将配套建设物流配送站、智能终端设施纳入城市社区发展规划，鼓励电子商务企业和物流企业对网络购物商品包装物进行回收和循环利用。其次，要推进综合交通运输体系建设，合理规划布局物流基础设施，完善综合运输通道和交通枢纽节点布局，构建便捷、高效的物流基础设施网络，促进多种运输方式顺畅衔接和高效中转，提升物流体系综合能力。此外，在国家政策的支持下，企业也应加大农产品电子商务物流配送的基础配套设施建设，大力改善农产品加工环节的温控设施，建设经济适用的农产品预冷设施；配备节能、环保的长、短途冷链运输车辆，推广全程温度监控设备。

2. 大力发展第三方物流

目前国内冷链物流资源太过稀少，冷链物流行业的发展无法满足国内生鲜电商快速发展的市场需求。对于垂直生鲜电商而言，自建物流需要企业在各地建设大量的冷库并购买大量的冷藏车辆，这造成前期建设的投入成本太大且回收期较长，企业短时间内难以实现规模效益。且目前大多数生鲜电商企业仍未实现赢利，其中最主要的原因是冷链物流成本太大。生鲜电商行业的快速发展在一定程度上将推动冷链物流行业的发展，但冷链物流行业的发展滞后也必将阻碍生鲜电商行业发展的快速推进。两者是彼此支撑的利益联合体。现阶段中国冷链物流行业的发展水平还不能满足电商的市场需求。因而，除了垂直电商自建冷链物流外，还应该加大培养专业的第三方冷链物流服务商，满足电商行业发展的需求。对此，政府应给予相关政策支持和资金投入，出台更有力、更优惠的税收减免或补贴政策，引导、鼓励企业加快冷链物流体系建设。促进第三方冷链物流企业的合并收购，提高资源利用率。同时培养一批竞争力强的冷链物流企业，推动生鲜电商行业和冷链物流行业共同发展。此外，还需大力引进先进冷链物流技术，使用低温包装及保鲜技术。建设并完善行业产品标准、配送标准以及服务标准，提高整个行业的服务质量水平。

3. 引进物联网创新技术，提高冷链物流信息化水平

政府应高度重视信息科技对推动冷链物流发展的重要作用。物流的信息化是指对物流信息的收集、处理、传递、存储的数据化、适时化、标准化。通过充分发挥物流配送信息化技术的优势，可以将电子商务企业和物流企业各个环节进行有效信息对接，对货物进行准确的实时跟踪和监控，并及时反馈信息，这样可以更好地满足消费者的需求，同时为消费者提供更加优质、高效的服务。冷链物流企业应充分利用现有 RFID 技术、3S（GPS、GIS、RS）技术及冷链物流信息化技术，发挥信息技术为物流配送提供便捷、廉价等有利条件，加快建设一批冷链物流示范工程，促进冷链运输管理的透明化、科技化、一体化，提高物流活动和管理的信息化水平。通过原始创新、集成创新和引进消化吸收再创新等多种形式，不断提高多式联运基础设施和硬件建设水平，加强生产、储藏、加工、运输、销售各节点技术的改造与升级，全面推动中国农产品电子商务冷链物流跨越式发展。政府也应对冷链物流企业给予一定的支持和补贴，鼓励企业提高其物流配送的信息化技术水平，进而推进中国农产品电子商务更好更快地发展。

4. 注重培养农产品电子商务物流人才

消费者对农产品电子商务的满意程度主要来源于电商的产品品质和服务质量，这在很大程度上取决于物流配送人员的专业性。在欧美发达国家，物流企业十分重视人才的教育，各大学都开设有物流管理专业，并在全社会开展了物流配送职业教育。不少国家的物流从业人员必须接受职业教育，获得从业资格后才能从事物流方面的工作。现阶段，中国农产品电子商务的物流配送人员大多数都不是专业人才，普遍学历较低、专业性不强。开设物流专业课程的中国高等院校屈指可数，物流职业教育非常贫乏。因此，中国应加强电子商务物流人才的培养。通过政府、高校和企业共同推动，建立大学、物流研究机构与物流企业的联系，引导物流企业积极与研究咨询机构、大专院校等进行资本与技术的合作，发挥各自优势，形成利益共同体，实现物流产、学、研紧密结合，相互促进的局面，以满足中国长期物流人才的需求，促进电子商务环境下物流配送的发展。

五　农产品电子商务产品质量问题分析

随着农产品电子商务交易规模的扩大，产量质量问题正日益凸显。

（一）电商平台上农产品售后的消费者意见分析

为了了解电商平台上农产品质量情况，笔者选取了京东商城、中粮我买网、顺丰优选三家自营农产品的 B2C 平台消费者意见。数据均来自 2013 年至 2015 年消费者对购物的差评记录。综合三家平台对农产品的分类，将此次调查的农产品分为五大类：水果、海鲜水产、精品肉类、蛋品、粮油副食。综合消费者差评反映问题的情况，将差评反映的问题归类为五大类：冷链问题、非冷链物流问题、产品变质问题、产品包装破损问题以及售后服务问题。

这三家平台各有特点和优势，使得此次调查数据的多样性得到保证，调查结果能够充分反映现今电商平台农产品质量安全问题。

①京东商城——规模大。京东商城作为除天猫商城外最大的 B2C 电商，2014 年市场份额占比为 18.6%，其中京东超市自 2013 年 5 月上线以来，重点品牌销售额已经增长 11 倍以上（根据 2013 年销售数据）。目前，京东超市已经与玛氏、中粮、金龙鱼、康师傅、可口可乐、茅台等多个知名品牌达成战略合作关系，这样的战略合作关系可以让京东直接从厂家采购商品，有利于降低自己的采购成本。京东商城自营农产品平台有望在近年成为中国最大的农产品网购平台之一。

②中粮我买网——创新的垂直销售平台。中粮我买网是中粮集团在 2009 年推出的 B2C 型农产品购物网站。中粮集团作为中国最大的农产品进出口公司和实力雄厚的食品生产商，我买网的大部分优势源于这一母体，尤其是在粮油食品领域，中粮拥有天然的产品和销售优势。我买网的推出，不仅符合中粮集团打造“产业链、好产品”的需求，首次尝试 B2C 业务，也使其成为少数拥有自己垂直销售平台的世界 500 强企业之一。

③顺丰优选——自有物流体系领先。近年国内几家知名电商都在大力发展自有物流配送，然而从无到有地构建整个物流配送体系的难度较大，尤其是成本高昂的冷链配送。顺丰优选可以依托顺丰速运在物流行业的先进技术和丰富经验，节省了构建自有物流的成本，而顺丰在国内良好的口碑也可以为顺丰优选平台带来一定优势。在冷链宅配上，利用顺丰速运专业化的团队，对生鲜产品实行“全程冷链配送”，即利用冷藏箱、冷冻箱、冰盒、冰袋、保温袋等温控设备，使商品从离开库区到最终消费者手中都保持在一定的温度之下，从而有效降低商品在运输途中的损耗。虽然与黑猫宅急便的专业化水平相比，顺丰速运

在设备的先进度、运输流程的衔接度上还有差距，但已经达到国内较高的冷链宅配标准。

1. 三电商消费者差评归类统计概况

本次调查，以三家电商平台上的销量和评论数量排名前四的各类农产食品的消费者评价进行归类统计，同时，为保证数据有效性，以中粮我买网的各类农产品差评统计数据为基准，另外两家平台的各类农产品的样本总量保持大致一致。其中，中粮我买网的样本总数为2330例，京东商城为2312例，顺丰优选为2495例，三家平台的样本总量为7137例。

在网络农产品质量问题的消费者反馈中，从包装到售后的任何一个方面都有可能发生产品质量问题，根据表1—26至表1—29的数据统计得出，三家平台各类问题所占比重大体相似，总体上看，冷链环节问题有1507例，占比21%；非冷链物流环节问题有2089例，占比29.3%；食品变质问题有2351例，占比32.9%；食品包装问题有880例，占比12.3%；售后服务问题有310例，占比4.3%。

表1—26　　**中粮我买网中消费者差评数量**

	冷链	非冷链物流	变质	包装	售后
水果	0	133	428	26	27
海鲜水产	154	184	143	83	9
精品肉类	357	370	119	44	33
蛋品	0	10	44	52	6
粮油副食	0	6	9	73	20
合计	511	703	743	278	95

表1—27　　**京东商城中消费者差评数量**

	冷链	非冷链物流	变质	包装	售后
水果	0	125	433	17	22
海鲜水产	145	178	154	88	4
精品肉类	321	356	101	67	31
蛋品	0	20	54	62	16
粮油副食	0	4	14	78	22
合计	466	683	756	312	95

表 1—28　　顺丰优选中消费者差评数量

	冷链	非冷链物流	变质	包装	售后
水果	0	146	467	24	12
海鲜水产	154	164	187	62	4
精品肉类	376	345	121	57	56
蛋品	0	31	64	66	21
粮油副食	0	17	13	81	27
合计	530	703	852	290	120

表 1—29　　三家平台合计消费者差评数量

	冷链	非冷链物流	变质	包装	售后
水果	0	404	1328	67	61
海鲜水产	453	526	484	233	17
精品肉类	1054	1071	341	168	120
蛋品	0	61	162	180	43
粮油副食	0	27	36	232	69
合计	1507	2089	2351	880	310

2. 各类农产品质量问题的原因分析

(1) 水果类

在水果类中，消费者反映最强烈的是水果变质问题。一些易变质的水果如芒果、火龙果等，出现变质问题最为严重。在水果类中，一些平台虽标注了产地直接发货，但是从统计中不难看出，在投诉中仍然有超过60%的消费者反映了水果变质问题。其次，大部分水果属于易受挤压品，有20%左右的投诉都反映收货时发现水果有受挤压现象，虽然轻微的挤压不至于影响食用，但是一旦水果受挤压破裂，食品安全就难以保证。

(2) 海鲜水产和肉类

消费者对于海鲜水产的投诉大多数以保鲜问题或包装破损问题为主。此次数据收集对象的三家平台均提出生鲜食品全程冷链配送的承诺，但是根据消费者反馈，货物在下派到快递员后往往出现无冷藏保鲜手段就配送的问题，送到消费者手中后已经化掉或者变质。另外物流过慢也是问题，从条形统计图（见图 1—27）可以看出，不论是海鲜水产还是生鲜肉类，冷链问题和其他物流配送问题，总共占据了消费者差评中的80%左右。如果冷链运输不能全程保证，送货时间再在此基础上延误，就很可能出现海鲜变质的问题。海鲜的变质往往对人危害较大，消费者反馈中出现了5%的评价描述食用了海鲜之后出现恶心呕吐的情况，严重者甚至需要就医。

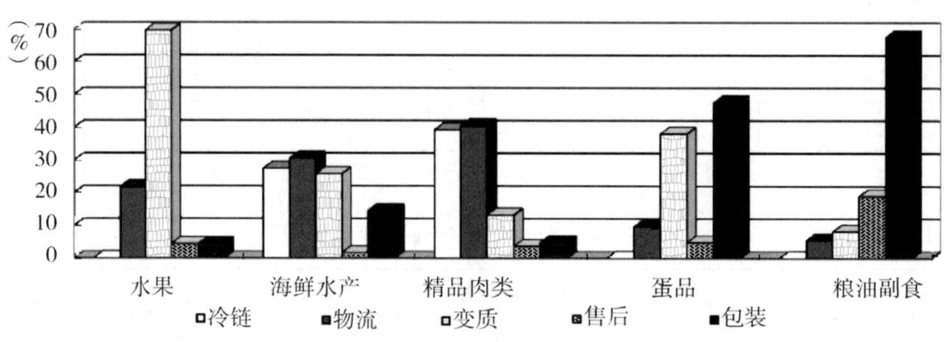

图 1—27 农产品类别/各类产品质量问题所占百分比

生鲜属于生活必需品，而且具有黏性高、重复购买率高、毛利高的“三高”特性。但网络上却流行一种说法——“不做生鲜等死，做了生鲜找死。”生鲜冷链物流成本比普通商品物流高出一倍，如果电商企业不能做到快速销售，就会亏损。近年来，电商业内有不少生鲜电商巨亏转让，中国零售业生鲜研究中心委员李长明曾经表示，99%的生鲜电商都在亏损。因为冷链配送比一般常温物流系统的要求更高、更复杂，建设投资也要大很多，是一个庞大的系统工程。这让不少电商乃至于传统的商家都望而却步。自建冷链对于电商企业的要求比普通物流建设要求更高更严格。自有物流渠道的顺丰早已开启冷链建设步伐。在2013年5月顺丰已推出优选生鲜食品全程冷链配送服务。但对于电商企业而言，要实现冷链建设所投入的资源远在顺丰之上。因此笔者重点关注了顺丰优选的消费者意见。虽然顺丰宣称全程冷链，但是从配货站送到配送员手中后保温方式常常是泡沫箱子里放冰块这种简易方式，配送中经常出现包装破损和冰块完全融化的情况，致使生鲜食品不能保鲜，消费者不满意度上升。

在调查中发现的另一个问题是生鲜食品常有以次充好的现象。以顺丰优选网站上销量最高的一款天谱乐食（Tender Plus）澳洲牛腱为例，差评中超过30%的消费者反映厂家用其他部位碎肉拼凑牛腱肉。这种问题虽然不是严重的食品质量问题，但是仍然是以次充好，是欺骗消费者的行为。

（3）蛋品

蛋品中存在的主要问题就是收货时蛋品外壳破碎，占比接近50%，一些消费者更是反映收货时蛋品全部破碎。蛋品属于易碎品，在运输过程中非常容易破损，如果不增加相应保护措施，直接将蛋品与其他商品混放非常容易因为挤压或路途颠簸造成商品损坏，降低消费者满意度。建议在配送过程中将易碎品与其他商品分类放置，固定简易的货架并将其分层码放。在每层之间用柔软的分隔垫垫起以防止因运输途中颠簸过大造成蛋品破损。对此，笔者认为可参考中粮我买网蛋品的运输措施，即为所有包装箱内塞入充气防损气囊，消费者收货后可由配送员回收包装箱和气囊，若消费者同意回收则为此次购物赠送积分，供下次购物时优惠使用。这样做不仅可以减少蛋品损坏，同时回收送积分活动也能降低配送环节成本，更符合现今环保的概念。

除此之外，农产品电商有一个普遍现象应引起重视，即商家往往借促销活动出售临近过期食品，一些消费者反映购买促销产品后发现已经存在变质现象。

总体上，消费者反映的农产品电商产品质量问题主要以食品变质和物流环节问题为主，实际上这两个问题经常是伴生的。以海鲜水产和水果类为例，通常是食品在物流环节出现问题导致配送时间延长，再加上一些食品的冷链措施不到位，致使食品出现变质问题。

（二）与农产品电子商务产品质量相关的法律法规分析

1. 相关法律体系

根据中国现行的与网络食品安全相关的法律，笔者将它的体系归为图 1—28。

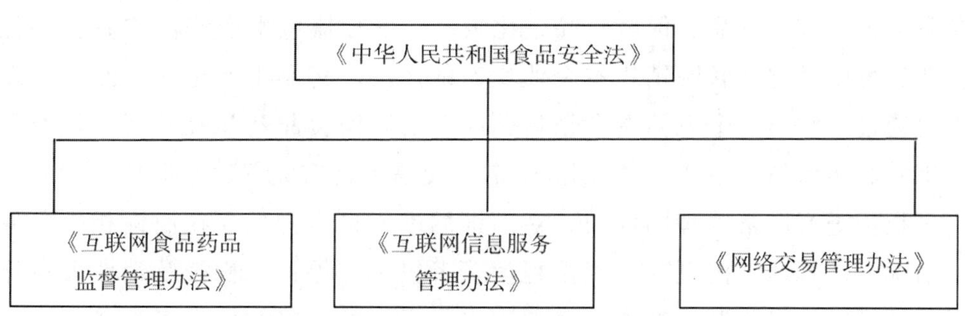

图 1—28　与农产品电商产品质量相关法律法规

2. 相关法律细则分析

（1）第三方平台参与管理

《中华人民共和国食品安全法》作为整个食品安全领域的根本之法，对于网络食品交易监管给出了最根本的法律依据。第 62 条规定，网络食品交易第三方平台提供者应当对入网食品经营者进行实名登记，明确其食品安全管理责任；

依法应当取得许可证的，还应当审查其许可证。网络食品交易第三方平台提供者发现入网食品经营者有违反本法规定行为的，应当及时制止并立即报告所在地县级人民政府食品药品监督管理部门；发现严重违法行为的，应当立即停止提供网络交易平台服务。

笔者认为，对于如今的网络农产品交易平台来说，在结构上可以分为两种，在监管上也要针对这两种结构进行不同的管理。第一，针对淘宝、天猫这种为商户开设虚拟店铺的平台，应重点加强食品经营者的许可证管理与实名登记，同时要高度重视消费者投诉情况。因为相比于中粮我买网和顺丰优选这种“超市型”网络食品交易平台，淘宝类平台在从平台到食品之间多了一层“店铺”，有过淘宝网购经历的人都知道，我们随意搜索一种食品，平台上都有很多家店铺在销售此种食品，而且价格各异，甚至相差颇大。以淘宝网上售卖的进口费列罗巧克力 16 粒礼盒装为例，共有三家店铺在售该商品，最高价为 58.3 元，最低价为 48 元，价差达到 21.5%，若只是从价格因素出发选择商品，消费者无疑会选择价格明显更低的商品。但是造成价差如此大的原因会不会是因为该商品临近保质期甚至超过保质期？食品质量会不会有明显不足？并且根据笔者的网购经验，往往价格明显过低的商品都是存在一些质量问题的。

由于各商铺有各自的进货渠道，不便于第三方平台直接监管进货渠道，《互联网食品药品监督管理办法》第二章第 7 条规定：“除法律法规规定不需要办理相关证照的经营主体外，互联网食品药品经营者应当取得食品药品经营许可或者备案凭证；取得食品、保健食品、化妆品、医疗器械生产许可或者备案凭证的企业，可以通过互联网销售本企业生产的产品。药品生产企业、药品批发企业不得通过互联网向个人消费者销售药品。互联网食品药品经营者不得委托他人从事互联网食品药品经营。”因此更需要交易平台在完善巡查制度，设立专门的管理机构进行严格管理的同时，对商铺的准入进行把关，在商铺相关证件齐全的情况下，管理机构更要高度重视消费者投诉与差评，积极就消费者在评论中反映的问题加以追溯与调查。只有把交易平台的监管与消费者连接起来，才能更有效地对商铺式平台进行管理。

（2）第三方平台的法律责任

《中华人民共和国食品安全法》第 131 条规定，网络食品交易第三方平台提供者未对入网食品经营者进行实名登记、审查许可证，或者未履行报告、停止提供网络交易平台服务等义务的，由县级以上人民政府食品药品监督管理部门责令改正，没收违法所得，并处 5 万元以上 20 万元以下罚款；造成严重后果的，责令停业，直至由原发证部门吊销许可证；使消费者的合法权益受到损害的，应当与食品经营者承担连带责任。消费者通过网络食品交易第三方平台购买食品，其合法权益受到损害的，可以向入网食品经营者或者食品生产者要求赔偿。网络食品交易第三方平台提供者不能提供入网食品经营者的真实名称、地址和有效联系方式的，由网络食品交易第三方平台提供者赔偿。网络食品交易第三方平台提供者赔偿后，有权向入网食品经营者或者食品生产者追偿。网络食品交易第三方平台提供者做出更有利于消费者承诺的，应当履行其承诺。

第三方交易平台除了承担连带责任外，还要承担高额处罚和吊销许可责任。《互联网食品药品监督管理办法》（以下简称《办法》）第46条也规定，第三方交易平台违反食品药品法律法规的，应当列入食品药品安全“黑名单”，接受社会监督。对于违反法律法规的第三方交易平台和其法人采取罚款和黑名单的方式。《办法》的第47条至第49条规定了违反相应条例的罚款力度，最高不过3万元，这对于一个大型的第三方交易平台来说违法成本过低。即使平台本身不存在故意违反《办法》的动机，但是一旦出现食品安全问题，过低的处罚力度可能会导致平台对问题的消极处理，不仅不利于加强平台对商户的监管，更不利于整个网络食品的健康发展。因此，在《办法》的基础上加大罚款力度，细化连带责任细则，是一项十分必要的工作。然而，处罚永远不是监管的最好保障，还应从基础管理体系入手，规范整个网络食品交易市场。

（3）法律监管的问题①

一是立法不健全，法规分散化。首先，针对中国网络食品市场的相关立法还不健全。现今的《中华人民共和国食品安全法》中，对网络食品安全的规定只是增加了两个法条，相应的细节则分布在《互联网食品药品监督管理办法》、《网络交易管理办法》以及《互联网信息服务管理办法》中。从工商管理部门的角度而言，这就加大了它们依照相应法条进行执法监督的难度。因此从法律角度看，虽然中国近几年已经开始重视网络食品安全问题并开始相关法律体系的设立，但是仍然处于法规分散化，不易实施的阶段。这就使中国的网络食品安全仍然处在监管困境中。

二是法律调整对象单一，缺乏整体协调。网络食品行业是多行业、行为交叉组成的。目前没有针对性强的法律制度来规范协调，虽然《互联网食品药品监督管理办法》是针对网络食品的管理办法，但是“管理办法”是一种法规性制度，“管理办法”是法律效力低于法律的规范文件。不少与网络食品有关的责任和监管义务分散在其他政府部门，只能通过各自相关的专门法来配合监管，

① 孟璇：《对网络食品安全监管的探讨》，《法治与社会》2015年第35期。

势必造成监管空白、法律依据不明确、责任划分不清楚等问题，成为法律监管的一个硬伤。食品在网络交易的过程中，食品安全问题本身需要监管，而在网络环境下如何监管食品安全成了难点，单一地利用《中华人民共和国食品安全法》或《网络交易管理办法》等进行监管无疑会出现法律条款使用不恰当的现象，二者在共同作用的同时，必然会出现法律调整对象不确定、违法行为界定难的问题。

（三）政府监管职能分析

在分段监管的体制下，食品安全由卫生行政、质量监督、工商行政管理和食品药品监督管理部门依据各自的职责，共同监管，并承担责任。

1. 各机构职能分析

（1）卫生行政部门

根据食品安全法的规定，国务院卫生行政部门承担食品安全综合协调职责，负责食品安全风险监测和评估、食品安全标准制定、食品安全信息公布、食品检验机构的资质认定条件和检验规范的制定，组织查处食品安全重大事故。

（2）质量监督部门

根据食品安全法的规定，质量监督部门在食品安全监督管理中承担着重要的责任，其职责主要包括对食品、食品添加剂和食品相关产品的生产进行监管，对食品进出口进行监管，对食品检验机构进行资质认定管理。

（3）工商行政管理部门

在食品安全分段监管的体制中，工商行政管理部门负责对食品流通环节进行监管。如果在网购食品时发生食品安全问题，消费者可以向工商管理部门进行投诉。

（4）食品药品监督管理局

食品药品监督管理局主要负责起草、指定食品药品监督管理的相关法律法规和部门规章制度；指定相关稽查制度并组织实施；对食品药品安全事故进行处理，建立食品药品安全事故应急体系。食药监局是食品检查的实施者和相关信息的发布者。

2. 存在的问题①

（1）网络市场食品安全风险检测评估体系建设滞后，职责划分不清

从国家层面上看，中国对于食品安全的风险检测评估主要由食药总局承担，

① 孙杰、张刚、刘冠鸿、宋雅倩：《浅析网络销售食品安全监管中的困境》，《食品研究与开发》2014年第18期。

但对于网络市场的食品安全风险检验检测评估职责，食药总局则没有涉及。中国现阶段主要由工商部门及网络交易平台服务商承担网络市场食品安全的风险检验检测及评估工作，但这也仅是处于初步摸索阶段。2013 年 2 月，北京市首次将网络食品纳入食品安全的风险检验检测及评估体系，开始抽检销量较大的、购买较为集中且安全风险较高的热销食品。食品网购规模如今增长迅猛，但是可以看出，针对网络食品安全风险的评估体系却没有相应的发展。

（2）网络食品安全问题维权烦琐

网购食品比当面购买的食品最大不同就是“买”和“卖”的异地化，一旦发生食品安全问题，消费者维权比较困难。根据向北京 12315 工商管理部门的投诉热线咨询的情况，网购食品的维权需要向食品发货地的工商管理部门投诉，当地部门会在七个工作日内给予初步答复并着手调查。相关证据通过网络或传真举证。首先根据食品变质的特性，在发生食品安全问题后直到工商管理部门调查取证，食品质量有可能发生变化，而异地投诉很难直接向工商管理部门递交相关证据，这对网络食品安全问题调查是非常不利的。取证、举证的困难还直接导致了相关商家易以此为由拒绝消费者合理的退换货及赔偿请求，使得消费者维权十分不便。

（四）提高农产品电子商务产品质量的对策与建议

1. 完善农产品电子商务产品质量安全销售监管制度①

（1）设立市场准入条件

这一点，在《互联网食品药品经营监督管理办法》中已经有了明确的规定，互联网食品药品经营者应当取得食品药品经营许可或者备案凭证。这里要求第三方交易平台，一是对申请人的身份证和许可证进行确认登记并可以收取一定的保证金，以备事故处理时使用。二是对现存电商进行确认登记。对于没有食品药品经营许可证和电商信息不真实的，给予一定的期限进行申请和重新登记，对于仍无法提供的予以暂时关闭。三是对电商货源进行管理。这里可以做一个大胆的设想，设立法规，要求电商的货源需要在工商部门进行登记备案，一旦发生食品安全问题，管理部门可以直接根据消费者的投诉找到对应货源的相关信息，这样便于在争议或事故发生第一时间查清货源，确定货物是否存在问题。如果检查出了食品安全问题则立刻问责；如果货源没有问题，则可以直接对物流环节展开调查。这样做可以提高政府办事效率与公信力。

---

① 朱雅莉、张芳：《网络食品安全销售监管制度》，《学理论》2014 年第 29 期。

（2）商品信息公开

商品信息是消费者了解网络农产品最直接的方式，因此，商品信息必须是真实可靠的。在平台上农产品应当清楚标注产地、计价单位、等级、食用方式等及是否通过相关认证等内容的文字信息，并且应当同时规范图片信息，对于同一产地的同一农产品，应当由生产商提供两张以上的实物图片，对实物图片不得有图像美化，不得用其他图片替代。除了商品信息的真实准确公开，商家还应在网络店铺首页公开经营许可、经营者健康状况与联系方式等信息，方便平台进行管理和消费者查看。

（3）统一交易流程

第一，统一交易的方式。这里最为主要的是货币的流通方式，既然通过网络交易的方式，鼓励减少货到付款、线下交易等形式的支付，尽量统一将价金交由交易平台保管，经确认收货后再由第三方交易平台将价金转给电商。第二，统一物流形式。对于农产品的包装，各电商应当有自己的统一标志的包装箱并标明农产品，这样可以便于物流公司的辨认与分类。对于农产品的运输，应当要求物流公司进行与其他物品隔离的措施，特别是鲜活易腐的农产品。农产品在物流运输中会挤压损坏或变质，所以分类保鲜等措施应是物流公司的义务。

（4）建立监管网络举报与投诉平台

每个第三方交易平台都有自己的举报和投诉平台，但是这些投诉平台大多数时候都流于形式。根据调查，不少消费者在投诉时反映平台的客服回复过慢，或者是回复完全形式化，对投诉反映的问题完全不处理。所以对于举报和投诉平台的建设，还应当由行政部门牵头，建立统一的举报和投诉平台。在平台上公布不良商家和不合格农产品的信息，让大家可以及时了解，避免消费者选购不合格产品。第三方交易平台也有权限发布其处理争议和事故的结果。消费者也可以在该平台上直接发布投诉信息，在这样的监督体制下，可以更好地使第三方交易平台履行对商家的监管义务。

（5）完善监管督察体制

现今网络农产品市场的监管属于各部门职能交叉区，监管比较混乱，建议在日常投诉受理的基础上，设立相关法规，完善监管机构对 B2C 农产品电商的日常抽查制度。对于网络农产品的监管难题，可以以电商仓库为监管枢纽，重点对农产品电商对农产品的日常储藏和农产品卫生进行不定期抽检，严格规范电商环节，从而倒逼农产品电商对于农产品来源和自身仓储和物流的建设加以严格的规范。

2. 改善物流条件

在此次数据调查中，物流问题是消费者反映最突出的问题，其中的冷链环节更是凸显出不少的瑕疵。根据统计数据以及消费者反映情况，提出以下几点建议。

（1）加大冷链环节的设备投入力度

由于中国电子商务的快速发展，居民的日常农产品越来越多地从网上购买，这就对冷链物流提出了新要求，也是物流企业的新机遇。根据2013年的数据，在需要温控运输的产品中，农产品类的年需求量超过了1亿吨，年增长率在8%以上。然而同期的冷链运输率仅有15%—20%。相关的冷链物流设备也比较落后，停留在传统水平上。现今的新型冷链设备成本又比较高，致使物流企业在设备更新换代上处在进退两难的境地。因此，需要政府加强引导与扶持，鼓励相关技术企业进一步研发，降低设备成本，使物流企业对冷链设备进行更新换代。

（2）完善冷链物流体系

在各大农产品购物平台上，需要冷藏冷冻运输的产品不在少数（海鲜、生鲜肉类、蔬菜等）。这些农产品能否保鲜，最重要的就是要保证全程冷链。从农产品原产地的收购、储藏、运输、销售，最终直到配送到消费者手中，每个环节都需要低温环境的支持，尤其是在调查中发现的从配送站到消费者手中这个环节，目前几乎没有冷链保鲜措施，仅仅是依靠非常简陋的方法进行降温。因此，使商品所有的物流环节都实现低温化，是亟待解决的问题，也是冷链物流的发展机遇和整合方向。

（3）建立高效的农产品物流配送体系

农产品电子商务的最终环节要靠配送来实现，建立高效的农产品物流配送体系十分必要。首先，要加快农产品物流配送体系的基础条件建设。政府主导建立和完善资金融入机制，运用财政补贴等手段完善交通运输网络。其次，选择适合位置建立仓储及配送中心，建立起融仓储、冷藏、加工、配送以及长短途运输功能为一体的农产品配送体系。最后，大力发展第三方物流与合作物流，鼓励运输企业发展现代物流，面向同行业其他企业的物流运输服务，分担成本，实现资源共享。

3. 降低消费者维权难度①

（1）试行网上农产品消费纠纷先行赔付，提高维权效率

实行网上先行赔偿制度，督促网络交易平台建立网上农产品销售先行赔付

① 杨璐：《网购中消费者权益的保护》，《法制博览》2013年第7期（中）。

基金，即网站经营者通过协议方式，向在该网站上从事商品经营及有关服务的经营者收取一定数量的先行赔偿金，建立网上先行赔偿专项账户。网站平台上经营者所销售的商品或提供的服务，因质量等问题已对消费者产生损害的，由网站经营者实行先行赔偿，赔偿金可以从先行赔偿专项账户预支，然后由网站经营者向具体的侵权者追偿。在遇到消费投诉无法调解，且合法权益确实受损的情况下先行赔付，以确保消费者的合法权益。

（2）建立网上维权工作室，近距离维权

以县级工商行政管理部门为单位，在网上开设网络维权工作室，把辖区内网站经营者吸纳为工作室的协办单位。在网站设置消费投诉举报电子标识链接，全天候受理消费者申诉举报，帮助消费者就近、就快实现维权。

（3）建立网上维权曝光台，事前维权

建立网上维权曝光台，把花样繁多、层出不穷的消费陷阱，不停地展现在消费者眼前，用网络的视觉冲击力，帮助广大消费者提高识别消费陷阱的意识和能力。网上维权曝光台可由县级以上工商部门联合公安、法制、电信等部门主办，辖区网站经营者共同参与并提供相关信息，曝光的信息由工商部门统一汇总、审查和发布，保证曝光信息的合理、合法，以及对社会产生普遍的警示作用。

4. 加强信用建设

（1）信用评价体系，实行等级分类动态监管

结合 12315 投诉平台记录、网络经营投诉记录和评价等级，联系实际制定切实可行的场内经营者信用等级评定标准和细则，严格划分网络农产品经营户工商监管信用等级，根据标准与细则定期对网络农产品经营户进行信用考核。投诉和差评累积到一定程度就将该经营户的工商监管信用分类等级降低一级。通过信用分类等次，来划定巡查的重点、频率、范围等，使得监管有的放矢，以信用分类监管为手段规范网络农产品市场主体的经营行为。

（2）引入契约管理，落实网站责任

工商部门应该联合网络空间提供商（电信、移动等）主动与网站经营者签订管理与指导服务协议，把网站经营者对平台上经营者的管理责任转化为民事合同义务，对不履行管理责任、不配合工商部门检查的网站经营者，由网络空间提供商依约收回空间，清理平台网络市场。

5. 加强消费者教育、提高农产品安全意识

加强对网络农产品安全知识的宣传，积极开展网购农产品指导，教育消费者在谨慎进行网购农产品的同时，还需掌握一些网络农产品安全的相关知识，

切实维护自身合法权益。建议消费者到具备经营资格、信誉好的网购商场或连锁店购买自己熟悉或大家熟知的品牌，留意农产品包装标识是否齐全，是否标有农产品安全认证“QS”标记、绿色食品认证标识，注意查看生产日期和失效日期。通过一些历史较长的综合性网站指导消费者如何辨别伪劣农产品的方法，传授消费者查验卖家相关许可证的方法，通过卖家所在地的相关部门网站查询企业注册及许可证编号等信息。建议消费者将所有消费记录和客服记录妥善保存，即使出了问题也有据可循，尽量把风险降到最低。

第二章　城市报告

第一节　北京市农产品市场研究报告

一　北京市农产品批发市场地位和作用

（一）北京市农产品需求情况

北京市是一个特大型的农产品消费城市，农产品市场需求巨大。2005—2010 年，北京市农产品交易量每年平均增加 180 万吨左右，市场需求规模继续扩大。北京的商品交易市场主要农产品成交量在 2011 年后保持稳定，不再持续快速增长（见表 2—1）。北京市农产品市场的特点是需求巨大，农产品自给率偏低，对外依存度高。

表 2—1　**北京商品交易市场主要农产品成交量**　单位：万吨

农产品	2012 年	2011 年	2010 年	2009 年	2008 年	2007 年	2006 年	2005 年
粮食	2813912	3363393	3059050	2979078	2784099	2410585	2387429	1434517
植物油	397602	524003	588499	519479	492622	451921	390369	347341
猪肉	455655	388695	388542	383891	353298	344244	387776	258273
牛肉	109845	97402	88080	77784	94629	100638	125344	62946
羊肉	96173	83127	70464	65282	76600	88943	114802	84009
家禽	74766	71226	60402	59943	54431	50143	42517	44517
鲜蛋	319657	412210	353403	312435	263219	223784	193778	204531
鲜菜	13363912	13680882	12394505	10966243	11043840	15116486	14800038	8742964
鲜瓜果	8159415	8866411	7488604	7145718	6188660	5527118	4889565	4062102
水产品	946622	968393	728654	684877	515223	609425	459021	400996
合计	26737559	28455742	25220203	23194730	21866621	24923287	23790639	15642196

资料来源：根据北京统计年鉴整理，2014 年的统计年鉴中未检索到 2013 年主要农产品成交量数据。

北京市农产品自给率偏低，本地生产的农产品除一部分出口或销往外地，其余部分自销。但自销部分占全市消费需求很小比重，绝大多数品种依靠外地市场供给，对外依存度较高。

由表 2—2 可以看出，北京主要农产品产量逐年下降。

表 2—2　　北京主要农业产品产量（2011—2013 年）　　单位：万吨

年份	粮食	油料	蔬菜及食用菌	干鲜果品	肉类	水产品
2011	121.8	1.4	296.9	87.8	44.4	6.1
2012	113.8	1.3	279.9	84.3	43.2	6.4
2013	96.1	1.0	266.9	79.5	41.8	6.4

资料来源：根据北京统计年鉴整理。

目前北京供应的各类农产品，主要来源有：蔬菜类来自于河北、山东等地，禽肉蛋类来自于河北、内蒙古等地，水产类来自河北、天津、大连等地。从农产品进京主要通道流量看，通过京沪高速（东南方向）进京农产品占全市外埠进京农产品总量的四成以上（42.4%）。其他方向进京流量比重分别是：京开高速（京南）占 15.3%；京哈高速（京东）占 13.5%；京藏高速（京西北）占 11.3%；京港澳高速（京西南）占 10.2%；京承高速（京北）占 7.3%。

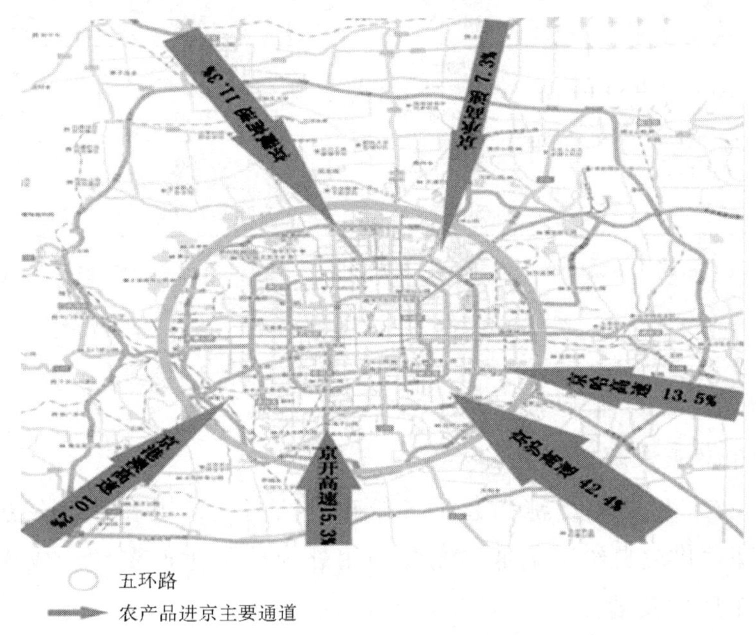

图 2—1　外埠农产品进京主要通道

资料来源：《北京市“十二五”时期农产品流通体系发展规划》。

以2013年为例，北京市农产品批发和零售发展规模非常大。当年的粮油类商品销售总额为11816047万元，其中批发销售额为11086777万元，零售销售额为729270万元；大中型企业粮油类商品销售总额为9480674万元，其中批发销售额为8807907万元，零售销售额为672767万元；肉禽蛋类商品销售总额为1272486万元，其中批发销售额为646119万元，零售销售额为626367万元；大中型企业肉禽蛋类商品销售总额为1100377万元，其中批发销售额为507387万元，零售销售额为592990万元。限额以上批发和零售企业农产品销售情况见表2—3。

表2—3　　**2013年限额以上批发和零售企业农产品销售情况**　　单位：百公斤

项目	总销售量	批发	零售
大米（稻米）	23843422	21297604	2545818
白面（小麦面）	3296644	2615815	680829
杂粮	25903504	25217559	685945
食用植物油	43879605	42892427	987178
猪肉	3508139	2817557	690582
牛肉	649941	503979	145962
羊肉	171901	64425	107476
禽肉	1898596	1674293	224303
鲜蛋	657402	164675	492727
鲜菜	5301490	2411360	2890130
鲜瓜果	4825510	2789500	2036010
水产品	3088830	2325750	763080

资料来源：北京市统计局、国家统计局北京调查总队：《2014北京统计年鉴》，中国统计出版社2014年版。

（二）北京市农产品市场主要来源

1. 北京市蔬菜来源地情况

近年来，农产品价格上涨引起了各级政府的高度重视和社会公众的广泛关注。北京的蔬菜供应自给率偏低，充分利用外地蔬菜生产资源，成为解决“菜篮子”供需矛盾的关键。

传统蔬菜种植呈现一定的季节性特征。随着天气由暖变冷，蔬菜主产地也由北向南转移。近年来随着北方设施菜的投资建设力度加大，北方蔬菜无论是在供应总量还是品种的丰富程度上都有了本质的变化，在种植格局上，基本形成南北结构互补的局面。

综合2010年全年的调研数据分析，河北、山东、辽宁既是在区位上与北京最为相近的省市，又是农业生产大省，同时也是北京的“外省菜园子”，基本占到北京蔬菜供应总量的60%以上，这些省市将是保障北京蔬菜供应安全的根本。具体来看，12月—4月，北京市场蔬菜主要以山东、河北和南方省市的设施蔬菜供应为主；5—6月，河北、北京、山东等北方露地蔬菜开始接茬上市供应；7—9月，主要依靠河北坝上地区、承德及东北等冷凉地区蔬菜供应；10—11月，主要以北方地区秋茬露地菜供应为主。

2. 北京市肉禽市场来源地情况

肉禽的供应主要来源于河北省。其中猪肉较为特别，因为生猪的屠宰都在北京市定点进行，从批发市场统计来源有一定的困难。从全国来看，生猪的主产地主要集中在四川、山东、河北、河南等省份，生猪价格基本不存在局部变化特征，周期性较长。牛肉主要来自河北省，羊肉来自河北、内蒙古、东北三省，鸡肉也主要依靠河北的供应。

随季节转变，农产品的来源地及比例均会产生一定的变化，但总的趋势不变。北京市蔬菜、肉禽和淡水鱼价格的形成很大程度上受产地市场的影响，在价格传导过程中供应环节的影响更大。北京市作为全国最大的销地市场，同时也是农产品流通的主要集散地，其辐射的范围在逐渐扩大，价格形成和影响功能凸显。

（三）农产品批发市场的作用

北京市农产品产量与需求的巨大差距决定农产品来源和供给多元化，主要有外地生产、本地生产和国外进口等，这必然导致参与北京市农产品物流体系的主体数量众多，运营模式复杂，呈现多样化格局。

目前，参与农产品物流的主体种类繁多，功能各异，主要有农户、农产品经纪人、各类合作经济组织、农产品贩销公司、农产品批发市场、农贸市场和超市。其产业合作模式主要有农户+消费者、农户+农业合作组织+批发市场（超市）、农产品生产基地+超市（批发市场）、农户+贩销大户+批发市场等。其中，农产品批发市场在北京市农产品流通中发挥了重要作用。

到“十一五”时期末，北京市建立了以销地农产品批发市场为核心的农产品流通体系。农产品批发市场是北京市农产品流通最重要的环节，也是农产品流通的主渠道，居民消费的绝大部分农产品都是通过农产品批发市场进入北京市，再经各类早市、农贸市场、社区菜市场、超市到达消费者手中。据调查，蔬菜的批发市场经由率达到90%，通过各类早市、农贸市场、社区菜市场、超市进入消费者手中的比重也达到90%。北京市2013年农产品市场的个数如表2—4所示。

表2—4　　**北京市2013年农产品市场经营情况**

项目	市场数量（个）	出租摊位数（个）	营业面积（万平方米）	成交额（亿元）
农产品市场	71	16969	111.3	454.6
粮油市场	5	2315	22.4	172.6
肉禽蛋市场	6	808	5.4	5.7
水产品市场	3	1545	6.7	105.2
蔬菜市场	16	3577	22.1	31.1
干鲜果品市场	3	1279	27.1	18.4
其他农产品市场	38	7445	27.6	121.6

资料来源：《北京市统计年鉴2014》表14—表17。

农产品市场在批发市场整体数量中占的比重最大，而且是满足北京居民需求的必需品，因此对农产品批发市场的决策需要十分慎重。

（四）北京市农产品流通体系

北京已经形成了以新发地农副产品批发市场、岳各庄、锦绣大地、大洋路、通州区八里桥、昌平区水屯、昌平区回龙观、顺义区石门和中央批发市场等九大农产品批发市场为中心，以集贸市场、零售经营门店、各类专营店和超市等多种零售业态为支撑，以现代物流配送、连锁经营和电子商务等多种营销方式为手段，外地供应和本地生产相结合，农产品物流配送规模不断扩大的农产品流通格局。北京国际大都市的农产品物流体系初具规模，并有效运转，在满足全体市民农产品需求、维持首都社会稳定中发挥了不容忽视的重要作用。

近年来，北京市农产品流通的多元化格局正在形成，其他新型流通模式（如农超对接、农产品基地进社区、网络零售等）在农产品流通中的地位日益重要，正在弱化农产品批发市场的集散功能。北京市各区县按照“市管批发、储备，区县管终端、零售”的原则，探索降低流通成本、减少中间环节的流通模式，如东城区着力推进的“天镇场地对接直销模式”，海淀区试行的“产销对接模式”、“农超对接模式”、“农餐对接模式”、“周末车载蔬菜市场模式”，朝阳区开展产地直供、推广企业直营模式等。这些模式绕过批发市场，组织产地农产品直接进社区。批发市场建立的物流配送中心主要为批发市场内的交易主体提供储运、配送服务。农产品批发市场是北京市农产品流通的最重要环节，是农产品物流配送聚集区和主渠道。“十一五”时期末，北京市建立了以销地农产品批发市场为核心的农产品流通体系。“十二五”期间，形成两个全市性大型综合型农产品批发市场，各远郊区县确保一个区域性综合型农产品批发市场，建立起“2+15 ”的农产品批发市场体系（见图 2—2）。

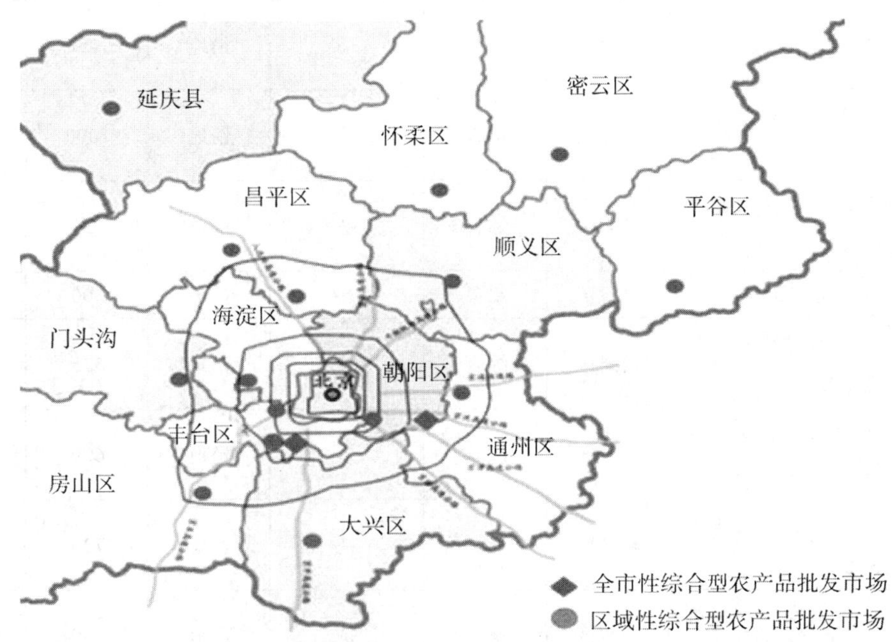

图 2—2 “十二五”时期全市性、区域性综合型农产品批发市场布局

资料来源：《北京市“十二五”时期农产品流通体系发展规划》。

二 北京市农产品批发市场概况

目前，北京市拥有新发地农副产品批发市场、岳各庄批发市场、朝阳区大洋路综合市场、顺鑫石门农产品批发市场、昌平区水屯农副产品批发市场和锦绣大地玉泉路粮油批发市场，八里桥农产品批发市场（计划搬迁）、城北回龙观市场（2015 年已外迁）等重要农产品批发市场。北京各农产品批发市场基本情况见表 2—5。

表 2—5 **北京农产品批发市场基本情况** 单位：亩

名称	所在区县	经营类别	是不是定点市场	产地或销地	占地面积	开业年份
北京丰台区中央农产品批发市场	丰台区	综合	是	销地	150	1995

续表

名称	所在区县	经营类别	是不是定点市场	产地或销地	占地面积	开业年份
北京丰台区京丰岳各庄农副产品批发市场	丰台区	综合	是	销地	77	1986
北京丰台区新发地农产品批发市场	丰台区	综合	是	销地	1620	1988
北京锦绣大地农副产品批发市场	海淀区	综合	是	销地	1000	2003
北京朝阳区大洋路农副产品批发市场	朝阳区	综合	是	销地	530	1997
北京平谷区大桃市场	平谷区	水果	是	产地	300	1998
北京通州区八里桥农产品中心批发市场	通州区	综合	是	销地	535	1998
北京市昌平水屯农副产品批发市场	昌平区	综合	是	销地	600	1996
北京顺义区顺鑫石门农产品批发市场	顺义区	综合	是	销地	726	1994
北京市西沙窝农副产品批发市场	大兴区	蔬菜	是	产地	180	1992
北京日上综合商品批发市场有限公司	延庆县	综合	是	产地、销地	83.8	2005
北京八达岭绿野菜蔬中心市场	延庆县	蔬菜	是	产地	60	2002
北京大红门京深海鲜批发市场	丰台区	水产品	是	销地	75	2006
北京市大庄农副产品批发市场中心	大兴区	综合	否	销地	40	1997
北京永安农副产品批发市场	房山区	综合	否	销地	75	1992
北京天毅裕隆农副产品市场有限公司	怀柔区	综合	否	销地	165	2007
北京平谷东寺渠农副产品市场	平谷区	综合	否	产地	170	2002
北京双峪农副产品批发市场中心	门头沟区	综合	否	销地	20	1998

续表

名称	所在区县	经营类别	是不是定点市场	产地或销地	占地面积	开业年份
北京华远农副产品综合批发市场有限公司	密云区	综合	否	销地	157	2005
北京北水嘉伦水产品市场有限责任公司	丰台区	水产品	否	销地	130	2008
北京玉泉四海农贸市场有限公司	海淀区	综合	否	销地	45	2002
北京清河农副产品交易市场中心	海淀区	综合	否	销地	100	1998

北京现有的八大综合性批发市场，主要分布在京西南、京东、京北三个方向，五个在五环内（大洋路、新发地、中央、岳各庄、锦绣大地），一个在五环到六环之间（八里桥），两个在六环之外（水屯、石门）（见表2—6）。

表2—6　　**北京八大农产品批发市场基本情况**

名称	具体经营类别	辐射范围	位置与设施
北京中央农产品批发市场	综合	特菜、酒类、食用菌辐射全市	南四环南五环之间，摊位1339个
北京京丰岳各庄农副产品批发市场	综合，蔬菜、水果、水产、肉类、禽蛋、调料、粮油、服装、办公用品、酒店用品、百货等	北京西南	西四环偏南，摊位2800个
北京新发地农产品批发市场	蔬菜，水果	全市，包括河北周边地区。	南四环与南五环之间，2.62万个摊位
北京锦绣大地农副产品批发市场	综合，以干果、调料、酒店用品为主	西部，干果辐射三北	西四环到西五环之间，摊位数为4000多个
北京大洋路农副产品批发市场	综合，水果、鱼肉、水产、禽蛋、粮油、调料、服装及小商品等八大类万余种商品	东南，辐射CBD商业和使馆区，经济技术开发区	
北京八里桥农产品中心批发市场	综合，蔬菜、水果、水产品、肉禽蛋、粮油、饮料、副食、调料、食品、百货、建材、花卉等近3万种商品	东部，通州，朝阳东部，甚至河北一部分，辐射人口预计200多万	

续表

名称	具体经营类别	辐射范围	位置与设施
北京市昌平水屯农副产品批发市场	综合，菜、水果、粮油、肉蛋禽、副食调料、日用百货以及建材、家具等上万品种	北部，主要包括昌平	
北京顺鑫石门农产品批发市场	综合，蔬菜、果品、粮油、水产、肉蛋禽、调料、副食百货	北京北部，主要包括顺义	

资料来源：中国农产品流通产业发展报告和作者整理有关市场官网信息。

近期八大批发市场成交量情况如表2—7所示。

表2—7　**八大批发市场近期成交量情况**

市场名称	经营情况	最近发展战略	冷库库容
新发地	2013年，新发地市场交易量1400万吨，交易额约为500亿元，连续12年居全国第一。蔬菜主要来自山东（22%）、河北（18%）、东北（10%），北京本地约为4%。水果来自河北（14%），广东（13%），山东（10%），北京本地占3%	内升外扩	6.4万吨
大洋路	2012年成交量313万吨，成交额约为216.24亿元	鸡蛋占据主导地位。巩固和提升鸡蛋和香蕉专业化水平，向农产品物流配送中心转型	2.2万吨
顺鑫石门	2012年成交量313万吨，成交金额216.24亿元。2013年，市场营业收入1.37亿元，营业利润4689万元，净利润3629万元	加强覆盖东北部地区，提升水果、冷冻品专业化经营水平	1.2万吨
水屯	2012年，市场农产品交易量160万吨，成交额90亿元	加强对西北部的覆盖，巩固区域物流农产品集散和物流配送功能	1000吨
八里桥	2013年，市场农产品成交量132万吨，成交金额85.92亿元，比上年分别增长9.1%和21%	保障通州和朝阳区东部，巩固区域物流农产品集散和物流配送功能	5000吨

续表

市场名称	经营情况	最近发展战略	冷库库容
中央农产品	2012年，成交量94万吨，交易金额120.8亿元	巩固特菜、菌类商品的专业化经营水平，强化京郊农产品的展示功能，对现有市场进行改造提升	3800吨
岳各庄	2012年，成交量71万吨，交易金额102亿元	向农产品物流配送中心转型发展	
锦绣大地	2012年，市场成交量55.8万吨，交易额192.4亿元	巩固提升粮油、羊肉、调料的专业化经营水平，提高蔬菜交易量，强化其物流配送功能	8000立方米

资料来源：中国农产品流通产业发展报告和作者整理有关市场官网信息。

（一）新发地批发市场

北京新发地农副产品批发市场成立于1988年5月，当初只是一个占地15亩、管理人员15名、启动资金15万元的小型农贸市场。由于其优越的地理位置，位于北京市南四环，京开高速公路（106国道）新发地北桥西侧，现已成为北京市交易规模最大的农产品专业批发市场，在全国同类市场中也具有很大的影响力。市场现占地面积1620多亩，总建筑面积近30万平方米，有管理人员1736名（其中保安员400多名），总资产11.8亿元。主要经营蔬菜、果品、肉类、粮油、水产、副食、调料、禽蛋、菌类、茶叶、种子等农副产品，是一处以蔬菜、果品、肉类批发为龙头的国家级农产品中心批发市场。现有固定摊位5558个、定点客户8000多家，日均车流量3万多辆（次）、客流量6万多人（次）。日吞吐蔬菜1300多万公斤、果品1500多万公斤、生猪2500多头、羊2500多只、牛150多头、水产1500多吨。市场承担着首都70%的蔬菜供应、80%的水果供应和90%以上的进口水果供应，2010年交易量100亿公斤、交易额360亿元人民币，交易量、交易额连续12年双居全国第一。同时，市场业务还辐射全国及蒙古、俄罗斯等国家，是首都名副其实的大“菜篮子”和大“果盘子”。[①] 新发地批发市场是北京最重要的农产品物流基地和城市物流配送区，目前市场集聚了400多家专业物流配送企业，从事农产品的物流配送车辆达2000多辆，占全市的一半以上。同时市场拥有5万平方米的冷库以及10多个专业化农产品交易大厅，集中了北京市70%以上农副产品交易和配送。2003年9月，市场主办单位按照现代企业制度组建成立了新发地农产品有限公司，总注

① 资料来源于新发地官网。

册资金1亿元。市场位于北京市南郊京开高速路（106国道）新发地桥西侧，距市中心天安门仅12.6公里，是南方各省、市客商进京的咽喉要道。市场先后获得全国文明市场、农业产业化国家重点龙头企业等200多个荣誉称号，并且积极进行了相应的调整，确立了“内升外扩”的发展战略，即对内部实施升级改造，对外在全国各地建立农产品供应基地和产地市场，其中在河北建立了三个分市场。这对稳定北京的“菜篮子”和“果盘子”具有重要意义，给北京居民带来了菜价普遍低于其他城市的益处。

为保障鲜活农产品供应，确保城市中心区鲜活农产品运输安全，在北京市商务委的支持下，新发地农产品批发市场、北京物流协会农产品分会、北京报业集团、北京市饮食行业协会、河北天康农民合作社等单位共同发起，共同搭建北京农产品配送联盟物流服务平台。北京市农产品共同配送联盟，将联合新发地市场商户、农村合作社、各大社区、餐饮机构、学校和物流配送企业等，紧密地将农产品产供销供应链上的各个环节结合起来，多方配合实现共同采购、共同配送、共同仓储、共同结算的目标，使农民种菜有销路，终端买菜新鲜价廉，物流配送合理调度，合理降低农产品供应链每个环节的成本。

新发地主营的蔬菜、水果对北京市场来说属于必需品，但作为批发市场，巨大的进出货交易量所带来的交通、环境等负面作用也不容忽视。因此，新发地市场应该通过一批重点项目建设升级。不过，为缓解压力，新发地将把低端蔬菜零售等部分功能挪到河北高碑店等北京周边市场。河北便利的运输距离具有保障北京蔬菜供应的先天优势，相比其他省市，北京新发地更倾向于在河北建立产地市场。但是新发地交易方式仍然较为落后，普遍采用现金交易，现代交易方式发展缓慢，食品安全监测力度不够，交易环境有待改善，过境型交易给北京带来了较大的交通压力，其升级之路有待进一步加快。今后可以考虑成为各地名优农产品展示中心。目前其湖北厅的改造较为成功，代表了发展方向。

（二）中央批发市场

北京农产品中央批发市场是由市政府1995年投资建成的，是农业部定点批发市场、国际批发市场联盟理事会成员、北京市农业产业化重点龙头企业、商务部“双百市场工程”支持的大型农产品批发市场、全国农产品综合批发市场“五十强”市场，北京市十大批发市场之一，是搞好首都“菜篮子”的重点工程。市场位于丰台南路8号院，依傍京九铁路、京开高速、京石高速、南四环、京良路，东可上京津塘高速公路。现由国有独资企业北京农产品中央批发市场有限责任公司主办经营。

中央市场占地面积10万平方米，建筑面积5.8万平方米，包括6座交易大厅、2 座轻钢结构交易大棚、3800 平方米保鲜冷库及其他铺面房等。市场主要经营特菜、食用菌、粮油、酒水、饮料、包装食品等。现有经营摊位 1339 间，经营商户 947 户，从业人员 10000 余人。其中一级批发商、代理商达 70%以上。酒水批发量占北京市场份额的 50%，饮料、包装食品已形成一级批发集散地。2014 年市场各类产品总计实现交易量 103 万吨，交易额 136. 5 亿元。

特菜项目自 2001 年春季引入市场以来，交易量和交易额连年递增，批发量占北京市特菜供应量的 70%。市场现有特菜经营户 105 户，上市特菜品种 150 余种。2014 年实现交易量 48. 9 万吨，交易额 56. 9 亿元。市场商户在北京周边及四川等地建立了广泛的种植基地，通过产销对接，充分发挥市场作为交易平台的重要作用，极大地保证了首都特菜市场的充足供应。

市场的食用菌项目开始于 2004 年，经过几年的培育，现有食用菌经营摊位 102 个，经营户 98 户，上市品种 70 余种。2014 年实现交易量 14. 9 万吨，交易额 17 亿元。销售范围辐射东北、华北、西北等十多个省、市、自治区，并部分出口日本、东南亚及欧美地区，形成了享誉全国的工厂化食用菌鲜菇集散地。为充分发挥管委会系统公益服务职能，利用市场搭建的交易平台更好地服务于现代农业，市场积极与河北省有关市县、黑龙江省粮食种植基地等建立广泛的战略合作关系，确保首都农产品市场的食品安全和供应保障。

（三）北京鲜活农产品流通中心

北京市政府重点工程、北京市新农村建设折子工程。中心位于朝阳区黑庄户乡，一期用地 20. 3 公顷，总建筑规模 50 万平方米。中心建设坚持高起点、现代化、前瞻性原则，聚合生鲜农产品日配主中心、生活必需品政府储备主中心、农产品现代化交易集散中心、农产品总部聚集中心四大功能为一体，旨在成为政府调控农产品市场的重要抓手、完善首都服务功能的有效平台和首都现代化农产品流通示范窗口。

（四）北京农产品中央交易中心

北京农产品中央交易中心是与“双核”保障体系优势互补的大型农产品现代交易综合体。中心位于丰台区南四环新发地，用地 76. 56 亩，主要实现三大职能：为首都农产品流通提供现代化交易模式；为周边居民提供现代商业服务；为新发地市场商户提供办公、住宿等配套服务。

（五）八里桥农产品中心批发市场

北京八里桥农产品中心批发市场，是根据原国内贸易部和北京市人民政府的决定，经国家计委批准立项的国家级重点批发市场，也是首都“菜篮子”重点工程。市场由中央企业中商企业集团公司和北京潞运通经贸集团，共同投资

1.5 亿元于 1998 年建成开业。市场地处北京历史上的著名商品集散地——通州区，距天安门 17 公里，距首都机场 11 公里，建于北京五环和六环路之间，由紧临的京通快速路与北京四条环城路和市区连通，市场南北分别为京哈、京沈高速路和 102、103、111 三条进京国道。

市场总占地面积为 535 亩，包括自有土地、托管用地。其中市场自有土地面积 330 亩，建筑面积 15 万平方米，土地性质为国有商业用地。托管用地占地面积 205 亩，为租用永顺镇土地。市场建有 84 座交易厅、棚、房，拥有 2800 多个室内摊位和 800 多个大棚摊位，经营蔬菜、水果、水产品、肉禽蛋、粮油等 12 大类 3 万多种商品，货源来自全国 20 多个省、市、自治区。消费对象主要分布在通州（78%）、朝阳（11%）、顺义（3%）、河北廊坊（7%）等地。消费群体构成是：农贸市场 36%、中小商店 13%、餐饮店 16%、其他批发市场 5%、团体采购 12%、个人采购 10%、外埠采购 7%。2013 年农副类商品交易量 13.2 亿公斤，营业额 85.92 亿元，纳税 2531 万元，名列 2013 年度全国农产品综合批发市场前 50 强，北京农产品综合批发市场第八位。已入驻商户约 3000 个，其中 60%为外地商户。市场拥有从业人员约 15000 人、从业人员家属约 8000 人、依附市场人员约 20000 人。①

（六）昌平区水屯农副产品批发市场

昌平区水屯农副产品批发市场是国家农业部定点批发市场之一，始建于 1996 年，占地面积 600 亩，主营蔬菜、果品、粮油、肉蛋奶等农副产品批发业务，并兼营日杂百货、家居建材等 100 余大类数十万种商品。现有固定摊位 1000 余个，交易大厅 30 多座，日进场交易车辆超过 2000 辆，商品流通范围辐射河北、内蒙古、天津、山东及东北等地区。2005 年市场农副产品成交量 16 亿公斤，总交易额 20 亿元，并以每年超过 20 %的速度递增，是京北地区经营规模最大、配套服务体系最为完善的农副产品集散地。蔬菜水果区：北京水屯农产品市场蔬菜水果批发区位于市场西侧，该区域总占地面积 20000 平方米，包括蔬菜水果交易大厅。粮油大厅：该区域经营面积 1000 余平方米，于 1999 年建成开业。

（七）北京岳各庄批发市场

市场位于北京西南丰台路口，在京石高速公路与西四环路交会处，距北京西客站 2.5 公里，至前门车程 15 分钟左右。

2004 年 12 月 28 日，岳各庄鲜肉水产品综合大厦正式开业。岳各庄市场蔬菜交易区是北京市最早的蔬菜批发行业之一，占地 100 亩，于 1986 年自发形成。果品市场位于市场的西北侧，占地面积 11750 平方米。主要经营品种有两

① 根据调研资料整理。

广香蕉、海南香蕉以及从菲律宾、马来西亚、新加坡、泰国等进口的水果。海鲜产品综合大厅是一座16000平方米集水产品交易、冷藏、仓储、配送、食品检测于一身的大型建筑物。配备有电子信息显示屏、信息网络、直升货梯、冷藏保鲜库、仓储库房、停车场等各项配套服务设施。

（八）城北回龙观商品交易市场

市场西邻八达岭高速公路，南距五环高速6公里，北距六环高速10公里。城北市场始建于2002年，2003年6月主体竣工投入运营。市场规划占地1100亩，总建筑面积35万平方米，包括3.5万平方米大型家居广场1栋、交易大厅20栋、门面房2000余间、库房5万平方米、冷库96间、商户生活用房2000余间。市场主要经营项目包括蔬菜、水果、粮油、肉、蛋、禽、副食、调料、干果、干货、水产、海鲜、茶叶、烟酒饮料、厨具、酒店用品、家居、日杂百货、小商品、服装鞋帽、家具、花鸟鱼虫等。

（九）大洋路农副产品批发市场

大洋路农副产品批发市场是由朝阳区十八里店乡政府投资兴建的，于1997年5月正式投入使用，位于东南郊三环路东侧的十八里店乡大洋路商业街中段，毗邻京沈和京塘高速公路。市场现占地面积已达32.6万平方米，建筑面积7万平方米，硬化场地25万平方米，可为入驻商户提供住房或库房700间。市场的经营品种已由最初的单一蔬菜，扩展到水果、鱼肉、水产、禽蛋、粮油、副食调料、服装百货及小商品等。

（十）北京顺鑫石门农产品批发市场

北京顺鑫石门农产品批发市场成立于1994年6月，是顺鑫农业上市公司与顺义区市场中心合作的股份制企业。市场位于顺义城区，距市区20公里，与首都国际机场毗邻，六环路从市场西侧擦肩而过，市场东侧相隔1公里即京承铁路主干线。2002年市场被北京市主管部门定位为重点扶持的特大型农产品批发市场，2003年被定为“国家重点批发市场试点项目”。市场占地面积50万平方米，建筑面积15万平方米，现设有蔬菜、水果、粮油、水产、肉蛋禽、快速消费品等六大经营区域，商品辐射全国20多个省市、200多个区县。

三 北京市农产品批发市场现状分析

在京津冀协同发展、疏解非首都功能的大背景下，为了适应新常态的经济运行态势，北京需要合理规划、适度保持农产品批发市场的规模，加快经营模式的创新，以缓解不断增加的人口及交通压力。因此，推动北京农产品批发市场的空间和功能重构，既是顺应产业发展趋势的必然选择，更是京津冀协同发展、首都功能重构的必要选择。但是由于农产品批发市场不同于其他产品的批发市场，还要考虑其保障北京本地民生的作用，不可能像动物园批发市场那样整体搬迁，所以应该对现存的农产品批发市场按照科学的标准进行评估，在此基础上，以是否便利服务居民生活、提升市场运行效率等情况为标准，判断应进行疏解还是升级。

（一）农产品批发市场的疏解

北京农产品批发市场的发展为农产品的供应发挥了重要作用，但也在发展过程中造成了若干急需正视与解决的问题。在九大农产品市场中，城北回龙观商品交易市场和八里桥农产品中心批发市场成为首批被疏解的对象。

城北回龙观商品交易市场于2002年开始运营，经过十几年的发展，成为京北最大的农产品市场。但是随着市场的发展，受产业层级、区域位置等各种因素制约，市场的问题也日益凸显，比如市场内及周边的人流、车流量巨大，拥挤不堪；各种商户宿舍、出租房屋无序滋长，导致流动人口大量聚集，环境脏乱差的情况突出，消防、安全生产、社会治安等隐患较大。于是从2015年10月16日开始，回龙观镇启动了城北回龙观商品交易市场清退整治工作，到2015年底拆迁完毕了4万平方米，累计腾退商户摊位数7775个，占总数的94.5%；到2016年3月31日前完成了全部商户清退工作和市场的整体拆除，实现场清地平。清退商户部分转移到了河北张家口市，实现粮油、淡水鱼、海鲜等批发商品功能北移，同时保障了城北市场的原有辐射区域。

八里桥农产品中心批发市场作为京东最大的农产品批发市场，曾在保障民生、繁荣市场和稳定物价方面发挥过巨大的作用，但是在发展中也出现了较多的问题。

一是区位不合理造成交通拥堵。八里桥市场位于通州新城核心区，晚9点—早6点货物流从外向内聚集，来自全国的运货车辆经过通州新城来八里桥进行批发交易。7—9点、下午2—4点采货人是从外向内聚集，8—10点、下午3—5点采货人离散，预示客户采购完毕，携带货物返回，车流向外辐射。来此采货车流与社会车流叠加，造成交通长时间拥堵，且内部停车成问题，微循环不畅，违规行车、野蛮占道、行车抢道现象突出。

二是土地价值与批发市场定位不符。八里桥市场地处通州城区中心，占据通州新城的黄金地段，随着通州城市副中心的发展，未来土地价值高，不适合发展自给自足的农产品批发市场，尤其是夹杂着大量零售的混业经营。

三是集聚大量外来人口。八里桥市场目前市场共有商户2688户，以外地商户为主（60%），数量为1613户，外地人员家属大概数量8000名，依附市场人员约20000人。主要居住在周边地区，造成了大量外来人口集聚。在功能上与城市现代化要求不协调，一天24小时周转运作，扰民严重。

四是现代市场和现代化的市场服务能力和可持续发展能力不足。房屋年久失修破损严重，配套设施老化，早期投入的设备比较落后，作业方式和规模达不到目前业务扩张需求。内部行车、停车、微循环、掉头空间设计很差。

基于以上问题，八里桥市场已定于2016年正式搬迁。

（二）农产品批发市场的升级改造

作为北京市最大的农产品市场，新发地市场在新形势下率先启动，走到了前面，提出了一系列的战略计划，其自2013年以来的疏解升级经验值得其他类似市场借鉴。

一是内升，要在3—5年内，对市场进行规范、升级改造，总体上实现“211”目标，即打造提升丰台、立足北京、引领全国、面向世界的两个“区”：城南特色物流集聚区、首都现代农产品物流示范区；构建一个大市场，即国家现代化农产品大市场；建设一个会展中心，即国际农产品商贸会展中心。

做好保障、展贸、配送和环境四方面的升级工作。

保障升级：面向市场与物流需求的仓储管理与库存控制，在保障首都日常消费对储存要求的同时，重点开发建设现代化、高标准的农产品冷链仓储系统，提高极端天气和特殊时期下首都农产品的储备能力和应急保障能力，稳定农产品市场价格。提高交易产品的档次，向绿色有机农产品方向发展，满足首都高端绿色消费和农产品安全品牌要求，提升农产品自给率、控制率、合格率及应急保障能力。

展贸升级：强化“国际农产品商贸与展示中心”地位，转变交易模式、改善交易设施、丰富交易种类。提升实物交易档次，实现批发、零售、拍卖等多种农产品现场交易；拓展多种市场形态，发展拍卖、电子商务、期货、价格指数、电子交易等业务；创新会展功能，举办具有国际影响力的品牌农产品贸易展会，强化品牌集聚与扩散能力。

配送升级：面向北京市及周边地区的城市配送和区域配送，与运输储存等功能环节形成完整的冷链物流体系。发展连锁零售，以社区居民、连锁超市、酒店宾馆、标准化菜场、农产品专卖店为对象，对接消费终端，减少流通环节和流通成本；发展配送直销，利用第三方物流及自营物流，统一安装电话，统一配送工具，统一办理车辆进京证，实现供应链资源优化配置。

环境升级：发展绿色物流理念，对接城市发展需求，打造立体化交通。推动市场环境整治，实现农产品物流业与观光旅游业有效连接。建设城市绿地和生态公园，配套农产品展示品尝、体验交流等休闲娱乐项目，形成“宜商宜游宜居”环境，把新发地建设成为南城最具品位的休闲、旅游、娱乐、商务功能区和旅游标志地。

二是推进外扩战略，完成两大扩张。

目标是在全国各地建立500万亩农产品供应基地和遍布全国的农产品产地市场。

基地扩张：强化区域合作、建立基地直营、实现产销对接、保障货源稳定。以新发地品牌农产品全产业链战略联盟为纽带，采取自建、投资、合作等形式发展产业基地。

市场扩张：合理布局网点、转移分化市场、优化流通渠道、打造环京绿色护城河。以新发地品牌农产品物流联盟为纽带，采取收购、兼并、合作、联营以及会员联盟等形式，形成以“新发地”为品牌的市场网络体系。

于发展战略中内升实现四大升级、外扩完成两大扩张相对应，新发地市场升级改造，迫切需要实施六大类重点工程。[①]

一是保障升级类工程。

新发地绿色有机农产品物流交易区建设项目。为打造首都农产品安全品牌，联合北京蟹岛集团、北京方圆平安有限公司两家国家级农业产业化龙头企业投资5亿元，建设新发地绿色有机农产品物流交易区。可实现年交易额60亿元以上，为国家上缴各种税费3000万元，为首都市场提供160多万吨绿色有机农产品，2012年5月19日正式投入运营。

12万吨大型冷库建设项目。为落实总理指示，确保即使连下七天大雪或遇上大雪封了高速公路的大灾之年，仍能保障首都农产品的供应，提高极端天气和特殊时期下首都农产品的储备能力和应急保障能力，拟投资约10亿元，建设总占地面积200亩、总建筑面积20万平方米的大型冷库，库容为12万吨。

二是展贸升级类工程。

北京新发地农产品电子交易中心建设项目。为推动现货交易向电子交易转变，引导建设公开合理的价格调节机制，与北京石油交易所于2010年3月在北京市丰台区丽泽商务区注册成立了全国最大的农产品电子交易中心，注册资金1000万元。2010年12月挂牌，力争在3—5年成为全国农产品的交易中心、信息中心、结算中心和价格指数中心。

北京新发地国际绿色物流区建设项目。为大力开展农产品国际贸易，吸引国际农产品贸易强企，联合北京市科委共同创建“北京新发地农产品安全科技示范工程”，占地30亩，投入8000万元，2010年5月16日召开“北京新发地国际绿色物流区暨招商论坛”，2010年8月25日正式投入运营。

---

① 新发地市场官网信息。

新发地国际水产品交易城建设项目。为改善交易环境，打造首都一流的高档次海产品交易中心，与北京南丰兴利投资有限公司、北京恒益永兴商贸有限公司合作，该项目占地200亩，总建筑面积13万平方米，投资5亿元，建成后将成为北京市最大的水产品交易中心。

新发地蔬菜综合交易大楼建设项目。为改变蔬菜露天交易现状，提高首都蔬菜供应流通效率、土地集约利用效率，改善市场卫生环境。该项目建设占地229亩，总建筑面积13.2万平方米，投资估算9.6亿元。

三是配送升级类工程。

推进新发地便民社区菜店项目。为了破解菜价“最后一公里”上涨难题，解决居民买菜难、买菜贵问题，新发地市场早在2008年初就积极推进将新发地便民连锁菜店覆盖北京城发展战略，目前已建成200多家便民连锁菜店，进店果菜由新发地实行统一采购、配送、定价、结算，统一质量标准和运作管理，方便了社区居民，实现了价格便宜。

四是环境升级类工程。

中轴路跨四环高架桥建设项目。可以使从东来进货和进完货往西去的车辆快速进入南四环快速路，大大缓解新发地桥交叉口、京开高速、马家楼桥的交通压力。

跨京开高速二层交通平台体系建设项目。打通丰南路两端桥洞及沿东西方向道路拓宽，增加东西方向的道路通行能力，有效降低南四环的交通压力。

中轴路西侧下穿铁路道路打通项目。打通中轴路西侧下穿铁路道路，开辟一条专门服务于冷库物流区的货运为主的通道连接京良路，分担中轴路部分交通量，使地块与周边联系更加顺畅。

五是基地外扩类工程。

550万亩农产品供应基地建设项目。为了整合全国农产品资源，丰富京城菜篮子品种，保障充足安全供应，新发地市场以收购、入股或托管等模式在全国优势产区已经建立了400万亩农产品供应基地，未来3—5年在海南、河北、甘肃、宁夏、内蒙古等地再建立150万亩农产品供应基地，建立订单农业，形成产地直采、加工配送、社区直销的农产品供应链条。

六是市场外扩类工程。

100家新发地环京市场建设项目。在北京市五环以外和河北省境内以及全国主要产地建市场，构建新发地环京农产品护城河，保证首都农产品安全稳定供应。目前，已在河北的涿州、定兴、高碑店，山西大同，内蒙古赤峰元宝山区，甘肃武威，山东招远，湖北襄阳，安徽蒙城等建设13个分市场。

从2015年4月11日起，北京市实施新的限行政策，北京市交通委规定每天

6点到晚11点，载货汽车的禁行范围由四环路扩大至五环路，五环主路8吨以上载货汽车禁行时间由每天的6时到晚10点，调整为6点到晚11点。与此同时，每天6点到晚12点，外地货车禁行范围由五环路扩大为六环路。对于批发市场来说，这限制了外地车辆进京时间，对市场发展相当不利。但是新发地采取的分市场策略就很好地解决了这个问题，与高碑店合作的高碑店农产品分市场在2015年10月30日正式试营业，这是京津冀协同发展下北京农产品批发市场疏解首个落地项目。该市场将承接新发地大部分的物流集散功能，做好供应基地及承接平台工作，增强本部的调控功能，稳定农产品价格。预计将来能减少批发、物流等相关行业的外来在京人口30万至50万，减少货运进京车次1000万辆/年。

（三）农产品批发市场面临的挑战

1．批发市场基础设施建设有待加强

北京市应加快大中型物流中心建设，完善物流基础设施，配合区域农业产业化的发展。首先应加大运输基础设施的投资，引入全球卫星定位系统（GPS）等现代化通信工具，形成快速畅通的交通网络。其次，积极推进储运技术等先进农产品物流技术应用，逐步提高农产品物流作业的自动化水平。此外，对于不同类别的农产品市场，其基础设施建设应有重点、分阶段推进。零售市场应加强水电系统、道路、场地设施等基础硬件的改造建设；批发市场应着重于农产品检验检测体系、农产品加工储藏与分类包装体系的建设；而对期货市场、拍卖市场，则应加快市场的信息化进程，积极探索并实施先进高效的期货交易及拍卖体制，完善期货交易及拍卖制度。

2．批发市场管理模式亟待完善

北京市农产品物流数量大、品种多，仅靠政府投入是远远不够的，尤其是一些经济作物和小品种农产品，其流通需发挥个体、私营物流企业的灵活优势。因此，要支持和鼓励包括私营、合资、外资企业在内的第三方进入农产品物流市场，制定吸引民间资本的相关政策，以促进竞争机制、完善物流服务。积极引导各类流通企业建立现代企业模式，通过培育大型第三方物流企业，使之成为现代农产品物流产业发展的示范者和中小物流企业资源的整合者。此外，还应发挥农产品行业协会的作用，提高农民组织化水平，形成一个延伸到县、乡、村的物流网络，既可协调农民生产行为，也可以担负一些保鲜、加工、信息等服务功能，有助于促进农产品流通。

3．部分农产品批发市场业务过于多元化

目前农产品批发市场普遍存在经营品种过于多元化的现象，如八里桥市场不仅包括蔬菜、水果，还包括了小商品、建材等，因为这些商户的支付能力一般来说更强，因此一方面应该加强对农产品批发市场的财政支持，另一方面也应该限制其经营范围。

4. 食品质量安全难以得到有效保障

虽然国家以及北京相关职能部门投入了大量财政资金，在农产品批发市场普遍建立了农产品质量检验检测中心，但是检验检测中心使用率不高，这是因为批发市场面临着激烈的市场竞争，不愿意提高农产品质量门槛；另外后期的设备、人员等费用也会降低批发市场收益。因此，虽然相对而言，北京的农产品质量比国内其他城市要好一些，但是仍然难以得到有效保障。

5. 流通机制不完善

现有的农产品流通采用的是多次买断的交易过程，使得农产品价格信息的形成难以观测，来自大型销地批发市场的价格信息难以有效反映供应地农产品的价值。现在普遍采用的现金、现货的交易方式，不利于农产品市场的质量追溯体系建设。

四　北京市生鲜电子商务发展分析

从 2005 年开始，以易果生鲜为代表的生鲜电商就已经开始起步发展；2009 年，面向上海外籍人士的甫田网正式上线；2010 年，沱沱工社和优菜网分别开始运营；2011 年，中粮旗下的我买网和淘宝网开设生鲜频道，综合类电商网站也开始进入生鲜电商市场；2012 年，顺丰优选、本来生活网以及京东商城的生鲜频道分别上线，营销见长的本来生活网主打“褚橙”产品，迅速使生鲜电商进入人们的视线，生鲜电商之间的竞争由幕后转移到了台前；2013 年，1 号店和苏宁易购分别涉足生鲜电商，东方航空也宣布东航产地直达网上线。由于生鲜市场的交易额巨大且市场渗透率低，各方对于生鲜电商市场的争夺日渐激烈。全球专业零售咨询机构 Kantar Retail 公司发布了“2015 年中国电商力量排行榜”，顺丰优选在综合排名中位列第九，成为榜单中最年轻的电商企业，这离不开近几年生鲜食品电商快速发展的行业红利。

北京生鲜电子商务的发展主要呈现以下特点：网上零售额占比率先超过 10%；B2C 继续保持全国领先地位；特色电子商务模式不断创新；行业整合与产业融合并重；移动商务得到较快发展；京津冀一体化模式开始试行；电子商务应用与社区服务范围结合，如北京市西城区什刹海街道于 2006 年开通了首家电子超市，东城区和平里开通了“181”菜篮子平台，覆盖 17 个街道；技术创新和技术应用相促进等。

目前生鲜农副产品的电子商务运营模式主要分为四种，即传统零售商（超市、海鲜市场、基地等）自建电商或与电商平台合作，典型代表有沃尔玛、京客隆等；纯电商平台的垂直运营或综合运营，典型代表有阿里巴巴、京东、易果网、本来生活网、沱沱工社等；地方政府、供销社、农业基地等共建电商联盟或搭载巨头电商平台，典型代表有重庆市农业电子商务产业发展联盟、辽宁省农产品购销服务电子商务平台等；试图涉足电商领域的物流公司，典型代表如顺丰物流、东方航空等。

中关村生鲜电商以垂直类企业沱沱工社、本来生活网、优菜网，综合类企业我买网，平台类企业京东、亚马逊中国等为代表。其中垂直类生鲜电商在品牌方面和本地冷链系统拥有较大优势，但在供应商方面把控能力较低、平台体量小、产品渠道不具有垄断性；综合类生鲜电商可全品类运营、整合供应商的能力强、消费者规模更大，但用户黏性还取决于电商企业的服务质量和配送速度；平台类生鲜电商有平台跨地区优势、用户黏性更高、业务覆盖地区更广，但一定程度上制约于自有的冷链物流配送体系，配送范围和效率有待提高。

（一）北京市农民专业合作社网

网站主要功能：建立全市农民专业合作社综合门户网站，向全社会推介各类合作社及其相关产品和服务；为合作社提供社务信息化管理服务；为合作社及其成员提供农产品生产、销售、配送等环节的质量安全追溯管理；为各级主管部门提供合作社总体情况及信息查询和分析，为政府决策提供依据。

（二）绿色家递农产品电子商务平台

绿色家递是北京奥科美技术服务有限公司打造的第三方平台，提供智能化农产品直供服务。其通过智能配送柜、电子商城和行销目录等途径，帮助消费者建立一个和农场直接沟通的桥梁。

（三）京东商城

京东主要通过两种方式来实施“农电对接”活动：一是京东开放平台与北京、河北的18家生鲜基地达成战略合作，直供果蔬等生鲜产品；二是在新疆、烟台、海南等地进行圈地，开展生鲜作物自产自销模式。

五 小结

北京农产品批发市场和物流设施发展还存在较大问题，主要体现为以下几个方面：部分批发市场占据中心城区，严重影响交通，市场管理滞后，行业自律组织功能没有充分发挥。目前的批发市场商户主要是个体工商户，从业人员主要来自外地，在城区估计超过80%，在郊区比例估计超过90%，这些人的文化素质相对较低，且大多拖家带口，估计一个从业者至少会带来五人。且批发市场周围普遍存在“城中村”，居住条件恶劣，社会治安秩序普遍较差，社会管理压力较大。批发市场管理监管不到位，假冒伪劣商品较多，食品质量安全监管有待加强，存在欺行霸市等行为，市场管理秩序有待加强。目前的冷链市场没有形成完整的冷链体系，技术落后，冷藏设施陈旧；冷链成本较高，第三方物流企业比例比较低；等等。在农产品供应链中，重生产而轻物流的现象依然存在，农贸市场有待进一步加强规范管理。北京共有 21 家农产品批发市场和 603 家零售市场，不同程度存在建设布局不合理、建设标准不完善、市场设备简陋、交易环境差、交易方式和结算手段落后，缺乏一定的安全监测手段和监测设备等问题。又如城市交通管制（如在市区内设置车辆通行禁区、分时段禁止甚至全天禁止货车通行）导致农产品城市物流配送“最后一公里”的车难行、车难停，制约了农产品物流配送的发展。

经过 20 多年的发展，新发地批发市场已经成为北京最重要的农产品物流基地和城市物流配送区，集中了北京市 70% 以上果蔬产品交易和配送。目前市场集聚了 400 多家专业物流配送企业，从事农产品的物流配送车辆达 2000 多辆，占全市的一半以上。同时市场拥有 5 万平方米的冷库以及 10 多个专业化农产品交易大厅。巩固新发地农产品批发市场蔬菜、水果交易流通的核心地位，在黑庄户地区高水平规划建设全市性综合型农产品批发市场，形成全市性综合型农产品批发市场的双核保障机制。支持现有重点农产品批发市场在保障区域农产品供应的基础上，突出重点、错位经营，逐步向专业化、特色化发展。同时，加快提升物流配送能力，逐步向专业物流配送中心转型。四环内：引导岳各庄、大洋路农产品批发市场与大型生产、加工、流通企业进行对接，向农产品物流配送中心方向转型发展。四环外：农产品中央批发市场目前对原有市场进行改造提升，稳定供应，提高效率，新建市场启用后择机迁出。引导锦绣大地农产品批发市场在充分发挥粮油等农产品集散功能的同时，强化物流配送功能。进一步巩固顺鑫石门、水屯等区域批发市场农产品集散和物流配送功能。

从当前发展趋势看，今后农产品物流体系建设重点将围绕信息技术应用、政府宏观政策、物流基础设施、流通主体培育、流通标准化研究的层面展开。

第二节　上海市农产品流通发展报告

一　上海市农产品流通发展现状描述与分析

（一）主要大类和特色品种农产品供需状况及特点分析

2014 年全年，上海市实现农业总产值 322.07 亿元，与 2013 年持平。其中，种植业171.04亿元，增长0.5%；林业8.94亿元，下降15.1%；牧业70.03亿元，增长0.3%；渔业60.5亿元，增长1.3%；农林牧渔服务业11.56亿元，下降3.7%。上海域外市属农场实现农业总产值21.45亿元，增长17.4%。上海90%以上的粮油果蔬等农产品需求由外埠供给满足，目前已基本形成了北粮南调、西果东输及冬季南菜北运、夏季北菜南送的流通的局面。

此外，全市粮食播种面积164.86千公顷，比2013年下降2.1%；粮食产量（包括大豆）112.89万吨，下降1.1%；蔬菜产量377.95万吨，下降1.9%；牛奶产量27.05万吨，增长2.0%（见表2—8）。至2014年末，上海市有1489家企业、7202个产品获得农产品质量认证。其中，绿色食品生产企业171家，绿色食品248个；无公害农产品生产企业1310家，无公害农产品6928个；累计建成标准化畜禽养殖场300家，标准化水产养殖场247家；拥有农业产业化龙头企业386家，农民专业合作社3192家，经农业主管部门认定的粮食家庭农场2787个。

表2—8　　**2014年上海市及域外主要农副产品产量**

产品名称	全市产量（万吨）	比2013年增长（%）	域外产量（万吨）	比2013年增长（%）
粮食	112.89	-1.1	19.01	1.4
蔬菜	377.95	-1.9	—	—
牛奶	27.05	2.0	7.40	12.8
水产品	30.9	13.9	3.06	11.4

资料来源：2014年上海市国民经济和社会发展统计公报和上海市统计年鉴。

与此同时，上海市农产品进口贸易量增长很快。海关总署数据显示，2014年中国大豆进口总量为7140万吨，首次突破7000万吨，同比增加12.7%。来自《农民日报》的数据显示，2014年，中国的谷物净进口同比增加38%，在2012年、2013年连续两年净进口量保持1300万吨的基础上，2014年谷物净进口达1874.7万吨，同比增四成。按中国传统粮食定义和口径，2014年粮食进口总量达1亿吨，其中大豆进口7140万吨，谷物进口1952万吨，薯类（主要是干木薯）进口867万吨。若将541万吨玉米酒糟作为玉米制品纳入粮食范畴，粮食进口量1.06亿吨。

小麦进口主要是为了品种调剂，由于2014年国产小麦品质高，进口需求下降，进口量300.4万吨，同比减少45.7%。玉米内外价差扩大，价差一度超过配额外关税65%的幅度，但由于实施了转基因管理以及进口与库存配比销售等调控措施，玉米进口 259.9 万吨，同比减少 20.4%。大米进口仍保持增长，进口 257.9 万吨，同比增加 13.6%。同时，作为玉米替代品的高粱、大麦进口增势迅猛，合计进口 1119 万吨，同比增加了 778 万吨，增长 2.3 倍。

上海食用农产品批发市场发展迅速，已形成以上海农产品中心批发市场、上海江桥、上海江杨等为代表的大型农产品批发市场，全市共有粮食、蔬菜、水果、禽蛋及水产品等五大类食用农产品批发市场 140 多个，年总交易量 60 万吨左右。批发市场在上海食用农产品流通中具有举足轻重的地位，并在相当长的时间内将始终作为流通过程的重要环节。

1. 上海市农产品市场产业背景

上海作为中国特大型都市的代表，是中国最大的工商业城市和著名的国际都市，截止到 2014 年 12 月，常住人口达到 2425.68 万，比 2003 年（1765.84 万）增长 37.37%，人口密度 3826 人/平方公里，其中农业人口仅占 9.7%。

从图 2—3 中可以看出，上海市农产品总产值呈逐年稳增的发展态势。2014 年，总产值达 322.22 亿元，平均年增长率达到 11.85%。

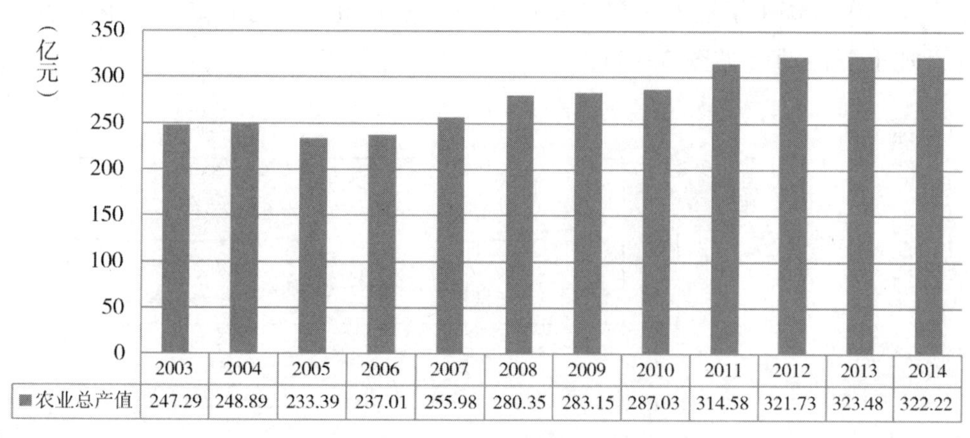

图 2—3　上海市农业总产值

资料来源：上海市统计年鉴。

2003—2013 年，上海市总播种面积趋于平稳，在 40 万公顷上下波动，供给稳定；但在 2014 年，总播种面积仅 35.89 万公顷，与之前十年相比，波动较大（见图 2—4）。总播种面积下降的主要原因是农村从业人员的减少，2014 年农村从业人数从 2013 年的 181.21 万人，下降到 168.45 万人；另外，城市化、工业化步伐的加快也是导致上海市总播种面积下降的一个重要原因。

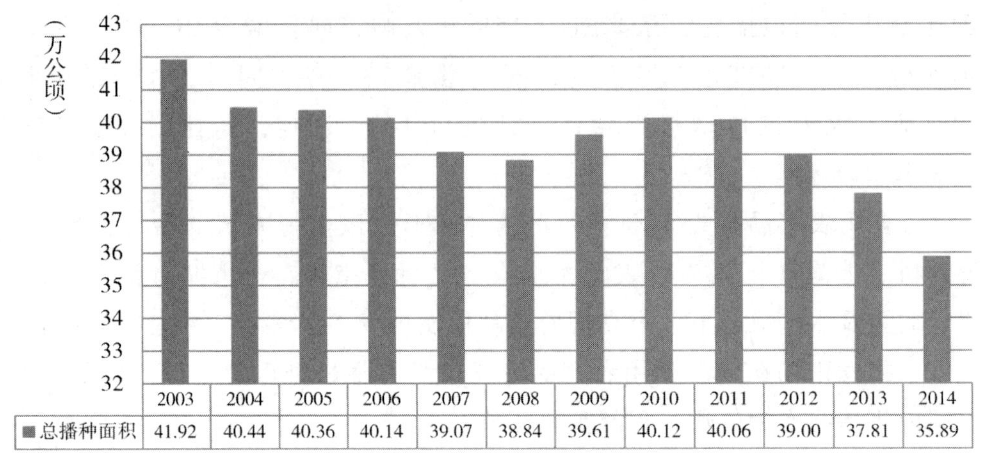

	2003	2004	2005	2006	2007	2008	2009	2010	2011	2012	2013	2014
■总播种面积	41.92	40.44	40.36	40.14	39.07	38.84	39.61	40.12	40.06	39.00	37.81	35.89

图 2—4　上海市总播种面积

资料来源：上海市统计年鉴。

2. 上海市粮食的供需情况

2014 年上海市粮食播种面积 164. 86 千公顷，比上年下降 2. 1%；粮食产量为 112. 89 万吨，比上年下降 1. 1%，自给能力约为 10%，近 90%要靠省外调入。从 2010—2014 年这五年粮食总量来看，上海市粮食总量总体变化不大，在 120 万吨上下浮动（见图 2—5）。

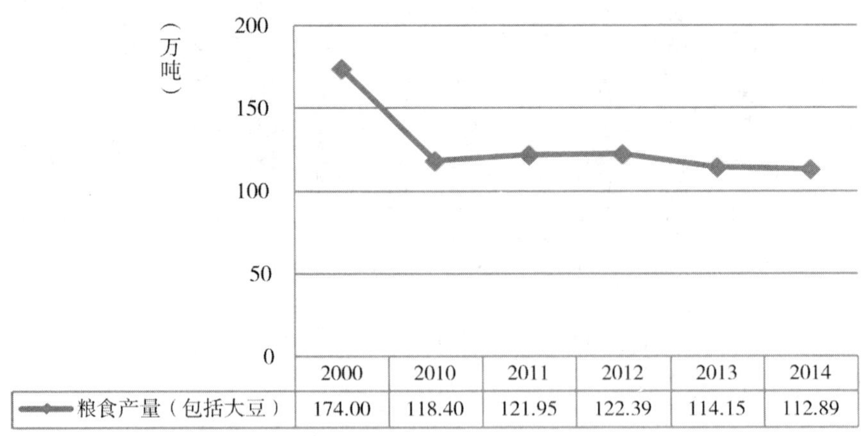

	2000	2010	2011	2012	2013	2014
粮食产量（包括大豆）	174.00	118.40	121.95	122.39	114.15	112.89

图 2—5　上海市粮食产量（包括大豆）

资料来源：上海市统计年鉴。

3. 上海市蔬菜的供需情况

上海是一个特大型的城市，人口密集，蔬菜市场需求及消费量大且集中。

本市蔬菜供应分“客菜”和“地菜”两大类。“客菜”指外地进沪交易的蔬菜，以耐储存、方便运输的品种为主；“地菜”则是沪郊生产的蔬菜，新鲜当令的绿叶菜在其中唱主角。虽然从 2012 年起，本市新鲜蔬菜的“地菜”供应量和出口额持续下降，但 2014 年新鲜“地菜”的供应量 377. 95 万吨及出口额 0. 22 亿元仍然高于 2000 年 377. 00 万吨的供应量和 0. 19 亿元（见图 2—6、图 2—7）。由于人民的需求不减，必然会产生差值，弥补这一差值关键在于周边城市进沪的“客菜”。这也意味着，上海“客菜”所占比例的增加。经调研发现，“客菜”与“地菜”的比例为 11∶9。

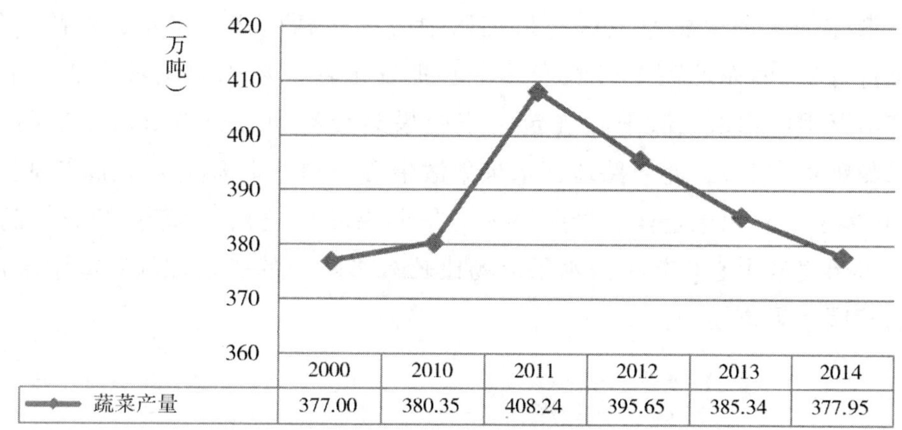

图 2—6　上海市蔬菜产量

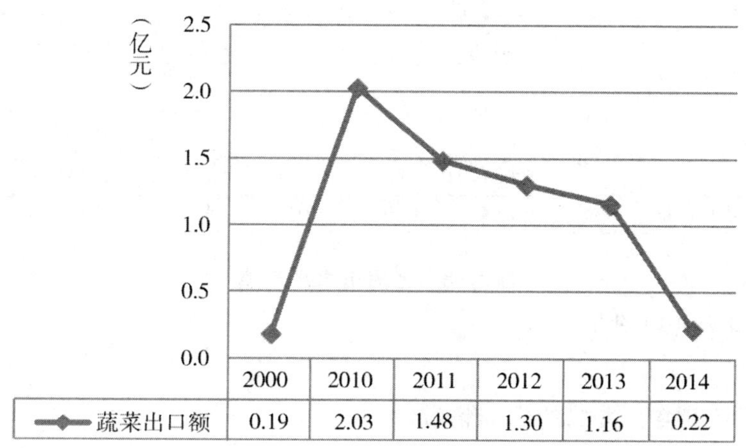

图 2—7　上海市蔬菜出口额

资料来源：上海市统计年鉴。

目前，每年要销售的蔬菜有 600 多万吨，其中有 60%左右是由兄弟省市通过大市场、大流通进入上海的市场。市农委数据显示，郊区常年蔬菜种植面积约50万亩，其中“夏淡”绿叶菜种植面积稳定在21万亩以上，蔬菜价格总体上处于稳定可控范围。地产蔬菜基本上以绿叶类蔬菜、反季节精品蔬菜和食用菌等为主，供应本市数量达300万吨左右，日均地产蔬菜上市量在9000吨左右，其中绿叶菜日均上市量在4400吨左右，占到全市供应量的90%以上。上海每年蔬菜批发交易市场总量约在400万吨左右，交易量以每年2.6%的速度增长。

4. 上海市水果的供需情况

上海目前每年水果产量基本保持在40万—50万吨，水果产量平稳（见图2—8）。全市现有水果批发及其配送企业个数在130家左右。基本上已形成五大水果集散中心，即曹杨路地区水果集散中心（包括山华、三友、宏益、利民、北海果行等），浦东北蔡上海农产品中心批发市场区域水果集散中心，中山西路、宜山路地区水果集散中心（包括华中果品交易中心、中山西路果品市场、上海果品配送中心），龙吴路地区水果集散中心（包括上海龙吴果品有限公司在内的10多家果品配送企业、景明路上的华渊果品配送），上海江杨农产品市场等五大水果集散中心。郊区的水果市场比较有影响力的是松江的茸南水果市场、嘉定的菊园水果市场。

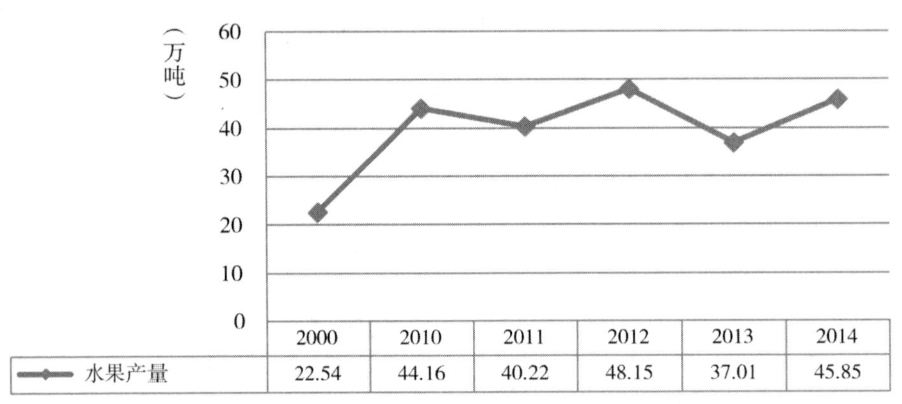

	2000	2010	2011	2012	2013	2014
水果产量	22.54	44.16	40.22	48.15	37.01	45.85

图2—8　上海市水果产量

资料来源：上海市统计年鉴。

5. 上海市肉类、蛋奶的供需情况

2014年，上海市总肉类产量供应约64万吨（折合生猪约1280万头）。其中，本地肉类产量为19.42万吨（见图2—9），占30%左右，剩余的70%由外省供应。在外省供应的肉类产品中，以生猪和肉品调入的约占50%；以分割肉或托盘包装形式进入本市超市、大卖场或专卖店（摊）销售，占10%左右。

由上海市统计年鉴可知，近五年，上海市本地供应的肉类产品和蛋奶产量（生牛奶与鲜蛋产量之和）的供应趋势稳定（见图 2—10）。

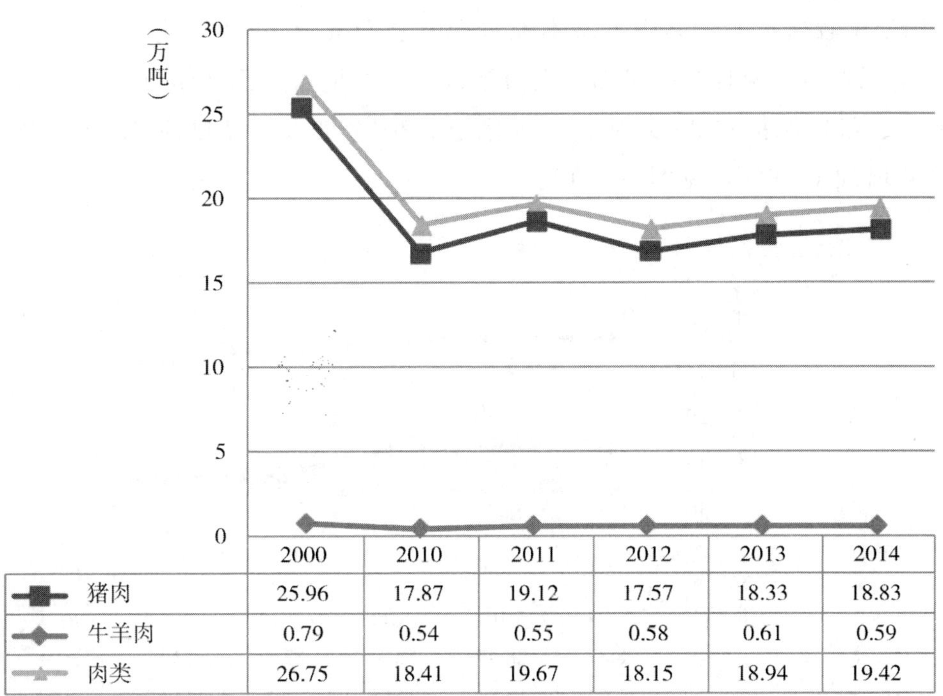

图 2—9　上海市肉类（猪肉、牛羊肉）产量

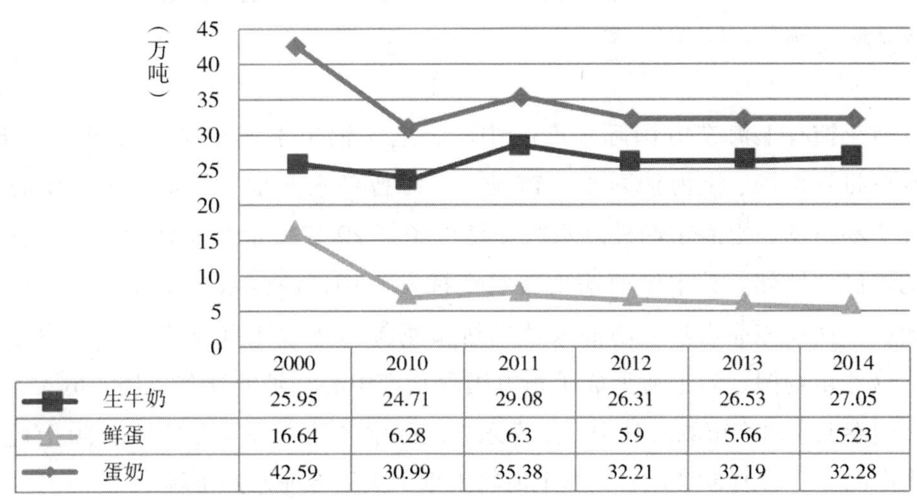

图 2—10　上海市蛋奶（生牛奶、鲜蛋）产量

资料来源：上海市统计年鉴及计算。

6. 上海市水产品的供需情况

上海是全国最大的水产品消费城市之一，2014 年，上海全年的水产品交易量 140 万吨。其中，上海本地年消费水产品 84 万吨，人均年消费水产品 70 斤，在全国处于较高水平（其中上海本地水产品总产量为 30.9 万吨），年成交额约为 10 亿元左右。根据统计可知，上海市近五年本地水产品产量（淡水产品与海水产品之和）保持在 28 万吨，供应稳定。2014 年水产品供应 30.9 万吨，较 2013 年增加 13.9%（见图 2—11）。

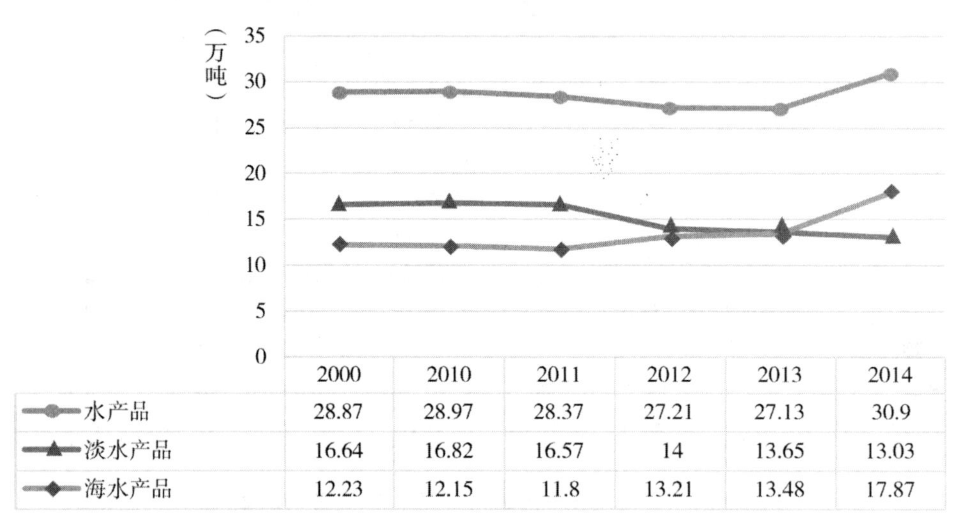

	2000	2010	2011	2012	2013	2014
水产品	28.87	28.97	28.37	27.21	27.13	30.9
淡水产品	16.64	16.82	16.57	14	13.65	13.03
海水产品	12.23	12.15	11.8	13.21	13.48	17.87

图 2—11　上海市水产品（淡水产品、海水产量）产量

资料来源：上海市统计年鉴及计算。

目前，拥有上海东方国际水产品中心、上海铜川水产市场、百川水产市场、江杨水产批发市场、上海沪西水产市场、上海曹杨水产批发市场、上海中心水产品批发交易市场、上海市南外滩水产交易市场等 20 多家水产品批发市场，分布于上海的市区和城郊。其中沪西铜川路水产批发市场、沪西水产市场、曹杨水产批发市场、江浦路冻品市场、南浦大桥塘桥市场等由于普陀区城市规划，均已逐步搬迁。这些市场搬迁后上海形成了东方国际水产中心、沪北江阳市场、恒大、曹安四平、国泰五大水产市场。其中，上海东方国际水产品中心年交易量达 50 万吨，占全市水产品交易量的 50%左右，是上海特大型中央级专业水产市场。

（二）主要大类和特色品种农产品流通环节和渠道分析

1. 大类农产品流通的渠道和环节

上海市主要大类农产品有种植业产品、畜牧业产品、渔业产品，主要包括粮食、蔬菜、瓜果、禽蛋及水产品等五大类食用农产品。目前上海日消费猪肉1100吨、禽与蛋850吨、鲜奶850吨、水产品870吨、蔬菜1.5万吨、水果3800吨。根据上海统计局数据，上海农业占GDP仍不足1%。在农产品供应中，本地种养的仅占45%，55%的农产品来自外省市。总体趋势中可以看出，上海的农产品对外省市和进口量依赖程度很高，需要不断加强物流业对农产品的运输，不断满足上海市农产品的需求。

（1）种植业农产品流通的渠道和环节

近年来，上海市总播种面积趋于稳定，保持在40万公顷左右，供给稳定。但随着城市经济的发展，上海市对蔬菜、粮食的需求不断增高，已有的播种面积已经不能满足上海市的需求，需要对蔬菜、粮食等进口或者从外地不断补充。

目前每年要销售的蔬菜有600多万吨，这些蔬菜绝大部分是通过市场进入消费领域的。上海市蔬菜批发市场共有约50个，比较知名且成规模的有真如蔬菜批发市场、曹安蔬菜批发市场、闸北蔬菜批发市场、中山西路蔬菜批发市场等。全市70%以上的农产品通过各类农产品批发市场进入消费领域。上海郊区农产品30%经批发市场流通，60%直接进入市内零售交易市场和企事业客户，10%由本市若干大型超市公司直接采购销售；外来农产品则90%以上通过批发市场流转。据估计，流转的比率为：粮食类15%、蔬菜类92%、瓜果类90%、肉蛋类56%、水产类64%。

60%左右蔬菜是由兄弟省市通过大市场、大流通进入上海市场。山东的淄博、济宁、临沂苍山等地以及江苏、浙江、安徽、河南等地的蔬菜销售在上海均占有一定的市场份额，而且赢得了良好的信誉。以山东临淄为例，其蔬菜在上海的销售主要集中在真如蔬菜批发市场。该市场位于上海西部，是上海蔬菜集团的龙头企业、骨干市场，其成交量、交易额在沪各蔬菜批发市场中均位于首位。除了以市场为中介进入消费领域外，还有一种重要的方式就是通过直销进入超市。上海有超市近千家，新鲜蔬菜的销售量每天约在100吨，在同一时间其销售价格是临淄蔬菜批发市场的1—2倍，通过直销或其他中介进入超市，开拓此领域前景广阔。

可见，蔬菜类主要是通过占主导地位的农产品批发市场物流模式，流入零售环节，其余部分主要是经由配送中心，流入连锁销售店或直接销往企事业单位，上海市已组建300多家运销配送中心，与1500多家宾馆、超市、企事业单位实行产销对接。上海蔬菜农产品的主要流通形式是以农村经纪人和运销队伍为主体的经纪、贩运型流通等是我国当前农产品流通的主要方式，目前我国农村经纪人达38万余户，通过以农产品批发市场为龙头的市场带动型流通，促进农产品储存、加工、交易、集散、物流配送等功能的实现，使大部分的外部农产品流入消费领域。

全市现有水果批发及其配送企业130家左右。基本上已形成五大水果集散中心。水果的流通方式同蔬菜类似，大部分仍通过批发市场，流入零售环节；剩余部分通过第三方物流配送，经由配送中心，流入连锁销售店或直接销往企事业单位。

（2）畜牧业农产品流通的渠道和环节

据统计，由本市屠宰场提供和外省市进沪肉品分别为30万吨和10万吨，分别占75%和25%。白条肉经批发交易后，进入本市菜市场、集贸市场、伙食团、餐饮等企业。零售环节中的菜市场仍是市民购买猪肉的主要场所，菜市场猪肉销售量占本市猪肉消费量80%以上，其次是超市、大卖场。除此之外，龙头企业自建生产基地进行农产品生产、加工、储藏、运输，实行企业内的物流供应一体化，产品通过商业连锁店，进入零售渠道，有些企业还自建连锁销售点或进行出口贸易。

据调查，上海农业产业化龙头企业约80家，成为上海农产品生产、加工、产业技术、管理综合能力的核心代表。这些企业产品物流形式大部分采取企业内的纵向一体化供应链，即生产、加工、运输、配送都在企业控制与管理之下，实现产品销售或直接与连锁集团或零售商对接。更有光明乳业等企业集团自建电子商务销售网络；大昌双汇集团凭借其资金与管理实力，欲在上海建立100多家猪肉速冻产品连锁零售店，自掌市场销售主动权。

可见，畜牧业农产品主要是以农产品批发市场为龙头的市场带动型流通和以龙头企业为组织形式的加工贸易型流通为主，以连锁超市为龙头的生产基地及联合采购型流通的方式也正在不断发展中。

（3）渔业产品流通的渠道和环节

上海是江浙地区乃至全国的水产品集散地，现有水产批发市场20家左右，分布于上海的市区和城郊。水产品主要是以农产品批发市场为龙头的市场带动型流通的方式，通过农产品市场、超市等流入消费领域。

2. 特色农产品流通的渠道和环节

特色品种农产品主要是以水果类、肉类、水产品三类为主，如崇明的白耳黄鸡、南汇的水蜜桃、嘉定的安亭葡萄等。一部分特色农产品仍然以农产品批发市场为龙头的市场带动型流通的方式进入零售领域；或以连锁超市为龙头的生产基地及联合采购型流通的方式，积极开拓市场，如汇聚全国各地的各种土特产店，上海崇明特色农产品店的特色农产品包括老白酒、有机米、白扁豆、金瓜丝、白山羊肉等；或以龙头企业为组织形式的加工贸易型流通的方式，企业自建生产基地，以农产品加工企业为载体，企业与农户之间建立紧密的产销关系，实现产销一体化经营；或以专业合作组织为载体的合作型流通的方式，通过建立专业合作社，把从事同类农产品生产经营的农民组织起来，架起一家一户小生产与大市场的桥梁。除此之外，通过网络实现线上线下同步销售成为近几年最新的销售流通渠道，专业合作组织通过建立网络流通销售平台，直接让本土企业、农场与电商、微商们对接，打通一个更为快捷、高效的销售通道。

3. 上海市农产品流通渠道分析

第一，占主导地位的农产品批发市场物流模式，以农产品批发市场为龙头的市场带动型流通。农产品通过批发市场，流入零售环节。

第二，以农村经纪人和运销队伍为主体的经纪、贩运型流通和以专业合作组织为载体的合作型流通。农产品经由配送中心，流入连锁销售店或直接销往企事业单位。

第三，以龙头企业为组织形式的加工贸易型流通。龙头企业自建生产基地进行农产品生产、加工、储藏、运输，实行企业内的物流供应一体化，产品通过商业连锁店，进入零售渠道，有些企业还自建连锁销售点或进行出口贸易。

第四，以连锁超市为龙头的生产基地及联合采购型流通。经销商自营一体化形式的农产品物流，如一些大型商业连锁集团自行采购、自建配送中心的物流模式。

第五，“社区直送”模式是产地的蔬菜直接送往居民社区销售的一种新渠道。

目前，城市农产品流通组织在原有流通模式的基础之上，不断变化。农产品批发市场开始出现集团化发展态势，一些有实力的批发市场在全国各地通过新建、合作、入股、收购、托管等方式，投资建设农产品批发市场和物流园，形成集团化发展。农产品批发市场经销商的规模化、品牌化经营已现雏形。同时，农产品电子商务快速发展，自2005年易果网上线以来，先后涌现出了甫田网、优果网、沱沱工社、菜管家等数十家农产品电子商务网站。专业化的果蔬零售企业，其连锁化发展趋势明显，在不少大中城市出现了专业的水果超市、批发市场支援型的生鲜菜店，极力拓展门店或销售范围。这种拓展从上下游关系看，一种是门店的连锁化，一种是向上游农产品基地的延伸。连锁超市生鲜专区规模扩大化成必然选择。“生鲜食品”是驱动整体卖场的灵魂，是超市经营的命脉，是商场集客力的重要来源，是门店吸引客源的重要因素。因为电子商务的快速发展在日益冲击着传统商贸流通业，特别是日用消费品网购的快速发展，降低了消费者前往线下市场购物的频率。

（三）上海市农产品流通网点布局分析

上海市政府遵循“互联网+”政策，认真贯彻落实“互联网”战略，积极推进“全国农产品流通骨干网建设”试点工作，支持鼓励农产品流通企业探索建立适应现代化农产品流通方式和农产品批零直配供应链的商业模式，取得良好成效。

1. 农产品批发市场体系发挥商品集散重要作用

2015 年，全市 38 家主要农产品批发市场，总经营面积 164.3 万平方米，年交易量 1202 万吨，交易额约 1088 亿元，经销商数 19121 个，从业人员 41652 人，农产品批发规模逐年提高，在提供就业、平衡农业生产和城市供给等方面发挥积极作用。按照《上海市食用农产品批发和零售市场发展规划（2013—2020 年）》,[①] 明确西郊国际农产品交易中心作为上海市规划建设的主中心批发市场，建成现代化、国际化的生鲜配送体系，成为全市农产品集散枢纽。

2. 标准化菜市场建设提供农产品市场消费主渠道

目前，全市菜市场共 950 余家，标准化菜市场 800 余家，年销售农产品 650 万吨，成为农产品零售的主渠道。全市标准化菜市场建设工作以保障供应和食品安全为核心，以“准入规范、功能齐全、卫生达标、管理有序”为目标，将建设和管理工作同步推进、有序开展。按照超市的管理模式对菜市场进行改造提升，改变传统的经营理念、布局陈列、交易方式、设施配置和管理方式，配备现代化的设施设备，引进信息化管理系统，营造商场化的购物环境。

3. 农超对接等直销配送模式满足市场多样化消费需求

全市现有连锁超市网点 2768 余家，其中标准超市 2574 家，大型超市 194 余家，越来越多的超市经营农产品。全国各省市优质农产品通过农超对接的形式进入家乐福、农工商、联华等大型连锁超市，销售渠道有效扩大，销售成本降低约 20%，减少了农产品流通环节，保障了农民受益，降低了零售价格，收到良好的社会效益和经济效益。

4. 农产品流通专业化、一体化等特点发展迅速

目前，许多公司积极探索农产品自主经营，实现从源头基地到零售终端的“四统一”：统一标识、统一管理、统一结算、统一售货。将传统菜市场生鲜产品新鲜、品类齐全、供应充足且价格实惠的优势与现代超市舒适的购物环境、“一站式”购物便利相结合，降低采购成本，提高流通效率。

5. 建设过程可追溯、产销有对接、运行通畅高效的农产品流通体系

统筹规划农产品市场流通网络布局，规划好国际农产品物流中心，建设发

---

① 《上海农产品流通市场体系建设取得良好成效》，百度百科，2015 年 12 月 16 日。

展好西郊国际、江杨、上农批、东方国际水产等批发市场群，形成以大型综合中心批发市场为骨干、区域批发市场为集散地、专业批发市场为补充、产地初级批发市场为基础的农副产品交易市场网络体系。支持建设和改造一批具有公益性质的农产品批发市场、农贸市场、菜市场、社区菜店，以及重要商品储备设施、大型物流配送中心、农产品冷链物流设施等流通设施。

（四）上海市主要农产品流通设施条件分析

农产品流通所需要的设施条件囊括了资金、管理人员、基础设施设备、信息处理平台等基本设施条件，这些基本设施条件的建设对提高农产品流通速率、降低流通成本具有极大的意义。

1. 国家在农产品流通基础设施建设中应该发挥投资引导作用

农产品流通基础设施建设的投资市场化不是解决问题的根本途径。农产品流通基础设施建设关键方面的投资应主要由政府牵头进行。

2. 加强农产品流通基础设施建设

当前加强农产品流通基础设施建设迫切需要加快农村道路建设，尽快形成连接居民点、生产地和市场的道路网络。加强农产品仓储设施建设，除了粮食等大宗农产品外，还应加强蔬菜等保鲜性要求比较高的农产品仓储设施建设。加强农产品信息网络建设和市场信息发布平台建设。建立起信息系统、电子结算系统等，完善市场信息收集与发布制度，提高农产品市场设施水平，强化服务功能并消除农产品供需双方的信息不对称。

3. 加强农产品产地批发市场建设

在产地建设批发市场，有助于减少农民的流通费用，降低经营成本，促进农民增收。更为重要的是，产地批发市场和专业市场，有助于减少农民的信息搜寻成本，保障农民谈判能力。在产地建设批发市场和专业市场，不但可以降低需要农民支付的农产品交易费用，而且还可以更好地保障农民利益，促进农业结构调整和农民增收。

4. 加强流通人才的培训

所有的规划最终都要归结到人来执行，良好的流通人才便是实施计划的关键。上海市各大高校，比如上海财经大学、上海海事大学都有开设农产品流通课程，培养专门的执行人才。

5. 建设农产品流通公共信息平台

探索电子商务服务“三农”模式，构建农产品产销一体化流通链条，推进农批对接、农超对接、农校对接以及农产品展销中心、直销店等产销衔接方式。加强与市内外农产品生产基地的产销对接，提高优质农产品市场份额。建立健全主副食品、酒类、农资等商品流通追溯体系。

上海市政府提倡互联网经济与传统农产品流通模式快速融合。传统线下菜场零售与现代电子商务进行创新性融合，以互联网思维创新传统营销模式，利用公众信息平台和移动终端平台拓展互联互通的信息发布渠道，以现代化网络平台为服务核心，配合完善的供应链管理和高效的物流配送，为市民提供高品质的生鲜食品与服务保障。目前，主要有自动售菜机模式、网订店取模式、定制体验模式等。

另外，上海市政府加快构建以规模化、组织化、品牌化为特征的农村现代商品流通体系。深入推进"万村千乡市场工程"建设，计划到2020年，农家店商品统一配送率达到80%以上。鼓励大型流通企业向农村延伸经营网络，拓展网点服务功能。支持发展农民专业合作社，提高物流配送能力和营销服务水平。支持流通企业发展城乡一体化经营，畅通农产品进城和工业品下乡双向流通渠道。

二　上海市农产品流通组织分析

作为农产品流通的载体，农产品流通组织参与了农产品从生产、流通到销售的全过程，实现了生产地到销售地货物、资金、信息的传递。农产品通过在不同流通组织中的流转，最终到达消费者手中，实现了农产品的价值；促进了不同市场间信息的传递，而且及时的信息反馈对农产品生产商还具有一定的指导作用，同时实现了农产品价值的最大化。农产品流通组织通过提高组织化程度，可以最大限度地节约流通成本，最大化实现农产品价值。

（一）上海农业专业合作社

从2007年《中华人民共和国农民专业合作社法》实施以来，[①] 上海在政府主导、指导、引导下成立的一大批"农业专业合作社"，在组织农民进行农业生产、有效防范农业生产经营风险、提高农业生产水平、提高农田利用率、提高农民社员收入上，取得了令人瞩目的成绩。它不仅仅承担让农民过上温饱或小康生活的责任，也不仅仅承担满足农副产品的市场供应的责任，而是要承担起与现代社会综合发展同步前进的责任，让农民真正享受到改革创新的成果。

通过对崇明、金山、嘉定、奉贤和浦东新区等地"农业合作社"发展状况的调研，截至2012年末，上海经工商部门登记注册的农业专业合作社达到6444户，同比增加39.8%；其组建主体主要有农民、基层农技部门人员、乡村干部、农产品企业等。这些农业专业合作社主要从事菜蔬类、水果类、花卉类、粮食

① 陈甬沪：《上海农业专业合作社现状及支持对策》，《科学发展》2012年第10期，第65—69页。

类、养殖类和农机类等。农业专业合作社的分布并不平衡，其中浦东新区最多，占36.1%；崇明其次，占22.7%，其他依次为奉贤、松江、嘉定、金山和青浦等。

截至2014年底，上海市蔬菜农民专业合作社共有807户，蔬菜栽培面积2.0万公顷（30万亩），占上海市蔬菜生产总面积（包括季节种植面积）4.5万公顷（67.5万亩）的44.6%。[①] 合作社蔬菜总产量136.7万吨，占上海市蔬菜总上市量（336.0万吨）的40.7%。合作社总社员数8.25万人，占上海市总务农劳动力（22.4万人）的36.8%。其中产、加、销一体化服务的蔬菜农民专业合作社733户，以运销服务为主的合作社26户，纯种植的合作社48户。拥有注册商标的合作社96户，拥有注册商标数110个；通过无公害认证的合作社71户，通过绿色食品认证的合作社2户，通过有机食品认证的合作社8户。按上海市年消费蔬菜量600万吨计算，上海市蔬菜自给率为40%左右，其中绿叶类蔬菜占市场供应量的90%以上。

（二）上海农产品龙头企业

农产品龙头企业是以农产品生产、加工、流通为主业，符合一定标准的农业企业。上海正处于建设都市现代农业的关键时期，农业产业化龙头企业作为构建都市现代农业产业体系的重要主体，是保障城市农产品供给和食品安全的重要力量，是加快发展都市现代农业、力争率先实现农业现代化的重要支撑。进一步支持农业产业化龙头企业发展，有利于提升农业组织化水平，促进农业标准化生产和农业品牌建设，推进农业产业结构调整和农产品精深加工，创新农业经营体制机制，带动农民持续增收。

依据《上海市人民政府贯彻国务院关于支持农业产业化龙头企业发展意见的实施意见》，到“十一五”末，上海市各类农业产业化龙头企业数量达到402家，实现年生产销售收入518亿元；“十二五”末，上海市市级以上龙头企业数量达到100家，年生产销售额突破800亿元，其中年生产销售额超过10亿元的达到10家以上，龙头企业带动的农户经营性收入比本区域平均水平高10%以上。

上海市人民政府落实支持农业产业化龙头企业发展的措施如下。

1. 加强生产基地建设，保障农产品有效供给

进一步加大财政资金投入力度，优先支持符合条件的农业产业化龙头企业参与本市设施粮田、设施菜田、标准化畜牧场、标准化水产养殖场、特色农产品基地建设，优先安排市级以上农业产业化重点龙头企业实施农业综合开发项

---

① 孙占刚、庄奇佳、曹栩滢：《上海蔬菜农民专业合作社产销对接模式的调查和分析》，《中国蔬菜》2015年第8期，第8—13页。

目。鼓励农业产业化龙头企业参与存量土地、闲置土地的开发利用。对农业产业化龙头企业直接用于或者服务于农业生产的设施用地，按照国家相关政策予以支持。优先安排农机装备购置补贴，鼓励农业产业化龙头企业使用先进适用的农机装备，提升农业机械化水平。

2. 实施标准化生产，提高农产品质量安全水平

要充分发挥农业产业化龙头企业在提高农产品质量安全水平方面的中坚作用。通过农业产业化龙头企业带动农民专业合作社、家庭农场等组织载体，建立健全投入品登记使用管理制度和生产操作规程，完善农产品质量安全全程控制和可追溯制度，提高农产品质量安全水平。支持农业产业化龙头企业开展粮食高产创建、蔬菜标准园等标准化生产基地建设。支持农业产业化龙头企业建立质量管理体系和开展无公害农产品、绿色食品、有机农产品认证。鼓励农业产业化龙头企业参与行业生产标准制定，推动行业健康有序发展。

3. 提升加工能力，促进产业优化升级

鼓励农业产业化龙头企业引进先进适用生产加工设备，提升农产品加工水平，增加农产品附加值。通过农业综合开发、技术改造等项目安排，重点扶持农业产业化龙头企业添置贮藏、保鲜、烘干、清洗分级、包装等方面的设施设备。对农业产业化龙头企业引进国家鼓励发展的农产品加工项目所需的具有国际先进水平的自用设备，在现行规定范围内免征进口关税。落实国家有关农产品粗加工企业所得税优惠政策。保障农业产业化龙头企业开展农产品加工建设的合理用地需求。

4. 支持生态、休闲农业，促进产业融合发展

支持农业产业化龙头企业以农作物秸秆、畜禽粪便等农林剩余物为原料的综合利用，发挥农业产业化龙头企业在发展生态农业、构建循环农业产业链中的作用。

5. 创新流通方式，畅通农产品营销渠道

合理规划上海市大型农产品批发市场布局，支持大型农产品流通企业改造升级，积极开展“农超对接”，规范和降低农产品进超市和标准化菜市场的收费标准。鼓励农业产业化龙头企业大力发展连锁店、直营店、配送中心、电子商务，研发和应用农产品物联网，提高流通效率，扩大市场份额。支持农业产业化龙头企业改善农产品储运、配送等冷链设施。支持符合条件的国家和市级重点龙头企业承担重要农产品收储业务。落实鲜活农产品运输“绿色通道”政策，适当增加龙头企业“菜篮子工程车”的配置数量，完善“菜篮子工程车”管理制度。充分发挥上海“西郊国际”等农产品交易中心（市场）的作用，为搞活各地农产品流通提供服务。支持农业产业化龙头企业依托上海口岸优势，增加

农产品出口，落实国家出口退税政策。

6. 加强品牌建设，提高农业产业化龙头企业知名度

鼓励农业产业化龙头企业加强品牌建设，积极开展中国驰名商标、农产品地理标志、上海市著名商标和名牌产品的创树和申报工作。对获得中国驰名商标、农产品地理标志和上海市著名商标、上海市名牌产品称号的农业产业化龙头企业，给予一次性奖励。引导农业产业化龙头企业整合同区域、同类产品的不同品牌，加强区域品牌的宣传和保护，严厉打击仿冒伪造品牌行为。支持农业产业化龙头企业申请商标国际注册。

7. 加快技术创新，提升农业产业化龙头企业竞争力

鼓励农业产业化龙头企业加大科技投入力度。对符合条件的农业产业化龙头企业，落实研发费用加计扣除、高新技术企业税收优惠等政策。积极培育以农业产业化龙头企业为主导的农业产业技术创新战略联盟。支持农业产业化龙头企业与上海涉农科研机构建立国家、上海市重点实验室、工程技术研究中心等创新平台。建立以农业产业化龙头企业为主体，产学研相结合的技术创新体系，进一步发挥农业产业化龙头企业在建设现代农业产业技术体系中的重要作用。

8. 鼓励“走出去”，拓展农业产业化龙头企业发展空间

支持农业产业化龙头企业实施“走出去”发展战略，发挥种源、技术、管理、市场等方面的优势，并与兄弟省（区、市）在土地、气候、人力资源等方面的优势紧密结合，建设域外农产品生产、加工基地，形成长期、稳定的合作关系。

9. 加强金融支持，有效满足农业产业化龙头企业资金需求

为农业产业化龙头企业提供多渠道的资金支持和金融服务。对符合条件的中小型农业产业化龙头企业专业化发展、技术创新等项目，在中小企业相关专项资金中予以支持。适当增加对农业产业化龙头企业收购农产品的短期流动资金贷款贴息额度。农业发展银行等政策性金融机构要加强信贷结构调整，在自身业务范围内，采取授信等多种形式，加大对农业产业化龙头企业固定资产投资、农产品收购的支持力度。积极运用中小企业融资担保政策，支持农业产业化龙头企业发展。

10. 鼓励农业产业化龙头企业上市，吸引国内外高新技术企业入驻本市

鼓励农业产业化龙头企业做大做强。由各区县制定有关扶持措施，支持符合条件的农业产业化龙头企业积极争取上市。对区县支持龙头企业改制上市经费补助的支出，市财政通过中小企业发展专项转移支付予以支持。

11. 重视人才培养，促进农业产业化龙头企业可持续发展

落实《国家中长期人才发展规划纲要（2010—2020年）》的要求，培养一大批具有世界眼光、经营管理水平高、熟悉农业产业政策、热心服务“三农”的新型农业产业化龙头企业家。鼓励和引导高校毕业生到农业产业化龙头企业就业。对符合基层就业条件的高校毕业生，按照规定予以享受学费补偿和国家助学贷款代偿等政策。鼓励农业产业化龙头企业的科技人员申报专业技术职称，做好职称服务工作。支持有条件的农业产业化龙头企业建立博士后流动站。

12. 强化社会责任意识，完善利益联结机制

农业产业化龙头企业要积极承担社会责任，依法经营，诚实守信，自觉履行保障农产品供给和质量安全、增加农民收入的职责，积极参与农村教育、文化、卫生和基础设施等公益事业建设。

13. 开展社会化服务，提升农业产业化龙头企业带动能力

农业产业化龙头企业在自身发展的同时，要积极开展社会化服务，带动农民持续增收，在构建新型农业社会化服务体系中发挥重要作用。支持农业产业化龙头企业围绕产前、产中、产后各环节，为基地农户提供农资供应、农机作业、技术指导、疫病防治、市场信息、产品营销等各类服务。

14. 严格农业产业化龙头企业的认定和监测，坚持优胜劣汰

切实抓好农业产业化重点龙头企业的认定和监测，把具有一定规模、经营情况良好、带动农民增收的农业产业化龙头企业，吸纳到各级农业产业化重点龙头企业中。坚持优胜劣汰的原则，对农业产业化龙头企业实行动态管理。

目前，上海主要的农产品龙头企业有上海光明乳业有限公司、上海蔬菜集团有限公司、上海曹安菜篮子股份有限公司、上海农产品中心批发市场经营管理有限公司、上海江杨农产品批发市场经营管理有限公司等。这些龙头企业一方面通过统一初级农产品的质量，提高最终加工品的质量，达到标准化生产，适应市场的要求；另一方面，减少流通环节中的搜寻成本、不必要的中间环节，降低龙头企业的市场交易成本。

（三）上海农产品批发市场

由于上海本地农产品生产能力有限，大部分农产品是从外省市调运过来的，其中外来农产品90%以上是通过批发市场完成商品集散过程的。上海货源30%经批发市场完成流通过程，60%直接进入市内零售交易市场和企事业客户，10%由本市若干大型超市公司直接从产地或中转地采购，分销后进入消费领域。

2015年，上海市有38家主要农产品批发市场，主要包括[①]江桥、江杨、松江、上海中心农产品批发市场、西郊国际农产品交易中心等大型农产品批发市场，已初步形成了以中心批发市场为核心、区域性批发市场为骨干、专业性批发市场为补充的网络体系，对保障上海市场农产品供应，保障食品安全，保持价格的基本稳定，保障上海城市安全运行发挥着极其重要的作用。

上海江杨农产品批发市场地处上海宝山区，是全国绿色批发市场，规划总占地800余亩。江杨农产品批发市场是由上海蔬菜（集团）有限公司、上海曹安菜篮子股份有限公司、自然人周明昌共同投资组建的大型综合性农产品批发市场。市场营业面积65000平方米，拥有固定经营席位500多个，是集蔬菜、果品、粮油、土特产、肉类和水产等综合性农产品交易以及各类配套商务为一体的大型批发市场，年综合成交量达120万吨以上，成交额达100亿元以上。农产品辐射范围包括宝山、闸北、虹口、杨浦、崇明等区县以及苏南等地区。

上海西郊国际农产品交易有限公司投资、经营的上海西郊国际农产品交易中心（以下简称西郊国际），位于上海青浦区华新镇，是上海及长三角地区现代化、综合性的农产品中央批发市场，为上海市重大工程之一。西郊国际占地面积1658亩，总建筑面积45万平方米，分批发交易、展示直销和检测服务三个区域。目前，由于位置较偏，农产品批发交易正处于起步阶段，2013年交易量70亿元，蔬菜年交易量40多万吨，肉类交易量100万吨左右。

（四）上海农产品零售市场

目前，上海农产品零售市场消费业态多样。根据《上海市食用农产品批发和零售市场发展规划（2013—2020年）》，按照上海市2700万食用农产品消费人口、平均每个营业面积1500平方米标准化菜市场覆盖2万人计算，全市约需1350个标准化菜市场，现有880个。不足部分，由区县按照人口比例配置，并随人口增长相应增加布点数量。预计到2020年，上海市食用农产品消费人口将接近3000万人，标准化菜市场建设实现与人口增长同步，达到1500个，成为食用农产品零售的主渠道。

标准化菜场，外表是“菜”，内核是“市”，[②] 按照超市的管理模式对菜市场进行改造提升，改变传统的经营理念、布局陈列、交易方式、设施配置和管理方式，配备现代化的设施设备，引进信息化管理系统，营造商场化的购物环境。传统菜场还加快O2O转型步伐，形成“互联网+菜篮子”全新经营模式。

① 《对接上海市农产品批发市场调研报告2》，百度百科，2014年4月3日。

② http：//sh. zgny. com. cn/Cons-293664 shtml.

普陀区的永昌高陵菜市场率先入驻阿里巴巴“淘点点”平台，提供半径2.5公里范围内的主副食品配送服务；永昌真金菜市场则开辟“真金市场微店”和“口碑外卖店”两个线上平台，只需扫描二维码下单，菜场承诺2小时内送菜上门。此外，上海市近一两年还涌现出349家社区“智慧微菜场”，这些自动售菜机和生鲜自助提货柜，瞄准距离菜场比较远地区居民买菜难的“痛点”，堪称标准化菜场体系延伸到社区的“微循环系统”。上海市各大标准化菜场，通过引入近郊自产自销、企业专营、农民直销等方式，不断完善绿叶菜产销直供；各大标准化菜场采用减免或取消菜场行政性收费，春淡、冬淡适时实施摊位费减免等措施，在副食品价格异常波动时，发挥主副食品保供稳价专项资金平抑物价作用。上海市标准化菜市场建设工作以保障供应和食品安全为核心，以“准入规范、功能齐全、卫生达标、管理有序”为目标，将建设和管理工作同步推进、有序开展。

上海连锁超市网点2768家，其中标准超市2574家，大型超市194家。全国各省市优质农产品通过农超对接的形式进入家乐福、农工商、联华等大型连锁超市，销售渠道有效扩大，销售成本降低约20%，减少了农产品流通环节，保障了农民受益，降低了零售价格，收到良好的社会效益和经济效益。同时，本市微型菜市场、生鲜超市、社区菜店、网上菜市场、限时菜市场、周末蔬菜直供点等多种经营方式也快速发展。

（五）上海农产品物流服务

由于农产品的特性，在各类农产品中占很大比重的水果、蔬菜、肉蛋奶等产品保鲜性要求很高，从生产到销售的过程越短，保鲜的成本将越低，这就需要充分发挥物流服务商的主导作用，把农产品的生产、运输、储存（常温、保鲜、冷藏）、装卸、搬运、包装、流通加工、配送和信息处理等有机整合。

2015年上海市发改委发布的《关于加快本市农产品冷链物流发展的指导意见》提出构建从田头到餐桌的农产品冷链物流体系，对于降低流通损耗，稳定市场供应，满足市场多元化消费需求，提高生活品质，提升上海农产品流通发展水平，适应上海建设现代化国际大都市需要，具有重要现实意义。将完善农产品冷链基础设施、提升农产品冷链运输水平、打造重点品种冷链体系、鼓励冷链物流新技术新模式创新应用、发挥龙头企业的作用作为上海农产品冷链物流发展的重要任务。

三　上海市农产品流通模式

农产品流通模式决定着市场主体的行为，农产品流通的速度、深度和广度，直接或间接地影响着农业经济的稳定、农民增收、城市消费以及农产品流通体制的改革进程。

农产品从生产者到达消费者手中的过程经过不同节点，就会形成不同的路径，从而形成不同形式的流通模式。上海农产品流通模式主要有以下几种。

（一）“农户+批发市场+农贸市场、超市”传统流通模式

由农户或由中间收购者将分散的农产品集中到批发市场，经过社区菜市场或超市最后到达消费者手中。批发市场作为中间环节，有效地连接了供应和销售两个环节。其中，批发市场通过前向一体化将农产品的生产、集散、批发连接起来，形成供应；同时批发市场通过后向一体化将销售环节纳入整个农产品流通中，形成完整的从供应到销售的流通。批发市场可以将有效信息向生产加工企业传送，以指导整个流通的决策。并且能改进农产品的质量及减少损失率以提高管理效率。

（二）“农业户+大型超市”农超对接流通模式

“农超对接”模式是由超市直接向农产品生产者进行采购的一种农产品生产销售模式，是农产品流通方式的创新。超市利用自身在市场信息、管理等方面的优势参与农业生产、加工、流通的全过程，将农产品从农田到餐桌的距离进一步缩短，最大限度地保持农产品的新鲜度，减少农产品流通中间环节，节约商家成本，消费者能以更优惠的价格购买到新鲜安全的生鲜农产品，实现农民、市民和商家三方共赢。

“上海联华生鲜食品加工配送中心”是国内设备最先进、规模最大的生鲜食品加工配送中心。每天各门店的电脑终端会将当日的生鲜食品要货指令发送给配送中心的电脑系统加以处理，之后产生两条指令清单，一条指令会直接提示采购部门按具体的需求安排采购，另一条指令会即时发送给各加工车间控制加工流水线的电脑系统，按照当日需求进行食品加工。另外，这个系统还会根据门店的要货时间和前往各门店的送货路线远近自动安排生产次序，以保证生鲜食品当日加工、当日配送、当日销售，强化生鲜食品的新鲜度。在配送中心的加工车间内，只有不到10名工作人员各自盯着眼前电子屏幕的操作，屏幕上完整地显示出当前配送物品的各种信息，同时也在不断接收最新的供货指令加工单。各种肉类的切片、切丝、切丁，甚至分切后成品的自动分盆、称重、分拣、贴标，都是由电脑系统控制完成。配送速度高、商品周转速度快、单位时间内货物配送总量的增加都使得配送费用率降低到2%以下。

四　上海市农产品价格形成机制

（一）农产品价格形成的要素

农产品市场价格呈现的异常波动已成为社会关注的焦点。宏观上讲，这种波动给政府对市场的调控带来了一定的挑战；从微观上来看，价格波动给生产者带来不稳定的收益预期，进而进一步影响价格的波动，不仅会对农民收入和农民生产积极性产生直接影响，还影响百姓的日常生活和切身利益。为保持经济平稳健康发展、保障群众生活，需要研究和规范农产品价格形成机制，这对优化农业产业结构、改善民生、促进菜农增收具有极为重要的现实指导意义与应用价值。

农产品在流通过程中价格形成要素包括如下几点。

1. 农产品生产价格

主要指农产品生产者直接出售其产品时实际获得的单位产品价格。从目前来看，国内绝大多数农产品的生产方式主要可以分为三种：家庭承包经营、农民专业合作社和农业产业化龙头企业，即“农民主导型”、“合作社主导型”和“企业主导型”等三种不同生产方式。影响农产品生产价格的主要因素有：①人工成本；②农药、化肥、种子、农机用具等生产资料价格；③水、电、成品油等资源价格；④土地、林地、草地、池塘等基地租金价格；⑤农产品供求情况。

2. 农产品批发价格

主要指农产品批发企业向工业企业、商业企业或个体经销商出售作为工业原料或用于直接消费的农产品销售价格，是制定农产品零售价格的基础。农产品批发价格，属于农产品市场的基础性价格，发挥着价格导向作用，是政府部门制定政策和企业、农户确定生产经营决策的重要依据。影响农产品批发价格的主要因素有：①收购价格；②人工成本；③运输成本；④水、电、成品油等资源价格；⑤场地租金；⑥农产品供求情况。

3. 农产品零售价格

主要指商业零售企业或个体经销商等农产品零售终端向最终消费者出售农产品的价格。中国农产品零售终端主要包括农贸市场和连锁超市。影响农产品零售价格的主要因素有：①收购价格；②人工成本；③运输成本；④水、电、成品油等资源价格；⑤场地租金；⑥农产品供求情况。

（二）主要大类农产品价格形成机制

1. 蔬菜价格形成机制

上海是一个特大型的城市，人口密集，蔬菜市场需求及消费量大且集中。

市农委数据显示，郊区常年蔬菜种植面积约 50 万亩，其中绿叶菜种植面积

17.5 万亩，地产蔬菜基本上以绿叶类蔬菜、反季节设施精品蔬菜和食用菌等为主，供应本市数量达 300 万吨左右。日均地产蔬菜上市量在 9000 吨左右，其中绿叶菜日均上市量在 4000 吨左右，占到整个全市供应量的 90%以上。从客菜来看，全年供应约 300 万吨，大多是适于长途运输和储存的黄瓜、番茄、卷心菜、土豆、冬瓜、芹菜和大白菜等品种，产地主要是江苏、浙江、安徽、河南、山东等地。

自 2000 年以来，中国农产品价格在缓慢上升，十年间价格指数上升了一倍，这主要是农业生产投入、劳动力价格等不断上涨引起的。除此之外，人口增长、城市化步伐加快、耕地面积不断减少也是导致农产品总体价格不断上升的一个重要原因。同时，受气候的影响，个别品种产地相对集中，容易受旱灾、水灾等自然灾害的影响，供给不稳定；受上一年市场价格的影响，上一年价格高会刺激农民纷纷扩大种植面积，导致市场供大于求，价格暴跌，种植面积减少又会导致价格暴涨；以及商人的囤积炒作，在一些生产集中、容易储存的、消费弹性低的农产品上，如大蒜、生姜、苹果、绿豆等，被投机商人用来囤积居奇、待涨谋利等都将导致农产品价格的波动。而一定幅度内的价格波动是价值规律发挥良性调节作用的具体形式，也是价格发挥调节作用的必要条件。蔬菜品价格是在市场机制作用下由市场供求关系决定的，不同的流通销售模式，形成不同性质的农产品价格。

农产品批发市场是上海农产品物流中的重要环节，是当前上海农产品物流的交易中心，全市 70%以上的农产品通过各类农产品批发市场进入消费领域。通过农产品批发市场流通模式可以大量吸引、汇集各地的蔬菜在较短时间内完成交易过程，再把蔬菜发散到各地，迅速实现商品价值和使用价值的过渡，比较真实地反映蔬菜的价值和市场供求规律。在上海农产品批发市场中，大型中心批发市场的农产品交易价格对其后规模较小的低层次的批发市场有一定参照作用，它是小规模农产品批发市场价格形成的参考市场。这种价格是农产品市场的基础价格，发挥着农产品市场的价格导向作用，是政府部门制定政策和企业、农户确定生产经营决策的重要依据。但由于流通环节数量多，会带来高成本、高损耗、高费用以及信息传递障碍等一系列问题，导致蔬菜价格形成机制失灵。

“农超对接”是超市连锁店直接深入田间地头采购，从农民专业合作社或经纪人那里采购农产品，既减少中间环节、降低流通经费，又能保持蔬菜的新鲜度，满足消费者的购物需求，可以更好地满足大多数消费者对蔬菜“新鲜、安全、低价”的要求。“农超对接”可以节省流通成本，超市让利农民和消费者，超市也有利可赚并且能够享受政府减免税收的政策优惠，构建市场经济条件下的产销一体化链条，实现商家、农民、消费者共赢。

“农餐对接”是产地农民专业合作社或农业龙头企业将农产品直接向餐饮企业门店配送，主要是针对城市的大型连锁餐厅、学校和机关单位的食堂等。大型餐饮企业在构建自己的食品原材料供应链中都是事先选定供货基地和供货商，企业要对供货基地进行考察备案，与供货商签订协议条款并收取供货商一定数量的押金，一旦供货商发生违约行为将承担赔偿责任或受到处罚。“社区直送”模式是产地的蔬菜直接送往居民社区销售的一种新模式，主要由产地的农民专业合作社或企业来开展配送业务，在居民社区居委会、老年人活动中心、小区物业管理等单位的支持下，建立固定的蔬菜销售点。特点是价格较低、新鲜。以上两种模式的特点是货源可靠，供应稳定，保证农产品价格波动较小。

2. 肉禽价格形成机制

鉴于肉禽类农产品涵盖面广、种类繁多，不可能一一涉及，主要选取猪肉作为代表产品对上海肉禽类在不同流通模式下价格形成机制进行分析。

上海生鲜猪肉的流通交易模式大致可以分为两大类：一类为通过批发市场。在上海最大的生鲜市场——曹安市场中，猪肉的日交易量为5000头，该市场中整猪一般批发到农贸市场、超市，分割后的猪肉卖到饭店、学校。另一类是向规模养殖厂订购，经过屠宰加工后，直接配送到超市。例如，上海好又多超市系统的猪肉产品就是由其自主采购生猪后，经过农工商肉食品有限公司加工后，再由其自己配送到其各个门店。

（1）“生产+收购+运输+屠宰+批发+零售”流通模式下猪肉价格形成

目前，上海市场每天的猪肉供应量在1万头以上，其产品既有本地供货的，也有外地供货的。其中大约40%的生猪由本地自给，在上海郊区指定屠宰厂屠宰；大约60%的生猪是由外地供货，其中主要有湖南、山东、河南、江苏、江西等地，其一般在供货当地加工后，按照国家规定随车携带产地有关部门出具的检疫合格证等有关证明，并在指定的市境道口运入，接受动物防疫监督部门的防疫监督，进入上海市场。收购者从生猪生产者手中购入，然后卖给屠宰加工企业，并且负责两地之间的生猪运输，屠宰企业按照国家规定的操作规程和技术要求屠宰加工为白条猪（一般出肉率在72%左右），再通过批发市场卖给零售商（如菜市场、超市等）。

生猪生产环节发生的费用主要包括仔猪成本、饲料成本、电费、防疫费、人工费、固定资产折旧、租地费等。

生猪收购和运输环节发生的费用主要包括检疫费、高速路费、雇车费和平均介绍费等。据收购商反映，现在运输成本略有增加，主要集中在高速路费和雇车费用上。

屠宰加工环节的成本主要包括加工成本、销售成本、管理成本、财务成本等。通过对上海生猪屠宰加工企业的调查可知，活猪经过屠宰加工后变为白条猪，一般将品质较好的白条猪直接销往超市，品质中等或较差的销往批发市场，因此，其对超市和批发市场的销售价格也有所不同，销往超市的产品价格略高。

白条猪进入批发环节后的成本主要包括进场费、车费、人工费、摊位费等。

根据上海市发展和改革委员会统计，2015 年 12 月 31 日上海猪肉零售价格如表 2—9 所示。

表 2—9　　**2015 年 12 月 31 日上海猪肉零售价格**

上海各区	农贸市场单价（元/斤）	超市单价（元/斤）
徐汇区	15.5	15.8
虹口区	16.0	18.8
杨浦区	15.0	17.5
宝山区	16.0	17.9
嘉定区	16.0	18.78
青浦区	17.0	18.8
奉贤区	16.0	16.8

（2）“专业合作社+超市”农超对接流通模式下猪肉价格形成

2011 年 12 月 16 日，崇明上海明珠湖生猪专业合作社与华联吉买盛签约，市民可在市区所有吉买盛超市买到新鲜、安全、优质的崇明本地产生态猪肉，每年供应量预计将达 10 万头。不仅可追溯来源，价格还比市场平均售价低 5%。崇明猪肉还与乐购、麦德龙等签约“农超对接”。这种模式将猪肉直接从养殖户运至超市，减少中间流通环节，最终降低售价。

有低价还不足以吸引人。食品安全溯源，成为市民对此最关心的问题。明珠湖生猪专业合作社负责人沈彬说，每头猪都有一张“身份证”，向市民提供相关信息。合作社将种猪、饲料加工、商品猪饲养、生猪屠宰加工、分割包装、市场销售融为一体，有一条完整的生产链，保证了猪肉的安全性。所有饲料禁止添加抗生素，严禁使用各类违规添加剂等，每头生猪的饲料、兽药等使用情况均可查询。

从总体上看，上海猪肉生产流通环节价格主要有两个基本特征：一是从产业链来看，受刚性成本、利润追求、政策安排、市场供求等因素影响，猪肉从生产到批发再到零售各环节价格均呈上涨状态；二是价格呈现“S”型波动，反映出猪肉价格传导效应在生产、流通、消费等环节作用明显。

（三）上海市农产品价格形成机制的主要影响因素

1. 上海市场供求关系波动

市场供求关系是影响农产品价格的重要因素，价格随着供求关系的变化而变化。当供不应求时，农产品价格上涨，供过于求时价格下降。这就是市场经济条件下形成的一只无形的手对价格进行调控。

根据目前上海的农产品市场情况，常见的影响供给关系的因素如下。

（1）农产品生产投入品的价格

当农产品生产投入品上涨时，会造成农产品生产成本上升。农产品生产成本加大，这种影响会传递到农产品价格上。

（2）农产品生产技术的进步

农业生产技术进步意味着可以生产更多更好的农产品。但新技术的采用有时也会增大生产成本。一般来说，技术进步可以在不增加投入的情况下增加农产品的供给。

（3）农户对行情的预期

农户在进行农产品生产经营决策的经济行为上是理性的。在生产过程中，农户根据农产品价格信息，对农产品市场行情的预期进行分析。并根据利润最大化准则，进行农产品的生产决策。如果某种农产品预期价格上涨，就增加对该农产品生产的投入，从而使农产品供给量提高。但是农产品的需求弹性较小，容易造成农产品市场价格下跌。反之，如果农户预期农产品价格下降，会减少农产品生产的投入，从而出现农产品供给下降而农产品价格上涨的局面。农产品需求弹性价格小于农产品供给价格弹性，所以农产品价格受预期影响将使农户承担巨大的价格波动带来的风险。

（4）农产品需求结构变化

随着生活水平的提高，人们对农产品品质的要求越来越高。但由于在农产品生产领域存在信息不对称，农产品的生产品种与需求品种之间往往出现沟通障碍，这样导致农产品有效供给不足，而部分农产品积压导致价格下跌，所以加大了农产品价格风险。

2. 国际市场价格变化

目前国际和国内两个农产品市场开始产生交互影响。上海农产品价格不仅受到上海供需关系，同时也受到国际市场农产品价格变化的影响。

国际市场农产品价格通过进口价格影响国内市场农产品价格。在国际市场上，农产品的进出口价格受到成熟的期货市场影响。中国在国际农产品进口价格方面一直处于被动接受的局面。在这个价格传导过程中，进口农产品是国际市场价格到国内的载体。进口价格是货物在海关结关放行的价格。农产品进口价格直接影响农产品加工企业的出厂价和居民消费价。国际市场价格变化的传导衰减，呈现出价格传导减缓的特征。但是农产品价格的国际传导将对农产品价格的形成产生重大影响。

3. 政府调控指导

在农产品市场环境中，国家政策的影响主要体现在政府的宏观调控方面。为了稳定农产品的市场价格，政府调控起着重要的作用。但是，政府调控并不能迅速准确地控制市场各方面条件，往往会出现调控力度过大或不足现象。当农产品产量不能满足消费者需求时，政府通过提升市场价格来进行控制。市场价格的提高使农民的生产积极性增强，农产品产量提高，产量的增加就解决了供不应求的矛盾，使得供求近似平衡。但是，通过这种调控手段带来的产量增加量是不可控、不确定的，因此可能会出现供不应求、供需平衡、供过于求三种现象的循环发生。当出现供过于求现象时，农产品价格就会下降，政府会通过相应的控制政策使得农产品减产。然而，如果不能及时准确地控制这种局面，就可能会再次出现供不应求的现象。这样很可能会造成农产品价格的周期性波动。

4. 农产品流通的不完善

（1）信息机制不健全

目前，上海市虽然建立了农产品市场信息采集、加工、发布的框架体系，但其运转机制还处于发展的初级阶段。市场信息如何采集、谁来采集，如何处理、谁来处理，如何发布、谁来发布等问题没有明确的划分；对国际农业方面的信息关注很少，缺少专业的信息分析从业人员；市场信息质量良莠不齐，缺乏实用性和权威性 。

（2）流通深加工环节薄弱

上海在生鲜农产品深加工环节还比较薄弱，主要表现在：一是加工品种少。目前规模较大的深加工品种仅限于果蔬汁、酒类、果醋类等几种，涉及的品种单一，加工数量少。二是加工层次低。原料型和粗加工型占到了很大比例，而科技含量高、深加工增值型的产品很少，更没有享誉世界的著名品牌。三是加工技术设备水平低。目前中国农产品加工领域技术创新能力比较低，许多硬件需要依靠国外进口。由于技术装备落后、能耗高、资源综合利用低，造成了生鲜农产品资源的极大浪费，也限制了深加工产品质量的提高。

（3）物流技术和硬件设施落后

上海产品流通中还没有广泛采用现代化的物流技术，存在不合理的包装、运输、储存等现象，导致农产品在流通过程中损耗严重，农产品的质量和鲜度也得不到可靠的保证。特别是冷链物流中，农产品产后预冷技术和低温环境下的分级、包装加工等商品化处理手段尚未普及，运输环节的温度控制手段原始粗放，导致流通过程中的损耗居高不下 。

五　上海市主要农产品流通发展趋势

（一）农产品流通标准化趋势

上海市政府鼓励发展标准化菜场，从 2004 年起开始推广“标准化菜场”。从表面看，消费者愿意接受超市卖场等现代商超的购买渠道，但从购买量上看，标准化菜场仍然是居民买菜的主渠道。上海市商务委员会于 2013 年发布的《上海市食用农产品批发和零售市场发展规划（2013—2020 年）》也将标准化菜场作为主渠道。规划中若按 3000 万人口计算，到 2020 年，上海的标准化菜场将达到 1500 个。

农产品流通标准化其实是实现“农超对接”、竞价拍卖、电子商务等农产品交易方式的基础，有利于包装规格化、产品品牌化，比如上海农产品中心批发市场创造了“上农批”（S∧P）品牌，形成“上农批”（S∧P）品牌猪肉专店（柜），“上农批”（S∧P）猪肉品牌专柜已在上海市浦东新区、奉贤区、闵行区、长宁区、黄浦区、徐汇区、闸北区及崇明县等地的 200 余家标准化菜市场内布点，共计 1000 多个专卖店（柜），成为上海拥有最多连锁店（柜）的肉类品牌，猪肉批发成交量占据上海市场的 1/3。

（二）农产品流通公益性趋势

上海市商务委发布的数据显示，“郊菜”在批发环节的固定成本占最终售价的 10%—15%，“客菜”在批发环节的固定成本占最终售价的 18%—23%。菜市场发生的成本包括摊位费、垃圾清扫费等管理费用以及进货和人工成本，占最终售价的 62%—79%。如此多的附加费用都分摊到每位市民身上，菜价居高不下，因此政府要想办法使菜场回归公益性。

上海龙上华漕农副产品批发市场是上海市最大的“郊菜”交易市场，市场近期推出一系列优惠政策，如免费提供客菜交易营业房及仓位一年，免收半年市场管理费，提供免费装卸等服务。此外，上海可借鉴北京市郊区延庆县的农业企业在北航社区和望京社区开办周末菜市场的公益性行为，由上海政府出面协调街道社区开办公益性的周末菜市场，提供物美价廉的新鲜蔬菜和水果，满足社区居民的购物需求，也迫使附近的超市门店等不得不降低菜价。

（三）农产品流通渠道多元化趋势

发展多元化的流通渠道，拓宽通道的宽度，形成各种渠道相互竞争、优势互补的流通格局，可以有效解决农产品流通不畅、流通成本高、消费者不满意的问题。借助电商平台拓展农产品流通渠道是比较有效的方式，此外，“产销对接”、“批零对接”、“农超对接”以及“农餐对接”、“社区直送”等都是减少流通环节的有效手段，都能保证上海市食用农产品供应方面发挥作用，从而实现农产品流通大格局。

（四）农产品流通信息化发展趋势

信息化引领农产品流通全过程已成为农产品现代流通的显著特征。特别是基于现代计算机技术和网络技术的信息化快速发展，为农产品流通提供了基础保障和技术条件。农产品流通信息化能够提高农产品流通效率，降低流通成本；有利于实现农产品市场供求平衡；推动农产品网上展示和网上交易，不断扩大农产品的网上销售规模。

（五）农产品流通的绿色化、品牌化发展趋势

通过对上海多个市场调研发现，有不少专门从事单品种菜或水果经营的经销商，其每天提供的货源在市场上占有很高的份额，规模化程度比前些年大幅提升。以上海江桥市场为例，作为上海最大的蔬菜批发市场，它每年满足了上海市70%的蔬菜需求。该市场有一个商家专门卖西红柿，生产淡季时每天有十几车（每车10吨）货源到场，旺季时每天有将近30车，其西红柿供给可占到江桥市场的1/4以上，是众所周知的上海西红柿王，其西红柿年经营额数亿元。另外，果蔬经销品牌化发展也很快，这些市场上的大多数蔬菜、水果包装箱上，不仅印有品类、产地，还有公司的名称、地址和联系方式，意在打造公司品牌，提升产品的美誉度。

农产品流通绿色化，一方面指农产品流通企业经营无公害农产品，引导种养殖企业进行绿色化生产；另一方面指通过科学的物流设计、管理和实施，使农产品运输、包装和分销方案合理化、最优化。运输过程中包装重复利用率高，销售包装无害、易处理，较少空载，提高效率，将降低对农产品的污染以及对环境的污染。因此，今后很长一段时间内，农产品流通的绿色化和品牌化将成为上海乃至中国农产品流通企业的努力目标和发展方向。

第三节　广州市农产品流通发展报告

一　广州市农产品流通发展现状描述与分析

广州市地处中国南部、广东省中南部、珠江三角洲中北缘，是西江、北江、东江三江汇合处，濒临中国南海，东连博罗、龙门两县，西邻三水、南海和顺德，北靠清远市区和佛冈县及新丰县，南接东莞市和中山市，隔海与香港、澳

门相望，是海上丝绸之路的起点之一，中国的“南大门”。2014 年，广州市实现地区生产总值（GDP）16707 亿元，按可比价格计算（下同），比 2013 年增长 8.6%（见图 2—12）。其中，第一产业增加值 237.52 亿元，增长 1.8%；第二产业增加值 5606.41 亿元，增长 7.4%；第三产业增加值 10862.94 亿元，增长 9.4%。第一、二、三产业增加值的比例为 1.42∶33.56∶65.02。三次产业对经济增长的贡献率分别为 0.3%、30.9% 和 68.8%。2015 年，广州常住人口达到 1667 万，其中户籍人口 832 万，非户籍常住人口超过 837 万。[①]

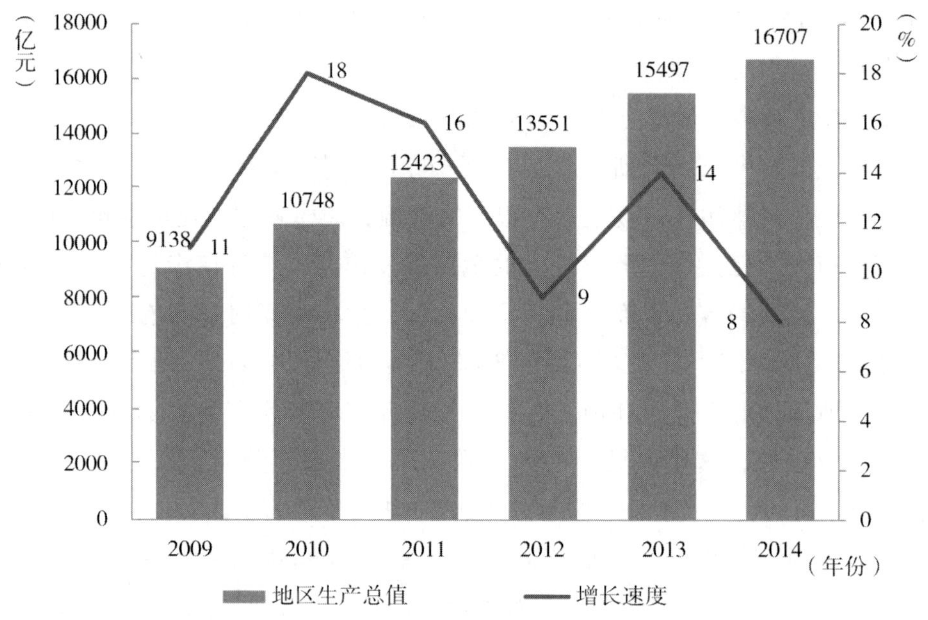

图 2—12　2009—2014 年广州地区生产总值及其增长速度

（一）广州市农产品供需状况及特点分析

1. 农产品供给情况

广州市 2014 年粮食作物播种面积 89.74 千公顷，与上年持平，全年粮食产量 44.31 万吨，增长 1.7%；甘蔗种植面积 6.76 千公顷，增长 1.1%，甘蔗产量 80.16 万吨，增长 1.5%；油料种植面积 7.16 千公顷，减少 0.2%，油料产量 1.92 万吨，增长 0.6%；蔬菜种植面积 143.05 千公顷，增长 2.2%，蔬菜产量 357 万吨，增长 4.1%（见图 2—15）。园林水果产量 46 万吨，增长 15.2%。全年肉类总产量 25 万吨，减少 18.7%。[②] 其中，猪肉产量 11 万吨，减少 34.8%；

① 广州市 2014 年国民经济和社会发展统计公报。

② 同上。

禽肉产量 14 万吨，增长 1.1%。全年水产品产量 48 万吨，增长 0.4%。其中，海水产品 9 万吨，增长 1.7 %；淡水产品 39 万吨，增长 0.1%（见图 2—16）。

广州市 2014 年实现农业增加值 237.52 亿元，同比增长 1.8%。都市农业总收入 1786.69 亿元，增长 1.0%。都市农业总产值 1295.45 亿元，增长 0.5%。市级以上农业龙头企业达到 94 家，其中国家级龙头企业 7 家，省级龙头企业 24 家，都市农业示范区 30 个。农业产业化规模达 20.1%，提高 0.5 个百分点。2014 年广州市农林牧渔总产值 398 亿元，比上年增长 2%（见图 2—13）。

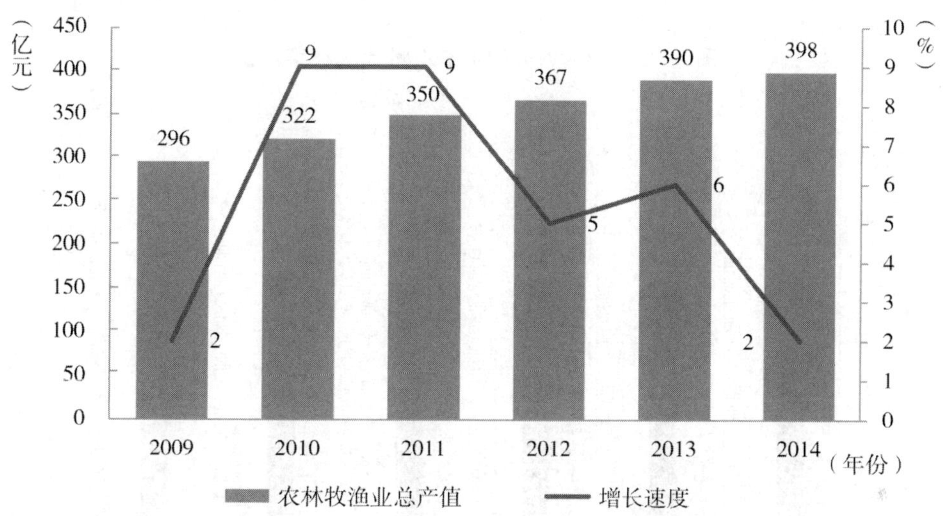

图 2—13　2009—2014 年广州地区农林牧渔业总产值及其增长速度

2014 年广州地区常用耕地面积 96398 公顷，比上年减少 1750 公顷（见图 2—14）。

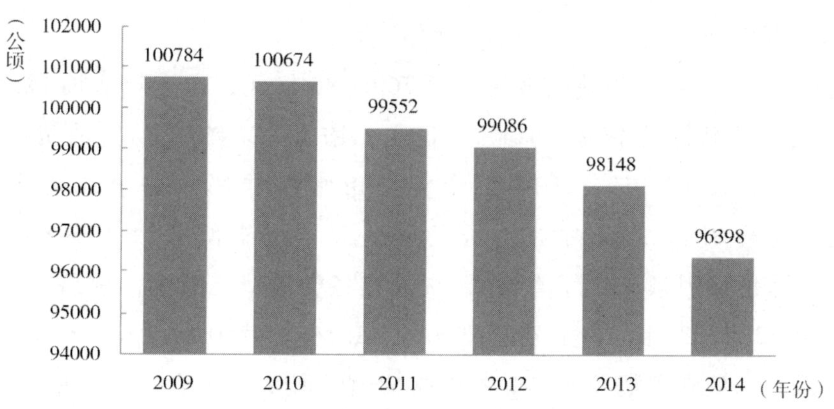

图 2—14　2009—2014 年广州地区常用耕地面积

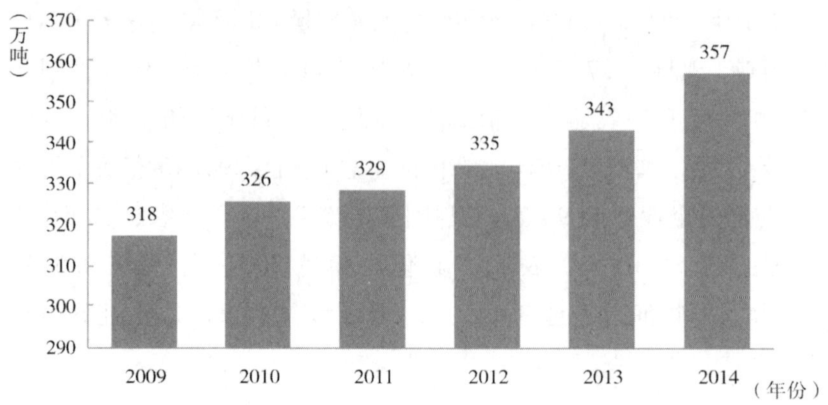

图 2—15 2009—2014 年广州地区蔬菜产量

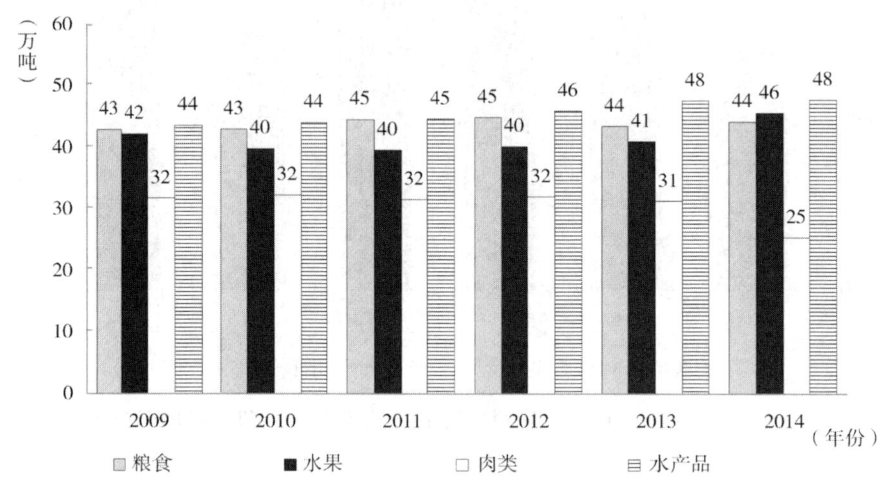

图 2—16 2009—2014 年广州地区粮食、水果、肉类、水产品产量

2. 农产品需求情况

广州市 2014 年社会消费品零售总额 7697.85 亿元，比上年增长 12.5%。分地域看，城镇消费品零售额 7611.22 亿元，增长 12.4%；乡村消费品零售额 86.63 亿元，增长 19.9%。2014 年全年城市常住居民家庭人均可支配收入 42955 元，增长 8.9%；农村常住居民家庭人均可支配收入 17663 元，增长 10.3%，扣除价格因素，实际增长 7.7%。在各类消费支出中，食品消费所占比例最大，为 6217.93 元，占消费总支出的 32.8%。其中，肉、水产品、禽、蔬菜、干鲜瓜果、粮食和奶及奶制品的消费比例比较大，是食品消费的主要部分。此外，居民在外饮食消费 2105.39 元，占食品支出的 33.86%，有增长趋势。尽管城市居民可支配收入增长远大于农村，但对农村而言，人均食品消费支出要

高于城市，饮食消费仍然是最主要的需求。一方面，居民消费支出不断扩大，据统计2014年广州市城市居民恩格尔系数为32.9%，农村居民恩格尔系数为42.9%，[①] 说明城乡居民人均可支配收入都有一定程度的增加，生活水平有了提高，生活质量有了改善。另一方面，居民在外饮食消费比重不断扩大，说明餐饮市场活跃，能为消费者提供品种丰富的饮食服务。

2014年广州城市居民消费价格指数如图2—17所示。

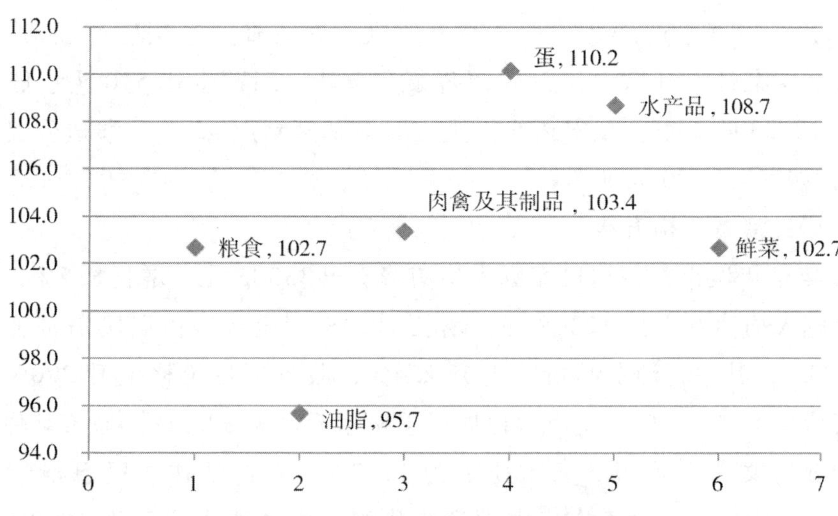

图2—17　2014年广州城市居民消费价格指数（上年=100）

3. 农产品供需特点分析

（1）农产品产量稳步增加

2014年全市实现农业总产值398.3亿元，同比增长0.1%；农业增加值236.01亿元，增长1.5%。粮食、花卉以及菜、鱼、禽、蛋、奶等“菜篮子”产品产量稳步增长或基本持平，水果增产显著。广州市政府加强“米袋子”、“菜篮子”生产基地建设，四个国家级粮食高产示范片核心区实现亩单产500公斤以上。重点蔬菜基地、专业村建成标准化菜田5520亩、大棚及喷滴灌设施2064亩。加强规模化生猪养殖场规划建设，在建年出栏10万头以上的生猪养殖场3个、年出栏3万头的1个。年产3万吨鲜奶的现代化奶牛场项目建设稳步推进，累计建成19家“农业部水产健康养殖示范场”。

（2）农产品质量安全水平稳步提升

2014年广州市本地生产的农产品没有发生重大质量安全事件和重大动植物

① 广州市2014年国民经济和社会发展统计公报。

疫情，全市抽样监测农产品 135 万份，总体合格率 99.9%。广州市完善农产品质量安全监管机制。落实了量化分级监管目标责任制。扶持农产品质检机构通过省认定认证。新增建成 11 个农产品质量安全监测单位，累计建成 121 个。坚持做好动植物疫病防控。积极做好家禽 H7N9 防控工作，重大动物疫病强制免疫密度常年维持在 100%，动物疫病预警联防区域扩大到 6 个地级市。新增植物外来有害生物监测点 20 个。严格抓好农业执法，开展了 6 个农产品和农业投入品治理专项行动，坚持做好日常抽检、巡查。全市农业部门共出动执法人员 10.8 万人次，检查生产经营单位 3.9 万家次，立案查处违法生产经营 346 起，处理违法捕捞案件 160 宗，销毁问题蔬菜 5.2 吨、问题生猪 510 头、假冒伪劣农药产品 18.33 吨，查获私宰猪 541 头，取缔私宰窝点 32 个，移送公安机关案件 18 宗，涉案人员 20 人。

（3）居民消费价格升级

2014 年全年城市常住居民家庭人均消费支出 33385 元，增长 8.7%；农村常住居民家庭人均消费支出 12868 元，增长 10.1%。全年城市居民消费价格总水平上升 2.3%，其中，消费品价格上升 2.4%，服务项目价格上升 2.0%。固定资产投资价格上涨 0.6%。城市常住居民恩格尔系数为 32.9%。城市常住居民消费支出中教育文化娱乐服务所占比重为 12.8%。农村常住居民恩格尔系数为 42.9%。农村常住居民消费支出中教育文化娱乐服务所占比重为 10.9%。以蔬菜为例，全市蔬菜年需求量超过 7000 吨，蔬菜消费市场极为巨大。广州蔬菜供应主要来源于外地菜和本地菜，其中外地菜占七成以上，主要供应地包括山东、甘肃、陕西、河南、湖南、云南、四川、广西、海南等省份。

（二）广州市农产品流通渠道分析

1. 以批发市场为主体的农产品配送模式

受广东省经济快速发展的影响，随着城镇化进程加快及务工人员增多，省内珠三角地区对各种农产品需求量非常庞大，珠三角地区批发市场年交易额占全省市场交易总额的 89%，每年需大量从省外调入农产品。该流通模式一般由大型一级批发市场作为关键节点，省外农产品到达批发市场后，经过检验检疫程序，再通过各级市场和零售分销系统配送到珠三角各地。同时，由于大多数地区农产品生产以家庭个体户经营为主，生产过于分散，农产品汇集往往通过地区性的农产品产地市场和销地市场进行，再由批发市场通过本地的城市配送系统完成终端的分销任务。批发市场流通半径主要集中在本地，能有效整合分散的生产者和第三方物流，满足区域内农产品流通需求。

广州农产品批发市场是生鲜农产品流通的主渠道，目前已经初步形成了以销地大宗农产品批发市场为主体、产地专业批发市场为基础、中转集散型批发市场为补充的农产品批发市场网络系统。以批发市场为核心来组建物流配送模式，在于通过批发市场上供求双方的竞买竞卖，形成公正、真实的农产品价格，来准确地反映鲜活农产品的供求状况，发挥其集商流、物流、信息流于一身的优势来引导农产品的生产经营、销售、配送等活动，整合优化鲜活农产品供应链条上的各种资源，最终实现低成本、高效率化的物流配送运作。广州市“小农户，大市场”的矛盾导致了在众多的小农户和巨大的市场之间需要一个庞大的流通体系来完成生鲜农产品的集散功能，顺应需求产生并形成批发市场主导型鲜活农产品物流模式。目前，广州市农产品通过批发市场流通的比例超过 80%，有近 70%的蔬菜、水果、水产品是通过农产品批发市场等流通的，有 20% 左右是通过公司+农户的基地模式或超市流通的，有 10%左右是通过其他摊点、商贩等销售的。批发商在批发市场中的交易一般是随机行为，主要依据农产品的新鲜程度、价格、供货商的货品来决定交易对象，通过信息收集和交易谈判，最终完成交易。但这种交易模式的货源组织稳定性差，面对市场风险的时候，交易关系表现得很脆弱。同时一些中小型农产品批发市场设施和技术仍较为落后，市场中配备食品检测设施设备、陈列冷柜、垃圾处理设施设备、污水处理等设施不足。

广州江南市场的数据显示，2014 年大部分上市蔬菜为省外蔬菜，以云南、山东、福建居多，省外蔬菜上市量之和占所有蔬菜上市总量的比例超过了 90%。从品种上看，白萝卜、大白菜、西蓝花、番茄以及豇豆五种上市蔬菜几乎全部来自省外。从蔬菜产地及来源来看，排名前十的省份依次是云南、山东、河南、福建、海南、河北、湖南、湖北、宁夏和北京，这十个省区的蔬菜来货量约占江南市场交易总量的九成。省外调入蔬菜经过江南市场分销，最终运往广州、东莞、佛山、惠州等二、三级批发市场完成流通销售。

广州市以农产品批发市场为主体的农产品流通模式见图 2—18。

2. 以连锁超市为主体的鲜活农产品配送模式

广州连锁超市或生鲜超市的经营是以强有力的配送加工中心为依托的，是通过统一订货、统一分配、统一运送、协调互补来减少中间环节以做到进价低廉，通过集约化配送，最终让利于消费者。超市拥有自己的生鲜采购部，专门负责生鲜农产品的采购，其采购方式主要是基地采购和中间商、代理商采购，其中基地采购数量较少，中间商、代理商采购数量较多。目前，广州一些超市的生鲜采购也在尝试基地采购、“农超对接”。农产品消费超市化是消费发展规律，近年来，广州生鲜类商品销售额占超市总销售额的比例不断上升，2008 年为 12. 5%，2010 年则达 24. 5%，增长了近一倍。另外，超市配送加工中心的迅

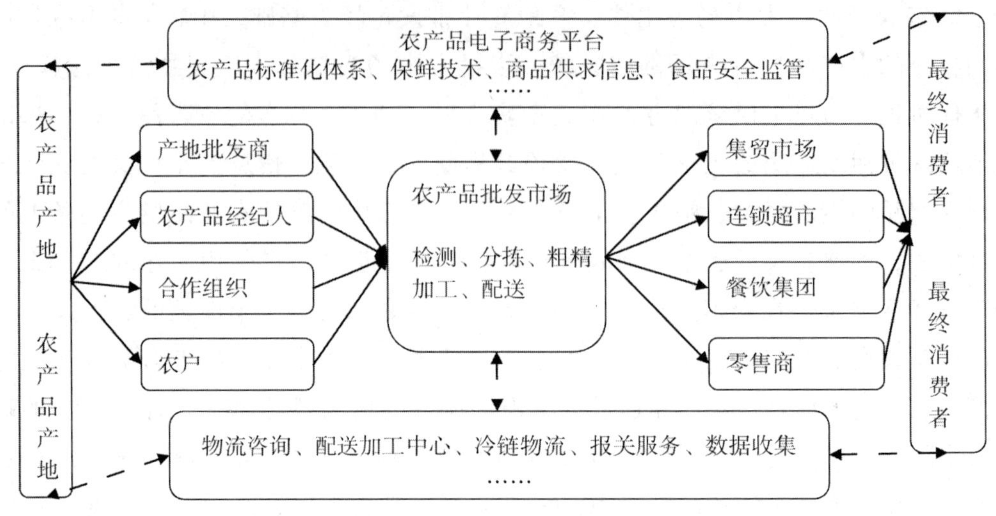

图 2—18　广州市以农产品批发市场为主体的农产品流通模式

速发展也为以连锁超市为主体的鲜活农产品配送模式的发展提供了良好的条件。据统计，58.3%的连锁零售企业有独立的生鲜配送加工中心，平均配送单品 831 种，其中加工型商品 350 种，配送半径平均为 99 公里，57%的配送频率为每天 2 次。配送中心平均面积为 6630 平方米，冷冻及冷藏库面积平均占比为 30.6%，配送中心平均拥有运输车辆 22.2 辆，冷冻冷藏车占 47%，48%的企业租用第三方车辆。

广州市连锁集团的鲜活农产品进货渠道复杂，农户、合作组织、批发市场、农产品经纪人、农产品加工企业都是其供应商的一部分。以果蔬为例，超市采购中合作社采购比例为 38.4%，批发市场采购比例为 36.1%，经销商采购比例为 25.2%。超市方需要对鲜活农产品供应商进行有效的管理和控制，通过利益协调和再分配机制来建立其双方的长期性战略合作关系，在以连锁集团为主体来组建物流配送模式下，获得低价优质的鲜活农产品。同时，连锁集团的实时销售系统可以对来自消费者需求的第一手资料进行分析，较好地做到按需配送，大大提高了交易的风险防范能力，并且物流配送的标准化程度大大提高，还降低了供应商的运输成本。在超市类业态销售的鲜活农产品，要求供货方提供相关的检验、检疫证明，一般情况下比较安全。

但是通过调研，广州市各大超市普遍存在着门槛高、租金高、费用高的现实，加上超市经营农产品必须缴纳 13%的增值税，以及处理商品的损失及经营中的损耗等，使超市经营的新鲜蔬菜、水果、肉、禽、蛋、水产品等价格一般比农贸市场高 5%—20%。高菜价使得普通居民一般不愿在超市买菜，降低了配送规模进而妨碍了规模效益的实现。

以超市为主体的农产品流通渠道见图 2—19 所示。

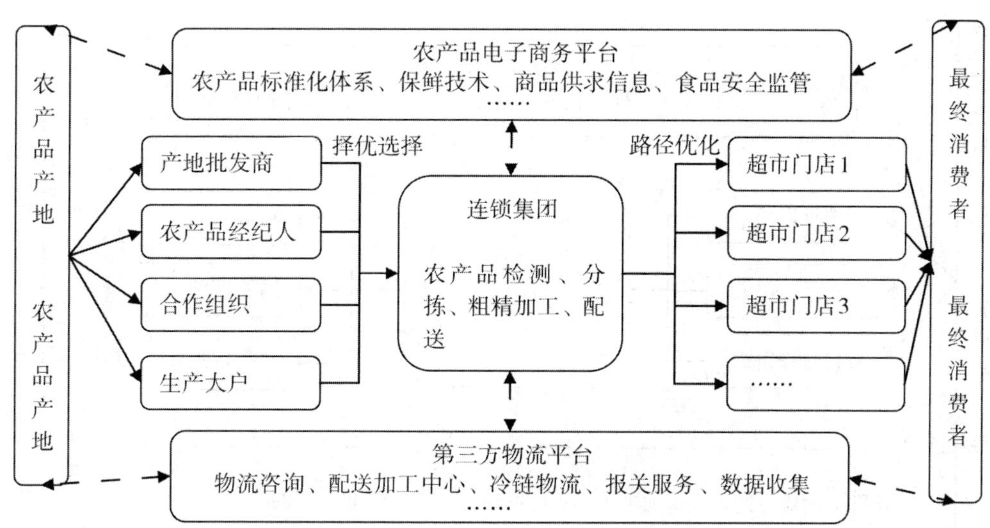

图 2—19　广州市以连锁超市为主体的农产品流通渠道

3. 以加工企业为主体的鲜活农产品配送模式

农产品加工企业相对于其他经营主体而言，其独特之处在于：可以通过集中其企业内部各种相关资源来进行加工设备、加工工艺和方法的更新，通过对市场上鲜活农产品加工需求的把握和开发，来实现鲜活农产品的加工规模化优势，通过对其加工品牌的经营，借助其品牌的规模优势、渠道优势来提升旗下相关产品的附加值，发挥品牌优势，实现优质优价。其核心竞争力的大小取决于该加工企业的加工设备是否现代化，加工工艺是否先进化，加工品质是否标准化，加工品牌是否市场化。

同时，加工企业一般与规模农户或生产基地签订合约，但是只占较小的比重，大部分鲜活农产品加工企业还是直接从农产品批发市场、第三方生鲜配送中心进货。其主要原因是：基地生产采购品种有限，只能满足加工企业需求量很少的一部分。当基地采购规模有限时，产地采购成本相对较高，销售价格也水涨船高，企业就失去了应有的竞争力。鲜活农产品季节性强，无论什么样的基地都很难保证加工企业全年经营本产地产品，并达到均衡销售的需要。由于加工企业能够比较准确地预计基地的产品、品质等基本情况，基本保证了其货源的充足性和稳定性，货源组织化程度比较高。生产基地的统一标准和管理，增加了农产品的品质，安全得到了保障。

以加工企业为主体的农产品流通渠道如图2—20。

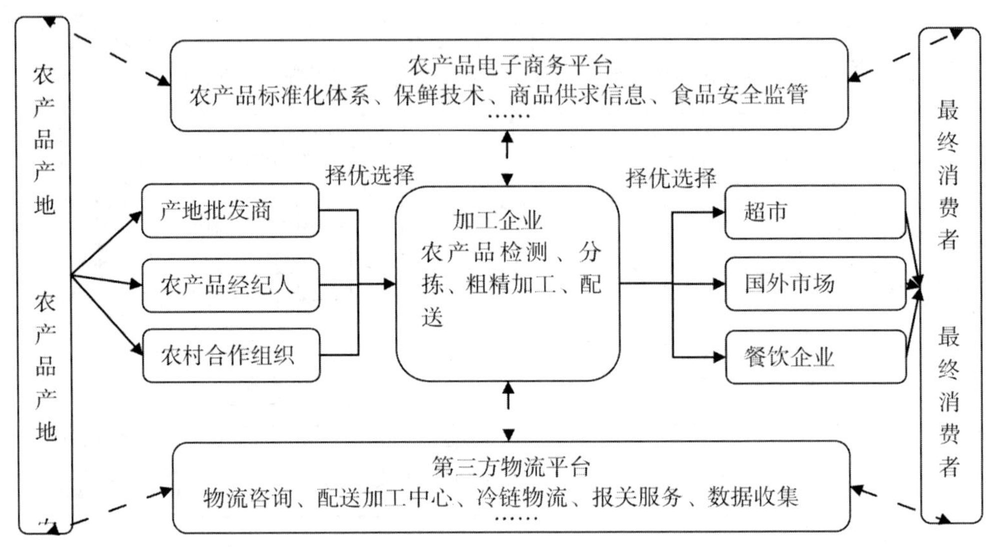

图2—20　广州市以加工企业为主体的农产品流通渠道

（三）广州市农产品流通渠道建设

1. 大型农产品批发市场经营管理信息化渐趋完善

近十年来，国家部委和省农业厅把农产品批发市场升级改造尤其是信息化建设作为重要的扶持方向。经过持续多年的升级改造，众多农产品批发市场在信息化硬件水平上明显提升。批发市场通过信息化系统有效提升运营管理效率，市场自身也越来越重视对网络基础设施、机房、显示设备、监控器等信息化硬件的升级改造。

对于上规模的大型批发市场，信息化系统能明显提高市场经营管理的效率。广州市几乎所有年交易额在50亿元以上的大型批发市场均建有完善的经营管理系统。很多大型市场在物业管理、停车及门禁系统、档位摊位管理、食品安全备案、客户档案管理、数据采集系统等方面的信息化应用渐趋完善。一些大型批发市场通过升级改造，搭建起进出口业务管理系统，实现对各生产基地的信息化管理，满足质量安全监管和追溯的需要，系统对市场内部客户、公司监管及商检部门开放使用。在信息采集方面，农产品批发市场建立了采集平台，对市场内外用户的信息进行统一管理，包括数据交换系统、LED显示屏信息发布、市场门户网站信息采集发布等。同时农产品批发市场信息管理系统把收集到的数据进行分类汇总，把相关的信息提供给有需要的客户，经营户和其他客户要了解某个档位的相关信息，都可以进入系统查询，这样给采购商提供了方便快捷的平台和渠道，帮助采购商采购货物时有效地选择采购档位，档位经营户也能实时了解自己档位的经营情况。

一些大型批发市场成为农业部重点信息市场。市场通过建设市场信息服务网站，落实市场专职信息员、兼职信息员，建立价格信息日报制。其针对农产品批发市场交易时间的特殊性，定员落实采集任务，如蔬菜批发市场信息员每天从上半夜开始进行价格采集工作至凌晨交易结束，每天准时向农业部信息中心和“绿篮网”等十多家信息媒体发布信息，为生产者和经营者提供产销参考指导，也为市场经营发展提供参考数据，扩大市场的影响，增强市场信息服务。同时，市场在做好每天报送蔬菜价格行情的基础上，对一周和一月以来的价格进行综合对比评价，站在生产者和经营者的角度，从生产者和经营者要了解什么、知道什么出发，形成每周和每月行情分析并发布。

2. 电子结算逐步推行

农产品批发市场通过电子结算系统，运用信息化技术结合广州市的农产品流通现状，实现农产品流通体系全程可追溯、全程可管控、包装标准化，为地区市民乃至上游生产基地、下游销售配送等各环节经营者及关联企业提供高质量的服务。电子结算的推行为小农生产与大物流的对接提供可行性解决方案，推动了农产品流通领域现代化的发展。交易方式上，批发市场开始向电子商务化、展贸化转变。随着互联网产业发展以及电子商务迅速崛起，“网上展销”、“网上支付”等交易方式成了传统有形批发市场的有益补充，一定程度上加强了专业批发市场供需双方的信息互通，延伸了交易半径，优化了商品展示、结算、物流调度等功能，提高了商品流通效率，推动了专业批发市场整体竞争力的提升。

3. 电子商务初步发展

随着农业产业化的推进，农产品特别是优质农产品需要寻求更广阔的市场。传统的农产品销售方式难以在消费者心中建立起安全信誉，很多特色农产品局限在产地，无法进入大市场、大流通。发展农产品电子商务能有效解决生产与销售脱节问题，实现消费引导，促进农民增收。同时，电子商务的介入为现代农产品批发市场的业务创新提供了很好的机会。从市场调研结果来看，目前广州市批发市场电子商务处于快速发展阶段，多数批发市场有开展电子商务的尝试，但由于成本偏高及经营模式等原因并没有继续推广建设，大型销地市场在经历积极发展电子商务阶段后进入观望、探索经营模式状态。在经营模式上，逐渐由纯批发向零售、批零结合发展，并逐步向产业链上下游延伸拓展。

4. 冷链物流配送初具规模

在鲜活农产品电子商务的冷链物流配套方面，目前广州市农产品冷冻库的供给初具规模，总体上冷链行业发展迅速，推进了农产品的流通。全市定点批发市场中，有配套冷库设施的市场比例为49.1%，冷库容量总计1万多吨。预计到2020年，定点市场冷库设施将大幅增长，冷库容量预计总量达5万吨。众多大型销地批发市场都自建有公共冷库，部分产地市场由于无法自建大型冷库，选择与附近冷链仓储投资方洽谈，以合作经营的方式解决。

（四）广州市农产品流通基础建设情况

1. 农产品批发市场

近一段时期以来，广州市注重抓好农产品批发市场建设，充分发挥批发市场交易量大、交易成本低、交易效率高、价格形成公平、信息传播快的优势，逐步形成了江南蔬菜批发市场、嘉禾生猪批发市场、白云农产品批发市场、黄沙水产品批发市场和广州花卉博览园等一批在全国具有较大影响力的农产品批发市场。全国各地的农产品大量进入这些批发市场，为全省和全国农产品生产经营者提供了一个便利的交易平台，成交额在全国农产品同类批发市场中名列前茅，发挥了广州作为华南乃至全国农产品流通集散中心的作用，其价格、供求信息已经影响华南和全国，“广州价格”功能逐步凸显。

2013年，广州研究出台《广州市人民政府关于推动专业批发市场转型升级的实施意见》，依照“市区联动、属地管理、试点推进、典型示范、规范提升、整合转型”的原则，推动批发市场改造升级。重点强化规划指引和“一场一策”，以荔湾区、白云区为试点，支持一批专业批发市场向现代展贸中心原地转型，引导一批专业批发市场向零售、商业街等业态转营，培育了10个成交额超百亿元、158个成交额超亿元的专业批发市场。此外，批发市场积极引入电子商务、现代物流、会展经济、国际贸易等新的交易方式和经营模式，不断完善批发市场物流配送、金融服务、质量检测等功能，批发市场逐步向现代化、国际化、展贸化、电子化方向转型发展。广州农产品批发市场在空间分布上，趋向农产品批发市场的商流、物流逐渐分离。随着城市建设的发展，批发市场空间布局逐渐分化，物流商流逐步剥离，形成了“展示交易在城内，仓储物流在城外”的发展趋势。在布局形态上呈园区化、品牌化及功能一体化，在建设模式上，由“街”型批发市场向“城”“市”型批发市场发展。

2. 连锁超市

广州是中国经济发展的前沿阵地，其新型业态起步也较早。1981年4月，广州友谊商店开办了全国第一家超级市场（自选商场），但由于当时经济发展水平低下、居民购买力低等因素，超市的发展空间小。1996—2001 年，传统商业的转型给予新兴的连锁超市很大的发展空间，造就了连锁企业发展的黄金时代，并且超市的发展抢占了百货店较大的市场份额。但是，在超市发展的黄金阶段，由于扩张过快、资金链断裂，本土企业纷纷落马。阳光、金田、越秀、广南等超市一家跟着一家关门。到 2001 年，广州连锁超市“五朵金花”五折其四，几乎全线崩溃。从 2001 年起，广州本土零售业竞争加剧，更具资本实力和规模优势的外资连锁巨头和外地企业纷纷涌入，包括法国家乐福、香港百佳、易初莲花、麦德龙、深圳万佳、新一佳，使得依赖自有资金滚动发展、微利经营的本土民营连锁业进入发展的瓶颈期。2007 年 3 月，以成本控制见长的世界零售巨头——沃尔玛正式收购好又多，使广州零售市场竞争更趋白热化。

今天，广州已形成了沃尔玛、家乐福、百佳等海内外零售巨头，深圳万佳、新一佳等国内商家，以及本土企业宏城超市激烈竞争的市场局面。跨国财团的疯狂进军不仅使广州变成了零售业巨头们的主战场，同时也在以前所未有的影响力冲击广州本土零售业，使广州超级市场呈现独有宏城超市苦战“外资超市”的局面。同时，由于生鲜农产品具有易腐性、不易储存的特点，使得配送中心的建设和良性运作十分重要。要建设好配送中心首先要合理选择配送中心的地址，必须考虑连锁店的分布、供销合作社以及其他主要供应商的位置、周边的交通环境等。其中，影响配送中心选址的最重要的因素是连锁店的分布状况。因为农产品需要保鲜，时效性要求高，同时考虑到物流成本方面的问题，配送中心需要靠近连锁店。总的来说，建立农产品配送中心，对农产品进行统一采购、统一配送，有利于管理标准化、农产品包装规格化，能有效控制和减少库存，有利于与供销合作社及供应商建立长期战略合作伙伴关系，提高获利能力。

二　广州市农产品流通趋势分析

（一）提升连锁超市作用

广州市需要提高连锁超市在农产品流通中的作用，需着重发展以下几个方面。

1. 减少自建物业

新开超市首先就要拥有物业，但是随着广州经济的快速发展，物业成本越来越高，而自建物业需要巨大的资金投入。现在多数大型卖场为了节省前期开支而采取租赁、收购的方式增容。2007 年 3 月沃尔玛以收购好又多的形式进入广州，华润万佳 2007 年 5 月底收购世纪联华番禺店，都已经减少自建物业。而一贯都在广州自建物业开店的易初莲花，2007 年下半年开业的花都新店也选择租赁物业的形式，并且以后易初莲花华南区的新店将采取租赁商业地产或者收购并购现有零售物业的方式，以减少开店的前期投资成本。

2. 选址落户由中心城区向市郊新区转移

随着本土企业的不断扩张和外资的进入，广州市区可作为超市店址的位置越来越少。随着地铁、公交线路等公共配套设施的完善，以及居民自有交通工具的增多，商家对广州不少新区的发展前景看好，超市业态的圈地运动呈现出从中心城区向市郊新区转移的趋势。零售巨头易初莲花落户花都，就是典型的例子。在这一趋势的推动下，会有更多的外资和本土超市进驻广州新区。

3. 建立和发展自有品牌

建立和发展自有品牌，充分发挥品牌效应是大型连锁超市发展的一个明显的趋势。自有品牌商品目前有两部分：一是自产，二是定牌。自产商品主要是投入小、销量大、周期短的产品。定牌商品发展迅速、潜力大。生产定牌产品的企业可不负责销售、广告，只管以销定产。自有品牌无论淡旺季，都可充分满足市场供应。而且可以利用无形的附加值与形象创造品牌商品，比起同类产品，更能激发购物者的忠诚度，并使超市的规模化发展呈现出纵向发展趋势，为公司带来更多的利润。在超市竞争日趋白热化的经营环境中，要想达到既能降低进货销售成本，又能为消费者提供满意的商品的目的，开发和经营自有品牌的商品则是一条有效的途径。自有品牌具有风格独特、价格低廉、统一设计、统一货源、统一价格等优势，可以形成系列产品。国外许多知名超市都进行自有品牌开发，家乐福自2004年开始，就在广州市场投放自有品牌产品。到目前为止，家乐福杂货定牌将近900个食品和非食品产品，作为后来者的易初莲花自有品牌有200多个，深圳的新一佳在饼干和体育用品方面已经拥有自己的品牌，其他商家也在争先开发自有品牌。

4. 生鲜食品主打化

广州市连锁超市商品结构发生了显著变化，生鲜食品经营的比重呈逐步上升趋势。生鲜食品经营成为超市利润的主要来源，生鲜食品是超市中附加值最高的产品，在一些连锁超市，生鲜食品的毛利大多数在30%左右。随着人民生活水平的不断提高，消费主体的需求也不断改变，对生鲜食品的需求越来越大，以经营鲜活商品、食品等为主的中型超市业态，将成为提高消费者生活质量的购物好去处，并进一步与大型综合超市和部分餐饮业形成竞争态势。因而，在超市经营中，生鲜食品是超市业发展的一个新生长点。易初莲花三元里店就曾把原来的生鲜区扩展到2000多平方米（总经营面积20000平方米），港资百佳更是以其独特的生鲜区经营受到顾客的青睐。

5. 物流配送中心快速发展

随着超市的发展，物流配送中心显得越来越重要，配送中心是企业降低经营成本的重要源泉之一。沃尔玛之所以取得较高利润，并非它从供货商那里得到了多少优惠政策，而是靠整体运行成本低的优势来获利。目前，广州市连锁超市对配送服务的选择有两种模式：一种是自建配送中心，即超市经营的所有商品全部由自己的配送中心配送，如沃尔玛的物流配送系统；另一种模式是内外配送服务并用，有些企业虽然建立了自己的配送中心，但是也使用第三方的配送服务，一般事关企业秘密的运输由自己的配送中心去做，需要专业的配送时，就委托既专业又节约成本的第三方物流来做。专业的物流配送中心运用先进的电子技术，将极大地提高超市运营效率，因此，配送中心的建立和蓬勃发展将是超市发展的重要趋势之一。

6. 价格战转为服务战

价格是超市相互竞争的重要因素之一，目前广州的众多超市主要也是采用价格竞争。价格竞争是超市发展的初级阶段，也是必经阶段。价格竞争的最大弱点就是顾客的忠诚度不高，谁家的价格便宜去谁家，顾客流动性比较大。要想拥有忠实的顾客群体，商家必须步入竞争的下一个阶段：服务竞争。配套服务的竞争是基于价格的第二法宝。商家提供优质的服务，让顾客买得放心，买后用得舒心，真正考虑顾客所需，自然就吸引了顾客。在服务竞争方面，外资超市走在本土企业的前面。家乐福、好又多、易初莲花、百佳等商家每天早晨主动派出巴士，免费接送顾客，方便购物；并且设立大单订购电话，同时提供售后送货等服务。在超市竞争中，要想获得优势，商家必须提高自己的服务质量。以服务取胜，这也将成为超市发展的趋势之一。

7. 超市单赢转向双赢

目前，广州市连锁超市靠向供应商收取入场费、广告费、新品推广费等进场费来提高自己的竞争力，这是一种非常普遍的现象，是零售业低层面竞争的结果，它既损害了供应商的利益，也培养了消费者期待再次降价的心理，迫使超市再次让利以吸引消费者。为了弥补让利造成的损失，超市又不得不再行压榨供应商。这种恶性循环，最终将损害超市自身的利益。从超市自身来说，收取进场费也有一定的道理，是超市地位不断增强的一种表现，何况这也是国外超市早已有之的一种做法。厂家与超市的关系应该是一种合作营销与战略联盟的关系，厂、商之间只存在局部的利益矛盾，而不存在根本的利益冲突。超级市场可以通过调整经营思路，改善经营策略，规范经营行为，提高业务水平，与供应商建立更为友好的长期的协作关系。因为现代商业企业有两条生命线：

一个是客户，对于超市来说就是顾客；另一个就是供应商，超市与供应商，荣辱与共、唇齿相依，双方应该是一种双赢的战略伙伴关系。零售商要较为全面、及时地反馈消费者的信息，帮助供应商打开市场和提高市场占有率。只有这样才能实现商家与供应商的双赢。

（二）加强储备型的农产品物流配送中心建设

2012年，广州以建设国际商贸中心为战略重点，以物流信息化和现代物流技术应用为突破口，大力发展现代物流业这一战略性主导产业，全力推动建设具有全球影响力的物流枢纽城市、国家现代物流示范城市，与港深共建国际物流中心、亚洲物流中心。其中很大一部分是具有储备功能的农产品物流中心。阿里巴巴电子商务华南物流中心、广东南物国际商贸城、天运南沙多功能国际物流中心、南方现代物流公共信息平台（广州）等省、市重点物流项目的建设，发挥了物流重点项目示范带动作用，进一步提升了物流行业整体水平。目前，以航空、公路、水路、铁路网络为基础，以物流园区、产业物流集聚区和推进大型货运站场转型升级为支撑，以大型第三方现代物流企业为龙头，以广州公共信息平台提供大通关、大物流信息服务的现代物流格局，以及带动珠三角、辐射全国、面向全球的中国南方国际现代物流中心已初见成效。同时，结合广州市物流公共信息平台拓展服务，提高了综合物流公共信息服务与资源共享，降低了物流成本。对建设物流重点信息化项目和运用物流高新技术研发的企业，给予政策扶持和资金支持。建立和完善物流技术标准体系，贯彻物流基础设施、物流技术装备、物流管理流程、物流信息网络等国家、行业及地方标准。鼓励电子商务和电子物流企业运用现代管理手段，提高物流行业的电子商务技术水平，同时增强物流对电子商务的支撑能力。

根据《广州市现代物流发展布局规划（2012—2020年）》，结合“三规合一”落实物流发展用地，构建科学、高效的现代物流体系和城市配送体系。落实国家商务部有关要求，推进国家流通领域现代物流示范城市各项工作，组织开展物流示范园区、示范企业和示范技术评审认定工作，通过发挥示范工程的示范效应，带动提升广州市流通领域现代物流整体水平。推动传统物流向现代物流转型升级。积极发展高端物流业态，鼓励龙头物流企业延伸服务领域，开拓省外、海外市场，发展成为全球性或区域性物流公司，吸引国内外大型物流企业总部、营运中心、结算中心落户广州。促进第三方物流发展壮大。加强对制造业企业和商贸企业物流业务分流外包的指导和促进，引导国有大中型企业推行主辅分离、辅业改制，引导一批国有企业（如连锁超市、大型百货）实施物流业务分离、外包。鼓励引导工商企业释放物流需求，推动物流服务向社会化、专业化的第三方物流方向发展。

（三）扶持农业合作组织

广州市加大投入力度，扶持引导发展农民合作组织，增强农民组织起来进入市场、获取市场信息、参与市场谈判和市场竞争的能力；鼓励个体运销户和农村经纪人向企业化、公司化、集团化方向发展，扩大营销规模；培育发展一批具有自主品牌和核心竞争力的大型农产品流通和出口企业；引导和鼓励农产品批发市场、大型农产品加工和营销企业、物流配送企业、农业产业化龙头企业等与生产基地建立比较稳定的产销关系，完善“订单农业”。充分发挥农产品流通领域各类行业协会的作用，使之成为促进流通企业规范发展，实行行业自律的重要依托。

同时从农业组织化入手，加强农业生产和农产品流通各环节产业主体的培育，发展适度的规模化经营，提高企业自身造血和调节能力，并在此基础上促进流通产业链的一体化建设。在生产环节，扶持家庭农场、农业合作社、农业产业化龙头企业和农业产业化基地的发展建设，加大对农业生产和经营者的教育培训力度，提升人员素质。在运销环节，鼓励物流企业兼并与联合，推动社会化物流平台建设。在批发环节，鼓励批发市场“内升外拓”，在实现信息化、网络化运营的同时向生产源头和零售终端延伸，构建更为高效的一体化流通体系。在零售终端环节，继续推进农超对接，加快线上与线下的融合，鼓励连锁零售企业向全渠道模式转型。

三 广州市重点农产品批发市场发展情况

（一）广州江南果菜批发市场经营管理有限公司

江南市场始建于1994年，前身是广州石井江南农副产品市场。2002年7月，与广州越秀蔬菜批发市场实现强强联合，按现代企业制度组建成立了广州江南蔬菜批发市场有限责任公司。从建场到组建公司，江南市场一直主营蔬菜，面对激烈的国内外同行竞争，为提高企业综合竞争实力，市场斥巨资进行升级改造，并引进国内外水果来经营，并将公司更名为广州江南果菜批发市场有限责任公司。目前，江南市场占地40多万平方米，主要经营蔬菜、水果两大类，近1000种果蔬产品，辐射全国各省、自治区、直辖市及港澳台地区，部分货源还出口东南亚、日本等国家和地区。江南市场2010年的果蔬交易量43.1亿公斤，交易总额189亿元，日成交量近1200万公斤，水果、蔬菜供应占广州市总供应量的80%以上，进口水果交易量占全国近80%的份额。同时，交易总量也稳居全国首位，是广州市最具规模的果菜批发市场，也是中国乃至东南亚地区最大的果菜集散地之一。

江南市场根据交易品种的特点，设置两大功能区、八个交易区，即蔬菜功能区的干货交易区、鲜菜交易区、精品菜交易区、本地菜交易区和水果功能区的国内精品水果交易区、国内名优特水果交易区、西货水果交易区、东南亚水果交易区，各区之间以明显的标志区分，通过运输走廊实现“一站式”采购，极大地方便了客商交易。近几年，江南市场投资近 8 亿元对市场进行全面升级改造，目前江南市场已成为集价格形成中心、配送中心、检测中心、信息处理中心、现代化物流中心于一身的专业化、现代化、信息化大型批发市场。

（二）广州黄沙水产交易市场有限公司

黄沙水产交易市场是广州市乃至全国最大的鲜活水产品批发市场，于 1994 年 7 月开业。黄沙市场正在升级改造成“广州水产品中心批发市场”，是经国家农业部选址、国家计委批准立项的国家级市场，广州市政府大力推进的市政重点建设工程项目。是广州市“菜篮子”建设重点工程之一，华南地区大型水产品交易物流平台。该市场占地近 30000 平方米，档口总数 250 多个，室外可同时停靠 300 多辆汽车，码头可同时停泊 3000 吨、300 吨、100 吨的船只数十艘，码头珠江河水面可作为水产品交易场所。每天成交量都在 500 吨以上，成交额逾 1000 万元，其中打包发运至全国各大中城市近 200 吨，辐射面远至省内外乃至全国和世界各地。据统计，2008 年市场交易额达 65 亿元，为全国同类批发市场之最。每天进场车辆达 3000 多辆次。随着市场的发展及地理位置的独特，2013 年，发展了以金鲍渔港为首的八家海鲜食府。顾客可以在市场即点即购海鲜水产，随即拿到酒楼即宰即烹，成为广州市食海鲜的一大特色。

（三）广州五湖四海水产交易中心有限公司

五湖四海国际水产交易中心融水产、海味、冻品、展贸馆和美食城五大板块为一体，是全国首创“五区联动”、最具规模的国际级交易中心。对于采购商来说，意味着水产采购将实现“一站式”采购，就像在超市那样随意挑选。不但不用四处奔波，而且大大减少了交通压力。公司拥有水产市场约 11 万平方米，海味市场约 5.8 万平方米，冻品市场约 3.6 万平方米，名优水产展贸馆近 1 万平方米，美食区约 5 万平方米，3000 平方米电子交易大厅，以及配备约 3.8 万吨储存量的冷库，沿岸 2 公里四个约 3000 吨级客货码头，独立拥有一线江景长达 1000 多米，享有 800 平方米的开阔江面、270 度景观，2500 个停车位。同时，公司交易中心一改传统的水产专业市场配套模式，在氧气、海水、冷水系统等三大供应方面全部创新升级，形成了中央供氧、中央供海水和中央供冷水三大系统。具有耗能小、无噪声、使用寿命长等优点，能大大减少经营户的经营成本。“需要氧气、海水或冷水，只要像拧水龙头那样就出来了。”公司大力推进冷链物流，配备 38000 吨现代化冷库，能智能调节冷库温度，能适应不同产品的要求，冷藏温度达-18℃— -25℃，承接代储代存及进口保税业务。

（四）广州市白云山农产品综合批发市场

广州市白云山农产品综合批发市场属广州市政府 1992 年立项的“菜篮子”重点工程项目，为农业部于 1995 年定点的“鲜活农产品中心批发市场”，是由广州市京溪实业公司等多家股东共同投资的股份制企业。白云山农产品批发市场几年来的发展实践，充分显示出其自身具有的巨大的集散功能、准确的价格功能、广泛的信息功能和全方位的服务功能，为活跃农副产品的流通、方便市民生活、扩大社会就业和增加地方财税收入发挥了较为重要的龙头企业作用。批发市场现有建筑面积 74000 平方米，标准商铺 1000 多个，资产总值 1.5 亿元。交易品种由单一的蔬菜扩展为粮油、蔬菜、酒类、食杂和土特产等。目前，市场成为广州乃至珠江三角洲地区大型农副产品集散地之一。

四　广州市农产品流通存在的主要问题

（一）农产品流通环节过多

广州市农产品流通环节过多，使得农产品损耗增大。农产品物流经营分散、技术落后、管理水平低下，导致了农产品运输过程时间长，运输途中损耗严重。一般情况下，每经过一道环节就需要进行相应的装卸、搬运及配送等物流作业，每一次作业都会导致损耗的发生，由物流环节过多所导致的损耗也就不可避免地增大。据统计，蔬菜零售价格中有将近一半来源于流通环节。同时农产品质量安全无法保证，农产品在经历多次转手之后，一旦在消费终端出现问题，将很难找到问题的源头，农产品质量的追溯将很难实施，质量安全无法保证。

（二）农产品流通成本较高

广州市农产品流通成本较高，以某批发市场调研数据为例（见表 2—10—表 2—14），农产品供应链流通成本对农产品零售价格的影响极为明显，农产品流通成本越高，相应地农产品零售价格也越高。农产品供应链在每一个流通环节上必然发生相应的成本和费用，从事流通业务的经纪人、司机、批发市场经营者、批发商和零售商等市场主体也需要获得合理回报。因此，流通层次越多，农产品流通成本的“叠加效应”越明显，最终推高了农产品价格。相对农产品从产地到销地的距离而言，农产品从批发市场到零售终端的流通成本过高，“最后一公里”现象是农产品零售价格居高不下的重要原因。同时产品供应链流通成本的结构不均衡导致了相关参与主体承担的风险差异较大。农民和农产品批发商基于农业资源禀赋的不同，如农业生产季节性和周期性，农产品流通物流和相关税费等客观局限而承担较大的风险。农产品批发市场则是供应链中是最大的受益者，通过收取摊位费等获得稳定的较高的经济利益。此外，农产品品种与供应链流通成本高低存在关联性，如西红柿等对物流保鲜技术要求较高的农产品，其在农产品供应链流通环节中发生较大程度的损耗，导致在其他流通条件相同的情况下易腐易烂品种的流通成本明显高于其他品种。

表 2—10 **蔬菜产地到 JN 公司的流通费用**

费用项目	代理费	装车费	包装费	运输费	总费用
大白菜（元/公斤）	0.080	0.083	0.083	0.533	0.779
胡萝卜（元/公斤）	0.080	0.065	0.048	0.411	0.604
黄瓜（元/公斤）	0.080	0.016	0.113	0.309	0.518
茄子（元/公斤）	0.080	0.013	0.082	0.136	0.311
土豆（元/公斤）	0.100	0.016	0.076	0.322	0.514
西红柿（元/公斤）	0.080	0.039	0.333	0.521	0.973
均值（元/公斤）	0.083	0.039	0.123	0.372	0.617
均值/总费用（%）	13.45	6.32	19.94	60.29	100

表 2—11 **在 JN 公司的相关费用**

费用项目	进场费	冷藏费	人工费	摊位费	损耗	总费用
大白菜（元/公斤）	0.006	0.040	0.036	0.017	0.324	0.423
胡萝卜（元/公斤）	0.006	0.040	0.073	0.017	0.045	0.181
黄瓜（元/公斤）	0.006	0.040	0.037	0.017	0.048	0.148
茄子（元/公斤）	0.006	0.040	0.043	0.017	0.028	0.134
土豆（元/公斤）	0.006	0.040	0.029	0.017	0.064	0.156
西红柿（元/公斤）	0.006	0.040	0.060	0.017	0.275	0.398
均值（元/公斤）	0.006	0.040	0.046	0.017	0.131	0.240
均值/总费用（%）	2.5	16.67	19.17	7.08	54.58	100

表 2—12 **JN 公司到二级批发市场的流通费用**

项目	运输费	摊位费	人工费	损耗	总费用
均值（元/公斤）	0.104	0.132	0.091	0.062	0.389
均值/总费用（%）	26.74	33.93	23.39	15.94	100

表 2—13 二级批发市场到零售终端的流通费用

项目	运输费	摊位费	人工费	损耗	总费用
均值（元/公斤）	0.158	0.297	0.174	0.115	0.744
均值/总费用（%）	21.24	39.92	23.39	15.46	100

表 2—14 广州蔬菜农产品供应链的流通费用数据

项目	产地到 JN 公司	JN 公司到二级市场	二级市场到农贸市场	合计
成本（元/公斤）	0.857	0.389	0.744	1.990
价格差（元/公斤）	0.681	0.733	1.204	2.618
成本/总成本（%）	43.07	19.55	37.39	100

（三）冷链物流体系尚不完善

在物流技术方面，广州市的农产品物流是以常温物流或自然物流形式为主，农产品在物流过程中的损失很大。目前销售的农产品鲜销产品占了绝大部分，而现有的保鲜手段无法适应农产品的鲜销形式。由于鲜活农产品的含水量高，保鲜期短，极易腐烂变质，会大大限制运输半径和交易时间。因此对运输效率和流通保鲜条件提出了很高要求。广州农产品中相当一部分新鲜农产品由于运输和产品保鲜技术原因而损失巨大。有数据显示，水果蔬菜等农产品在采摘、运输、储存等物流环节的损失达 1/4 多。生鲜冷链薄弱的现状和数量型的农产品生产形成很大的矛盾。问题不解决，高损耗的状况将难以根本扭转。

第三方物流发展滞后。第三方物流主要是以提供货物代理、库存管理、搬运和定向运输等业务为主，很少有物流企业能提供全面的、综合的、集成的冷链物流服务。正是由于第三方冷链物流的滞后，物流服务覆盖的网络有限以及物流信息系统建设缓慢，冷链物流的质量、准确性和及时性都难以保证，一方面产生较高的冷链物流成本，另一方面又无法避免较高的商品损耗率。因此，多数生产厂家要么止步于第三方冷链物流的高成本，要么担心冷藏物流业务外包后的安全问题，只能是自行经营，或是部分或是区域性地外包，其中企业自营物流占到了物流总量的 80%，只有 20% 的物流通过第三方来实现。这反过来又一定程度上阻碍了第三方冷链物流的发展。

（四）批发市场信息资源没有实现共享

广州现有的农产品流通模式信息流方面主要存在两个问题：一是供给信息与需求信息分别为单向传递；二是信息传递的纵向环节多，横向联系少。由此又产生了以下问题。

1. 上下游信息传递滞后和偏离

由于产地、销地批发市场及代理商的加入，延长了批发中转流通模式的信息传播路线，信息从产生到传播结束易出现信息过时、滞后等问题。供给信息和需求信息的单向传递会导致信息滞后和信息失真，不可避免地产生牛鞭效应，将市场风险放大，并削弱了其反映农产品真实供需状况的功能，信息的全面性和针对性大打折扣。如信息流从消费终端向生产终端传递时，由于无法有效地实现信息共享，使得信息扭曲，导致需求信息随传递次数的增多而逐渐放大。近几年，广州市农产品价格出现大幅波动，流通环节的信息滞后与失真是重要原因之一。

许多农产品市场也没有配备信息设备，相关物流信息系统还处于空白，在物流服务企业中，仅有39%的企业拥有物流信息系统，绝大多数的物流服务企业尚不具备运用现代信息技术处理物流信息的能力。这样容易导致信息沟通不畅，生产盲目性大，物流方向混乱，交易成本居高不下，常常出现“卖的找不到买的，买的找不到卖的”的现象。

2. 信息无法共享

信息传递的纵向环节多、横向联系少将导致信息孤岛现象。目前，农产品批发市场大多具备信息收集和发布功能，但仅限于服务本地批发市场，批发市场信息系统的标准对接各不相同，导致信息很难共享。由于没有统一的公共信息平台，想查询到合适的供给对象理论上需要对所有批发市场的信息平台进行信息收集。这将大大提高信息收集成本与交易费用。

（五）农产品质量安全监管仍需完善

近年来，广州持续推进市场监管体系建设，积极落实农产品质量部、省、市、区四级抽检制度，坚持开展农产品质量安全日常监测、专项监测，新增了两个农产品质量安全监测站，全市监测网点将达到110个，有25个蔬菜生产基地建立了蔬菜标识溯源平台，农产品质量安全虽然有所改善和提高，但反映和暴露出来的问题也不容小觑。目前，由于大多数农产品产地没有完全建立和实行农产品生产档案制度，农产品质量溯源还不能真正付诸实施，缺少快捷的信息反馈和统计平台，难以及时掌握农产品质量安全发展动态。而生产环节与流通环节、政府监管环节之间的信息传递脱节，也较难实现实时监控。另外，由于农产品产前、产中、产后各环节的标准不配套，农业标准覆盖率不高，对农药、化肥等使用难以完全监管到位，农产品监管体系建设有待健全。随着城乡居民对农产品质量安全意识的不断提高，农产品质量安全监管形势不容乐观，监管任务依然繁重。

（六）行政管理体制没有理顺

广州市一直沿袭了计划经济时期按行业划分、政出多门的农业行政管理体制，贸、工、农脱节，产、加、销分离，严重缺乏综合协调能力。这种多头管理、政出多门的情形在农产品市场与流通方面表现得非常突出。目前，农业、商务、发改委、供销、工商、质检、食药等部门对农产品市场与流通都有一定的管理权限。由于权限分散到如此多的部门，不仅增加了管理成本，更重要的是降低了行政效能，造成政策协调相当困难，互相扯皮、推诿的现象时有发生。在现实中，经常出现“管事的不管钱，管钱的不管事”的情况。但是，包括批发市场规划、市场管理、制止恶性竞争、农残超标产品处罚等在内的难点、焦点问题，没有哪个部门能真正出面管理，尤其是出了问题以后往往没有哪个部门会真正负责。中央政府出台的种种优惠政策难以在基层落实，多头管理也是一个重要原因。

五 广州市农产品流通发展政策建议

（一）完善农产品市场体系建设

广州市在完善农产品市场体系方面，需要改造提升一批骨干农产品批发市场，扩建一批区域专业批发市场，新建一批产地批发市场；同时强化冷链体系建设，扶持引导一批重点运销企业；强化产销信息体系建设，构建特色优势农产品供求信息发布平台。广州市要继续推进农产品市场升级改造，以重点批发市场为基础，重点加强市场供水、供电、场地硬化、交易和冷藏设施、通信和信息系统、电子商务系统、质量检验检测系统等基础设施建设。继续大力推行农产品市场建设规范标准，加快标准化的农贸市场的升级改造和功能拓展，建设清洁、秩序、优美的农产品市场。

1. 大力提倡流通渠道多元化

广州市农产品传统流通渠道单一，流通环节多，流通成本费用高，已经不能适应现代农产品流通的发展趋势。农产品产销对接新模式的出现，根据不同的生产主体和消费主体实行不同的流通模式，就可以一定程度上缓解以上的问题。这些新的模式可以拓展流通渠道的深度和广度，使其向多元化方向发展。应大力发展各种新型的产销对接模式和零售业态，如食品超市、生鲜超市、蔬菜超市等专业化零售终端。鼓励和引导农产品批发市场、加工企业直接向超市、便利店等配送产品。支持超市、便利店与农产品生产基地建立长期紧密的产销关系，建立农产品“从农田到城市”的直达快速绿色通道。鼓励有条件的经营单位直接到产地采购，与农产品生产基地建立长期的产销合作或产销联盟。

2. 推进农产品产销对接模式创新

2012年中央一号文件提出要“探索建立生产与消费有效衔接、灵活多样的农产品产销模式，减少流通环节，降低流通成本”。传统的批发市场流通模式已经不能满足消费者的需求，以缩短流通环节、减少流通成本为特点的产销对接流通新模式纷纷出现，对解决农民“卖难”和城市居民“菜贵”的问题发挥了积极作用。通过政策的引导作用，形成有利于农产品产销对接新模式发展的机制，加快农产品流通多元化的发展，对解决农产品流通问题具有重要意义。新型产销对接模式主要有生产者和零售及餐饮企业的直供模式，有生产者进入居民社区的直销模式，还有刚刚兴起的“会员制农场”、“订单宅配”等基于电子商务的家庭直送模式，不同对接模式各有特点，满足不同消费群体的需求。

（二）大力培育和扶持新型农业经营主体

广州市为更好地解决农户分散经营与大市场对接难问题，提高农业的组织化程度和规模化、集约化水平，必须大力培育和扶持包括农民专业合作社、家庭农场、种养专业大户、农业产业化龙头企业等在内的多种形式的农业经营主体。通过新型农业经营主体的示范带动作用，带领广大农民走上共同富裕之路。

1. 扶持发展新型农业经营主体

加快形成以家庭承包经营为基础，以农业产业化龙头企业、农民专业合作社、种养专业大户、家庭农场为骨干，以其他组织形式为补充的新型农业经营体系。广州市要坚定不移地扶持农业龙头企业做大做强。制定农业龙头企业上市激励制度，支持农业产业化龙头企业上市及在股权交易机构挂牌，完善龙头企业协会运作机制，重点扶持农业龙头企业投资发展农业产前、产中、产后业务，鼓励发展混合所有制农业产业化龙头企业。同时加快发展农民专业合作社。指导成立农民专业合作社联合会，修订专项扶持资金以及示范性农民专业合作社评选等管理办法，推进示范社建设工程，鼓励农户和农业产业化龙头企业创办、领办、参股农民专业合作社，鼓励发展股份合作、专业合作、供销合作、信用合作“四位一体”建设。创新财政扶持方式，加强示范社建设，引导成立农民专业合作社联合社，引导合作社规范运行，更好地发挥专业合作社示范、带动和引领作用。

2. 扶持建设示范性家庭农场

家庭农场作为新型农业经营主体，以农民家庭成员为主要劳动力，以农业经营收入为主要收入来源，利用家庭承包土地或流转土地从事规模化、集约化、商品化农业生产，是引领农业适度规模经营的新生力量。广州市要探索建立家庭农场管理服务制度，建立家庭农场档案制度，鼓励具备条件的农户发展家庭农场。家庭农场可自主决定办理工商注册登记，以取得相应的市场主体资格，明确家庭农场认定标准与管理办法，对经营者资格、劳动力结构、收入构成、经营规模、管理水平等提出相应要求。市、区有关涉农部门要将家庭农场纳入现有政策扶持范围，重点支持家庭农场稳定经营规模、改善生产条件、提高技术水平、改进经营管理等。

3. 培育新型职业农民

新型职业农民应该体现出“新型”、“职业”，即接受过一定培训或学习、具有较高素质、以农民为职业的，融经营管理、生产示范、技术服务为一体的新一代农田管理者和经营者，有别于传统农民，具有职业性、科学性和创造性等特点。推进农民从“身份农民”向“职业农民”转变，市政府和相关机构筛选好培育对象。瞄准各类农民专业合作社成员、大学生村官、种植养殖大户等，他们具备成为职业农民的潜质，可以通过培训引导和示范带动，发展出一批又一批的职业农民。支持农村实用人才、农村致富带头人和外出务工返乡农民，通过土地承包方式，扩大生产规模，逐步发展成为专业大户。同时要为职业农民做好服务，主要是技术服务和信息服务，要充分发挥好各涉农部门、培训机构、农业科研机构、农技推广机构、农民专业合作社等各类机构的作用，协调合作，共同为培育和发展新型职业农民服好务。涉农部门在各类农业项目的规划安排上应充分考虑职业农民的需要，在资金上、技术上、规划上通盘考虑，真正让新型职业农民的成长有更加肥沃的土壤。

（三）完善农贸市场公益性职能

1. 进一步强化中国农产品流通设施的公益性职能

针对近几年中国农产品市场价格波动大、流通环节成本居高不下的问题，2012 年中央一号文件明确提出鼓励有条件的地方通过投资入股、产权置换、公建配套、回购回租等方式，建设一批非营利性农产品批发、零售市场。未来广州市农产品流通应该充分发挥批发市场的主渠道作用，加大公共财政对农产品批发市场建设的投入，加强农产品批发市场的公益性建设，增强政府对农产品市场的宏观调控能力。政府需要加大对农产品流通设施建设的支持，尤其是鲜活农产品冷链建设，提高仓储保鲜能力，通过扩大有效吞吐能力来减轻大量上市期出现的卖难问题，减少流通过程的商品损耗。

2. 健全农产品流通社会化服务体系，提升农产品流通的公益属性

采取财政扶持、税费优惠、信贷支持等措施，加强农产品流通社会化服务，从最有效的方向入手，提高公共资源的使用效益，提升政府对农产品流通体系的实际调控能力。广州市政府需加大交通、仓储等流通基础设施投入，降低相关收费标准，消除市场壁垒，促进全国流通大市场的形成。同时加强流通信息化服务建设，密切跟踪市场变化，及时、准确、客观、公正地发布农产品价格、供求和质量安全等方面信息，进而调整优化农产品流通体系，提高流通效率。此外，还要加快制定和完善相关法律法规和流通行业标准，使得农产品流通产业更有章可循，有法可依，提高整体运行效率。

（四）健全农产品安全有效供给机制

农产品质量安全关系国计民生，广州市要全面建立监管单位安全信用档案，根据信用情况实行分类监管。整合全市农产品安全监管部门相关监管单位信息资源，建立农产品安全监管部门间监管单位信用信息交换和共享机制；建立实施“黑名单”制度，通过社会监督和市场机制促进农产品生产经营单位自律经营，推进企业诚信体系建设。

1. 加快农产品质量监管体系建设

广州市建设主要食用农产品全流程信息化溯源监管平台，运用信息化技术，建立牲畜屠宰、肉品流通、肉品销售的溯源系统，完善跟踪追溯手段，实现肉品流通全过程信息化监管。落实和完善农产品生产档案记录制度，加大农产品标识管理及推广应用力度，促进农产品产地质量安全追溯系统推广应用。制定实施广州市食用农产品质量安全检查情况及检查结果定期公布制度，应用信息化手段建立完善食品生产加工企业的管理制度和安全控制体系，提高企业的质量安全信息化管理水平，实现企业问题产品的快速召回。建设广州市饮食安全智能化工程，在大型以上餐饮服务单位推行电子化台账管理并逐步推广，实现食品原材料来源可追溯。健全基层质量安全监管公共服务机构，在镇农办或农业技术推广机构加挂农产品质量安全监管机构牌子，镇畜牧兽医站加挂区动物卫生监督分所牌子，并配备相应的兽医。在500亩以上的蔬菜生产村设立质量安全监测点，加强农业行政执法与刑事司法衔接。

2. 健全“菜篮子”和“米袋子”安全供应体系

广州市主要抓两个方面：一是“菜篮子”建设。支持农业龙头企业和农民专业合作社建设，培育和壮大农产品品牌，建立本地农产品（畜禽、水产品）无公害、标准种养基地，推进无公害农产品产地认定和产品认证工作，鼓励支持企业积极申请有机食品、绿色食品认证，提高主要农副产品的自给能力和产

地保障能力，确保本地农产品的质量符合安全标准，不断提高本地质量安全的农产品供应广州市场的数量。二是“米袋子”建设。在稳定和提高本地粮食综合生产能力的基础上，着力加强粮油流通市场供应水平，进一步扩大产销合作，巩固粮油入穗渠道。完善粮油储备管理体系，落实各级政府粮油储备规模、品种和质量。推进粮油流通基础设施建设，抓好在用粮库的升级改造。依法加强粮食流通管理，强化粮食质量监管，加快广州市粮油质量检测中心建设。

3. 建设“放心肉”安全供应体系

广州市可以建设一批家禽、水产标准化健康养殖示范场和产业示范区，新建标准化大型养猪场，扶持现有的规模养猪场进行改扩建，推进市外供穗生猪定点养殖基地建设，逐步实现生猪自主供应率达到70%。根据《全国生猪屠宰行业发展规划纲要（2010—2015年）》要求，结合广州市各区、县级市肉品需求量和经营发展水平等实际情况，规划18家生猪、2家牛、2家羊屠宰场和2家乳猪屠宰场，在边缘地区保留适量生猪屠宰点，形成梯次配置、布局合理、有序流通的产业布局。推行屠宰企业产销一体化经营模式，鼓励企业发展精深加工，实施品牌化经营；引导屠宰场和品牌肉企业建设肉品批发分割车间；鼓励肉品预包装冷链销售，推进肉品冷链建设。加强生猪抽检，制定和落实生猪屠宰等肉品安全卫生防控措施，加强对病死猪、病害猪无害化处理的监督管理。在全市屠宰企业安装使用“生猪及肉品质量监控与追溯管理信息系统”，完善牲畜屠宰信息化监管系统，实现肉品流通全方位、全过程信息化监管。

4. 做好农业标准化工作

一是加快标准制定（修订）步伐，尽快建立既具本市特色又符合国际规则的广州市农业标准体系。在贯彻国家标准、行业标准的基础上，围绕广州市优势农产品产业化发展，进一步建立健全结构合理的农业标准体系。从2014年起用三年时间在319个500亩以上的蔬菜生产村设置质量安全监测点，全面实现区级农产品质量安全监测机构通过省级计量认证，满足农产品产地环境、投入品、生产、加工、储存、包装、运输和流通等各个环节的质量安全监测需要。二是推进农产品“三品一标一名牌”工作。全力做好“无公害食品、绿色食品和有机食品”认证，加强认证产品后续监管。亟须实施名牌带动战略，组织企业申报广东省名牌产品。推进农业生产标准化，新建1—2个省、市级农业标准化示范区。三是加强标准实施的监督检查。加强农产品质量安全检测体系建设，推行生产单位自律检测、社会中介机构受托检测、执法机关监督检测相结合的农产品检测运行机制，全面建立以农产品质量安全监管为主的例行监测制度，推行严格的农产品质量安全市场准入制度、产品标签标识制度、检测检验制度和产地追溯制度，把农业标准化贯穿于农产品“从农田到餐桌”的全过程质量监管中。四是完善农业标准化社会服务体系。发挥农业技术推广机构、农村专业合作经济组织、农业行业协会在标准制定（修订）、标准宣传推广、标准实施监督和标准咨询服务等方面的作用，强化标准信息服务，建立满足广州市农业生产和主要出口农产品需要的国内外标准数据库，开展农业标准化信息咨询服务。加强相关标准的前期研究，努力提高标准技术水平及创新能力。

（五）政府强化对农产品流通的管理

1. 政府加大对农产品市场的调控力度

政府应该研究有效调控鲜活农产品市场的办法，探讨建立主要蔬菜品种的价格稳定机制。例如，可以根据供求平衡的原则，建立指定蔬菜产地风险基金制度，保证指定产地的种植面积基本稳定，防止大起大落的“跟风”行为；还要建立农产品生产流通数据采集和分析信息平台系统，发布公正的信息来为生产者和消费者提供决策支持，防止虚假信息干扰农产品供求的稳定。

2. 政府强化对农产品流通的监管

广州市政府开始接受一些专家学者的建议，认识到必须加强农产品流通的监管，必须参与农产品流通设施建设；认识到公益性市场建设是一项保民生的工程。明确了鲜活农产品流通体系建设具有公益性，还要在充分发挥市场机制作用的同时，加大政策扶持力度，对公益性农产品批发市场、农贸市场和菜市场的建设要增加财政投入，流通设施建设不以赢利为目的。同时提出，对鲜活农产品市场要减免租金、摊位费、管理费等费用。落实和完善“绿色通道”，依法查处违规收费行为。进一步强化“菜篮子”市长负责制，切实提高大中城市鲜活农产品自给率。《广州市人民政府关于推动专业批发市场转型升级的实施意见》中提出了具体的措施意见，为新型农产品流通体系建设指明了方向。

3. 建立健全农产品流通相关政策法规

从国外经验看，日本《批发市场法》、韩国《农产物流通及价格安定法》等，这些法律对农产品批发市场经营主体和运行方式都有明确的界定，对场内流通企业的经营行为有严格的限制，在保障农产品供给和稳定市场价格方面发挥了明显的作用。同时明确规定大型批发市场属于非营利的流通设施，必须由政府投资建设，如日本的中央批发市场和政府批发市场、韩国的公营农产品批发市场。尽管中国农产品市场体系已经初步形成，但涉及农产品流通的一些重要法律法规至今尚未出台，导致市场监管的法律依据缺失，这也是中国农产品流通问题多发的一个主要原因。因此，广州市政府可以借鉴日本、韩国的经验，在政策法律允许的范围内，制定出适合本地区农产品流通发展的、具有针对性的政策法规。

（六）完善现代都市农业

迄今，广州市都市型农业的现代化建设已经过去10年，取得了较快的发展。按照《广州市都市型农业现代化水平评价指标体系》进行计算，2000年广州市都市农业的现代化水平得分52.12分，2010年广州都市农业的现代化水平得分83.70分，10年之间提高了31.58分，年均增长率4.85%。加快广州市都市农业建设，推动城乡经济统筹发展，是广州市建设现代大都市的内在要求，也是深入贯彻科学发展观、构建和谐社会的基本要求。都市农业的发展不仅有利于农村发展、农民增收，对广州城市经济的发展亦起到重要的基础保障作用。

1. 市政府应完善惠农政策，加大支农投入

首先，加快发展广州都市农业，离不开政府在政策、资金、规划和服务等方面的宏观指导和扶持倾斜。广州市近几年农业投入呈下降趋势，有必要加大各级政府对农业和农村增加投入的力度，扩大公共财政覆盖农村的范围，特别是针对都市农业的项目，要加大财政扶持投入。其次，要加大对农业基础设施建设的投入。在继续推进农村“三通”工程的同时，重视对农田水利设施的维护和改造。加强农田水利建设，改造中低产田，搞好土地整治。再次，要推进金融机构尤其是农业银行、农村信用社等基层金融机构面向农业发放小额贷款。一些农业龙头企业发展都市农业项目急需资金，但又找不到合适的融资渠道，因此要深化农村金融体制改革，规范发展适合农村特点的金融组织，探索和发展农业保险，改善农村金融服务。最后，大力发展农村公共事业。进一步加强农村公共卫生和基本医疗服务体系建设，加大农村基础设施建设投入，加快乡村道路建设，发展农村通信，继续完善农村电网，全力解决农村饮水困难和安全问题，积极发展适合广州农村特点的清洁能源。

2. 用现代技术改造农业，促进农业科技进步

一要增强科技兴农意识，加快农业科技进步。通过“农业种子种苗工程”和“科技进村入户工程”，推进现代装备、信息技术在农业中的运用，加强农业资源数据库建设，完善农业信息服务体系，提高农业科技水平。二要大力提高农业信息化水平。硬件上要求各级财政大力提供资金扶持，搭建好农业信息平台，实现农情信息资源共享。软件方面要求大力培养农业信息人才，提高农业信息的利用率，加强农村与农业研究机构、农业科研院校的联系与沟通，充分共享它们的研究成果和它们所拥有的信息资源。三要继续提高广州农业机械化水平。要不断完善农机监督管理体系、农机服务体系、农机创新体系；大力发展有特色的主要农产品生产机械化，因地制宜地向经济作物、设施农业、养殖

业和加工业发展，进一步拓展农业机械化的作业和服务领域，满足农业生产多样化需求。加强自主创新，注重提高农业机械产品质量。四要帮助和扶持农业企业加强科技创新。对现有100多家农业科技型企业，要引导其从持续发展的长远利益出发，加强与科研院所、大专院校的密切合作，充分利用广州市农业科研院所的技术力量，采取“政府搭灶、学校备料、农民点菜、专家开方、长期服务”的方式，与地方政府紧密合作，为农业企业和农民提供培训讲座、科技咨询、现场指导等多种形式的科技服务，并通过专家蹲点、巡回指导、直接联系等形式，实现科技常下乡。

第四节　福州市农产品流通发展报告

一　福州市的农业基本概况

（一）福州市简介

福州市是福建省省会，位于福建省中部东端，介于北纬25°15′—26°39′、东经118°08′—120°31′之间。东临台湾海峡，西靠三明市、南平市，南邻莆田市，北接宁德市。东西最大横距128公里，南北最大纵距145公里，总面积12251平方公里，其中市区面积1026平方公里。南部为福州盆地的大部分；北部为山地，从西南向东倾斜；西部为中低山地；东部丘陵平原相间。山地、丘陵占全区土地总面积的72.68%，其中山地占32.41%，丘陵占40.27%。鹫峰、戴云两山脉斜切南北，闽江横贯市区东流入海。

2014年末，福州户籍总户数207.32万户，户籍人口674.94万人，其中市区户籍人口197.43万人。社会从业人员483.54万人，第一产业地区生产总值415.91亿元，农林牧渔业产值730.77亿元。①

据《福州市第三次全国经济普查主要数据公报》统计，2013年末，福州市共有批发和零售业企业法人单位21906个，从业人员28.43万人，分别比2008年末增长101.9%和108.6%。在批发和零售业企业法人单位中，批发业占74.2%，零售业占25.8%。在批发和零售业企业法人单位从业人员中，批发业占60.8%，零售业占39.2%。其中，农、林、牧产品批发企业法人单位340个，仅占1.6%，从业人员0.32万人，仅占1.1%（见表2—15）。

① 福州市统计局、国家统计局福州调查队：《2014年福州市国民经济和社会发展统计公报》，2015年4月。

表 2—15　　　按行业分组的批发和零售业企业法人单位和从业人员

	企业法人单位（个）	比重（%）	从业人员（万人）	比重（%）
合计	21906	100	28.43	100
批发业	16263	74.2	17.29	60.8
农、林、牧产品	340	1.6	0.32	1.1
食品、饮料及烟草制品	1739	7.9	2.24	7.9
纺织、服装及家庭用品	2961	13.5	3.29	11.6
文化、体育用品及器材	894	4.1	0.87	3.1
医药及医疗器材	480	2.2	0.76	2.7
矿产品、建材及化工产品	4200	19.2	4.46	15.7
机械设备、五金产品及电子产品	4148	18.9	3.9	13.7
贸易经纪与代理	856	3.9	0.8	2.8
其他批发业	645	2.9	0.65	2.3
零售业	5643	25.8	11.14	39.2
综合零售	551	2.5	3.73	13.1
食品、饮料及烟草制品	782	3.6	1.25	4.4
纺织、服装及日用品	855	3.9	1.05	3.7
文化、体育用品及器材	389	1.8	0.48	1.7
医药及医疗器材	450	2.1	0.63	2.2
汽车、摩托车、燃料及零配件	711	3.2	1.85	6.5
家用电器及电子产品	716	3.3	1	3.5
五金、家具及室内装饰材料	875	4.0	0.79	2.8
货摊、无店铺及其他零售业	314	1.4	0.36	1.3

资料来源：福州市第三次全国经济普查领导小组办公室、福州市统计局、国家统计局福州调查队：《福州市第三次全国经济普查主要数据公报》（第三号），2015 年 2 月。

2013 年末，批发和零售业企业法人单位资产总计 3866.25 亿元，比 2008 年末增长 285.1%。其中，批发业企业法人单位资产总计 3167.67 亿元，零售业企业法人单位资产总计 698.58 亿元，分别比 2008 年末增长 292.2%和 255.8%。其中农、林、牧产品批发资产总计 84.48 亿元，仅占 2.2%。

表 2—16　　　按行业分组的批发和零售业企业法人单位资产

	资产总计（亿元）	比重（%）
合计	3866.25	100
批发业	3167.67	81.9
农、林、牧产品批发	84.48	2.2
食品、饮料及烟草制品批发	239.97	6.2
纺织、服装及家庭用品批发	379.34	9.8
文化、体育用品及器材批发	81.32	2.1
医药及医疗器材批发	70.92	1.8
矿产品、建材及化工产品批发	1544.47	39.9
机械设备、五金产品及电子产品批发	371.55	9.6

续表

	资产总计（亿元）	比重（%）
贸易经纪与代理	113.03	2.9
其他批发业	282.58	7.3
零售业	698.58	18.1
综合零售	233.70	6.0
食品、饮料及烟草制品专门零售	30.35	0.8
纺织、服装及日用品专门零售	27.14	0.7
文化、体育用品及器材专门零售	68.45	1.8
医药及医疗器材专门零售	33.92	0.9
汽车、摩托车、燃料及零配件专门零售	158.99	4.1
家用电器及电子产品专门零售	65.99	1.7
五金、家具及室内装饰材料专门零售	52.18	1.3
货摊、无店铺及其他零售业	27.86	0.7

资料来源：福州市第三次全国经济普查领导小组办公室、福州市统计局、国家统计局福州调查队：《福州市第三次全国经济普查主要数据公报》（第三号），2015年2月。

（二）福州市农业条件

1. 区位优越、交通便捷，农产品流通较为便利

福州位于福建省中部东端，海岸线曲折迂回，沿海多天然良港。与台湾岛仅一水之隔，是中国大陆离宝岛台湾最近的地方，从福州到台湾两地空中直航时间仅25分钟，同时福州港区被国家确定为海峡两岸船舶直航试点口岸。福州陆地交通十分发达，航空、铁路、公路、海运、河运等运输线纵横交叉，构成了四通八达的交通网，交通旅游十分方便。

2014年末福州市境内公路总里程11393公里，其中高速公路总里程493公里；高速铁路总里程275公里；福州港生产性泊位114个，其中万吨级以上泊位46个；航线覆盖点日益增多，福州空港国内航线（含港澳台）74条、国际航线9条，新开辟福州—珠海—昆明、福州—义乌—合肥、福州—临沂—天津、福州—舟山—合肥、福州—浦东—纽约等五条航线。全年公路货物运输量781692万吨，增长1.5%；水路货物运输量4822万吨，增长18%；民航货邮吞吐量12.14万吨，增长10.1%，其中货邮出港量7.04万吨，增长8.3%。公路旅客运输量12700万人次，增长4.6%；水路旅客运输量150万人次，增长1.9%；民航旅客吞吐量935.34万人次，增长4.8%，其中旅客出港量480.76万人次，增长4.8%。全年港口货物吞吐量11942.63万吨，增长13.7%，其中外贸货物吞吐量5332.45万吨，增长9.7%；集装箱吞吐量221.76万标箱，增长12.1%。全年对台客运直航进出旅客16.29万人次，增长12.9%；对台直航集装箱吞吐量34.5万标箱，增长3.7%；榕台空中直航旅客吞吐量36.40万人

次，增长 20.6%，货邮吞吐量 0.77 万吨，增长 17.1%。①

2. 耕地面积占土地面积的 12.92%，且在不断新增②

土地面积 118.6 万公顷（不含平潭），其中，耕地 15.32 万公顷，园地 5.59 万公顷，林地 69.03 万公顷，草地 1.09 万公顷，居民点及工矿用地 9.18 万公顷，交通运输用地 2.33 万公顷，水域及水利设施用地 11.82 万公顷，其他土地 4.24 万公顷。

2014 年，福州市批准立项高标准基本农田建设项目 29 宗，总规模 1745 公顷，验收规模 672.63 公顷，完成补充耕地 551.46 公顷。全市上报省厅核定实施旧村复垦和城乡建设用地增减挂钩项目 29 个，合计整治规模 90.89 公顷，新增耕地 86.65 公顷；验收旧村复垦项目 7 个，整治规模 21.98 公顷，新增耕地 19.87 公顷。

3. 属亚热带海洋性季风气候，较适宜农作物生长③

福州气候属亚热带海洋性季风气候，全年温暖湿润，雨量充沛，无霜期 326 天，年平均气温 19.6℃，年降雨量 900—2100 毫米。同时，风向受地貌影响很大，风速由沿海到山地递减显著，从 6 月到 9 月为台风季节，最大风力有时可达 12 级。

2011 年，福州市气候属偏好年景，年平均气温正常，年雨量偏少，年日照时数正常。气象灾害总体较轻。

2012 年，福州市气候属较好年景，年平均气温正常，年雨量显著偏多，年日照时数偏少，气象灾害总体较轻。

2013 年，气候属一般年景。年平均气温正常，年雨量偏少，年日照时数偏多。夏季第 7 号超强台风“苏力”和第 12 号台风“潭美”先后登陆福州连江和福清，影响较重；其他类型气象灾害较轻。

福州市 1981—2013 年逐年及 2013 年逐月平均气温及降雨量见图 2—21—图 2—24 所示。

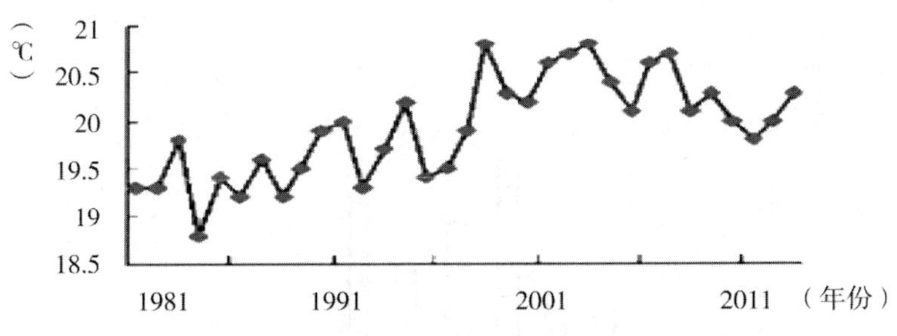

图 2—21　1981—2013 年福州市逐年平均气温

① 福州市统计局、国家统计局福州调查队：《2014 年福州市国民经济和社会发展统计公报》2015 年 4 月。

② 根据《“福州”的版本间的差异》资料基础上分析整理。

③ 根据“福州市政府网站—福州市气候条件—2013 年福州日照时数/雨量情况”分析整理。

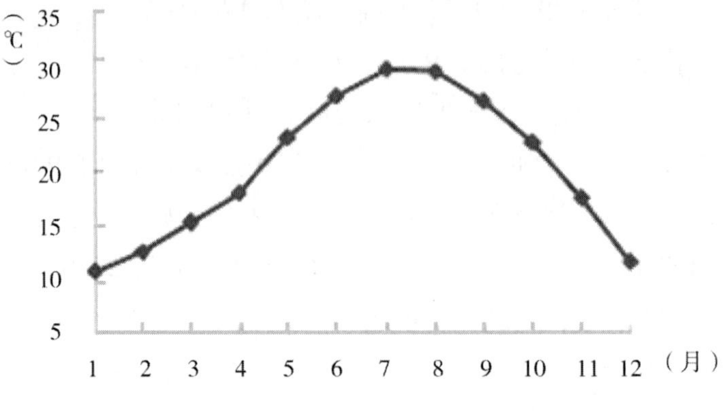

图 2—22　2013 年福州市逐月平均气温

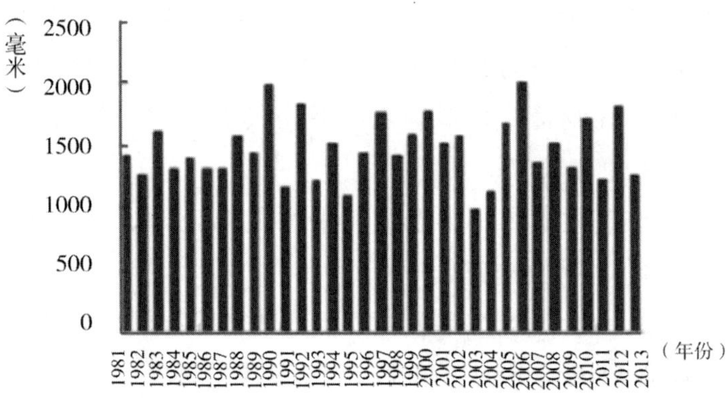

图 2—23　1981—2013 年福州市逐年降雨量

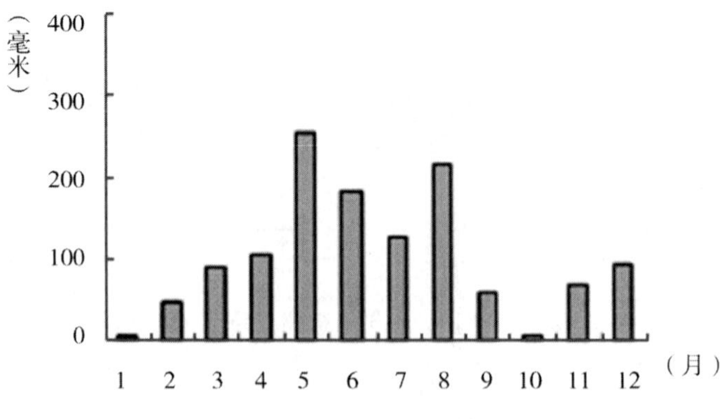

图 2—24　2013 年福州市逐月降雨量

（三）福州市农业整体概况①

1. 第一产业仅占地区生产总值的 8.05%，且涨幅最低

据《2014 年福州市国民经济和社会发展统计公报》统计，2014 年福州市实现地区生产总值 5169.16 亿元，比上年增长（以下简称“增长”）10.5%（见图 2—25）。其中：第一产业增加值 415.91 亿元，增长 4.6%；第二产业增加值 2352.15 亿元，增长 11.5%；第三产业增加值 2401.10 亿元，增长 9.4%。三次产业比为 8.05∶45.5∶46.45。

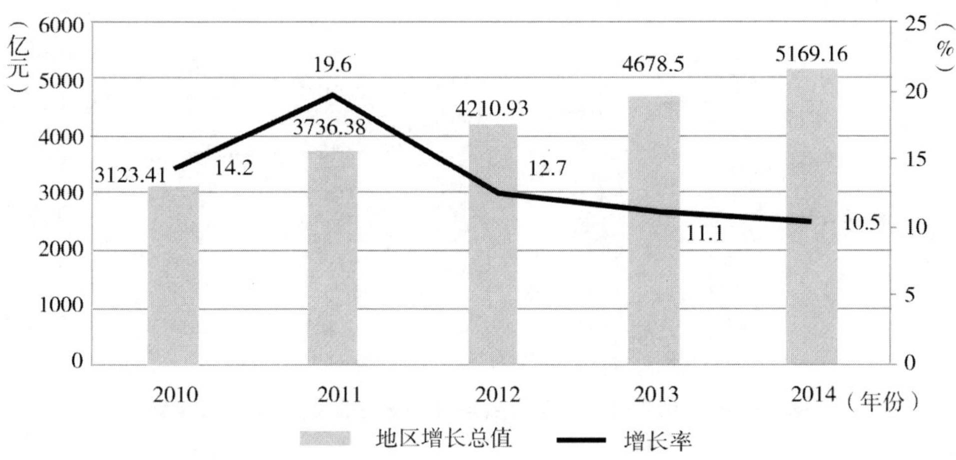

图 2—25 2010—2014 年 GDP 及其增长速度

2. 在农林牧渔业中农业产值居于榜首，占比为 27.43%

据《2014 年福州市国民经济和社会发展统计公报》统计，农林牧渔业总产值 730.77 亿元，增长 4.7%。其中，农业产值 200.48 亿元，增长 3.9%；林业产值 22.93 亿元，增长 12.8%；牧业产值 72.68 亿元，下降 2.1%；渔业产值 412.44 亿元，增长 5.9%；农林牧渔服务业产值 22.24 亿元，增长 3.8%。全年粮食播种面积 10.4 万公顷，比上年减少 0.1 万公顷；粮食总产量 55.37 万吨，下降 0.3%。

3. 农业生产结构持续优化，蔬果、水产品产量等均有较快增长

据《2014 年福州市国民经济和社会发展统计公报》统计，福州 2014 年食用菌干鲜混合产量 15.35 万吨，增长 5.9%；茶叶产量 2.48 万吨，增长 13.1%；蔬菜产量 342.23 万吨，增长 5.7%；水果产量 49.64 万吨，增长 9.2%；肉蛋奶产量 38.2 万吨，下降 4.2%；水产品产量 218.74 万吨，增长 5.3%。水产、果蔬、食用菌、茶叶等特色产业产销两旺。

① 根据《2014 年福州市国民经济和社会发展统计公报》分析整理。

4. 农村市场消费能力凸显，增速最快，且农改超项目不断推进

福州市2014年实现社会消费品零售总额3062.94亿元，增长14.2%（见图2—26）。城乡消费市场协调发展，乡村市场商品零售额增势强劲，增幅领先城镇市场，全市城镇市场消费品零售额2901.65亿元，增长14.3%；农村市场消费品零售额152.29亿元，增长21.2%。限额以上企业商品零售额增长有力，全市限额以上企业和个体户实现商品零售额1780.62亿元，增长19.4%。消费热点不断涌现，汽车类、体育娱乐类、通信器材类等商品需求旺盛。

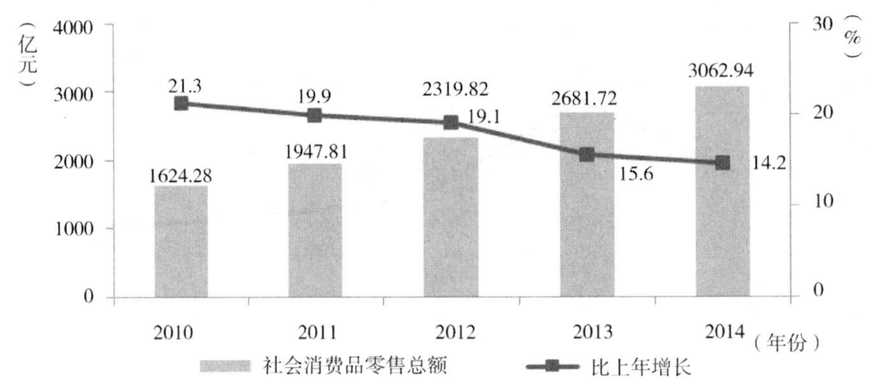

图2—26 2010—2014年社会消费品零售总额及其增长速度

同时，2014年全年建设改造社区便利店100家，升级改造城乡农贸市场（含农改超）38个。年末共有大中型专业批发市场49个，总面积215.56万平方米；连锁经营企业124家，连锁网点3315个，城乡流通体系不断完善。

5. 现代农业发展加快，产业化、标准化生产不断推进

据《2014年福州市国民经济和社会发展统计公报》统计，福州2014年共有市级农业产业化龙头企业239家，全年销售额660亿元。国家级农业标准化示范区13个、省级农业标准化示范区17个、市级农业标准化示范区24个。农业品牌创建成效显著，福建农业名牌15项，7项农产品获得国家地理标志登记保护。各种休闲农场163家，农家乐273家，带动就业8900人，全年接待游客780万人次。科技兴农不断强化，年末共有57家现代农业技术创新基地。

二 福州市农产品供给情况①

（一）福州市农业总产值及增长情况

根据《福州统计年鉴2015》统计，近10年来，福州市农业总产值不断增

① 根据《福州统计年鉴2015》统计资料整理分析。

加，从 2004 年的 77 亿元上涨到 2014 年的 200 亿元，在 2010 年时最高上涨了 19. 3%，平均年增长率也达到了 10. 2%，上涨形势明显，如图 2—27 所示。

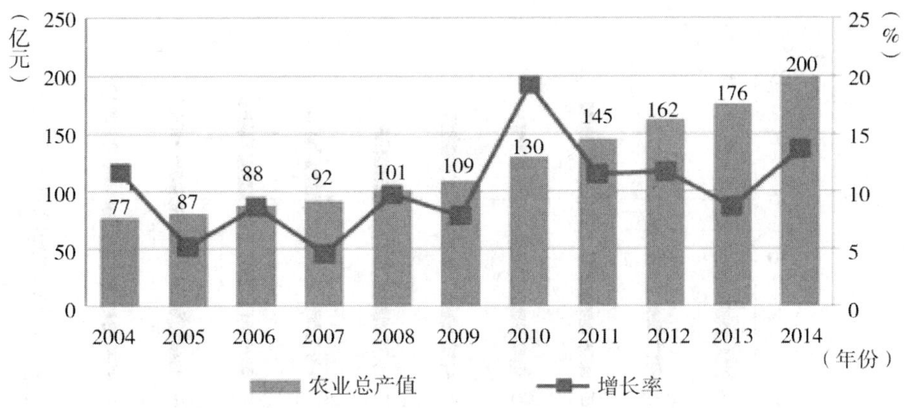

图 2—27　2004—2014 年农业总产值及增长速度

（二）福州市农作物整体种植情况

根据《福州统计年鉴 2015》统计，从 2004 年到 2014 年，福州市农作物播种面积基本维持平稳，特别是在 2007 年之后，基本平均维持在 26 万公顷，除在 2014 年略有上升，达到了 27 万公顷，具体如图 2—28 所示。

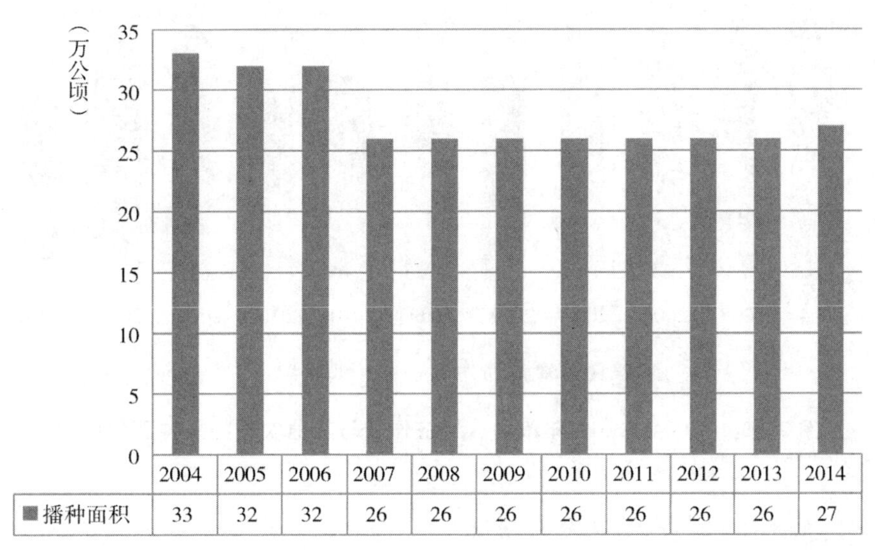

图 2—28　2004—2014 年农作物播种面积

从农作物种类来看，粮食播种面积有所减少，经济作物和其他作物的面积有所增加。同时从比例来看，经济作物占据了农作物播种面积的半壁江山。具体不同种类作物播种面积及比率如图 2—29 和图 2—30 所示。

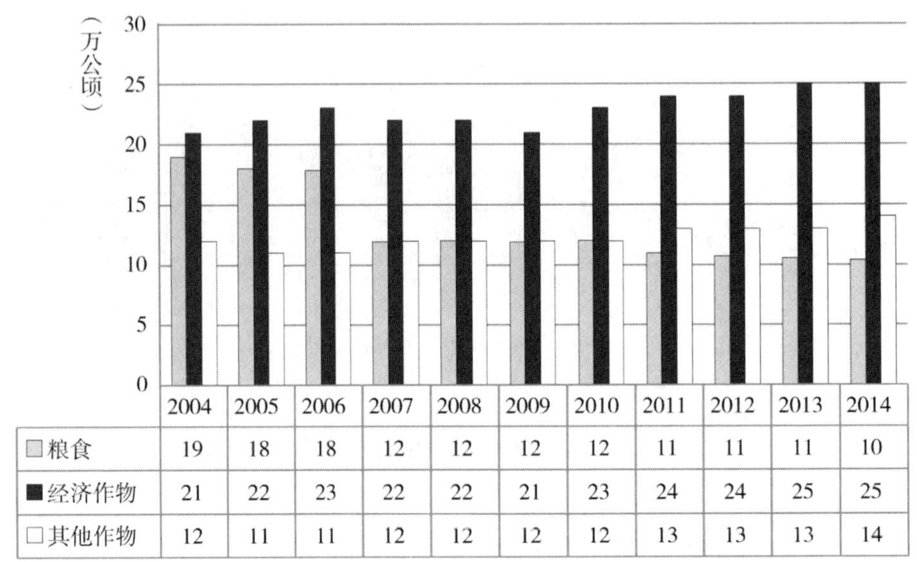

	2004	2005	2006	2007	2008	2009	2010	2011	2012	2013	2014
粮食	19	18	18	12	12	12	12	11	11	11	10
经济作物	21	22	23	22	22	21	23	24	24	25	25
其他作物	12	11	11	12	12	12	12	13	13	13	14

图 2—29　2004—2014 年粮食、经济作物与其他农作物播种面积

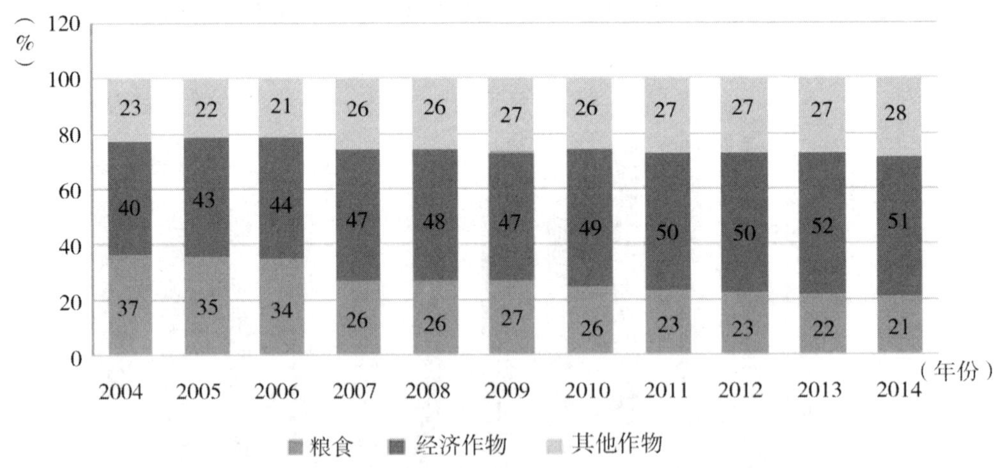

图 2—30　2004—2014 年粮食、经济作物与其他农作物播种面积比率

（三）福州市粮食产量及分布情况

根据《福州统计年鉴 2015》统计，从 2004 年到 2014 年，福州市粮食产量处于不断下降并走向逐渐趋稳状态，从 2004 年、2005 年、2006 年的 106 万吨、97 万吨和 99 万吨后，直线下降到了 2007 年的 64 万吨，达到近 10 年来最大，下降了35.1%。随后在2007年后，粮食产量逐渐趋稳，虽每年都有所下降，但波动控制在了几个百分点内，具体见图2—31所示。

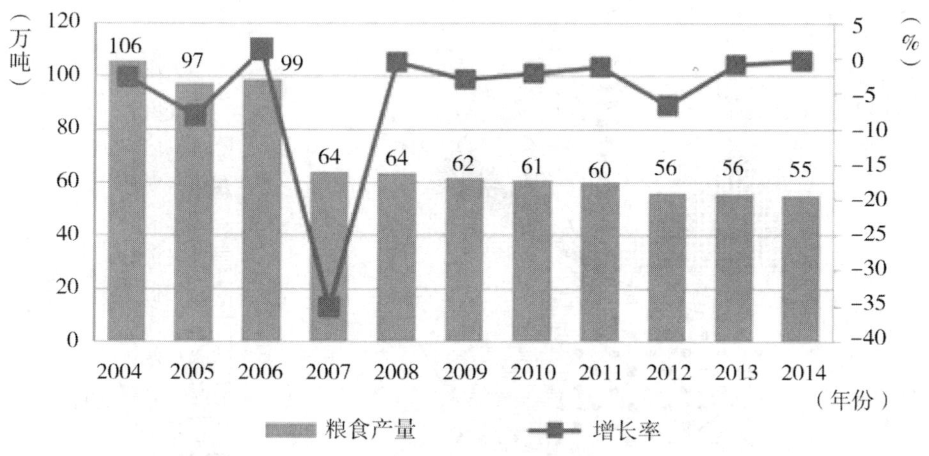

图2—31　2004—2014年粮食产量及增长率趋势

从粮食产量分布看，福清市和永泰县占比最大，都达到了20%，其次分别是长乐市、闽侯县和闽清县，这五个地区占据了福州市粮食产量的78%，市区占到了1%，而仓山区面积为0，具体见图2—32所示。

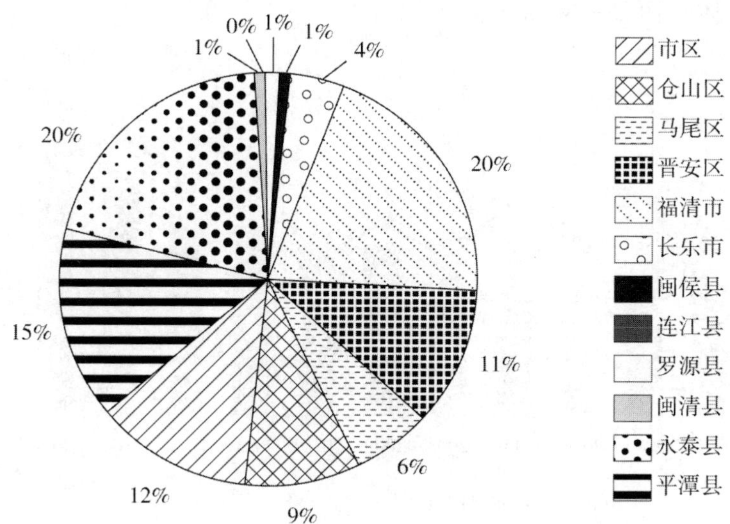

图2—32　2014年各区县粮食产量分布占比

（四）福州市蔬菜产量及分布情况

根据《福州统计年鉴2015》统计，2014年福州市蔬菜产量达342万吨，比2013

年上涨了 5.7%。同时，从各区县蔬菜产量分布看，闽侯县和福清市占比最大，分别达到了 23%和 17%，其次分别是长乐市、永泰县和闽清县，分别达到了 12%、12%和 11%，这五个地区占据了福州市蔬菜产量的 75%，具体见图 2—33 所示。

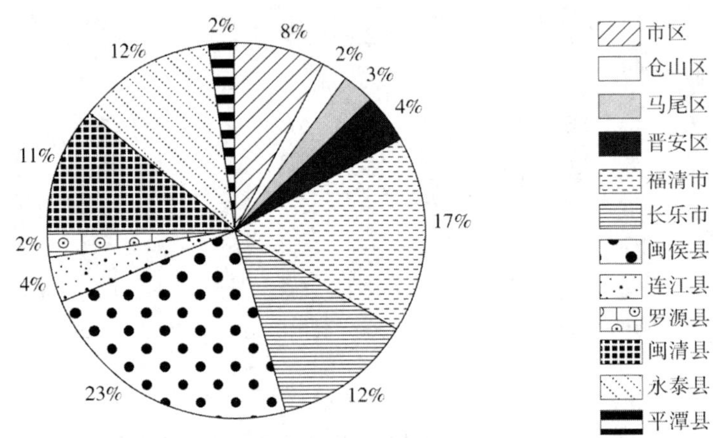

图 2—33　2014 年各区县蔬菜产量分布占比

（五）福州市水果产量及分布情况

根据《福州统计年鉴 2015》统计，从 2004 年到 2014 年，福州市水果产量处于不断上升状态，从 2004 年的 29 万吨上涨到 2014 年的 50 万吨，平均上涨了 4.9%，具体见图 2—34 所示。

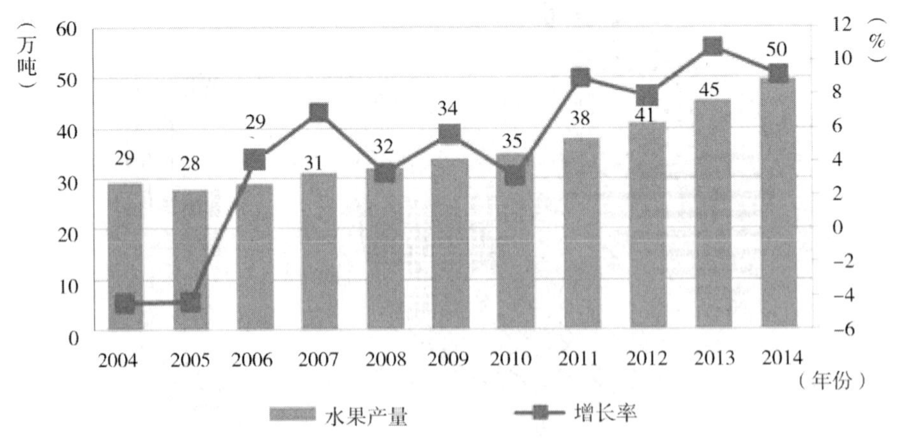

图 2—34　2004—2014 年水果产量及增长率趋势

从各区县水果产量分布看，永泰县和闽清县占比最大，分别达到了 25%和 23%，其次分别是闽侯县和福清市，都达到了 15%，这四个地区占据了福州市水果产量的78%，具体见图2—35所示。

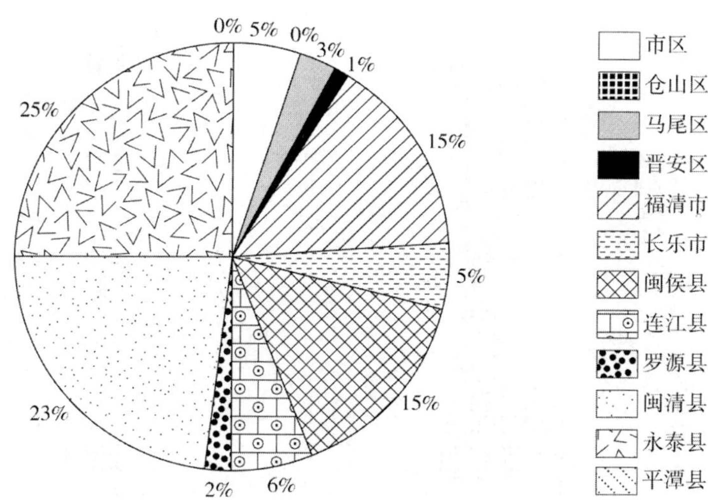

图2—35　2014年各区县水果产量分布占比

（六）福州市肉类产量及分布情况

根据《福州统计年鉴2015》统计，从2004年到2014年，福州市肉类产量基本维持了较为平稳态势，除了2007年突然下降，下降了31.0%，下降趋势较为明显；其余基本都保持了正向增长（2014年除外），平均产量维持在了26万吨，平均增长速度为0.4%，具体见图2—36所示。

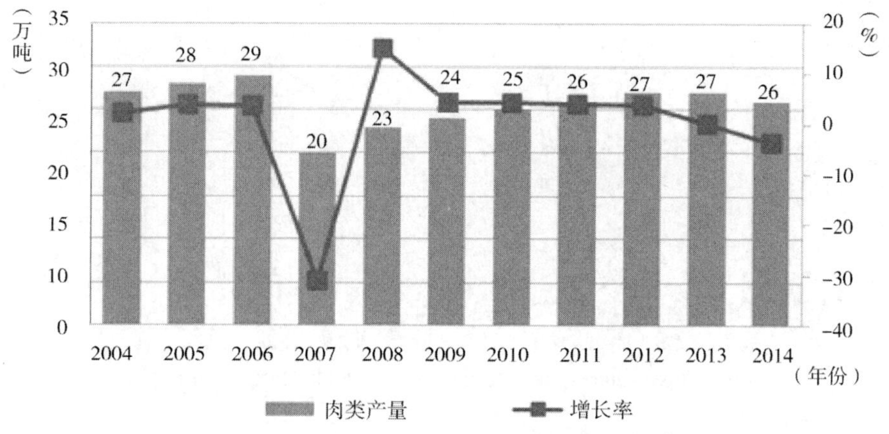

图2—36　2004—2014年肉类产量及增长率趋势

从各区县肉类产量分布看，福清市占比最大，达到了42%，其次分别是闽侯县和长乐市，分别达到了16%和11%，这三个地区占据了福州市肉类产量的

69%，具体见图 2—37 所示。

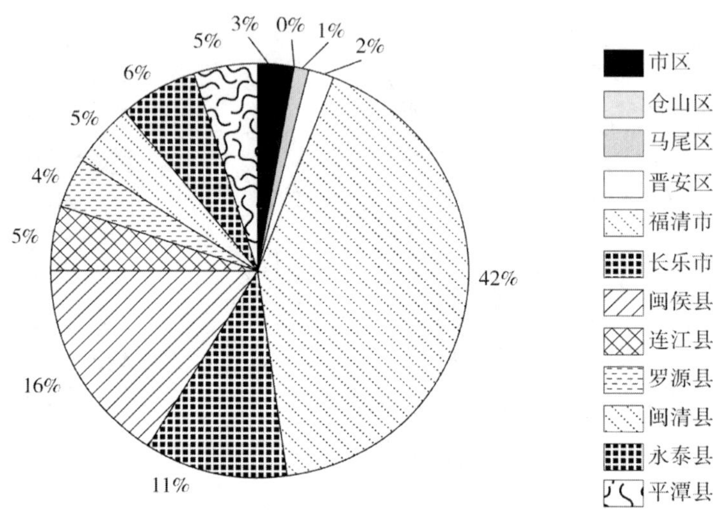

图 2—37 2014 年各区县肉类产量分布占比

（七）福州市水产品产量及分布情况

根据《福州统计年鉴 2015》统计，从 2004 年到 2014 年，福州市水产品产量基本维持了稳中有升的态势，除了 2007 年产量突然下降，降低 11.8%为负增长之外，其余基本为正增长，平均增幅为 2.9%，从 2004 年的 17 万吨上涨到 2014 年的 22 万吨，具体见图 2—38 所示。

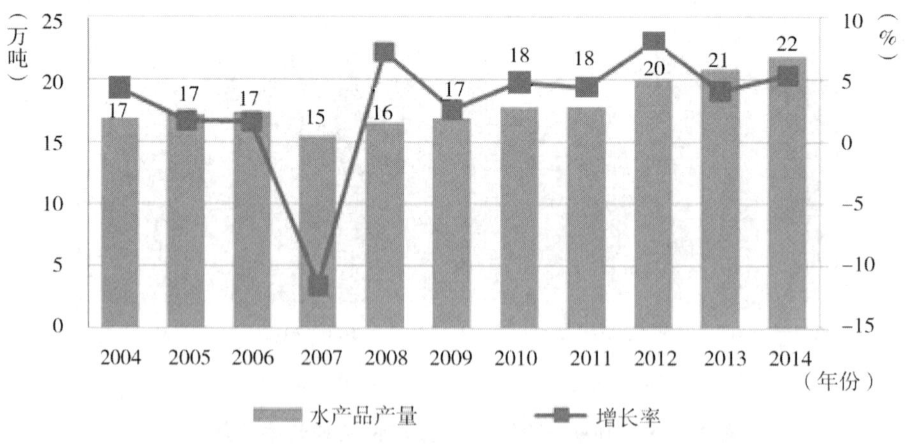

图 2—38 2004—2014 年水产品产量及增长率趋势

从各区县水产品产量分布看，连江县占比最大，达到了 40%，其次分别是平潭县和福清市，分别达到了19%和18%，这三个地区占据了福州市水产品产量的77%，具体见图2—39所示。

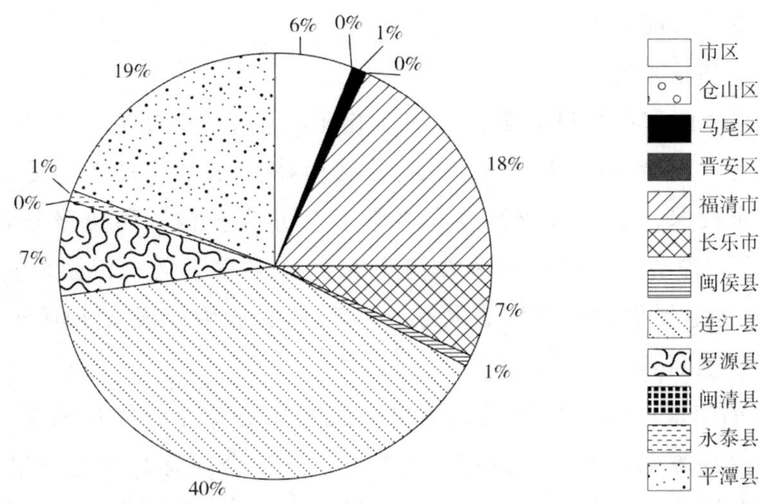

图2—39 2014年各区县水产品产量分布占比

三 福州市农产品流通情况分析

近几年，福州市出台的《关于加快福州市农村流通业发展的实施意见》（以下简称《意见》）中指出，重点扶持农产品区域性专业市场。根据《意见》，福州市将重点扶持一批集散力强、规模大、管理规范的农产品区域性专业市场，增强福州市农产品市场的辐射力，促进区域性农产品物流中心建设。鼓励农产品批发市场向上下游延伸经营链条，通过建立农产品基地、发展订单农业、建设农产品采购和物流中心等方式，建立起农产品进入城市市场的快捷通道。此外，福州市还将规划建设一批条件成熟，具有区域影响力的县（市）区专业批发市场和对台农产品物流中心，推动榕台农业流通合作。福州市不断培育海峡农副产品批发市场、海峡水产品批发市场等大型农产品流通市场，引导大型农产品流通企业、生鲜超市与农业企业、农民专业合作社等进行对接，推广订制农业，促进产销对接，推进电子商务、对接直销、冷链物流体系建设。

福州市的主要流通组织有以下几种。

（一）福州市农产品流通组织现状介绍

1. 福州市供销社①

2014年，全系统商品销售总额92.32亿元，同比增29.68%。其中售给农

① 根据《福州市供销社2014年工作总结》整理。

民的农业生产资料 5.51 亿元，同比增 17.74%；消费品零售 48.91 亿元，同比增 33.58%；农产品购进额 48.63 亿元，同比上升 34.4%；再生资源购进额 5.88 亿元，同比上升 43.72%。福州市供销社利润汇总盈利 3069 万元，同比增 21.5%。其主要功能如下。

（1）农资供应服务

开展化肥冬储和春耕供应服务，完成化肥储备 5.28 万吨。引导农民科学施肥、合理用药，福清市供销社通过持续开展科技服务“三农”巡回活动，聘请农业技术专家授课，把“农业科技大讲堂”开办到乡村，科技服务农业种植大户“点对点”。福清上迳供销社和福清市农资公司联手为省汇融农业有限公司 4400 亩连片耕地提供优质化肥，每亩至少节约农业生产成本 130 元。

（2）工程项目建设

2014 年福州市供销社全年建成消费品配送中心 2 个，完成农资配送中心 3 个，完成再生资源交易市场（分拣中心）1 个。按全国总社行业标准推进 13 个农资网点改造提升。按全国总社行业标准推进 16 个消费品网点改造提升，推进 22 个农资连锁经营网点建设，推进 15 个日用消费品连锁经营网点建设。同时，罗源县、闽清县和连江县三家农资配送中心项目总投资达 1700 万元。闽侯县花茶加工扩建项目，拟改扩建建筑面积 1030 平方米，项目新增色选机、茶叶烘干机等设备，投资 161 万元。

（3）为农服务平台搭建

2014 年内全市发展专业合作社 35 个，发展村级综合服务社 113 个，发展农村社区服务中心 7 个。罗源县累计创办专业合作社 20 个以上，入社农户达 500 多户，扶持农民发展农产品生产基地 200 多公顷，帮助农民在批发市场和“农超对接”中销售农产品 300 多万元。由罗源县水果蔬菜经营服务中心站牵头组织几个农民专业合作社成立“罗源县双农丰果蔬专业合作社联合社”，为全市第一家农民专业合作社联合社。

2. 农业企业及农民专业合作社

农民专业合作社是在农村家庭承包经营基础上，同类农产品的生产经营者或者同类农业生产经营服务的提供者、利用者，自愿联合、民主管理的互助性经济组织。农民专业合作社既不同于企业法人，也不同于社会团体法人，而是一种全新的经济组织形态。农民专业合作组织成为当前农民增收的主力军。它重塑了农产品市场主体，提高了农民进入市场的组织化程度。

随着农民合作社越来越规范，省、市、县三级新扶持发展合作社示范社 799 家，其中省级示范社 150 家，全省农民合作社发展到 2.4 万家。家庭农场加快发展。安排专项资金扶持100家省级示范场，各类家庭农场达1.1万家，经工商注册的有3916家。新型职业农民培育力度加大。一些农产品龙头企业不断壮大，截至2014年，福州市的农业企业数量是277家，政府鼓励龙头企业进区入园发展，农业产业化水平进一步提高，428家国家级、省级龙头企业年销售总收入达2710亿元，同比增长13.8%。[①]

目前农业专业合作社和农业企业以突出发展福建农业特色为主，立足于绿色健康农产品生产，提高产品的深加工水平，完善企业和农户利益联盟机制，带动农民增收。

3. 农产品批发市场[②]

福州市最大最主要的农产品批发市场是地处福州市闽侯县的海峡农产品批发市场。该市场拥有蔬菜、果品、副食品、家禽和冻品五大专业的批发市场（见图2—40）。农副产品物流中心总投资12亿元，占地869亩，配套建设有农残检测、信息发布、电子结算、监控、冷链物流、垃圾污水处理、物流配送等系统。现已成为海峡西岸规模最大、层次最高、功能最全的现代化农副产品物流中心。

（1）海峡蔬菜批发市场

海峡蔬菜批发市场于2010年9月建成投产，占地面积237亩，建筑面积80000平方米，毗邻本市近郊蔬菜基地、高速公路和省道。比起位于市区的原市场，新市场规模扩大了2倍多，而且交通便利，更有利于本地与外地蔬菜的往来运输。场内建有三座共18000平方米的蔬菜交易大棚，同时市场为外地销售商划分出面积为6000多平方米的交易三区为外地交易整车区。此外，全市场还设有316个集装箱停车位，机动车停车位391个，非机动车停车位1950个，从根本上解决了原市场因为格局小造成的停车难、管理难的问题。

福州市的蔬菜主要来源于海峡蔬菜批发市场。市场整体分为北区和南区两个部分，两个区销售的蔬菜种类共有200多种，场内的商户共有120多户。其中北区80多家商户专卖蔬菜，南区的40多家商户主要以销售调味品为主。在管理上，两个区也有所不同，北区的商户不用交纳摊位费，而是根据商户的每笔营业额收取5%的手续费，整个交易过程都是统一电子结算。这也是海峡蔬菜市场相较于其他市场所具有的显著优势。南区的干货商户需要交纳摊位费。据统计，现在蔬菜市场平均日交易量可达到2000多吨，这些蔬菜中有70%输往外地，30%的蔬菜用来供给本地消费。批发市场中蔬菜的货源都由商户自己来联系

① 根据《2014年度福建省农业厅部门决算说明》资料整理分析。

② 根据实地调研资料分析整理。

和负责。本地距离市场较近的蔬菜基地主要以南通、琅岐、永泰蔬菜基地为主。

图 2—40　福州海峡农产品市场分布

海峡蔬菜批发市场大力推行电子交易、刷卡交易，为入驻商户提供完备的市场信息，并和多家银行合作，完善了市场 IC 卡与银行卡的圈存圈提。全面启用 IC 卡交易系统，进行相关费用的代缴、代扣服务，不仅提高了交易资金较大客商的资金安全性，也大幅提高了效率。具体结算流程如图 2—41。

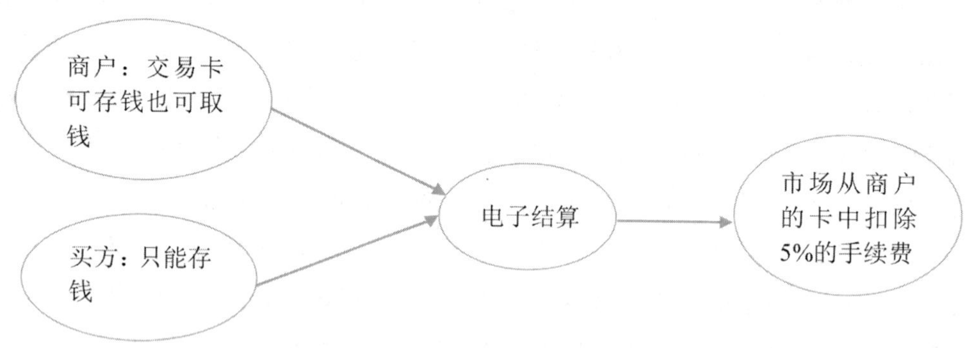

图 2—41　福州海峡蔬菜市场结算流程

现在电子结算系统也在进行升级中，升级后的电子结算系统不仅记录交易额，还可知交易产品的流量、流向和价格。而且商户会有一个结算终端，以实现现场交易。

除了电子结算，海峡蔬菜批发市场有很多新颖的管理方式。在招商方面，市场也推陈出新，不仅为老客户提供优先选择场位的优惠，还为其他的新客户和小客户设立了激励淘汰的市场机制，如设置任务基数，提供高额度的贷款，这样既保证了客户的利益，也促进了客户之间的竞争，提高了市场的效益。

为了保证产品质量，市场还建有农药残留检测系统，对基地来的蔬菜进行抽检，外地来的蔬菜实行批批检测，每天检测500多例。对不合格的蔬菜执行就地销毁。

蔬菜市场现已基本达到饱和，但为了适应发展，市场开拓了“民天生鲜”电子商务平台，在市区开设了23家生鲜便利店，力争形成供销一体的产业链，使市场成为农副产品及上下游产品的生产商、运营商、销售商和供应商。

（2）海峡果品批发市场

福州海峡果品批发交易市场是榕城海峡农副产品批发物流中心的五大批发市场之一。位于福州·闽侯南通榕城海峡农副产品批发物流中心之内。距福州市中心约15公里，车程半个多小时，交通便利，物流中心与316国道、324国道相连，紧邻福银高速公路。

果品批发市场占地153.5亩，建筑面积48642平方米，比旧市场增加一倍多。分设南方水果交易区、北方水果整车交易区、香蕉交易区。共有交易摊位209个，其中北方水果整车交易摊位86个，南方水果交易摊位111个，香蕉交易摊位12个。批发市场设有大型交易显示屏、产品质量检测中心，市场设施完善，为广大客户提供安全可靠的交易环境。

目前，海峡果品批发交易市场的招商已经全部结束，有120个市场商户进入交易市场，经营着来自世界各地的各种水果300—400个品种，每天为福建各地输出一两万吨水果。该市场是海峡西岸规模最大、层次最高、功能最为完善水果批发交易市场和水果集散地。

果品批发市场不仅销售国内的各种水果，还供应许多国外的水果，如智利、加拿大、美国等国家的水果，这部分约占果品水果种类的30%。但由于福建省的地理因素，果品批发市场里只有15%的水果是产于福建省，大多数都是来源于外地，向福州以及福建各市区销售。日销售量为100吨。

果品市场的水果向各个销售渠道分销都是由采购员来市场进行采购，这些采购员是由商户们联系的。除了批发外，市场内也有小部分商户按件来零售。

管理方面，果品市场不同于蔬菜批发市场，没有电子结算系统，但是对每个商户按年收取了相应的摊位费，不同的摊位收取的摊位费也不同，平均在50—100元/平方米。虽然市场在招商方面没有较高的门槛，但是商户必须交纳保证金，南果区的保证金是5万元，北果区的是3万元。而且针对部分经营户资金压力较大，市场积极帮助客商与银行对接，由市场做担保，银行发放贷款给商户。目前该项措施实施效果良好，果品市场的租金已全部缴清。市场主要是提供场地、管理、物业等方面服务。市场也有自己的质量检验部门，每天会抽检 30—50 个水果，质量不合格就会立即销毁。

（3）名成水产品批发市场

福建名成水产品市场有限公司建设用地约 450 亩，其中Ⅰ期用地 290 亩，总建筑面积约 35 万平方米，总投资 10 亿元。依靠马尾海关而建，为福建最大水产品批发市场，包括五大功能区：①现货批发市场（海水活鲜、冰鲜、贝类、淡水活鲜、海蜇皮、冷冻水产加工产品）；②15 万吨容量冷库、水产品加工和制冰车间；③商务办公、海洋科普文化及休闲观光餐饮中心；④展示竞拍交易中心；⑤远洋渔业码头。

福建名成水产品市场有限公司立足于福州市，交易区域辐射国内沿海省份及周边国家。全国 60%的远洋鱼货来自福州名成水产品市场。名成公司以批发、冷冻为主要业务。福州海峡水产品交易中心入驻包括香港、台湾经营户在内的商户共 603 家，日均交易客流量近 2 万人，年交易量约 150 万吨，年交易金额达 200 亿元，以招商、收取资金为主要方式。公司主要负责物业管理、流通等，渠道由商户自己负责。

公司曾经尝试过信息追溯，但是由于操作困难、效果不理想而放弃。目前，名成水产品市场还是采取收取租金的形式，不过未来打算引入信息技术，进行统一结算。水产品市场的供给量仍是不足，福建省需求仍极大，处于供给不足的状态，远洋渔船尤其少。在这样供不应求的背景下，水产品的流通受到了许多限制。水产品享受不到蔬菜果品的优惠政策，需要收取许多的过路费，政府给予的补贴也非常少。

公司先后在福州、三明、天津、山东潍坊等四个城市投资经营管理了四家大型水产品交易中心和冷链物流交易中心，初步形成了一个全国性水产品交易、物流及综合服务平台，将成为国内经营管理水产品交易中心和冷链物流交易中心的第一品牌。在“一带一路”战略以及自贸区的发展大局下，该交易中心水产品销路不断拓宽，马尾区市场监管局将水产品交易中心食品安全监管作为工作开展的重中之重，积极探索新的监管方式，努力做好菜篮子的“守护人”。

4. 农产品零售市场和超市

农产品的零售渠道主要是农贸市场和超市，但随着经济的发展、人民生活水平的提高，传统的农贸市场零售与消费者需求以及城市发展的矛盾日益暴露并加深。农贸市场的小规模个体经营，经营主体是个体商贩和农户，流动性大，质量监控管理难，安全责任难以追溯，存在很多食品安全隐患；影响人民的生活质量和消费水平的提高；同时，也给城市的建设发展、交通以及市容环境带来一系列问题。农产品超市零售方式的优势是大家有目共睹的：环境舒适、产品质量好、安全卫生、品种丰富等；超市能够通过应用现代物流和信息技术，实行规模化管理、规模化经营，满足消费者高质量、多样化的消费需求。零售方式的变迁，使农产品的流通渠道更加优化畅通，也将使人们的生活质量得到进一步提高和改善。

从2002年起，福州市委、市政府把“农改超”作为为民办实事的项目来实施，在福州市区108个农贸市场中规划了60个项目作为“农改超”的目标任务，全市共建成“农改超”生鲜超市70个，总经营面积25.53万平方米，总营业额达31.93亿元，税收总额达5375.41万元。同时，福州市实施“万村千乡”市场工程建设激活农村消费市场，共建设485个“农家店”、“农贸店”及12个配送中心。超市、百货连锁经营规模不断扩大，并向多业态、多领域拓展。

永辉超市作为中国首批将生鲜农产品引进现代超市的流通企业之一，公司以生鲜农产品作为自身的特色，凭借强大的生鲜产品经营管理能力，在生鲜产品获得快速周转、较高盈利的同时吸引大量客流量，从而带动服装、日用品等其他产品的销售。公司结合了传统农贸市场与现代超市的特点，既有农贸市场的价格以及新鲜、品类齐全的优势，又带来了现代超市舒适的购物环境和“一站式”购物体验。

（二）福州市农产品流通模式总结

随着福州市农业经济快速的发展、居民消费水平的上涨，消费者对农产品的需求呈现大量化、多样化、优质化和动态化的趋势，农产品市场的竞争已经演变成为农产品供应链之间的竞争。为了提高农产品供应链整体的绩效，农产品供应链的各个节点不仅要对自身的目标进行局部优化，还要考虑对农产品供应链系统的整体影响，与其他成员形成战略联盟，达到农产品供应链整体最优的目标。因此，福州市推进农产品批发市场标准化、规范化建设；推进“农批对接”、“农超对接”，推广“农校对接”、“农餐对接”模式；以第三方物流为主导，实现冷链的全过程流通；推进优化农产品流动售卖车工程；培育农产品流通示范企业，扶持第四方物流企业；发展壮大农产品龙头企业，进行品牌化经营；推进农产品直销直供体系建设，发展电子商务；创新联结机制，发展多种模式的农产品供应链，发挥港口优势，实施优质特色农产品“走出去”战略，扩大进口多样化农产品，构建全球农产品供应链网络；发挥独特对台优势，促进海峡两岸农产品供应链整合；提升农产品供应链信息化水平。最后对优化福州市农产品供应链模式的保障措施进行研究，即强化政策支持、完善法律法规和标准体系、加强组织领导、强化监督管理和强化要素保障等。

1. 以批发市场为主的流通模式

在福州这是一种非常重要的流通模式，生产者或商户们把各类农产品集中到批发市场，再以大批量批发的方式向全国各地销售。在这个过程中批发市场作为中间环节，有效地连接了供应和销售两个环节，减少了农产品的损失率。再加上批发市场有效的指导和管理，使得管理和销售的效率大大提高。

批发市场的农产品主要来源于福建本省，但销售于全国各地。除此之外，批发市场也向一些二级批发市场、超市供应产品。

2. 以传统农贸市场为主的流通模式

作为流通渠道的一种，传统农贸市场在过去一段时间内承载着现代超市的任务或职能。在超市行业快速发展的现阶段，农贸市场作为消费者购买生鲜商品的传统渠道仍然分流了现代超市的部分目标客户，尤其是对于以经营生鲜为特色的超市企业来说，来自传统农贸市场的竞争更为明显。

发达国家的生鲜农产品主要通过连锁超市和食品商店销售，其中美国和德国的农产品 90%是通过这类终端销售，日本通过该类渠道销售的农产品也达到 70%。目前中国农产品通过超市渠道销售的比重约 30%，另外约 70%的农产品通过传统农贸市场销售给消费者。由此可以看出，虽然以生鲜为特色的超市企业不断发展，但是以传统的农贸市场为渠道来销售在一段时间内依然是农产品销售的主要方式之一。

3. 以超市为主的流通模式

目前的生鲜超市的农产品来源有两个：一是从大型的批发市场采购；二是“农超对接”，即超市为了提高利润、降低采购成本、实现农产品的标准化和安全性，纷纷缩短供应链，采用“直采”的方式进行采购。

以永辉超市为例，在福建诞生的永辉超市是中国首批将生鲜农产品引进现代超市的流通企业之一，被国家七部委誉为中国“农改超”推广的典范，被百姓誉为“民生超市、百姓永辉”。永辉已发展成为以零售业为龙头，以现代物流为支撑，以现代农业和食品工业为两翼，以实业开发为基础的大型集团企业。目前永辉超市在福建有 67 家，其中福州有 47 家。

永辉超市创新“半边天”模式，即在农业基地里有一块地，自己种些蔬菜，是农场配送的模式。

在店面布局上，永辉也会主打生鲜产品。在有些超市，生鲜往往会占据一整层。2014 年永辉的各项收入占比中，生鲜和食品分别为 46%和 47%。生鲜及加工实现收入 163 亿元，同比上升 21. 1%，毛利率为 12. 8%。在生鲜毛利率上，永辉高于其他竞争对手。另一家上市公司人人乐的生鲜销售占主营业务的比重为18.52%，毛利率仅为7.39%。永辉的生鲜价格优势源于其直营直采制度，即跳过中间商和批发商，直接和农户打交道，买断商品，自己经营。业内的主流模式，尤其在生鲜领域，超市向批发商采购，采购方式不是买断而是联营，即超市按照营业额收取一定的扣点，如果有什么损耗，比如苹果坏了或鱼死了，损失由供应商承担。同时，永辉也坚持本地化采购：采手负责向周边的农民采购鲜活农产品。所有的商品都是永辉自己在管理，有很多商品直接去源头采购，中间的成本就压缩了。另外还有很强的一点就是永辉对于损耗的管理，超市整体生鲜的损耗远远低于其他的渠道。

2015年被视为中国的跨境电商元年，从商品角度看，跨境电商竞争的主要是高附加值的水果、海鲜等鲜食商品。以中高端商品为主的B2C板块——永辉全球购（yonghuigo），网站处于内测阶段。永辉仍然希望把生鲜的优势扩展到跨境电商领域：在境外会有自己的采购团队，并且逐渐地找到源头，拿到最新鲜最平价的东西。全球购是永辉未来在电商上的主攻方向。同生鲜买手一样，永辉也计划在国外建立买手团队。找到源头，透过源头，挤掉中间的利润环节，产生成本优势。

（三）周边地区对福州农产品流通的影响

福州市地处东海之滨，中国东南沿海、福建省中东部的闽江口，与台湾省隔海相望，与浙江、广东、江西省毗邻，名特优品种丰富，区域优势独特，具有发展特色品牌农业的巨大潜力。其中，位于福州马尾罗星路的原福建省海峡农产品批发市场，是2014年海交会期间投入使用的、福州地区首家大型对台农产品流通项目，其设立之初就是为了发挥马尾与马祖的地缘优势，依托马尾口岸和沿海交通优势，逐步建设成为对台贸易、辐射内地的台湾农产品交易中心。

福建省北边毗连浙江省，浙江省是中国主要的经济类、高附加值农产品资源大省，尤其以水产、食用菌、副食品最为出名。西边有江西省，江西省是粮食大省，其中果业的主要特色品种有：赣南脐橙、南丰蜜橘和赣北早熟梨。农业资源丰富，生态优势明显，农产品大多是有机绿色农产品，深受消费者的青睐。福建与广东省紧紧相连。广东盛产荔枝、龙眼、芒果等。福建还与台湾隔海相望。台湾地区气候温暖，雨量充沛，农业生产比较发达。粮食作物以水稻为主，一年两熟；经济作物主要有水果、蔬菜，特产有槟榔、莲雾。其中，以福建为主体的西海经济区让福州的农产品的发展有了强力的依靠。福州市紧紧围绕优化农业生产结构和区域布局，依托本地资源和市场需求，形成沿海蓝色产业带、山区绿色产业带、平原高优产业带，发展壮大水产、畜牧、果蔬、食用菌、茶叶、花卉和竹木等农业优势主导产业，大力推进农业名牌化工作，优势特色产品在空间上日益集聚，产业链条不断延伸，对农业和新农村经济建设的支撑作用日益体现。

四　福州市农产品流通发展SWOT分析

SWOT分析是一种对一个具体事件的优势、劣势、机会和威胁的分析。SWOT字母代表Strength、Weakness、Opportunity、Threat。意思分别为：S，强项、优势；W，弱项、劣势；O，机会、机遇；T，威胁、对手。对福州市主要农产品市场竞争力进行SWOT分析就是对福州市主要农产品竞争力的内部优势、劣势，以及外部的机遇和威胁进行分析。

（一）福州市农产品流通发展的优势

1. 区位优势

区位优势就是某地在某地区位置上的综合资源优势，即某一地区在发展经济方面客观存在比较有利的地理条件、气候或优越地位。其中主要构成因素包括：自然资源条件、地理分布位置、交通运输、生产要素，以及社会、经济、科技、管理、政治、文化、教育、旅游等方面，是一个综合性优势。同时，自然资源、劳动力、工业聚集、地理分布位置、交通运输、科技水平等因素条件也决定一个地区的区位优势的发挥程度。

20世纪80年代，福州作为福建省的省会成为全国最早对外开放的沿海城市之一，是海峡西岸经济区的对台重地，其发展将有希望得到更大的政策倾斜、资金投入，具有明显的自身区位优势和经济优势。随着交通等基础设施条件的逐步改善，福州市区位优势将更加凸显，成为祖国东南沿海大通道的重要区域，地处长江三角洲、珠江三角洲、台湾省三大经济区的中间位置，独具“北承南连、西进东出”的区位优势，受到三大经济区的经济辐射的影响，既是连接三大经济发达地区尤其是台湾省经济区的“桥头堡”，也受到位于福州南方的闽南经济区的经济辐射的影响，同时还是连接江西、安徽、湖南、湖北等内陆地区的重要出海口，为福州进一步开发提供了广阔的作为空间。近年来随着两岸经济合作领域的不断拓宽，特别是在海峡西岸建设中，福州市十分注重利用区位优势。利用与台湾人文、地理上的特殊联系，依托企业的发展，特别是利用闽台农业合作契机，利用榕台双方的互补空间，积极推动榕台农业产业合作，整个福州以台资开发区、投资区的形式进行招商引资，已经成为区域经济发展的一大特色。许多台资企业落户福州后，获得了迅猛发展，以良好的投资回报，增强台湾企业投资者信心更强，也使得整个海峡西岸的投资热一再升温。

2. 本地需求力强劲

由于农产品在本地消费的比例比工业品要大得多，因此本地市场的规模和结构变化必然对福州市农产品的市场竞争力产生重大的影响。除此之外，根据迈克尔·波特“钻石体系”理论论述，本地市场的性质、消费者的成熟程度、人均收入等都会对福州市主要农产品市场竞争力的形成和发展产生不同程度的影响。消费结构及其变化是衡量居民生活水平的重要标志，它反映居民的消费特征及消费趋势，反映居民生活水平提高程度及社会经济发展状况。目前，福州市城镇居民在消费性支出八大类中，食品消费仍是城镇居民家庭消费支出的重点。2007 年福州城镇居民家庭人均购买食品的消费支出 4669.91 元，增长 15.6%。其中，福州市城镇居民家庭食品消费支出中增幅较大的是粮油类、蔬菜类、奶及奶制品类、干鲜瓜果类等消费支出，分别比上年增长 1.4%、1.1%、1.4%和 1.9%。食品支出占消费性支出的比重为 39.7%。

近几年来，福州市农民人均纯收入和城镇居民人均可支配收入呈递增趋势，随着经济发展和收入水平的提高，农民的人均纯收入和城镇人均可支配收入都在增加，为开拓农村消费市场和扩大城镇居民消费打下基础。

3. 农业基础设施优势

从福州市农业基础设施情况来看，各项基本指标都高于全省平均水平。目前，福州市制定了一系列措施，计划投资 10 亿元用于水利建设和水土流失治理来加强农业基础设施建设。计划在三年内每年实施土地整治、开发整理 3350 公顷，加快建设一批中心渔港和一级渔港，加强气象监测预警体系建设。同时，福州市还将开展 49 个乡镇、340 个行政村家园清洁行动，基本实现自然村道路硬化，解决福州市 54 万人口饮水安全问题，每年推广户用沼气池 3000 口以上，完成 1 万人“造福工程”搬迁，扩大农业政策性保险范围，渔船保险扩大到全市。

4. 农业科技水平优势

福州市在农业生产上，加大农业科技的投入和研究，注重优良新品种的研发和引进力度，积极试验示范推广农业新品种，总结完善了一大批农业优质高产高效安全配套技术，通过以节水、节地、节约资源为重点，提高肥料、农药、种子、土地等各种生产资料的利用率，提高农业机械化应用水平，改善农业生产条件，减轻农民的劳动强度，节约劳动力资源，实现农业的可持续发展。这些措施加快福州市优良新品种推广速度，提高良种覆盖率，为促进福州市农业结构调整和粮食增产、农业增效、农民增收做出了积极贡献。

目前，福州市主要农作物良种普及率达 95%以上，以杂交水稻、豆类、甘薯等高产优质抗（耐）病的品种为主，示范、推广优质高产、市场销势好的名特优的蔬菜、水果、食用菌新品种。在整个福建省科技整体情况指标中，福州市科技在各地区排名中都是数一数二，同时在农业生产贡献率方面也大于全国科技贡献率达到 53%，应该说这是福州农业科技的一项强大优势。但是，这与世界发达国家农业科技贡献率达 70%—80%，还有一定的差距，有待进一步提高。

（二）福州市农产品流通发展的劣势

这几年来，福州市主要农产品市场竞争力无论是总量增长、农业结构调整的步伐，还是农业产业化经营步伐和出口创汇，都有所提高。但是从总体上看，竞争力不强的问题还相当突出。主要农产品市场竞争力不强，主要表现在以下几个方面。

1. 生产成本相对过高，价格竞争力较弱

农产品生产成本主要包括生产者花费在生产资料上的费用和生产者花费在农业劳动力上的费用。据了解，福州主要农产品的生产成本整体上高于全国水平。农产品的竞争首先是价格的竞争，而价格竞争取决于生产农产品的成本高低。目前福州市农产品生产成本偏高的原因很多，如农业作物生产规模比较小、农用生产资料价格相对来说较高、农业劳动生产率比较低、机械化水平不高、农产品生产技术落后等。同时也因为多年经济持续快速增长，社会总需求上升，主要生产资料，尤其是资源性产品需求快速增大，导致主要原材料、燃料及动力购进价格持续上扬。随着城市化和城市工商经济的发展，进城务工的农民多了，生产者花费在农业上的人工成本也有所提高，进而推动相关农产品及消费品价格上涨。降低农产品的生产成本，不仅需要在依靠农业技术进步、全面推进农业产业化经营进程，提高化肥利用率、加大工业反哺农业的力度等方面下功夫，还需要政府在财力、物力和人力上增加对农业公共服务的支持。

2. 规模竞争力较弱

中国加入 WTO 后，福州市农业和农村经济已融入了一个以经济全球化为基础的无国界经济多边贸易体系，也将积极参与国际市场。目前，福州市小规模、分散经营农产品，不适应在国际国内市场上展开竞争，更不符合现代化农业的要求。规模经营是降低成本、提高效益的有效途径，也是提高产品市场占有率、增强竞争力的重要因素。福州市稻谷、甘薯、花生、柑橘、枇杷在农产品规模优势指数上虽高于全国平均水平，但没有多少优势，只能说初具规模优势。与此同时，福州市农业仍还有一大部分还是传统型农业，一个农户承包几亩耕地，分成 7—8 块，种养多个品种，虽然说是小而全、样样有，却样样都不多，有商品无批量，有产品无产业。同时，福州的农产品市场发育不充分，市场主体的规模很小，能够深购远销、大进大出的大龙头、大企业较少，难以与外国高度专业化生产、跨国大集团经营的公司抗衡。

3. 品牌、品质竞争力较弱

在市场竞争日趋激烈的形势下，质量就是竞争力的生命线。优胜劣汰是市场经济的不二法则，质量成为决定成败的关键要素。福州市主要农产品大多数是初级产品或半成品，高技术含量、高附加值、精深加工型的产品少，不能满足市场多层次、多样化的需求。如以福州有名的福橘来讲，主要是以鲜食为主，极少用于加工果汁，橘子保质期短，价格低廉。同时，由于福州市多数农产品，农药残留、重金属含量超标比较普遍，卫生安全隐患较多，达不到国际市场的质量要求。因此，在农产品市场竞争中受到诸多的交易壁垒。信誉竞争力较弱，发展市场经济必须讲求诚信原则。“诚招天下客，誉从信中来”既是千古经商法则，更是市场经济有序运行的内在要求。福州市的一些基地和企业创品牌立得快、倒得也快，其中的原因很多，但最根本的是信誉问题。有的急功近利，短期行业，只顾眼前利益，不注意长期的市场培育，耍小聪明，搞小动作，做“一锤子买卖”；有的甚至不讲基本的企业道德，以次充好，掺杂使假，造假售假，成为害群之马，严重影响福州市产品和企业的形象。

福州市主要农产品面临着生产成本相对过高、价格竞争力较弱等问题。因此，只有在农产品的品质、质量上占据竞争力优势，才能够满足消费者安全健康需要。通过农业标准化的手段和方法，积极促进农业科技成果转化和农业新品种、新技术、新方法提高福州市农产品市场竞争力。福州市农业相关部门多次对农业投入品安全使用和生产销售的重点环节，以蔬菜种植、畜禽养殖为重点领域，以农产品生产基地和规模种植养殖场以及农业标准化示范区为重点单位进行检查，集中打击使用农业及农产品生产销售上禁用农药、兽药、饲料添加剂和化学物质的行为，严肃查处多起违法案件，并加强对农产品农药残留和“瘦肉精”等禁用、限用药物残留的监测，稳定农产品市场运行秩序。目前，福州市一共拥有 10 个国家级农业标准化示范区，在最近就有新增的五个国家级农业标准化示范区。虽然福州市通过开展农业标准化示范建设，提升了农产品的质量和水平，使福州市一大批农产品获得名牌称号和通过绿色食品、无公害农产品认证，但是，福州市农业标准化仍存在一些困难和问题。主要表现在标准化意识不强、体系不够健全、政府投入不足等。

4. 农产品“龙头”企业带动力不强

福州市的农产品“龙头”企业，在带动农户进入市场方面起到了重要作用。但从整体上看，“龙头”企业对农户的带动作用还需加强。福州市农业龙头企业中以小型企业为主，大型企业较少，这就造成了农业企业的资本实力不足、厂房面积小、规模偏小、生产设备落后、管理者水平和员工整体素质层次偏低等问题。由于本身层次不高，更加缺乏长远的发展观，对科技研发经费投入不足，缺乏与科研院所、大专院校的交流与合作，以至于农业企业的生产方式粗放，效益不高，抵御市场和自然风险的能力不强，难以带动农业产业化经营向纵深发展，带动能力不强。同时，大多数农业龙头企业不能自觉地为农户提供资金、技术、人员等各项相关服务，无法建立起相对合理、互赢的“利益共享、风险共担”体制，在与农民合作中，往往会出于自身发展考虑，设置相对不合理的条例、合同，在收购农产品时大幅度降低农产品价格，造成农户损失惨重。当供不应求时，农业企业就按低价收购农产品，再转手高价卖出，以价格差幅从农户身上赚取暴利。这样不公平分配，挫伤了农民的积极性，降低了企业的信誉，影响了企业与农民之间长久的互惠互利合作关系。同时，没有“龙头”企业带动，使得农产品加工水平低，附加值不高，大多数农产品仍以销售初级产品为主，很难占领市场和提高比较效益。

（三）福州市农产品流通发展的机遇

1. 榕台农业合作互补机遇

榕台一衣带水，两地合作具有区位、人文、成本便利等共同优势。距离上，福州与台湾隔海相望，是祖国大陆与台湾相距最近的城市，平潭岛距新竹仅 72 海里，黄岐距马祖 4.3 海里；情感上，榕台有广泛的亲缘、血缘关系，同根同源，语言相通，习俗相同，许多台湾人源自福州、根在榕城，近 10 年双方通婚就有 2 万多对，民间交往的惯性，使两地合作犹如顺水行舟，不推而动；政策上，榕台互为优先，“两马”直航已先行一步，两地来往朝发夕至，极为便利；资源上，榕台气候环境相似，物种资源和农产品具有共性，两地合作知己知彼，两岸交流容易，凸显榕台农业合作优势。改革开放之初，福州凭借对外开放的先机、对台独特的区位优势与深厚的人文渊源，吸引台商纷至沓来投资创业、经商贸易，榕台农业合作也呈现多领域、高层次、双向交流合作的良好格局。福州成为台商投资大陆最为集中、最为活跃的地区之一。福州与台湾农业合作始于 20 世纪 80 年代初，充分利用“5·18”、“6·18”、“9·8”、“11·18”等招商引资平台，凸显榕台农业合作优势。经过几年发展，六个海峡两岸农业合作示范区已初步形成不同的区域特色和示范带动功能。晋安示范区依托农业院校师资力量及科技水平，积极发展观光农业，成为财政部扶持的闽台农业合作示范基地。琅岐示范区开发成为无公害蔬菜标准化生产示范基地，逐步形成万亩蔬菜生产基地、万亩水产品生产基地、万头商品猪生产基地、万只蛋鸭生产基地四大区块农业生产基地；连江示范区利用丰富的水产资源优势，不断拓展两岸水产业合作，形成水产养殖和加工基地；福清示范区积极主动引进台湾农业良种、技术设备和资金，重点发展畜牧、果蔬、水产主要支柱产业，努力成为全省农产品深加工和储运基地；闽侯示范区建成两岸农业科研院校项目试验基地；罗源示范区的山海资源开发被授予国家级科教兴海示范基地。海峡两岸（福州）农业合作试验区成立以来，累计引进台湾动植物良种八大类600多种，引进了植物组织培养、水果嫁接与丰产技术、食用菌人工栽培技术等台湾农业先进技术，并大面积推广或建立种养基地100多种，促进福州市农产品品质的提高、新品种的开发。榕台两地经济互补性强，奠定农业及农产品合作基础。福州主要优势集中在以下方面：各种资源丰富、土地资源与劳动力低廉、消费长期高速惯性扩张，尤其是优质农产品市场与需求两旺。台湾在资金、良种、技术、人才方面有自身优势。榕台农业要素大致情况比较差异见表2—17。

表2—17　**榕台农业要素大致情况差异**

项目	福州	台湾
自然资源	气候优越，物种丰富，山海资源较丰富，开发潜力很大，森林覆盖率高，生态环境好	自然资源相似，土地集约利用程度高，地价高
资金	政府投入少，农业生产资金少，融资途径好	资金较雄厚
劳动力	劳动力剩余，劳动力效率偏低、劳动力低廉	劳动力年龄老化，价格高
技术	缺乏实用技术的应用与推广，农业总体技术水平不高，农民素质不高，技术推广不易	技术先进，机械化高，农业科研投入较多，新品种多，品质好
市场化程度	市场需求旺盛，而生产能力不足；农产品市场信息与流通渠道不畅；农产品流通成本高	市场经济经验丰富，具有较完备的现代化农产品运销体系；市场供过于求
农业发展现状	传统农业向现代农业过渡	现代农业

从表2—17的比较差异中可以得出，榕台的农业生产要素和农业发展程度均具有高度的互补性。虽然两方在自然资源方面大多数情况相似，但是在资金方面，福州市政府对农业的投入相对来说较少，存在农业主体融资途径有限、农村金融机构资金供给不足等问题，与农业产业化、机械化的发展以及大规模、专业性强、生产效率高、产品质量好的农产品基地等建设和农户在农业生产方面都需要大量资金形成矛盾，使得资金成了制约农业发展的一个甚为关键和重要的瓶颈。同时，在劳动力方面，福州市劳动力有较丰富，且劳动力成本较低，与台湾人口老年化、劳动力成本昂贵形成互补。在技术方面，虽然福州市农业

科学技术相对较好，但与台湾相比，仍有很大的差距，同时农民的素质不高，需要更好的专业农业推广人员；而台湾方面，农业科技技术水平先进，机械化高，农业推广能力强。在市场化程度方面，福州市农产品需求旺盛，本地区的产品及品质已无法满足居民对品质、口味、品种的需要；台湾方面，生产能力供过于求，品质较好，且流通渠道顺畅。在农业发展现状来看，福州整体上还是处于传统农业向现代农业过渡阶段，需要向现代农业的台湾好好学习，引进、吸收、消化、利用台湾现代农业的制度体制、科学技术和经营方式。

台湾虽然是现代农业，但是，劳动力价格高，土地稀缺，市场供过于求。这些都将导致台湾必须利用技术、资金、市场管理与营销经验的优势去寻求与传统农业生产要素的结合，以提高农产品竞争力。因此，在共同的机遇与挑战面前，有着特殊的亲情关系与民族情结的榕台两地，可以进行合作，追求共赢，发挥比较优势，促进资源优化配置。

2. 外资、台资带来农业金融合作机会

2007 年 5 月 18 日举行的第九届“海交会”农业重点项目推介暨对接洽谈会上，福州市签订台资农业项目投资 1590 万美元，协议台资 1240 万美元，台资农业总投资占外资总投资的 71.6%。到 2007 年 6 月止，福州市上半年累计引进台资农业项目 420 项，协议台资 4.9 亿美元，实际利用台资 3.2 亿美元，先后引进台湾动植物良种八大类 600 多个品种，引进种养及加工技术 2000 多项、设备 1000 多台套，为进一步提升榕台农业合作层次打下坚实的基础。

同时，各商业银行特别是农村信用社、农业发展银行、农业银行等涉农业务较大的银行继续加大对龙头企业的信贷支持力度，对龙头企业实行优惠的贷款利率，积极支持龙头企业开展担保贷款。缓解了担保难对龙头企业融资的瓶颈制约，支持具备条件的龙头企业到国内外证券市场发行股票、企业债券募集资金。加大政府支持，强化宏观指导和服务，政府要给予必要的支持，特别是对制约农产品加工业发展的技术、信贷、基地建设等瓶颈因素加以协调与支持，这是世界农产品加工业发达国家或地区的共同经验与启示。

3. 农产品农业标准化

在“十一五”期间，党中央、国务院提出要加快发展农业标准化和食品安全工作，并进一步要求切实把实施农业标准化纳入经济社会发展总体规划，列入重要议事日程。农业标准化是指以农业生产为对象的标准化活动，主要包括种植业、林业、畜牧业、水产业、农业综合标准化。其中农业标准化的对象主要包括三方面：一是农产品、种子的品种、规格、质量、等级、安全、卫生要求；二是农产品试验、检验、包装、储存、运输、使用方法；三是农产品生产技术、管理技术、术语、符号、代号等。简单地说，农业标准化，就是通过对人们在农业生产的产前、产中、产后全过程制定标准和实施标准，确保国家农产品的质量安全。

实施农业标准化还要加强 GAP、HACCP 和“绿色通行证”等认证工作。GAP 是良好农业规范（Good Agricultural Practice）的简称，是国际通行的、主要针对初级农产品生产的种植业和养殖业的一种操作规范和流程，并关注动物福利、环境保护、工人的健康、安全和福利，保证初级农产品生产者生产出安全健康的产品。HACCP（Hazard Analysis and Critical Control Point）是危害分析的临界控制点。确保食品在生产、加工、制造、准备和食用等过程中的安全，在危害识别、评价和控制方面是一种科学、合理和系统的方法。ISO14001：1996《环境管理体系——规范及使用指南》是国际标准化组织（ISO）于 1996 年正式颁布的可用于认证目的的国际生产标准，是 ISO14000 系列标准的核心，它要求组织通过建立环境管理体系来达到支持环境保护、预防污染和持续改进的目标，实现环境目标与经济目标的统一，并可通过取得第三方认证机构认证的形式，向外界证明其环境管理体系的符合性和环境管理水平。由于 ISO14001 环境管理体系在世界上具有很强的权威性、指导性和通用性，对世界标准化进程起着十分重要的作用，并能带来节能降耗、增强企业竞争力、赢得客户、取信于政府和公众等诸多好处，所以自发布之日起即得到了广大企业的积极响应，被人们视为进入国际市场的“绿色通行证”。

（四）福州市农产品流通发展的威胁

1. 自然灾害及流通损耗影响不可低估

福州作为全省政治、经济、文化中心，占据着独特的地理、气候、资源和区位环境，为经济发展创造了十分有利的条件，也频频带来各种自然灾害，特别是随着经济的发展、人口增长和生态恶化，农业自然灾害的发生频率、影响范围与危害程度均在增大，威胁农业生产和人员安全，每年仅气象灾害造成的直接经济损失就超过 10 亿元，并呈上升趋势，已成为制约福州市农业经济发展的重要因素。严重自然灾害的成因主要是自然因素，但是目前许多自然灾害除了纯自然因素外，也受到人为的、社会的因素影响且作用日益增加。主要是因为农业生态失衡，加大了灾害的发生频率和强度。农业污染问题、植被破坏、过度开取地下水等问题还在向恶化方面发展。在基础设施部分，仍有一大部分大中型水库年久失修，功能老化，配套设施不全，建设滞后，运行效率不高，造成农业保障功能大大下降。同时，福州市现在实行的防灾减灾措施还处于技术起点不高、思想认识尚不充分、调节控制和疏导能力差的层次上，在消除、削弱或回避灾害发生源，保护转移受灾的居民和资产，增强抗御承受灾害的能力等方面，仍处于较低的水平。因此，保持生态平衡是抗御农业自然灾害的基本条件。应通过加强农业基础设施建设，加强抗灾服务体系建设，完善灾害防御体系，加快农业保险事业的发展，来提高抗灾减灾能力，为农业生产提供有力保障。

2. 农业保险体制不健全

农业生产周期长，自然风险相对而言就比较大。福州地处沿海，也频频遭受各种自然灾害、气象灾害及病虫害，特别是台风影响比较大。为了保护农业生产稳定发展和维护农民的利益，增强农业的风险承受能力，增强农业、农村和农民抵御自然灾害能力，提高灾后自救、恢复生产的能力，建立农业保险制度势在必行。农业保险体制的确立有利于改革农业补贴方式和救灾救济方式，有利于稳定农业生产，保障农民利益，促进农业发展、农民增收和农民稳定，推进社会主义新农村建设。福州农业相关部门以服务“三农”为宗旨，以政府主导、财政扶持、市场运作、自愿参保为方针，以“三者兼顾、两低一保”（兼顾投保人缴费能力、财政补贴能力、保险公司风险承受能力，实行低保额、低保费、保成本）为基础，结合当地实际情况，制定和完善推动农业保险发展的相关政策和措施，先起步后完善，先试点后推广，以点带面，逐步推开。

目前，福州市农业保险范围主要有：全市农村住房保险、平潭县渔工责任保险、永泰县森林火灾保险、福清市水稻种植保险四种保险。其中全市农村住房保险一项中，累计福州市有乡村参保户1236397户，保费多达6522794元。根据规定，福州市农房保费由省市两级按1∶1分担。可见，农村住房保险费全由政府承担。而在福州市四种农业保险中，保费分担情况不一样，福州市四种农业保险情况比较见表2—18。

表2—18　**福州市四种农业保险情况比较**

比较项目	农村住房保险	渔工责任保险	森林火灾保险	水稻种植保险
试点地区	全市	平潭县	永泰县	福清市
保险标的	农户所有且坐落于乡村有人居住的房屋，包括卧室、正厅、饭厅、厨房	渔船工人及船舶	生长和管理正常的商品林、生态公益林及林权抵押贷款的造林	凡国营、集体、个人种植的水稻，符合技术管理要求，均统一按本年度水稻实际种植面积投保

续表

比较项目	农村住房保险	渔工责任保险	森林火灾保险	水稻种植保险
保险责任	火灾、台风、雷击、暴雨、暴风、洪水、雹灾、泥石流、崖崩、突发性滑坡、飞行物体及空中运行物体坠落	洪水、海啸、雷击；火灾、爆炸；碰撞、触碰；搁浅、触礁；及船上人员操作、作业时发生的意外事故	在保险期限内，因火灾直接造成的保险林木死亡、因火灾施救造成的保险林木死亡，保险公司负责赔偿	保险水稻因风力8级以上暴风以及洪涝、冰雹、滑坡、泥石流等自然灾害造成的死亡、灭失或绝收损失
保险期	1年	1年	1年	1年
保险金额	每户保额5000元	每人保额3万元，其中：意外伤害医疗费限额3000元	每公顷5970元	早、中、晚稻每公顷保险金额各4478元
保险费率	100%	0.3%	生态公益林、国有商品林业0.4%，其他0.5%	中稻为2.5%、早晚稻为4%（含附加寒害责任0.5%）
政府扶持政策	第一年市县两级承担，第二年度起，年保费改由省级财政全额承担	试点期间船东承担80%保险费，市和县两级政府各补贴10%	种植户个人承担80%的保险费，市级政府补贴20%。当年赔付率超过80%时，人保财险公司与市级政府各承担50%	农户承担50%的保费，政府补贴50%的保费（市和福清市两级政府各承担50%）
承保方式	全市协议统保	投保人自愿投保	投保人自愿投保	全福清市统保

从表2—18可以看出，除了农村住房保险外，渔工责任保险、森林火灾保险、水稻种植保险三种保险虽然政府补贴20%—50%的保险费，但剩下的保险费依旧过高，造成保险率普遍较低。因此，应降低农业保险费，提高政府对农业保险的补贴力度，加强和完善农业保障体系，使广大的农民在自然灾害面前减少损失，促进稳定农业生产，保障农民利益，最终促进福州的农业发展。

3. 来自国内外农产品的竞争威胁

在国内，首先在招商引资上，福州在近几轮外资及台商投资区域布局中被冷落，吸引资金下滑；同时，在农产品竞争中，台湾、浙江、江西及东北等各地的农产品冲击着本地市场，造成本地农产品市场竞争一定程度激烈化。而外国借助 WTO 中的贸易协议，凭着品质和生产成本的优势，把农产品打入福州市场，其农产品已经对福州市主要农产品构成威胁。

根据以上分析，归纳总结福州市农产品竞争力构建 SWOT 的矩阵，见表 2—19。

表 2—19 SWOT 的矩阵

因素	积极因素	消极因素
内部因素	优势（Superiority）	劣势（Weakness）
	本地需求力强劲 福州市农业基础设施较好 农业科技水平相对较高 区位优势	生产成本相对过高 价格竞争力较弱 规模竞争力较弱 品牌、品质竞争力较弱 农产品“龙头”企业带动力不强
外部因素	机会（Opportunity）	威胁（Threat）
	榕台农业合作 引资、投资、融资机遇 农产品农业标准化	自然灾害影响不可低估 农业保险体制不健全 国内和外国农产品的竞争压力

从表 2—19 中可以得知，福州市主要农产品在 SWOT 分析中的优势、劣势、机会和威胁，并在此基础上，发挥优势，克服劣势，利用机会，化解威胁，为福州市主要农产品的流通对策探讨做准备。

五　福州市农产品流通发展的对策及建议

（一）加强政府对农业及农产品市场支持与保护力度

农产品市场不是完全意义上的竞争市场，因此政府行为，特别是政府的扶持是建立和保护农产品市场竞争力体系的重要因素。对农业及农产品市场的政府行为支持力度的衡量应包括工作效率、信息服务完善程度、检验服务体系、资本体系的健全状况、病虫害防治力度以及基础设施建设等因素。基于上文的 SWOT 分析结果，福州市政府对农业及农产品市场的支持应着重从以下几方面着手。

1. 明确发展思路，切实加强政府对农业财政扶持力度

在发达国家，政府以转移支付农业的政策弥补农业的基础性、弱质性、多功能性的缺陷。目前中国也出台了一些城市反哺农村和以工养农的政策。福州市各级财政可以依据增量重点倾斜、存量适当调整的原则，调整相关财政支出结构，逐步加大对农业产业化发展的扶持和鼓励力度。对于各项农业综合开发

资金、支农资金、科研经费、农副业发展资金等的运用应突出重点，争取最有效地应用于扶持农业产业化项目，扶持农产品的龙头企业，扶持农业优势产业以及农业基地建设。另外，对于相关企业和技术人员在技术和品牌上的创新和进步，农业及其有关部门可以在遵循相关规定和原则的基础上，给予一定奖励和表彰。实行农产品出口与产品的增值税税率一致的退税政策，实行农产品出口退税不限定退税指标和具实即退原则，以缩短退税周期，营造对农业企业发展有利的良好环境。

2. 积极推进农业科技进步，全面提高农产品科技含量

农产品科技含量反映了精深加工的程度，是实现农业产业化的基石。首先，福州市应积极构建以龙头企业为主体、产学研相结合的新型农业科技创新体系。通过鼓励和支持龙头企业与高等院校、科研院所合作，共建研发机构，对关键技术开展联合攻关，来开发具有福州市自主知识产权的农产品专用新品种、新技术、新产品。通过加强科技创新平台建设，促进福州市农业技术成果与企业、农户对接，促进企业与农民的合作，达到农户与企业共赢。同时，还应当充分发挥榕台农业合作优势，加大对台农业新品种、新技术的引进、开发、推广的力度。其次，加强福州市农业科技推广体系建设。加快农业技术推广体系改革和建设，稳定农业技术推广队伍，建立与农业产业带相适应的跨区域专业性的新型农业科技推广服务组织。通过实施农业“科技入户”示范工程，在农作物方面，以合理的粮饲轮作、施有机肥等方式来提高和培肥地力，运用节水灌溉等先进农业生产方式降低生产成本；在畜禽饲养方面，一定加强畜禽饲养技术的研究及疫病防治，对畜禽的疫病一定要做到早发现、早上报、早处理，把疫病疫情控制在最小范围；在林果业生产中，推广普及先进适用新技术和先进方式，如疏花疏果、平衡施肥、果园覆盖、果实套袋等水果生产技术来提高林果的生产效率，提高林果的生产量。同时，采取多种形式、多途径广泛开展对农民的科技文化培训，提高农民的市场意识、信用意识、质量意识和科技文化素质，增强参与农业产业化经营的能力。

3. 加快农产品供应基地建设，培育农产品流通市场

充分发挥区位优势，突出地区特色，以相对集中、生态高效的要求，推进“一乡一业、一村一品”，加强农产品供应基地建设，改善现有农产品流通市场体系的软件和硬件设施，加快农产品市场信息化改造，加快传统农产品交易市场的现代化，推进农产品流通信息工程建设。同时，鼓励大型连锁超市、骨干农产品批发市场、农产品龙头企业建设的农产品仓储设施及配送中心，特别是应该支持福州市建立多个台湾农产品市场及首个“台湾农产品物流中心”等集

散地，利用物流服务优化组合和供应链管理技术降低农产品流通的成本。还应该积极培育福州市农产品流通过程中的农产品产地批发市场、销地批发市场和零售农贸市场三级市场体系，实现福州农产品流通多渠道、多层次、多元化。

（二）促进榕台农业合作，提高福州市农产品市场竞争力

榕台农业合作交流有利于各自优势的发挥。福州作为省会城市和首批海峡两岸农业合作试验区之一，不仅要着眼于本市农业现代化建设的需要，更要统筹考虑台湾的现实和发展的需要，以便真正做到优势互补、共同发展、相互促进。

1. 做好榕台农业产业对接，不断提升优势农产品的市场竞争力

福州市应积极出击，抓住榕台农业合作得天独厚的区位优势和良好的产业基础，通过有偿农业技术合作、建立农业高新技术产业合作示范区、携手进行农业及农产品方面合作或由台湾接订单、在福州市建农产品生产基地等方式把更多的农产品推向国际市场，以高产、高质、高效为立足点，大力引进台湾农业优良品种和先进农业技术，发挥福州市果、茶、畜禽、水产等重点农业优势产业的示范作用，建立一批以高新技术为主的农业合作示范区和农产品出口生产加工基地，发挥台资农业企业出口创汇能力和竞争力强的优势，提升农业发展层次，提升福州市优势农产品的市场竞争能力。

2. 举办台湾农产品在榕巡展活动，增加榕台农产品交流

在福州举办台湾优质农产品巡展活动，一方面可以利用台湾省农产品巡展机会，凸显福州在海峡两岸农业交流合作中的独特优势和重要地位，努力将福州市建成台湾农产品进入大陆的集散中心。另一方面可以利用台湾农产品巡展以及福建农林大学的影响，推广台湾优质农产品，增加榕台农产品交流，学习台湾优质农产品的经验与成果。

3. 加大对台引资工作，促进福州市农产品加工业发展

投入不足是福州农业发展的最大瓶颈。鉴于农村、农业的基础现实，福州市短期难以靠自身发展完成资本积累。近年来台资缓解了福州市农业特别是农产品加工业部分资金压力，拓展农业资源开发领域，引进先进设备，促进了农产品产业的升级。此外，加强对台引资，还能促进产品结构优化，发展深加工，推进技术创新，建设资源节约、环境友好和安全保障型行业。

（三）大力推进农产品名牌战略

树品牌、创名牌是现代化农业企业在市场激烈竞争的条件下逐渐达成的共识，通过企业、农产品品牌建设，与别的企业、别的产品有所区别，形成品牌追随，使消费者形成一定程度的忠诚度、信任度、追随度，并由此使企业和农产品在竞争中拥有坚实的基础。

1. 建立和完善品牌管理体系

农产品生产经营的分散性，给农产品品牌的创建与管理带来了品牌不名、有牌无品、同品异名、一卵多生以及科技技术含量低、特色不明显等问题。这些问题损害了农产品品牌形象。因此，要进一步加强政府的引导力与推动力，应科学制定农业名牌发展的战略规划，明确相应的名牌内涵，建立开发、培育、完善品牌机制，加强品牌质量、品质监督。在积极开展农产品名牌宣传，通过各种媒体、洽谈会、展示会等途径进行宣传的同时，也要加强对农产品品牌的扶持、管理和保护。在农产品创建品牌初，必须经过权威检测部门检测合格，有过硬的质量保证。严格对市场上流动的农产品品牌进行监测，凡经监管机构检测的不合格农产品以及假冒品牌、盗用名牌等违法活动，要予以处罚并公示，从而维护正常的市场经济秩序，保证名牌产品的市场竞争优势。

2. 促进认证工作开展，提升农产品科技含量和品牌效应

帮助农产品生产企业开展 ISO14000 系列标准、GAP 认证以及 HACCP 认证，鼓励企业采用“绿色环境标准”，大力发展无公害农产品、绿色食品和有机食品，在进行质量相关认证的基础上，建设农业标准化体系。在福州市现有农业标准化体系基础上，结合当前福州市农业及农产品检验机构和技术方法、手段，将农业及农产品最新科技成果转化为农业生产的标准规范，全面做到产前、产中、产后高标准、特色化，切实加强农产品质量安全监督检查，进一步完善农产品质量检测体系，力争建立完善布局比较合理、手续比较完备、农技水平基本满足需要的层级分明、重点突出、保障有力的质量安全检验检测体系。同时，鼓励企业和农民大力学习、使用、推行国际农业高标准和国外先进标准，或是鼓励农业生产标准高起点化、特色化，以高品质、高质量来要求自己。根据福州市农业生产和国内外市场的实际需要，以福州市的名、特、优、新和关系国计民生的大宗农产品为重点，制定修订一批覆盖种植业、畜牧业、林业、水产养殖业等各生产领域，涉及粮食、蔬菜、水果、茶叶、食用菌、肉类、水产品和竹木等主要农产品的质量、安全生产技术的地方标准和检验检测方法。积极引导企业和农民抓好重要农产品的质量等级标准，逐步形成国际标准、国家标准、行业标准、地方标准和企业标准有机结合的标准化体系，促进农产品科技含量的提高。

（四）提高农民的组织化程度，培育市场经营主体

1. 创新组织经营模式

农业产业化是农业发展到一定程度的必然要求，而提高农民的组织化程度，则是农业产业化的前提和需求。如果让千家万户农民既要面对生产，又要面对市场的问题，还要去关注农产品的流通、加工领域，这样对普通的农民来讲明

显无能为力。因此，福州市应按照“自愿、互利”和“民办、民管、民受益”的原则，围绕农产品的生产、加工和销售，鼓励、加快多种形式的农民专业合作经济组织的建设，完善地区性合作经济组织，重点是完善农民专业合作经济组织的经营体系和组织体系，使地区性经济组织具有生产、加工、流通和为成员采购生产、生活资料等职能。同时，还应该支持以农业龙头企业为主体，大胆创新“公司+专业合作组织+农户”等农业产业化经营组织形式，建立和完善农业产业化利益连接机制，做到“风险共担、利益共享”，协调企业、农民的利益，稳定农产品产销关系，促进福州市农产品的市场竞争力。

2. 充分发挥“龙头”企业、行业协会的带动作用

把龙头企业生产的全过程纳入标准化管理，指导，采取“龙头企业+农户”、“龙头企业+专业合作经济组织+农户”、“公司+基地+农户”的模式，以一种或一类福州本地优势农产品为龙头，以福州本地市场和国内外市场为导向，以农产品产供销一体化经营为依托，将分散的农户联合起来，严格控制农业生产中从种子（种苗、种畜）到种植（养殖），从加工到销售的每一个环节，以标准化促进产业化，推动福州农产品生产上规模、质量上档次、管理上水平，确保福州农产品的高质量和规格的统一，使农产品成为具有强大竞争力的商品，实现福州市农业生产、加工、销售一体化、标准化的生产模式，推动农产品品质竞争力，带动全市经济发展。鼓励、扶持农民专业合作组织，协调企业与农民的不合理的关系，而企业在加强产品研制、人才作用的基础上，要进一步探索、建立企业与农户联合运作机制，除了采用“龙头企业+基地+农户”的农业产业化经营模式外，还应积极探索其他更适合现代农业的模式，真正提高农民的组织化程度。

第五节　厦门市农产品流通发展报告

一　厦门市农产品流通发展状况描述与分析

（一）地理区位及主要农产品生产状况分析

1. 厦门市的区位条件

厦门市（Amoy），别称鹭岛，简称鹭，位于东经118°04′04″，北纬24°26′46″附近，在中国东南沿海，福建省南部，台湾海峡西岸，与漳州、泉州相连，地处闽南金三角中部，是闽南地区的主要城市之一，与漳州、泉州并称“厦漳泉”。是中华人民共和国副省级城市、计划单列市、新一线城市，是中国最早实行对外开放政策的四个经济特区之一，是十个国家综合配套改革试验区之一

(即“新特区”)。是两岸区域性金融服务中心、东南国际航运中心、大陆对台贸易中心、两岸新兴产业和现代服务业合作示范区，享有省级经济管理权限并拥有地方立法权。南接漳州，北邻泉州，东南与金门岛隔海相望，属闽南金三角经济区。2013 年，厦门地区生产总值（GDP）突破 3000 亿元。

厦门市由厦门岛、鼓浪屿及其众多小岛屿和同安、集美、海沧、翔安等组成，陆地面积有 1699.39 平方公里，海域面积有 300 多平方公里。其中厦门岛面积约为 132.5 平方公里，是福建省的第四大岛屿，全岛海岸线约为 234 公里。

厦门市濒临台湾海峡，整个海岸线蜿蜒曲折，港阔水深，终年不冻，是条件优越海峡性的天然良港，有史以来就是中国东南沿海对外贸易的重要口岸。厦门港拥有多个港区和生产性泊位，已跻身国内大型一类港、世界集装箱大港 17 强之列。

厦门地形以滨海平原、台地和丘陵为主。厦门地势由西北向东南倾斜，地势地貌构成类型多样，有中山、低山、高丘、低丘、台地、平原、滩涂等。西北部多中低山，从西北往东南，依次分布着高丘、低丘、阶地、海积平原和滩涂，南面是厦门岛和鼓浪屿。云顶山为厦门市最高峰，云顶岩为厦门岛最高峰，日光岩为鼓浪屿最高峰。

厦门属于亚热带季风气候，温和多雨，年平均气温在 21℃左右，冬无严寒，夏无酷暑。年平均降雨量在 1200 毫米左右，每年 5—8 月份雨量最多，风力一般 3—4 级，常向主导风力为东北风。由于太平洋温差气流的关系，每年平均受 4—5 次台风的影响，且多集中在 7—9 月份。①

2. 厦门市主要及特色农产品的生产概况

厦门市的粮食生产以水稻为主，其次是甘薯和大豆，油料作物以花生为主，蔬菜有叶菜类、瓜类、根茎类、茄果类、葱蒜类、菜用豆类、水生菜类、其他蔬菜等八大类。花卉主要有鲜切花、盆栽植物和绿化苗木。

厦门果树品种繁多，有热带、亚热带、温带果树八大类，主要有 52 个品种，其中龙眼种植面积最大，其次为荔枝、香蕉、柑橘等杂果。2005 年，全市有水果总面积 12844.2 公顷，总产量 36404 吨，其中龙眼的面积与产量分别占总量的 84.2%和 57.3%。

厦门市畜禽产业的发展已改变了传统的生产模式，是以工厂化、集约化方式来生产，年产值占农业总产值的 29.2%。饲养品种以生猪和禽类为主，基本实现良种化，主要有猪、牛、羊、鸡、鸭、鹅、鸽、兔、狗、鹿、鹧鸪、孔雀、鸵鸟等 40 多个品种。

① 厦门市百度百科 2015 年 12 月 22 日。

厦门海域终年水温较高，阳光充足，营养盐较丰富，生产力水平较高，生物量大，共记录各类海洋生物近2000种，其中有较高经济价值的60多种，现作为海水养殖对象的有20多种，主要是牡蛎、缢蛏、花蛤、文蛤、泥蚶、对虾、锯缘青蟹、梭子蟹、紫菜、真鲷、鲈鱼、牙鲆、卵形鲳参等。

截至2012年，全市共实现地区生产总值（GDP）2817.07亿元，增幅呈稳中有升态势，较年初提升4.4个百分点。其中，第一、第二、第三产业增加值分别是25.21亿元、1374.01亿元和1417.85亿元。产业结构从上年的1.0：51.1：47.9调整为0.9：48.8：50.3，二产比例略有下降，三产比例持续上升，产业结构得到优化。

1993年土地利用现状调查统计，厦门土地总面积为575.71平方公里。土地利用率达92.8%，可供开垦的荒地仅2.56平方公里，占全岛陆地面积的1.8%，土地后备资源不足。主要畜禽种类有猪、牛、羊、马、鸡、鸭、兔、鹅，零星和小量养的种类有驴、狗、猫、珍珠鸡、鹁鸽、鹌鹑等。

2012年全年，厦门市农林牧渔业产值41.29亿元，完成产值301.21亿元；销售收入294.55亿元；上缴税金总额14.31亿元。吸纳本地农村从业人员2.3万人，带动农户数21.51万户。该地农户从产业化组织得到的收入18.09亿元；工资总额5.93亿元。全市农民人均纯收入13455元，其中工资性收入为7333元，占农民人均纯收入的54.5%，已成农民收入增长的主要来源，全年农村人均转移性收入908元。①

（二）以夏商集团为核心的农产品流通模式

1. 夏商集团

厦门夏商农产品集团有限公司前身是厦门蔬菜公司，2004年7月23日实施公司制改制，现名为厦门夏商农产品集团有限公司，是夏商集团所属的国有全资企业，也是夏商集团的核心主业。夏商农产品集团是以开发建设、经营管理批发市场为核心业务，以基地种植养殖、物流配送、生鲜终端运营等为延伸业务的集团性商贸企业。②

夏商农产品集团现拥有食品加工、生鲜配送、粮食贸易、冷藏业务等八家控股公司，开办了蔬菜、水产品、肉品、家禽、蛋品、冻品、干货、台湾水果等八个专业农副产品批发市场，加上新拓展的厦门市水产批发市场项目、同安大型农产品物流批发市场、中埔市场扩建项目、马巷家禽批发交易市场，市场面积将达80万平方米，流通平台将实现全方位布局。

---

① 厦门市百度百科2015年12月22日。

② 厦门市夏商集团官网2015年12月22日。

夏商农产品集团承担着厦门市“菜篮子”、“米袋子”、引导生产、保障供应、调控价格、把控安全等主渠道作用，着力打造“从基地到餐桌”的食品安全供应链条，确保市民吃上“放心菜、放心肉、放心鱼、放心米”。所供应的生鲜农产品在厦门市场的占有率为：蔬菜达75%，水产品为80%，猪肉为70%，禽蛋品为60%，冷冻食品为90%，台湾水果为90%，进口大米为50%。

夏商农产品历来重视品牌建设，打造出三个省、市著名商标和四个福建名牌产品，旗下海堤牌酱油、“黄金香”牌肉制品为中华老字号产品。

夏商农产品是全国“菜篮子”放心工程优秀企业，全国百家大型农产品流通企业，全国食品安全示范单位，国家级、福建省、厦门市农业产业化重点龙头企业，厦门市“菜篮子工程”重点企业、重点物流企业。

夏商集团的组织结构如图2—42所示。

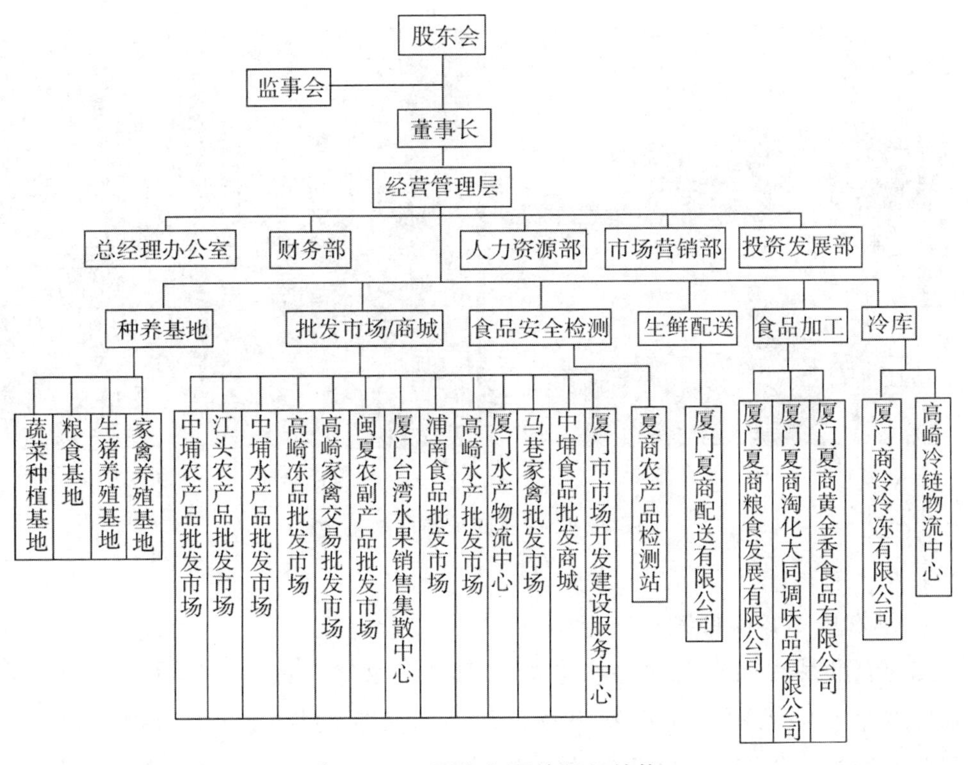

图2—42　夏商集团的组织结构

2. 种养基地

夏商农产品多渠道建设“菜篮子”供应保障基地，强化源头掌控能力。公司密集走访、稳步开拓厦门以及周边地区种植、养殖基地建设，做实“菜篮子”产业链源头。公司现已建立内外销蔬菜基地4.7万亩（含直控、监管基地），水产养殖基地6万亩，生猪养殖基地24个（直控基地14个、监管基地10个），年出栏量约43.7万头（见图2—43）。

蔬菜种植基地　　夏商黄金香所属商业畜牧公司养殖场

夏商禾美生态养殖基地

夏商银谷禽业蛋鸡养殖场

图2—43　夏商种植养殖基地

3. 批发市场食品商城

夏商农产品现拥有蔬菜、水产品、肉品、家禽、蛋品、冻品、干货、台湾水果等八个专业农副产品批发市场，加上新拓展的厦门市水产批发市场项目（打造海西最大的水产品批发交易中心，20万平方米）、同安大型农产品物流批发市场（14万平方米）、中埔市场扩建项目（7万平方米），市场面积将达80万平方米，流通平台将实现全方位布局。

夏商农产品拥有的专业农副产品批发市场包括：夏商（中埔）农产品批发市场（含水产品批发市场）、夏商（江头）农产品批发市场、夏商（高崎）冻品批发市场、夏商（高崎）家禽交易批发市场（鹭露水产有限公司）、厦门闽夏农副产品批发市场、夏商（浦南）食品批发市场、厦门台湾水果销售集散中心、厦门水产品批发交易中（水产物流中心）、夏商（马巷）家禽批发交易市场、夏商（中埔）食品批发商城等。

夏商农产品经过多年实践后，针对部分农业合作社供应品种单一，在“农超对接”模式中难以满足终端多品种需求且合作效率低的现状，对“农超对接”进行优化创新，在市场内开设“蔬菜合作社销售专区”，力推“农—批—商（超市、餐饮、伙食单位等商家）对接”，比“农超对接”更加务实、高效。

各市场和商城具体介绍如下。

（1）夏商（中埔）农产品批发市场

夏商（中埔）农产品批发市场于2003年7月投入运营。占地面积7.2万平方米，建筑面积4.66万平方米。形成融蔬菜、水产、肉类、冻品、干货为一体的大型生鲜食品物流批发平台。

市场全面实施电子结算、电子监控、电子信息发布等三大系统。荣获了“全国百家大型农产品批发市场”、“全国食品安全农产品市场与供应商‘双十佳’”、“全国综合批发市场50强”、“全国十强批发市场”称号，并列入国家重点批发市场、国家级绿色市场、农业部定点批发市场、省商贸业实施项目带动战略的重要项目及市重点物流项目（见图2—44）。

图2—44　夏商（中埔）农产品批发市场

（2）夏商（江头）农产品批发市场

夏商（江头）农产品批发市场位于厦门市禾山路与禾东路交界处，属江头商业区中心地带，市场占地面积1.5万平方米，建筑面积3万平方米。主要经营蔬菜、猪肉、干果、冻品、调味品等农副产品批零业务。

（3）厦门台湾水果销售集散中心

厦门台湾水果销售集散中心于2009年1月投入运营，中心总占地面积

18812平方米，总建筑面积14420平方米。中心主营台湾水果，兼营境外其他地区进口水果和台湾农特产品，同时开拓周边礼品市场及自营业务。现拥有固定商铺60家，入驻率达100%，已引进台南县农会、玉井乡农会、台湾地区青果商业公会、高雄县青果会等台湾25个县市的水果供应商、台湾农特产品经销商兼境外进口水果经销商入驻，并以该集散中心为辐射窗口，一方面，进驻厦门各大超市、大卖场设立台湾水果专柜，并力推台湾水果礼盒，开拓礼品市场；另一方面，利用厦门便捷的海陆空通道，中转到国内各大城市并设立台湾水果分拨销售点，分拨的城市有沈阳、北京、南京、上海、济南、杭州、福州等十几个大中城市。厦门市台湾水果进口量稳居全国第一，其中90%通过本中心集散。

中心为台湾产水果在厦门及国内市场销售及加工配送等提供配套服务。因此，本中心不仅是台湾农特产品展示平台，而且是海峡两岸水果产业交流与协作的平台；同时促进了进口水果在厦门的销售（见图2—45）。

图2—45　厦门台湾水果销售集散中心

（4）夏商（高崎）冻品批发市场

夏商（高崎）冻品批发市场于2008年1月正式投入运营，总占地面积3.86万平方米，总建筑面积1.3万平方米，并配套建设1500吨冷库。冻品批发市场为福建省内第一家专业的冻品批发市场，目前已进驻双汇、雨润、三全、蒙牛、海欣、台湾安井、泰国正大、马来西亚兴鸿佳、印尼中大乐等48家知名冻品企业（见图2—46）。

（5）厦门鹭露水产有限公司

厦门鹭露水产有限公司成立于2004年4月，系厦门夏商农产品集团有限公司的控股公司，主营业务为水产品、贝壳类、家禽及其加工产品的批发销售。鹭露水产自成立以来，经营业务规模不断拓展，先后投资开办了三个专业批发市场，即中埔水产交易批发市场、中埔贝壳类批发市场、高崎家禽交易批发市场。其中，水产交易批发市场占地 15000 平方米，拥有交易店面 100 间，交易摊位 80 个，场内固定批发商 140 户，日交易量 140 吨，占全市交易总量的 90%以上；贝壳类批发市场占地 4000 平方米，拥有交易店面 16 间，交易摊位 30 个，场内固定批发商 45 户，日交易量 40 吨，占全市交易总量的 90%以上；家禽交易批发市场占地 7000 平方米，拥有交易店面 20 间，交易摊位 40 个，场内固定批发商 50 户，日交易量 15000 羽，占全市活禽交易总量的 90%以上。

图 2—46　夏商（高崎）冻品批发市场

鹭露水产以批发市场为依托，立足厦门，辐射周边地区及省内外养殖基地，为农户渔民与城市居民间搭起一座供需桥梁，有效地带动厦门周边地区及省内外水产家禽养殖业的稳步发展，为促进厦门与内地的贸易往来、丰富市民的菜篮子等做出积极贡献。

（6）三个拟建项目

第一，夏商（中埔）食品批发商城。

项目选址在现有夏商（中埔）农副产品批发市场南侧，总用地面积 6.8 万平方米。主要建设地面七层、地下一层框架结构，总建筑面积 10.61 万平方米，其中地下建筑面积 1.74 万平方米（不计容积率）；地上建筑面积 8.87 万平方米。项目预计总投资约 3.5 亿元。市场投入建成后，将成为立足海西、辐射全国的大型食品交易平台，有利于扩大两岸贸易合作，推进海西经济建设。

第二，厦门水产品批发交易中心（水产物流中心）。

项目规划总用地面积约 12.87 万平方米，总建筑面积约 12.36 万平方米。主要功能区分为：活鲜交易区、冻品干货区、整车淡水白虾交易区、冰鲜交易区、贝类交易区及生活配套服务区等。市场建设投资总额约 5.22 亿元。项目按高标准、高起点规划，能满足未来一段时间内厦门及海西水产批发的需要，让厦门水产在海西占有主导地位。

第三，夏商（马巷）家禽销售集散中心。

项目选址在厦门市翔安区马巷镇洪溪村村口地块，项目总投资约 5000 万元，规划建设一栋三层框架结构交易中心，及一栋钢架结构交易大棚，总占地面积 23000 平方米，总建设面积 15000 平方米，是一个集活禽批发中转、集中屠宰、分割加工、冷藏、配送功能于一身的现代化、规范化、专业化的大型专业禽产品批发市场。项目拥有活禽批发集散中心（含奇珍异禽）、活禽屠宰车间、分割加工车间、低温冷库、配送、无害化处理室、污水处理、检验检疫、停车场、办公配套设施等。

（7）厦门市市场开发建设服务中心

厦门市市场开发建设服务中心是根据国务院关于市场办管脱钩的文件精神，经厦门市人民政府批准，于 1996 年 6 月 26 日成立的。市场服务中心承担着厦门市 20 多个农产品市场的服务管理工作，在厦门市农产品市场开发建设、稳定和保障市场供应、改善市场交易环境、促进公平交易、确保食品安全等方面，起到了重要作用。市场服务中心与集团系统基地、批发市场、配送、农产品检验检测站、超市等相关业务部门良性互动，发挥协同作用，进一步提高市场管理与服务水平，正着力对所属 20 多个农产品市场分批进行提升改造。

4. 食品加工企业

（1）厦门夏商黄金香食品有限公司

厦门夏商黄金香食品有限公司（以下简称夏商黄金香）系原厦门市食品公司于 2004 年按《公司法》改制而来，“黄金香”品牌始于 1842 年，属商务部认定的“中华老字号”企业。夏商黄金香专业经营生猪定点屠宰（年 90 多万头）、畜禽养殖、肉禽蛋副食品市场及肉制品加工业务。主营产品包括冷却肉、热鲜肉、冻副产品、肉制品以及禽蛋等。目前公司拥有万头种猪场三个，猪、牛、羊定点屠宰场五个。夏商黄金香是国家、省、市三级农业产业化重点龙头企业，厦门市“菜篮子”、“放心食品”工程主要成员单位。企业综合实力列中国肉类食品行业 50 强、全国生猪屠宰 20 强（见图 2—47）。

（2）厦门夏商淘化大同调味品有限公司

厦门夏商淘化大同调味品有限公司是一家专门从事调味品生产、具有百年历史的国有企业，属商务部认定的“中华老字号”企业。公司位于同安西柯工业园，拥有 9.6 万平方米的生产基地，第一期占地面积 4.6 万平方米，员工 200 余人。公司年酿造酱油 10000 吨、酿造食醋 1500 吨及复合调味料 3000 吨，位列中国调味品著名品牌企业 50 强。公司主要产品包括“海堤”、“淘化大同”牌酿造酱油、酿造食醋、辣椒酱、西红柿沙司、喼汁、蚝油、肉骨味香、五香粉、咖喱粉、胡椒粉等 30 多种具有南国特色的调味食品。新开发金线莲果醋深受市场欢迎（见图 2—48）。

肉联厂屠宰车间

肉联厂肉品质量安全检测检验室

肉品冷藏运输车

生鲜肉品专卖店

图 2—47　厦门夏商黄金香食品有限公司

图 2—48　厦门夏商淘化大同调味品有限公司

5. 厦门夏商粮食发展有限公司

厦门夏商粮食发展有限公司系厦门市粮食集团于2006年6月改制而来，以“米袋子”供应保障为己任，以粮油贸易流通为业务核心，配套仓储服务和粮油实业投资等业务。公司年粮油经销量15万多吨，其中进口大米份额占厦门市总进口量的50%以上。目前，公司正努力推进位处前场物流园区的厦门粮油批发市场的建设，未来将成为厦漳泉最大的粮油交易中心。公司积极承担政府定向大米的供应任务，在保证粮食基本价格稳定方面做出了应有贡献。公司将着力打造粮食产购销一体化供应链，现已发展成为区域性粮油市场供应保障的中坚力量。

6. 厦门夏商配送有限公司

厦门夏商配送有限公司主要从事果蔬农产品、水产、鲜肉、干杂货、饮料、粮油及调味品等农副产品配送业务。以自控无公害生产示范基地及集团所属几大批发市场为货源保证，借助夏商农产品检验检测站对货源进行严格安全监控，同时进行现场分级加工，实行24小时专程配送服务，严防加工和流通环节食品污染，为客户提供优质、安全的鲜食配送服务。公司不断强化“基地+配送+商家（超市、餐饮、伙食单位等商家）”农产品流通全程保障能力，协调基地或批发市场与消费终端有效对接，畅通农副产品销售渠道，减少流通环节，降低流通成本，最终达到平抑终端消费价格、便民惠民的目的（见图2—49）。

图2—49　厦门夏商配送有限公司

7. 厦门商冷冷冻有限公司

厦门商冷冷冻有限公司拥有厦门市政府保障副食品供应的主要冷藏库，是厦门市唯一指定国家肉类储备库，是市农业局动物食品定点检验单位，是国家出入境检验检疫局存储进口肉类食品指定单位，同时也是厦门畜禽冻品定点检疫检验中心。公司有容量5000吨的低温冷冻库，正规划建设高崎万吨冷库项目。

8. 夏商农产品检测检验站

夏商农产品检测检验站是全国率先在批发市场内实施自律农残检测的企业。早在1998年9月1日就投资设立的农产品检验检测站，是经国家实验室认可、商务部在厦唯一定点、省级计量认证的食品安全检测机构，是融农产品品质监控、业务培训与指导、技术咨询与服务为一体的检测机构，其出具的检验报告已进入60多个签约国之间互认检验报告体系。

夏商农产品检测检验站承担着集团所经营的各类农副产品批发市场、生猪定点屠宰厂、农副产品生产基地所生产的各类农副产品的药物、微量（重金属）元素、硝酸盐和亚硝酸盐等有害物质残留量和微生物污染的监控、检测工作。

夏商农产品检测检验站与集团所属批发市场联手加强检测力度，坚持全面推行进场交易的农产品批批检测制度，确实落实“未经检测的各类农副产品不得上市”的措施，将治标与治本相结合，推行市场准入制度，逐步建立长效的管理机制。每年对蔬菜、水产、家禽、生猪、水果等检测量达60多万批次（见图2—50）。

图2—50 夏商农产品检测检验站

二 厦门市农产品流通特点分析

（一）以国有企业经营为主，全产业链上实行企业化运作

厦门市的农产品流通主体以夏商集团为核心，而夏商集团是原来的厦门市蔬菜公司经过改制后一步步发展壮大而来的，在经营中带有很强的计划性，并且实行了全产业链的运作（见图2—51）。

夏商集团根据厦门市整体城市规划和市场需求预测，布局农产品批发市场，成为农产品的产品集散中心、价格形成中心和信息传递中心；在价格和供需信息指导下，与上游农产品供应基地（包括自有基地、紧密型基地、松散型基地、社会基地等）进行供货洽谈；农产品采购完成后，经过批发市场检测，配送到各农贸市场、超市、配送企业、伙食单位、宾馆或餐饮企业等终端市场。另外，还有部分农产品进出口业务也是在信息的指导下完成。这样，形成了农产品由田间到餐桌上的全过程核心企业参与、监控的局面。①

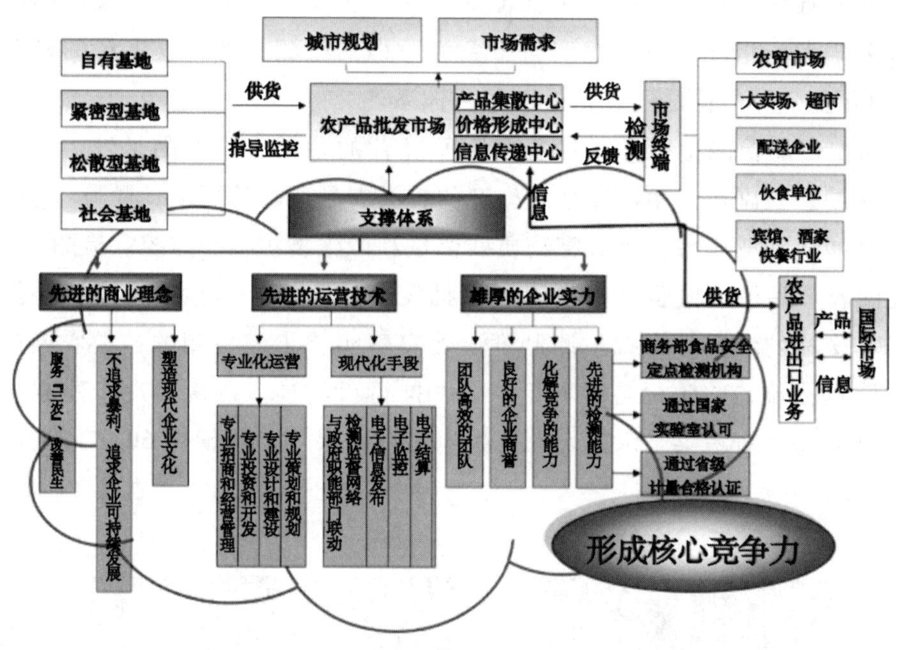

图 2—51　夏商集团农产品供应链运作模式

（二）强大的支持平台体系

厦门市夏商集团之所以能够不断发展壮大，保障厦门市农产品流通顺利进行，与其具有的强大支持平台体系是分不开的。支持平台体系包括先进的商业理念、先进的运营技术和雄厚的企业实力。夏商集团先进的商业理念包括“服务‘三农’、改善民生”、“不追求暴利，追求企业可持续发展”、“塑造现代企业文化”等公司使命和愿景；先进的运营技术包括专业的招商和经营管理、投资和开发、设计和建设、策划和规划，先进的电子结算、电子监控、电子信息发布、检测监管网络及与政府有关职能部门的协同联动；雄厚的企业实力体现在先进的检测能力、良好的企业商誉、团结高效的团队等。正是强大的支撑体

① 夏商农产品集团：《服务三农，改善民生报告 PPT》，2015 年 12 月 22 日。

系，保证了农产品供应的顺利进行及对环境的应变能力。

（三）“统购分销”模式

夏商集团统一向基地购买农产品，每批都是经过检测后分别销售给市场终端。这种模式非常有效地调节了供需之间的差别，平抑了物价。这与厦门市历史以来就是农产品需求大于供给的市情、夏商集团由原来的蔬菜公司发展而来有关。一般情况下，夏商集团与自有基地、紧密联系的基地签有供应合同，当通过价格和需求机制发现厦门农产品供不应求时，会即时联系比较松散的基地和社会基地，通过松散基地和社会基地调来农产品，满足供应，同时降低物价。这种调节供需和价格的模式起到了非常好的作用。

（四）严把农产品上市检测关

夏商集团市场检测检验站累计投入资金700多万元，下设药残检测室、重金属检测室、有机样品处理室等六个功能室，涵盖了蔬果、水产品、家禽及豆制品等农产品的质量检测，是融农产品品质监控、业务培训与指导、技术咨询与服务为一体的检测机构。

检测检验站于2002年12月通过了福建省质量技术监督局计量认证，2004年10月被国家商务部授予食品安全定点检测机构，2006年初顺利通过了中国国家实验室认可，荣获省“农业产业标准化工作先进单位”和市“治理餐桌污染示范单位”。现每天检测1500批次，实现了对蔬菜等农副产品“批批检测”，保障了厦门市农产品食品的质量安全。

（五）厦门两岸农产品流通协会

厦门与宝岛台湾隔海相望，占有独特的对台区位优势，扮演着两岸交流先行者的角色。厦门两岸农产品流通协会（Xiamen Intercoastal Farm Produce Circulation Association，XIFPCA）是经民政部门注册登记，从事大陆与台湾两地及相关第三地的国家或地区的农产品流通、加工、投资、贸易、服务等业务的企业、个人、农民专业合作社、社团组织，以及与此业务相关的科研院所和专家学者等自愿组成的具有法人资格的地方性、联合性、非营利性的社会组织。①

从政府到民间，在两岸各界的大力支持和指导下，经过半年多的筹备，协会于2013年9月1日正式成立，中国国民党名誉主席连战、吴伯雄专程发来贺电。目前已有双汇集团、天晨投资、夏商集团、象屿酒业、嘉晟贸易等100多家会员企业。随着两岸实现大三通、ECFA的签署、两岸服务贸易的签署，两岸大发展的势头不可阻挡，协会将在两岸农产品的交流和贸易中担当桥梁作用。

---

① 《厦门市成立两岸农产品流通协会》，2015年12月22日，凤凰网。

协会以“沟通、服务、自律 、发展”为宗旨，整合两岸从上游种养到下游销售各环节的资源，通过产业互助平台，促进协会会员抱团发展，并通过区域分工合作、建立会员参与的行业股份制，在产业链各个环节打造行业品牌。为会员整合资源，搭建平台，建设通路，推广创新模式，推动两岸农产品的交易和往来，加强行业间管理与自律，促进行业的发展与壮大。目前协会通过六大专业委员会：食品安全与维权专业委员会、电子与供应链专业委员会、行业金融专业委员会、科技农业专业委员会、品牌战略发展专业委员会、人才技术专业委员会，从多方面入手给会员以更全面的服务。

协会已在厦门市东渡路 51 号裕城大厦有海峡两岸互动联谊中心、中埔有两岸农产品贸易中心、象屿路 97 号国际航运大楼两岸贸易中心有办事处、湖里万达广场有千加万项目会员产品展示厅，展现了协会多点位多功能地不断为会员搭建服务平台、开拓服务项目。同时，协会还为会员争取多项尊享服务，如商业地产优先合作开发权，全案品牌共享资源，海峡两岸及香港、澳门商务考察、学习、交流的服务，会员单位互助资金，工商、税务、海关等行政单位便捷服务的通道以及政府给予厦门市两岸农产品流通协会各项扶持资金、优惠政策、税收补贴，等等，实实在在为会员争取各种利益。协会还不断加强自身建设以聚集更高的影响力，在行业中占据重要的位置，并以服务会员为己任，带领会员齐头并进，迈向更辉煌的发展之路。

三　厦门市农产品流通中的价格机制

（一）形成重点“菜篮子”企业价格协调机制

厦门市建立了重点“菜篮子”企业价格协调机制，在价格波动强烈期，公开向社会做出不涨价承诺，积极应对价格波动。对蔬菜交易费实施减免，中埔蔬菜批发市场果菜减免 7% 交易管理费，水叶菜免每 50 公斤减 2 元过磅费。有效带动果菜类销售 6037 吨，水叶菜销售 3000 吨。

（二）形成“菜篮子”应急投放机制

厦门市建立了平价蔬菜供应、储备冻肉投放等应急投放机制，加大财政对“菜篮子”产品的调运投放补贴，有效带动“菜篮子”价格的整体回落。启动节日供应增量调运补贴，对节日调运蔬菜增量 609.1 吨实施运费补贴。2014 年新增储备冻肉 550 吨（厦门市储备冻肉 2300 吨、罐头 300 吨、食糖 400 吨）。

（三）形成对平价商店补贴机制

厦门市于 2011 年起启动平价商店的建设工作，财政对平价商店初期的建设装修费给予补贴，并对经营者因执行调控协议价产生的经营费用和经营损失给予补助。2013 年根据市场价格变动情况，启动三期（共计五个月）的政府补贴销售农副产品，蔬菜类政府协议价格低于市场均价 15%以上，粮、油、猪肉、蛋类价格低于市场均价 5%，让利市民 483 万元。

（四）形成对低收入群体的补贴机制

厦门市以低收入群体消费价格指数为基础，落实低收入群体的动态生活价格临时补贴。对城乡低保和农村五保对象发放价格临时补贴；春季、秋季学期向困难学生发放 20 元/月和 60 元/月的生活补贴。2013 年，特殊困难群众临时价格补贴支出 132 万元。[①]

四　厦门市农产品流通发展的经验启示

（一）建基地，夯实"菜篮子"供应基础

一是建章立制、保障落实。严格落实"菜篮子"市长负责制，成立领导小组，建立工作机制，明确分工。先后出台调控基地认定管理办法和资金使用管理办法，明确年度建设目标任务。规范申报、评审、认定、管理、补贴等程序和工作机制，用足用好引导资金。市财政每年划拨 2000 万元保障"菜篮子"工程建设。2013 年，市政府专题会议研究并下达"菜篮子"基地建设的工作目标，新增建设年产蛋品 7200 吨禽蛋调控基地、2000 亩水叶菜应急供应基地、日产 80 吨的芽苗菜工厂化生产项目。调整了基地建设补贴方案，确定了禽蛋调控基地及海捕鱼船调控基地的管理办法和补贴标准。通过了《厦门市水叶菜应急供应基地建设方案》以及增加冻肉等副食品储备。研究制定《厦门市"菜篮子"调控基地供应量补贴实施细则》。建立和完善"菜篮子"工程建设档案资料，建立基地电子档案。

二是夯实基础，稳步提升。扎实推进调控基地评审认定，2014 年新增认定生猪基地 5 个 5. 8 万头、蔬菜基地 5 个 13254. 77 亩、禽蛋基地 3 个 2220 吨、水产品基地 2 个 30250 亩、海捕船 1 家年捕捞量约 6000 吨。截至 2013 年底，厦门市完成认定"菜篮子"调控基地 79 个，其中：生猪基地 34 个，年出栏生猪 47. 8 万头；蔬菜基地 29 个，3. 76 万亩；水产品基地 9 个，3. 27 万亩；海捕鱼基地 4 个，约 15. 6 万吨；禽蛋基地 3 家，年产蛋量 2220 吨。根据实际需要，逐步增强禽蛋、水叶菜、芽苗菜等调控基地，不断提升"菜篮子"产品的供给能力。

三是严把审核，落实补贴。严格落实基地认定管理办法和资金使用管理办法。受理新申报调控基地 32 家，经资料审核，选择 16 家上规模、资料齐全、

① 厦门市农业局：《厦门"菜篮子"工程建设情况》，2015 年 12 月 22 日。

积极性高的开展实地评审，邀请农业（种植、养殖）、环保、财政等专家全程参与评审。受理25家基地项目共59个，相关票据1970.54万元，申请补贴985.27万元。经资料和实地评审，10家蔬菜基地、9家生猪基地申报的42个项目通过验收，核补资金450.47万元；对外埠基地实行供应量补贴共补贴478.62万元，2家海捕鱼基地共补贴28.15万元，兑现9家批发市场管理费用65万元。共核拨经费569.62万元。

（二）促流通，提升“菜篮子”流通效率

一是建平台。通过大力推进“双百市场工程”建设、标准化菜市场改造、定点屠宰优化整合等工作，农产品流通主体的规模化、信息化和检测能力等都有了较大的提升。目前厦门市拥有规模定点屠宰企业五家、规模肉菜批发市场四家，其中闽南果蔬批发市场、中埔农产品批发市场已成功列入全国“双百市场工程”。指导新建闽南果蔬批发市场，配备质量检验检测、冷藏、冷链物流、电子信息结算发布平台、废弃物处理中心加工配送等设施，力争进入区域性骨干市场，对中埔蔬菜批发市场进行升级，完善基础设施，主要承担本岛主要农产品供应任务。

二是布网点。通过提升改造，改善农贸市场消费环境，新建社区配套建设生鲜超市和若干生鲜专卖店。加快建设社区连锁便利店，争取覆盖全市绝大多数社区和行政村，形成满足城乡居民生活消费需求的便民服务网络。厦门市已建平价商店64家，其中岛内43家、岛外21家，经营粮食、食用油、猪肉、禽类、蛋类、水产品、蔬菜等7类共25个品种平价农副产品，涵盖了居民基本生活范围。

三是强对接。适时组织“农超对接”，组织基地参加特色农产品展销会和基地—超市对接会。鼓励主要大超市、卖场设立“零利润”专柜，批发市场建立基地展销专区；鼓励基地与电商平台对接，降低流通成本，破解“卖菜难”问题。培育和壮大农产品物流配送中间体，逐步建立和壮大中央厨房物流配送体系，集约解决“菜篮子”产品卫生安全问题。择优15家市“菜篮子”调控基地品牌产品参加第十一届中国（厦门）国际食博会，设立调控基地产品特色展区。举办农超对接会，组织市内11家大中型连锁超市与63家“菜篮子”调控基地对接。

四是辟通道。落实运输“绿色通道”，对运输鲜活农产品车辆不予扣车、卸载、罚款处理，免征公路车辆通行费等政策，每年减免征鲜活农产品运输通行费超过7000万元。拓宽信息共享渠道，与全国范围内农产品产地、批发市场建立友好协作关系，实现信息资源共享，掌握各地产品的供应量、销售量、库存量，及时调运补充，调剂余缺，保持市场供应稳定均衡，品种丰富多样。

（三）保安全，强化“菜篮子”质量监管

一是形成产地安全生产和准出机制。积极推行农产品、水产品产地准出制度，规范生产、用药等制度管理，建立完善农产品可追溯制度、绩效考核制度、产地准出制度、产地认证监管制度、农产品质量安全承诺制和黑名单制度等各项长效机制，切实把好农产品质量安全产地准出关口。开展“菜篮子”蔬菜调控基地土壤环境监测，指导调控基地科学生产，确保源头种植安全。

二是形成流通环节集中抽检机制。从 2011 年起，厦门市食安办委托法定资质的专业机构，针对与市民膳食结构密切相关的 22 类主要食品进行集中抽验和评价，总体评价厦门市食品安全情况。市农业局出动各类农产品监管人员 5503 人次，开展蔬菜、水果等种植产品农药残留例行监测 639 批次，检测农药项目 52 项，获取检测数据 33200 多个，农药残留检测合格率达到了 99.5%；快速检测蔬菜、水果等种植产品农残 36610 份；共检疫猪 33.2 万头、家禽 90 万羽；抽检屠宰场生猪“瘦肉精”45277 份、莱克多巴胺 45277 份，监测合格率 100%，养殖基地畜禽产品兽药残留检测合格率保持在 99%以上。市海洋渔业局以水产养殖和水产品批发市场为监管重点环节，开展水产品检测 246 批次，包括大宗养殖水产品药残监测、水产苗种药残监测、本地近岸海域贝类毒素监测和野生海捕鱼重金属监测；组织对水产品批发市场甲醛快速检测 2939 批次，合格率 100%。

三是形成生产流通网络监管机制。种植养殖基地建立植物预测预警监测点、动物疫情固定监测点、农资放心示范点和农产品质量安全追溯点；流通环节依托生鲜监管网、流通环节食品安全监管系统、肉品质量安全信息可追溯系统，初步实现了“来源可溯、流向可追、质量可控”的监管机制。在已建立的 26 个预测预警监测点（蔬菜农残固定监测点、植物疫病监测点、植物病虫害监测点）、11 个动物疫情固定监测点、7 个农资放心示范点和 4 个农产品质量安全追溯试点的基础上，2015 年新增建 6 个农产品质量安全追溯试点、15 个镇（街）农产品质量检测室和 6 个农资协作社。①②③

五　厦门市农产品流通发展的对策建议

（一）找准市场定位，超前规划谋定

突出区域特色亮点，集中台湾、龙岩、漳州农产品优势和厦门港口优势，增

① 厦门市农业局：《厦门“菜篮子”工程建设情况》，2015 年 12 月 22 日。

② 《厦门构建全方位“菜篮子”保障，农产品安全从田间管到餐桌》，2014 年 11 月 12 日，厦门新闻—厦门网。

③ 李传勇、陈琼、陈永峰：《福建省厦门市农产品质量安全追溯系统的应用现状与发展对策》，《北京农业》2014 年第 6 期。

强辐射闽台及全国能力，打造绿色新型市场，建设闽南地区的最大“菜篮子”。[①]

（二）创新市场管理，完善服务配套

通过全面的信息支持、高效的管理交易、周到的客户服务、绿色的能源利用，创新批发市场管理服务模式。完善仓储、物流、金融等配套，逐步建立以农产品交易为主，物流、仓储、电子商务、金融服务为辅的产业集群，引导资金、人力流向，增强集聚效应，全面带动就业和区域经济发展。尤其是迁建后的闽南果蔬批发市场，要预留仓储、物流、金融、电子商务、垃圾处理等配套设施用地。

（三）提高流通效率，降低流通成本

培育和壮大农产品物流配送中间体，建立安全、健康、可靠的农产品供应链体系，按照客户需求和相关标准，依托夏商、象屿等农产品电子商务平台，建立中央厨房物流配送体系，完善农贸市场、社区便利店等销售终端建设。一方面集约解决市民“菜篮子”产品卫生安全，另一方面通过集散中心、配送中心、物流中心、终端节点等要素体系的合理配置，提高流通效率，降低流通成本，有效平抑物价。[②]

（四）建立市场联盟，实现资源共享

充分利用闽南批发市场区位优势，与全国范围内农产品产地、批发市场建立友好协作联盟，推行批发市场“网络化”战略，实现网络资源共享，及时掌握各地市场产品的供应量、销售量、库存量，及时调运补充，调剂余缺，保持市场稳定均衡供应，同时确保品种的丰富多样。

（五）完善生活必需品储备，提高市场抗风险能力

做好粮、食盐、糖、冻肉等生活必需品储备，确保极端气候和突发性事件发生时主要生活必需品不断档、不脱销。完善生活必需品储备，提高冻肉、糖、罐头储备，增加水产品、果蔬等储备。[③]

第六节　南宁市农产品流通发展报告

一　南宁市农产品流通发展现状

广西南宁是中国与东盟最近的经贸交往最活跃的首府城市。在自由贸易区

① 厦门市人民政府办公厅：《关于印发厦门市建设“食品放心工程”两年行动方案（2015—2016）的通知》（厦府办〔2015〕133号），2015年7月29日，中国厦门市人民政府官方网站。

② 《厦门市推进农产品流通体系建设为美丽厦门构筑民生保障》，2015年12月22日。

③ 厦门市农业局：《厦门“菜篮子”工程建设情况》，2015年12月22日。

的推进过程中及建成以后，作为大西南的出海通道、物流枢纽及东盟商贸前沿的广西南宁将面临巨大的商机，巨大的人流、物流、信息流，成为东盟自由贸易区的核心城市。

南宁市地理位置优越，处于中国华南、西南和东南亚经济圈的接合部，是环北部湾沿岸的重要经济中心，面向东南亚、背靠大西南、东临粤港澳、西接印度半岛，具有得天独厚的区位优势和地缘优势，是华南沿海和西南腹地两大经济区的接合部以及东南亚经济圈的连接点，是新崛起的大西南出海通道枢纽城市。作为周边县市农产品流通的集散地，具有良好的农产品流通条件和较大的产品市场份额，交通便利，区位优势明显。商品经济的日趋繁荣和发达，使大市场、大流通成为必然的发展趋势。

（一）南宁市农产品供需情况

1. 南宁市农产品供给情况

（1）产值

2014 年，南宁市实现农林牧渔业总产值 609.33 亿元，比 2013 年增长 4.55%。其中，农业产值 337.90 亿元，增长 6.45%；林业产值 28.63 亿元，增长 0.52%；畜牧业产值 184.26 亿元，增长 0.71%；渔业产值 25.42 亿元，增长 6.07%；农业服务业产值 33.12 亿元，增长 11.5%。农林牧渔业的比重分别为：农业 55.46%，比 2013 年上升 1.48 个百分点；林业 4.70%，下降 0.34 个百分点；畜牧业 30.24%，下降 1.8 个百分点；渔业 4.17%，上升 0.26 个百分点；农业服务业 5.43%，上升 0.40 个百分点（见图 2—52）。

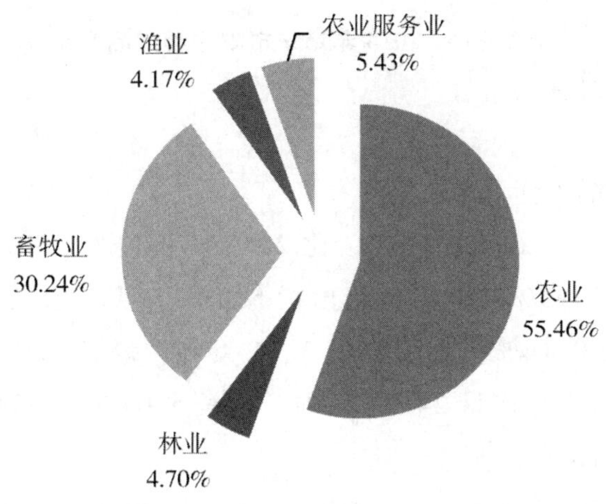

图 2—52　南宁市农林牧副渔产值分布

资料来源：南宁市统计局。

（2）农作物种植面积

2014年，农作物播种面积96.78万公顷，增长2.09%。其中，粮食种植面积44.14万公顷，下降0.33%。经济作物种植面积26.56万公顷，下降3.28%。其中，甘蔗种植面积16.25万公顷，下降3.8%；油料种植面积4.92万公顷，增长5.2%。其他农作物种植面积26.08万公顷，增长12.88%。蔬菜种植面积20.25万公顷，增长13.83%。各类经济作物（含其他农作物）种植面积占农作物总播种面积比重的54.42%，2014年粮食作物和经济作物的种植面积比例为1∶1.19。

（3）农作物产品产量

2014年，粮食总产量225.27万吨，比2013年增产0.82%；蔬菜产量443.97万吨，增产14.61%；水果产量182.69万吨，增产7.14%；甘蔗产量1239.98万吨，增产0.24%；花生产量14.30万吨，增产9.13%；木薯产量52.00万吨，下降4.63%（见图2—53）。

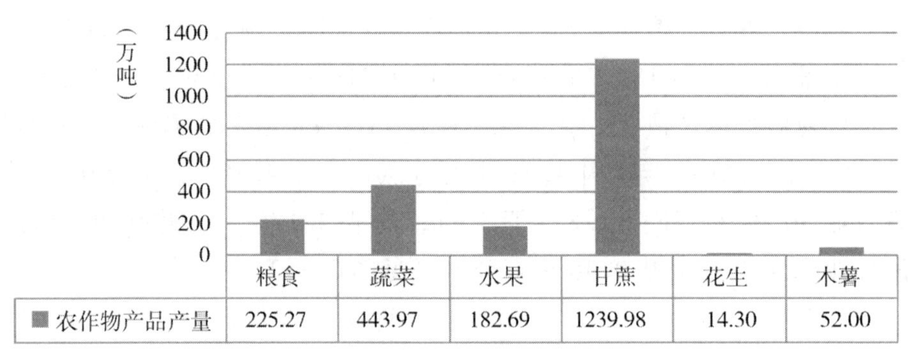

	粮食	蔬菜	水果	甘蔗	花生	木薯
■ 农作物产品产量	225.27	443.97	182.69	1239.98	14.30	52.00

图2—53　2014年南宁市农作物产品产量

资料来源：南宁市统计局。

（4）养殖业产品产量

2014年，肉类产量65.37万吨，比2013年下降0.25%。其中，猪肉产量39.28万吨，增长1.95%；全年生猪出栏530.4万头，增长1.35%；生猪存栏429.98万头，增长0.14%。禽蛋产量3.21万吨，增长2.93%。牛奶产量5万吨，增长1.2%。水产品产量24.46万吨，增长5.01%（见图2—54）。

2. 南宁市农产品需求情况

南宁市作为广西壮族自治区的首府城市，2014年末全市户籍人口729.66万人，比2013年增加5.23万人，增长0.72%。其中市区人口284.38万人，增加4.65万人，增长1.66%。2014年，全年城镇居民人均可支配收入27075元，比

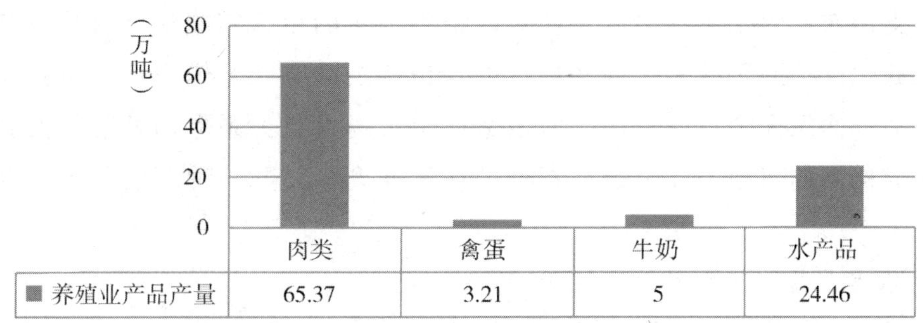

图 2—54　2014 年南宁市养殖业产品产量

资料来源：南宁市统计局。

上年增收 2258 元，增长 9.1%。2014 年农民人均纯收入 8576 元，比 2013 年增收 891 元，增长 11.6%。2014 年，南宁市社会消费品零售总额 1616.90 亿元，比 2013 年增长 12.1%。其中，城镇消费品零售额 1523.15 亿元，增长 11.9%；乡村消费品零售额 93.75 亿元，增长 14.2%。

最新统计结果显示，2015 年上半年，南宁市实现限额以上消费品零售额 453.46 亿元，同比增长 9.19%，首次超过 2014 年同期增速，比 2014 年同期高出 1.28 个百分点，限额以上消费品市场呈现平稳增长、增速继续小幅攀升的良好态势。南宁市既是农产品的消费大市，也是广西全区乃至中国的农产品重要集散地。据统计，南宁市上半年限额以上消费品零售额占广西全区限额以上消费品零售额的 44.41%，增速高于全区水平 2.17 个百分点。同时，在经营的 27 大类商品中，粮油食品类商品零售额为 30.09 亿元，同比增长 41.6%，拉升限额以上商品零售额增长 2.21 个百分点，继续为限额以上零售市场增长的主要动力。

但是南宁市消费品零售额也存在着县区发展不平衡的问题。2015 年上半年，青秀区、兴宁区、经开区、西乡塘区、高新区五个区域共实现消费品零售额 378.89 亿元，占南宁市限额以上消费品零售额的 83.56%，同比增长 11.17%，增速高于全市水平 1.98 个百分点，拉动全市限额以上消费品零售额增长 9.17 个百分点。而江南区限额以上消费品零售额较上年同期下降 2.35 个百分点，低于全市水平 11.54 个百分点。在其余的县区中，东盟开发区、上林县、隆安县、横县的限额以上消费品零售额增速较快，均在 21% 以上。由此可见，南宁市消费品市场以及农产品消费市场的内生动力正在加强，消费市场发展有望继续保持稳中趋好的态势。

（二）南宁市农产品价格形成机制

自 2004 年起，为响应国家对农产品市场的价格支持政策，广西也实施了各种补贴支持农业的基础性措施，如对以稻谷为主的粮食实施最低收购价格，给农民发放生产补贴等政策。这些现行的托市调控政策在稳定农产品价格、维护农民利益方面发挥了重要作用，但也造成了市场供求关系作用的削弱及农产品价格形成机制的扭曲，并引起一系列的后续问题，需要一种新的调控机制进行纠正。

1. 农产品生产补贴政策不完善

为配合农产品最低收购政策，响应国家要求，广西在2004—2006年相继实行了粮食直补、良种补贴、农机具购置补贴及农资综合补贴等生产补贴政策。农产品生产者补贴政策在保障农民收入、推广生产技术和稳定农产品市场等方面起到一些作用，但在具体实施中因诸多原因与预期效果有所差距。首先，粮食直补政策属于WTO《农产品协议》指定的“黄箱政策”，很难持续有效地扩大粮田面积及提高粮食生产能力。一方面，广西属于西部欠发达地区，粮食风险基金规模小，财力有限，又很难向国家财政申请援助，因此造成直补资金缺口较大，粮食直补范围及补贴标准受到限制。另一方面，广西粮食直补虽与粮食生产与销售挂钩，但对全体粮农实行撒胡椒面式的“普惠”补贴，并不能起到边际激励效应，这些都影响了农民种粮积极性。其次，生产者补贴发放机制存在漏洞。极少数基层组织、农户利用虚构面积、虚报产量、虚开账户等手段来骗取补贴，以及少数种粮农户身份证号和银行账号存在重复等技术性原因，容易导致补贴重复发放，造成发放不均、不公。再次，农资综合补贴的政策效应未能充分有效发挥。农资成本占粮食生产成本的比例非常高，近年来广西就出台了一些具体的粮食农资综合补贴政策，以缓解农民种粮成本过高的现状，但农资企业借机提高产品价格，而粮食生产资料补贴政策带来的实惠，有相当一部分被农资涨价所抵消，削弱了农资综合补贴稳定粮食价格的作用。[①] 可见，现行价格政策和补贴政策对广西农业生产的调控很难达到理想效果，重要农产品的价格波动仍然影响农民、企业和消费者三方的利益。此外，中农办主任陈锡文曾指出，目前农产品“价格政策”和“补贴政策”模式难以为继，前者面临国内外价格倒挂差距进一步拉大和进口量继续提高的窘境，后者则与WTO规则相冲突。[②]

2. 农产品价格机制的再度市场化

改革当前的价格支持政策，实行农产品目标价格制，就是要发挥市场在农业资源配置中的决定性作用，确保市场供求关系在定价机制内的主体地位，这

---

① 付兴：《我国粮食目标价格的构建研究》，硕士学位论文，江西财经大学，2011年。

② 邵海鹏：《农产品目标价格补贴机制2014年拟建立》，《四川农业科技》2014年第3期，第62页。

是由目标价格本身特性决定的。

第一，农产品目标价格是政府保护生产者利益的一种预期价格。在定价形式上，农产品目标价格区别于最低收购价、临时收储价，由政府通过核算前期农民完全成本和合理利润，核定目标价格和补贴额度，然后提前发布。在具体实践中直接给农民发放补贴，并不直接干预市场价格。实行农产品目标价格制度，就是要发挥市场在农业资源配置中的决定性作用，更好地发挥政府的调控作用，从而有效调动农民的生产积极性，促进农业生产长期持续稳定发展，降低农产品价格周期性波动对农民的影响。

第二，农产品目标价格以前期生产成本和合理收益为定价依据，符合供求关系决定市场价格的经济规律。价值规律，是指价值决定价格，供求关系影响价格，市场均衡价格应与价值接近。在农产品市场生活中，农产品价格需准确反映产品的生产成本与合理利润。因此，依据生产成本和合理收益核定目标价格，符合价值规律，定价机制相对合理。同理，目标价格作为综合一定时期成本实际增长和合理收益等因素制定的一种政策性参考价格，按此标准核定财政补贴，可以有效避免因市场价格波动损害农民利益，还可以有效弥补最低收购价、临时收储价的不足，有利于解决最低收购价、临时收储价逐步提高以后难以顺价销售的现象。

第三，农产品目标价格作为一种调控手段，其核心是补贴农民生产收益，具有效费比高、经济性好的特点。最低收购价与临时收储价是对市场价格直接行政干预，通过补贴流通环节，直接干预市场，间接影响生产。反观目标价格，通过以既定目标价格为基准决定是否发放补贴给农民，直接作用于生产，间接调节市场：一是直接在生产环节发放补贴，可以让广大农民得到更多实惠，促进农民增收和产量提高，防止大量的财政补贴资金消耗在流通领域当中；二是间接影响市场，有利于发挥市场的资源配置作用，保持供需平衡、市场稳定，维持畜牧业和粮食深加工产业的健康发展，降低农产品价格波动给价格总水平的压力；三是以目标价格为导向，市场价格将逐步贴近目标价格，可以充分发挥市场价格的引导作用，促进市场有序竞争和自我调节，有利于减轻财政负担，效费比与经济性相对更好。

因此，改革当前农产品价格形成机制及逐步建立目标价格制度，具有相当的必要性。正如广西区党委书记彭清华指出的，市场经济改革要“充分发挥市场在资源配置中的决定性作用，更好发挥政府的作用”①。建立农产品目标价格

① 曾明：《广西改革再进发》，《中国改革报》2014 年 1 月 13 日第 13 版。

制度，就是为发挥市场在农业资源配置中的决定性作用，也更好地发挥政府的调控作用。

（三）南宁市农产品流通建设情况

1.“菜篮子”工程

2010年以来，南宁市认真贯彻落实国务院办公厅《关于统筹推进新一轮“菜篮子”工程建设的意见》精神，结合南宁市实际，出台了《关于实施新一轮“菜篮子”工程建设的意见》，坚持以发展规模菜篮子产品生产基地为基础，以建设市场流通体系及保障产品质量安全为重点，积极推进新一轮“菜篮子”工程建设。到2013年，南宁市“菜篮子”产品生产稳定发展，完成蔬菜产量387.37万吨，同比增长3.05%；水果产量275万吨，同比增长6.1%；肉类总产量65.56万吨，同比增长1.62%；水产品总产量23.04万吨，同比增长6%；禽蛋产量3.12万吨，同比增长5.87%；奶类产量5.7万吨，同比增长4.2%；生猪进点屠宰量244.36万头，冻猪肉储备265.67吨。南宁市实现了丰富的市场供应，满足了城乡居民生活需求。

首先，建设和改造一批农贸批发和零售市场。一是广西海吉星农产品国际物流中心和南宁金桥农产品批发市场基本完成；二是完成农贸市场建设改造88家；三是实施“万村千乡市场工程”，南宁市建成配送中心8个，农家店已达1361个；四是横县利亮产地集配中心建设项目列入国家商务部“南菜北运”农产品现代流通综合试点项目；五是玉洞冷库、海吉星冷库、五丰行冷库、金桥冷库相继投入使用。以上项目的建成，大大提升了南宁市市场规模和档次，增强了南宁市“菜篮子”产品流通服务能力。

其次，抓好服务促流通。一是加快农产品信息平台建设。以新农村商网为依托，做好“菜篮子”产品市场信息发布，引导种养大户、农村经纪人、农业协会、涉农企业加入新农村商网南宁子站，发布农产品供求信息。同时在南宁农业信息网设立了网络销售平台，公布南宁市大宗“菜篮子”产品生产信息，促进产品销售。二是开展产销对接。通过举办农产品交易会、产销对接或产品推介会、“农超对接”、果蔬擂台赛、美食节、引导龙头连锁企业进入社区建设小型连锁品牌肉菜店、设立直销点、定点限价销售、组织企业学校集中采购等一系列措施，解决“菜篮子”产品卖难及菜贵问题，确保农民增收及市民消费。三是落实鲜活农产品运输绿色通道政策，南宁市所辖收费公路、渡口对整车合法装载运输鲜活农产品的车辆实行免收车辆通行费。四是规范收费行为，降低农产品流通成本。南宁市物价、商务等部门下发了《关于进一步规范和降低南宁市集贸市场设施租赁费有关问题的通知》和《关于降低农产品流通成本有关问题的通知》，进一步规范和降低了集贸市场设施租赁费，同时对蔬菜生产和流通过程的用电价格实行优惠。

再次，建立风险应对机制，提高应急保障能力。一是制定蔬菜应急预案。2011 年南宁市出台《南宁市蔬菜市场供应突发事件应急预案》，提高了政府部门应对“菜篮子”产品流通突发事件的调控能力。二是建立市、县两级生活必需品市场运行监测体系。对南宁市 40 家生活必需品重点企业和 15 家生活必需品重点企业和应急商品数据库重点企业开展监测，重点监测面粉、大米、食用油、肉类、蔬菜、方便面、饮用水等重要商品的库存、销售和价格等情况，及时掌握市场动态。三是落实猪肉储备制度。自 2010 年至今，每年都圆满完成自治区下达的 2000 吨猪肉储备任务。四是加强价格调控、监测、预警预报和应急工作。贯彻落实保供稳价各项措施，对南宁市大米、猪肉、食用油、蔬菜等农产品实施临时价格干预，限时限价限量定点销售，对因限价给经营者带来的损失政府给予补贴。

最后，以扶持平价商店建设为切入点，抓好保供稳物价惠民工作。从 2012 年 12 月 21 日开始，南宁市在中低收入群体聚居、农贸市场配置不齐全、交通相对便利的区域，依托利客隆、北京华联、南城百货、人人乐四家信誉较好、规模较大的商业零售企业，以及“广西一周厨品餐饮有限公司”菜篮子产供销龙头企业，承办建设 26 家固定平价专营区和 20 辆菜篮子工程平价直销车，初步形成了畅通产销渠道、降低流通成本和销售价格的平价网络体系，为南宁市建立重要商品和生活必需品应急调控机制，平衡产销和供需，保持市场物价基本稳定奠定了良好基础。

2.“南菜北运”产销平台

2015 年 12 月，首届中国蔬菜品牌大会在南宁召开，全国“菜篮子”蔬菜主产区政府、全国大型商超、农产品电子商务企业、知名蔬菜流通企业高管等 300 多名代表出席会议。

早在 2011 年，财政部、商务部就将广西列入开展“南菜北运”农产品现代流通综合试点范围，连续三年支持广西“南菜北运”项目建设。广西冬春蔬菜远销北京、上海、西安等多个北方城市，初步统计，通过“南菜北运”产销平台共运输广西果蔬 694 万吨，年均增长 14.2%。同时，广西“南菜北运”培育了一批品牌，形成了田阳香芒、容县沙田柚等区域品牌及“绿蕾豆角”、“三口红薯干”等名优品牌，培育了“嚼绿行”、“壮乡河谷”等一批知名农产品生产流通企业。

在《广西壮族自治区“南菜北运”专项规划（2015—2025 年）》中，提出了发挥南宁、桂林、柳州、钦州、防城港流通节点城市优势，建成四条重要通道建设，有效衔接“三纵三横”的全国农产品流通骨干网络。流通骨干网主要包括以下四个通道。

一是西南农产品中转集散通道。主要依托南昆铁路、广昆高速、汕昆高速、兰海高速等区内交通干线，加快形成云南、贵州等地农产品经百色、河池到南宁，最终流通至中国内地及粤港澳地区的农产品中转集散通道。

二是广西—内地“南菜北运”农产品流通通道。依托湘桂铁路已开通的百色—北京铁路流通通道，发挥泉南高速、包茂高速等交通干线连接中国内地的交通优势，建设广西直通内地的“南菜北运”农产品流通通道。

三是广西—东盟农产品流通通道。立足南友高速、湘桂铁路等交通干线基础，发挥百色、崇左、防城港沿边地区口岸优势，紧抓“泛亚铁路”规划建设等重大契机，加快推动崇左—凭祥—谅山—河内、防城港—东兴—芒街—下龙等公路项目建设，畅通广西到越南等东盟国家的农产品陆路流通通道。

四是广西—粤港澳农产品流通通道。立足广昆高速、黎湛铁路基础条件，打造直通广东连接香港、澳门以“西菜东运”蔬菜为主的农产品流通通道。

二　南宁市农产品流通组织分析

农产品流通组织是指按照一定的目标和技术上的要求整合各种农产品流通资源要素的，实现自主经营、自负盈亏、独立核算的，对农产品流通进行实施、组织、协调的机构或实体。从该定义出发，本部分的研究对象主要包括南宁市农产品批发市场、农贸市场、大型连锁超市以及农业合作组织。

（一）南宁市农产品批发市场、农贸市场

农产品批发市场、农贸市场具有很强的公益属性，比如应对突发事件时，可以在组织跨区域调运、保障市场供应方面发挥骨干作用；市场异常波动时，可以发挥平抑物价、稳定市场运行的作用。目前，南宁市大小农贸批发市场共129个，其中西乡塘区37个，兴宁区19个，江南区26个，青秀区30个，良庆区9个，邕宁区8个。城区市场约有猪肉摊位2000个、蔬菜摊位9000个。这些市场不仅满足全市人民的水果蔬菜需求，同时作为物流周转中心辐射周边省份，为广东、湖南等省份全年提供新鲜、安全的农产品。

1. 广西海吉星农产品国际物流有限公司

广西海吉星农产品国际物流有限公司是一家主营农产品批发市场租赁业务，融仓储、加工、配送、农产品检验检疫、电子商务为一体的高科技农产品物流企业，由深圳市农产品股份有限公司控股。公司成立于2008年9月，注册资金

1.5 亿元，依托上市公司的成熟管理模式，引进法国翰吉斯市场成熟的经营管理理念，建设广西海吉星农产品国际物流中心，为客户构建“绿色环保”的交易平台。作为广西壮族自治区的重点“菜篮子”工程，广西海吉星预计总投资 25 亿元，目前已投入 7 亿元，2011 年正式招商营业。从项目立项到一期市场初步建成运营，广西海吉星公司凭借控股公司的 11 年从业经验和规范经营，在广西农产品批发市场中迅速崛起。2012 年 12 月，广西海吉星公司通过评审，获得南宁市第八批农业产业化“重点龙头企业”称号（见图 2—55）。

图 2—55　广西海吉星农产品国际物流有限公司

海吉星批发市场经营范围以集散交易、物流仓储、商业服务三大板块为主。已开业的项目一期工程水果交易区建设面积 56350 平方米，拥有水果批发档位 322 个、车板交易位 112 个；本地时令水果交易大棚 3072 平方米；停车场可同时容纳超过 200 辆 4—22 米不同长度的车辆。市场配套有库容 3000 吨的高温冷库；市场内设有农产品质量检测中心、LED 信息电子屏、电子结算中心和 24 小时电子监控及广播系统等，为客商提供餐饮、住宿、通信、检测、冷藏、空车配货等系列服务。

海吉星市场占地 574 亩，已经发展成为广西最大的水果集散中心，南宁市场占有率在 95%以上。2014 年场内日均交易量 2600 吨，2015 年有望达到 3000 吨（2015 年中秋节已达到 10000 吨）。目前，批发市场主要交易水果，也有少量干杂货、粮油、根茎类蔬菜交易。蔬菜项目的引进正在积极运营中，存储量 1.5 亿吨的冷库正在建设中。三期项目主要考虑商业开发，依托农产品交易，建成集展示、交易为一体的商业化运作平台。交易的水果种类大体分为南果和北果。南果主要包括南方季节性水果及进口水果，如 6—7 月份上市的荔枝、龙眼等；北果产地来源是北方，包括苹果、梨、哈密瓜等。目前进口的水果占到总交易量的12%—15%。考虑到市场竞争激烈和资源的闲置，海吉星希望在未来发挥进口优势，借助东盟的影响力最大限度地发挥其集散作用。

2．南宁市五里亭蔬菜批发市场

南宁市五里亭蔬菜批发市场是由南宁市桂果香果品有限公司投资主办的市场。市场自1995年8月通过对旧仓库的改造开业以来，经过20年精心培育，已形成规模，管理规范化。它是南宁市人民政府“菜篮子”工程重点项目，是广西农业产业化重点龙头企业，是国家农业部“定点鲜活农产品中心批发市场菜篮子工程”和国家商务部“双百市场工程”扶持项目。荣获全国供销总社“先进集体”、广西供销系统“十大批发交易市场”、南宁市“十佳诚信市场”、南宁市“消费者信得过单位”等荣誉称号。目前是广西最大的农产品综合批发市场（见图2—56）。

图2—56　南宁市五里亭蔬菜批发市场

五里亭蔬菜批发市场位于市中心的大学东路与明秀西路交会处，占地面积110亩。市场配套功能齐全，有2500吨水果蔬菜冷库一座及农产品检测中心、监控中心、垃圾处理中心。现有五大交易区域，分别为水果交易区、蔬菜交易区、粮食交易区、家禽交易区和综合交易大厅。市场现有固定铺面700多间，经营户1000多户，从业人员9000多人。市场内实行24小时全天候营业。市场占地76000平方米，固定摊位1000余个，露天交易场10000平方米，露天和地下停车场15000平方米，2500吨果蔬冷库一座。主要交易品种有蔬菜，粮食，家禽类。每天供应蔬菜3000吨，满足南宁80%的蔬菜需求。2014年市场实现农产品交易量163万吨。其中粮食24.93万吨，交易额49.98亿元。

3．南宁市淡村农贸市场

南宁市淡村农贸市场地处南宁市五一东路，紧接星光大道直通邕江桥，东接白沙大道直通南宁火车南站，距南宁国际机场20公里、南宁火车站6公里，交通运输通畅便利。有西江港、亭子港两个内河港口，1000吨级船舶可直达广州、珠海和贵港地区。公路交通更是四通八达，桂柳高速、南坛高速、南北二级公路和南宁至凭祥高速公路皆横贯辖区，经由以上路网可以方便快捷到达区内各地周边省区乃至港澳、东南亚各国。

淡村农贸市场是南宁市江南区政府重点建设项目之一，由广西群邦市场投资有限公司和淡村村委会双方合作鼎力打造，项目用地125亩，总投资人民币4亿元，经营面积20万平方米。有大型停车场3座，可供车位1500多个。整个商贸城全部连廊连接，客货电梯齐全，空调及消防设施完备。主要经营品种有蔬菜、肉类、粮油、副食品批发及零售。在南宁市100多家农贸市场中，淡村的交易量占到南宁市的52%。市场管理人员100多人，每天交易人员15万人，营业额连续五年以30%的速度增长（见图2—57）。

图2—57　南宁市淡村农贸市场

淡村农贸市场不但拥有二级市场的销售功能，同时含有一定一级市场的批发功能，而且提供了农户自产自销的摊位，某种程度上弱化了一级批发市场的功能。目前市场能够实现商贩销售数据的采集，并正积极实践电子商务的交易模式。

（二）南宁市农业合作组织

当前，南宁市合作社主要以集体采购、统一销售、提供技术信息服务为主。根据南宁市工商局提供的农民专业合作社注册登记信息初步统计，截至2012年，全市完成注册登记的农民专业合作社1049户，比2010年增加335家，增加46.92%，比2009年增加569家，增加118.5%。农民专业合作社按业务范围分：种植业503户，占47.95%；养殖业331户，占31.55%；其他215户，占20.5%。合作社主要以种植业和养殖业居多，开展种养内容的合作。

1. 广西农业科学院蔬菜研究所

广西农业科学院蔬菜研究所创建于1996年，是从事蔬菜优良新品种选育、蔬菜高新栽培技术研究、蔬菜病虫害综合防治技术研究以及蔬菜采后保鲜技术研究的科研单位。设有苦瓜、茄果类、辣椒和特色蔬菜、西甜瓜、黄瓜及叶菜类六个课题组以及科研实体——广西南宁赛绿农业科技有限公司。目前，全所在职职工 31 人，其中高级专业技术人员 9 人，中级专业技术人员 16 人；具有博士学位的 8 人，具有硕士学位的 21 人。

自“六五”至今，该所共承担科研项目（课题）80 多项，其中国家级 7 项，自治区级 31 项，地厅级 46 项等。2008 年，被批准为国家大宗蔬菜产业技术体系南宁综合试验站技术依托单位；2011 年，被批准为广西蔬菜良种培育中心建设技术依托单位；2012 年，被批准为“热带亚热带蔬菜种质创新与新品种选育”特聘专家岗位建设技术依托单位。建所至今，获得国家级科技进步奖 3 项，省、部、厅级科技进步奖 16 项，自治区成果登记 25 项；育成苦瓜、厚皮甜瓜、无籽西瓜、节瓜、冬瓜、有棱丝瓜、紫长茄、辣椒、耐热叶菜等蔬菜优良新品种 58 个，其中 35 个新品种已通过广西区农作物品种审定。此外，通过“请进来、走出去”等形式，积极开展国内、国际的合作与交流。先后派出 12 名科技人员赴意大利、日本、越南、泰国、美国等国留学或进修，与 10 多个国家有业务往来并建立了良好的科技合作与学术交流关系。

2. 南宁市金科食用菌专业合作社

南宁市金科食用菌专业合作社成立于 2010 年，位于南宁市西乡塘区金陵镇金陵村。基地坐落于风景优美的右江河畔香蕉林间，占地面积 50 亩，注册资金 100 万元。合作社主要由 82 名农村妇女组成，是西乡塘区唯一以农村妇女为社员的食用菌专业合作社（见图 2—58）。

图 2—58　合作社培育的食用菌

金科食用菌专业合作社是一个融科研、培训、加工、销售为一体的食用菌龙头企业合作社，成立有理事会、监事会，设立生产技术部、基建工程部、农户技术培训部、产品销售服务部。在运行机制上，以理事会为最高一级管理机构，各个部门各负其责，相互协调组织落实完成各项工作任务。合作社以广西科学院、农科院为技术后盾，以示范基地为依托，定期请农业专家到基地为农户进行技术培训，让农民掌握更多的科学种植技能，带动和辐射周边农户种植食用菌，得到了政府和农户的一致好评。该社荣获“2011 年度南宁市规范化专业合作社”、“西乡塘区十佳农业龙头企业和专业合作社”、“妇女岗位建功双学双比活动先进单位”。基地产品先后参加各大展销会，吸引了集团公司、企业家等前来考察洽谈合作。

2011 年合作社投资 120 万元，完成示范基地的基础设施建设，包括基地三通一平、大棚搭建、大棚排灌系统、配套电力设施、冷藏库、运输设施、培训夜校、办公场所等，为发展食用菌产业化经营提供了良好的保障。2012 年在南宁市和城区政府有关部门的大力支持下，合作社增加投资 240 万元，新建年产 150 万棒的食用菌生产厂，结合当地香蕉资源优势，推广“蕉地套种”、“立体种植”等食用菌种种植新模式，带动农户 250 户，种植面积 150 多亩，农户平均增收 8000 元，以“合作社+基地+农户”的经营模式，带动农民增收。2013 年投入资金 200 万元，建设基地道路硬化、原材料堆放场地、网络信息平台建设，重点投入食用菌深加工建设，为帮助当地蕉农转型食用菌种植做好准备。

（三）南宁大型连锁超市

随着城市化进程的加快，超市等现代流通业态已逐步成为城市农产品消费的主流市场，促进农业龙头企业与大型超市的合作对接，是统筹城乡发展的一项重要工作。大型连锁超市的市场发育程度较高，可以反馈市场的大量信息，促进农业结构调整，推进农业产业化经营。目前，南宁市区内的大型连锁超市中，有肉类蔬菜销售的超市门店共有 26 家，包括沃尔玛 3 家分店、南城百货 3 家分店、人人乐 2 家分店、梦之岛超市 2 家、华联 3 家、百盛 1 家、利客隆多家小型分店。超市体系的建立可以弥补批发体系的不足，有利于解决流通中的信息流效率问题，使农产品流通更具有稳定性、确定性。

1. 南宁市沃尔玛连锁超市

沃尔玛主要涉足零售业，是世界上雇员最多的企业，连续三年在美国《财富》杂志世界 500 强企业中居首位。沃尔玛公司有 8500 家门店，分布于全球 15 个国家，其中南宁市内沃尔玛有 3 家分店。沃尔玛的经营坚持本地采购，与超过 7000 家供应商建立了合作关系，销售的产品中本地产品超过 95%。沃尔玛购物广场营业面积约 1.7 万平方米，主营生鲜食品、服装、家电、干货等上万种商品，为顾客提供独特“一站式”购物体验。同时作为主力店，为相邻的小零售商、餐厅及商店等商家吸引客流。

南宁沃尔玛超市农副产品品类齐全，设有肉类、蔬菜类、水果类及粮油类等交易区。超市通过选择有资质、有一定资金实力、信誉好、具备运输能力的供应商，与供应商之间签订购销合同，保证了食品的新鲜足量供应，可以有效把控食品安全问题。超市向供应商提供年度农产品供应计划，并在每天晚上向供应商发送具体的购货清单，严格控制农产品的来源，保证消费者购买到新鲜安全的食品。

2. 南宁利客隆连锁超市

南宁利客隆连锁超市创立于 1995 年 9 月，隶属广西南宁康迈商业有限责任公司，是在南宁市本土发展起来的公司。康迈商业有限责任公司是一家商业投资控股企业，拥有固定资产总值达 3.86 亿元人民币，其前身是南宁市三大国有商业批发企业南宁市百货批发站、南宁市纺织批发站、南宁五金交电化工批发站于 1998 年合并组建而成。2003 年，南宁康迈商业有限公司由国有企业改制为民营企业。利客隆超市是康迈商业有限公司战略发展的重点企业，以连锁超市为主要业态，现拥有连锁超市 51 家，其中：直营店 15 家，加盟店 22 家，便利店 14 家。店铺总面积超过 6 万平方米，年销售规模超过 5 亿元。超市内设有肉类、蔬菜、水果、粮油及水产等交易区，基本满足周边地区居民的消费需求。

三 南宁市农产品流通特色与创新

（一）品类特色

南宁市位于东经 107°45′—108°51′，北纬 22°12′—23°32′之间，地处北回归线以南，属亚热带季风区，年平均气温 22.3℃，年平均降雨量达 1300 毫米，全年无霜期 345—360 天。良好的气候条件使南宁成为广西的主要产粮区和经济作物基地，当地盛产水稻、玉米、甘蔗、木薯、茶叶等农副土特产品和香蕉、柑橙、芒果、荔枝、龙眼、西瓜等多种亚热带水果，可供交易的农产品种类繁多。

另外，南宁地处中国东南沿海和西南腹地的接合部，是连接东南沿海与西南内陆的交通枢纽、大西南最便捷的出海通道，独特的区位和地缘优势加之中国—东盟经济合作的政策优势使得东南亚地区各式各样的蔬菜、水果等农产品能够便捷地在当地集散，丰富了南宁市农产品流通的种类。

（二）流通模式创新

1. 精准扶贫模式（见图 2—59）

南宁市淡村农贸市场经营者积极践行电子商务，通过线上与线下相结合，将 O2O 模式应用到农产品流通过程，依托农产品流通环节进行精准扶贫。即将政府、餐饮企业、银行、贫困农户、农贸市场经营者联系起来，让这些主体参与到农产品的价值流通环节中来，既实现了农产品流通，又起到了扶贫的作用。

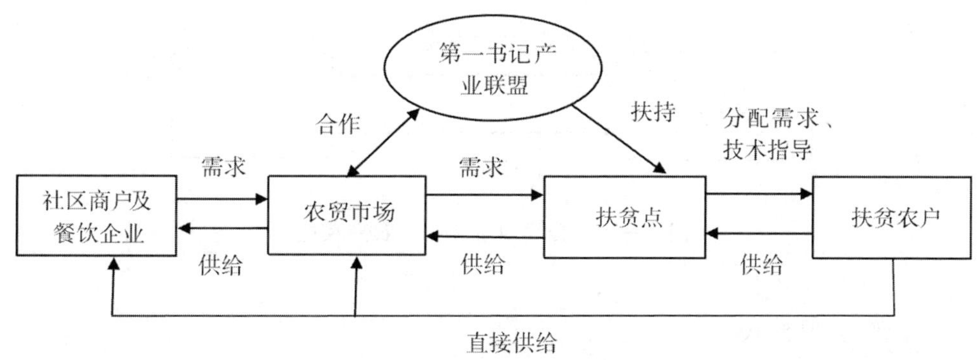

图 2—59　精准扶贫模式

整个流程中，市场销售对象是社区商户和餐饮企业等 C 端客户，生产方对应扶贫农户。淡村农贸市场充分利用自己手中的终端零售数据，与崇左龙州县第一书记产业联盟合作，为其所建立的扶贫点提供农产品需求，扶贫点相应地将需求分配给贫困农户，并为他们提供技术指导，贫困农户将其种植或养殖的农产品提供给批发市场，也可以直接把检验合格的农产品拉到社区或餐馆，实现订单农业。在此过程中，与银行合作发行农通卡，为商户解决了假币和找零两大难题，银行也可以拿到整个产业链中涉及商户的流水和信用情况，而政府也达到了扶贫增收的目的，真正实现了多赢。

2. 公司（企业）+农户模式

公司（企业）+农户模式是以一个技术先进、资金雄厚的公司为龙头，以分散的农户生产为基地，利用合同形式把农户生产与公司加工、销售联结起来的形式，这种模式在南宁比较常见（见图 2—60）。[①] 南宁市金陵养殖场、广东温氏集团南宁分公司的生源肉鸭养殖部门等就是采取这种模式，而且在南宁市各城区的养殖户中有 90%都是采用这种模式来发展养殖业的。

在这种模式中，龙头企业直接与市场相连接，也就是说农户通过龙头企业与市场相衔接。公司和农户在市场上按照农产品供求关系的变化进行购销活动。公司与农户的财产各自独立所有，互不参与管理与干涉其使用。这种合作模式的建立对公司来说，是为了获取稳定的原料市场，降低购进成本；对农户来说，在实行农业产业化后农户仍只是卖原料，只不过是原料的销路相

① 冼季夏：《南宁市农业产业化经营模式分析》，硕士学位论文，广西大学，2008 年。

对稳定，农户仍得不到较大的经济利益，比较适合那些资金不是很充足的农民养殖户。

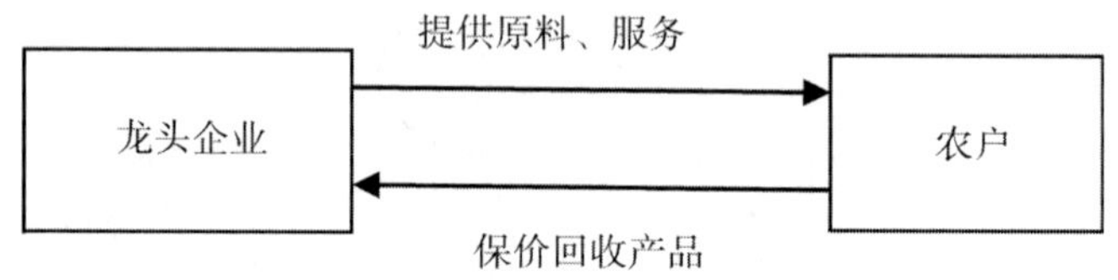

图 2—60　公司（企业）+农户模式

3. 合作组织模式

合作组织模式是农业产业化过程中的重要组织形式，由农民采取联合自助方式，以社区合作组织、专业合作社和专业协会的组织形式为载体而建立起来（见图 2—61）。这种模式在南宁市主要以专业协会的形式为多，如坛洛镇的香蕉协会等。

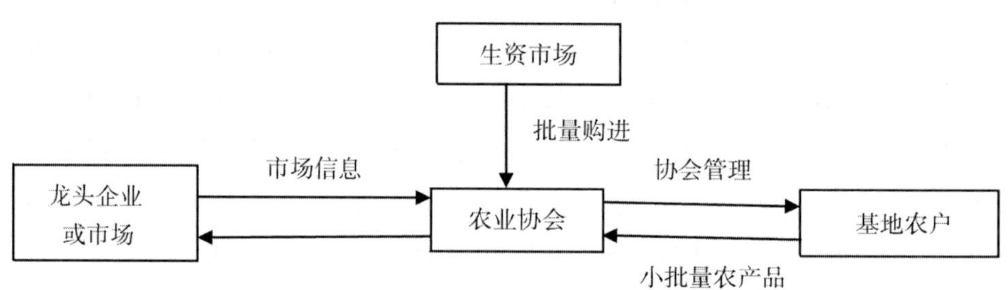

图 2—61　合作组织模式

这样的合作经济组织与其成员、农户之间的利益关系，不同于其他形式产业化组织与其成员之间的利益关系。农户作为合作社、专业合作社或专业协会的成员，从合作经济组织中得到信息、科技、加工、运销服务，属于农民联合自助性质；农户既是生产者，又是合作经济组织的财产共有人，他们一方面按合同价格将其产品交售给合作经济组织，另一方面又按照惠顾者原则从中得到利润返还。大多数合作经济组织都能够利用合同契约的形式确定合理的利益分配关系，特别注重保护农民的利益。由于各类合作经济组织兴起的背景、原因不同，其内部利益机制也有所不同。

4. 市场带动型模式

市场带动型模式主要是围绕当地优势产业的发展，通过培育农产品市场，特别是专业批发市场，形成产品交易中心、信息交流中心、价格形成中心，带动区域专业化生产，带动农产品基地、加工、销售的发展（见图 2—62）。

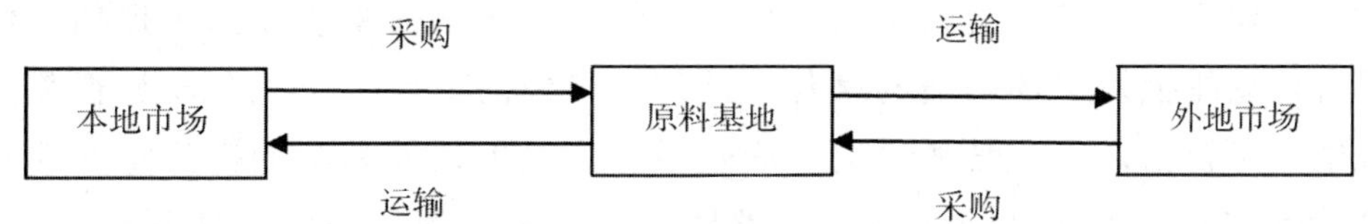

图 2—62　市场带动型模式

按市场的不同类型，它又可分为：专业批发市场+农户模式和超级市场+农户模式。前一种模式在南宁市很普遍，批发市场在南宁随处都可以看得见，如五里亭水果批发市场等，农民可以把自己种出的水果等产品直接运到市场上去交易，产品的最终销售是不用他们担忧的。到目前为止，南宁市已经建立起了如那龙、双定、金陵香蕉批发市场，苏好、沙井、五里亭蔬菜批发市场，吴好西瓜批发市场，双桥猪苗市场。后一种模式在一些超市比较流行，比如南宁市的一些大超市如华联、沃尔玛等，它们销售的蔬菜一般都是从农户那里收购的。

5. 公司（企业）+基地+农户模式（见图 2—63）

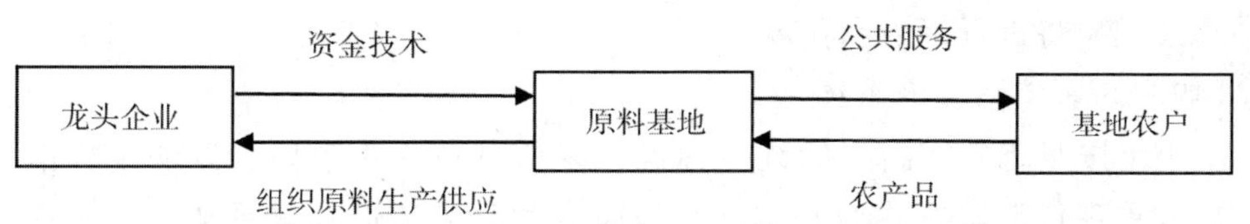

图 2—63　公司（企业）+基地+农户模式

一方面通过“产加销”一体化使企业的生产线获得纵向延伸，使企业在某一行业的激烈竞争中站稳脚跟，保障企业生产资料来源，为企业产业化提供机遇，为企业拓展有利的发展空间，提高企业的盈利能力，实现企业的第二次创业。另一方面，企业为农民提供生产技术，农民为企业提供优质产品，保障了商品价值的实现，增加了农民收益。如南宁西乡塘区马六坡就是采取这种经营模式，告别了传统的香蕉种植，把分散的农户与公司紧密结合起来，形成利益共享、风险共担的经济共同体。该村在引进这种模式以后，全村 100%的农户住上了新房，100%的农户有摩托车，100%的农户有电视机，生活水平大幅度提高。

（三）市场管理机制创新

在一级（批发）市场层面，典型的广西海吉星批发市场在引进法国翰吉斯市场成熟的经营管理理念的基础上，结合本地实际，实行会员评级制度和军事化、信息化安保制度。会员评级制度主要是指在一定期间内根据交易额、交易量的多少对批发市场会员的交易规模、所售产品市场需求程度给予评估，根据结果合理安排批发市场的交易席位。此外，席位的卫生水平、车辆是否井然有序也纳入考核指标。一般来说交易比较活跃、卫生条件和车辆排放整齐的会员将会分到较好的市场席位；而卫生条件差、消防不到位的将会接到整改通知，仍然不合格将会被罚款和降级。这种指标既能鼓励会员按照市场需求合理供给农产品种类，又能保证市场交易环境、交易秩序的有序进行。军事化、信息化安防制度是将退伍军人编成市场内的安保人员，与当地民兵预备役合作，实施军事化管理。同时，通过配置集中监控中心，对所有场所进行视频和安防报警信号的集中监视、控制、存储查询和统计分析。电子眼与信息广播联动加上军事化的安防人员，最大限度地保障了批发市场的交易秩序。

在二级（农贸）市场层面，部分农贸市场通过设立行业委员会，建立起市场管理者与市场经营者的有效沟通机制。典型的淡村农贸市场，通过选举产生市场行业代表，代表可以与管理者直接沟通，管理者也可以真正了解经营户的情况及诉求，通过对代表们的意见及时有效的反馈，维持良好的市场运营关系。与此同时，市场内也制定了门前“三包”等规章制度，对于市场卫生不达标或其他违规现象将进行警告和罚款。

（四）肉菜流通追溯系统

南宁市按照商务部制定的统一标准，以信息技术为手段，以法规标准为依据，以发展现代流通方式为基础，开展肉类蔬菜流通追溯体系建设，实现采集指标、编码规则、传输格式、接口规范、追溯规程“五统一”，确保不同追溯技术模式信息互联互通。南宁市在肉菜流通追溯系统建设中，全面引入智能电子联动支付系统，即“菜市通”。“菜市通”是广西农云商公司研发的智能电子联动支付系统，通过在农贸市场、批发市场及其他商家经营户摊位上安装 POS 机，面向消费者实名制发卡，消费者可在所有安装“菜市通”的经营户刷卡支付。菜市通连接肉菜流通追溯体系后，消费者消费记录能够上传至追溯平台，消费者可通过网络、手机、市场内查询机等多种途径查询肉菜溯源信息和自己在市场中的交易数据。该平台通过制定责任主体、肉类蔬菜关键单据的业务批次逻辑编码规则，建立了具有城市特色的商流、物流、信息流和票据流的协同机制，实现了流通信息可追溯、主体责任可追究和商品产地可区分，保障流通数量和质量双安全。

四 南宁市农产品流通与区域经济环境

广西是双向沟通中国与东盟的重要桥梁和基地。广西地处中国—东盟自由贸易区的中心位置，是华南经济圈、西南经济圈和东盟经济圈的接合部，沿海、沿江、沿边，背靠国内广阔腹地，面向东盟10国市场，是中国唯一与东盟既有陆地接壤又有海上通道的省区，也是中国进入东盟最便捷的通道。目前，广西已建成出海、出边大通道，形成了与东盟对接的立体交通网络，初步发挥了作为连接中国与东盟国际大通道的作用，形成了面向东盟广大地区全方位、多层次、宽领域的开放格局，经贸往来日益扩大。南宁市作为广西的首府城市，拥有巨大的政策和区位优势，随着中国—东盟自由贸易区、广西北部湾经济区建设和泛珠三角经济区建设进程加快，南宁将在中国与东盟全面经济合作中起到越来越大的作用，这无疑对南宁市农产品流通的发展提供了宝贵的机遇。

中国和东盟对话始于1991年，中国1996年成为东盟的全面对话伙伴国。中国—东盟贸易区2010年1月1日正式全面启动，这是中国与东盟10国顺应全球贸易自由化趋势、积极破除贸易保护主义、推进区域经济一体化而建立的，是中国和东盟合作历程中的里程碑。[①] 而中国—东盟博览会是配合中国—东盟自由贸易区建设的一个具体行动，东博会为自由贸易区成员国之间的经贸合作开辟渠道，创造具体的实现形式，对中国—东盟自由贸易区建设进程起到了有力的推动作用，吸引越来越多的东盟国家前来参展洽谈。南宁市是中国—东盟博览会永久举办城市，作为中国与东盟开放合作的前沿中心城市，在中国—东盟自由贸易区中的地位和作用日益凸显，有力的政策区位优势，对于南宁市农产品流通发展，对于国内外的农产品经贸往来具有重要意义。

广西北部湾经济区是中国西部大开发和面向东盟开放合作的重点地区，地处中国沿海西南端，由南宁、北海、钦州、防城港、玉林、崇左所辖行政区域组成（见图2—64）。南宁在广西北部湾被定位为核心城市。[②] 2008年1月，国家批准实施广西北部湾经济区发展规划，将其提升为国家战略，其目标是建设成为中国—东盟开放合作的物流基地、商贸基地、加工制造基地和信息交流中心，成为带动、支撑西部大开发的战略高地和开放度高、辐射力强、经济繁荣、社会和谐、生态良好的重要国际区域经济合作区。

根据南宁市的发展规划，未来南宁市将在以下四个方面在区域中发挥作用，南宁市农产品流通依托这些有利优势，将会有更大的发展空间。

首先，中国—东盟自贸区的交流平台。“南博会”的定期举办，使南宁成为东盟各国了解中国市场的重要窗口：南宁市具有近海、近边、沿江、沿线的良好区位条

---

① 陈晓娟：《中国—东盟自贸区建成后南宁市经济发展的对策分析》，《经济与社会发展》2011年第4期。

② 张蕴岭、刘曙华：《提升南宁在区域合作和次区域合作中的地位》，《名家访谈》2008年第1期。

件和通道优势，必将发展成为中国—东盟自由贸易区内的区域贸易中心及物流中心。

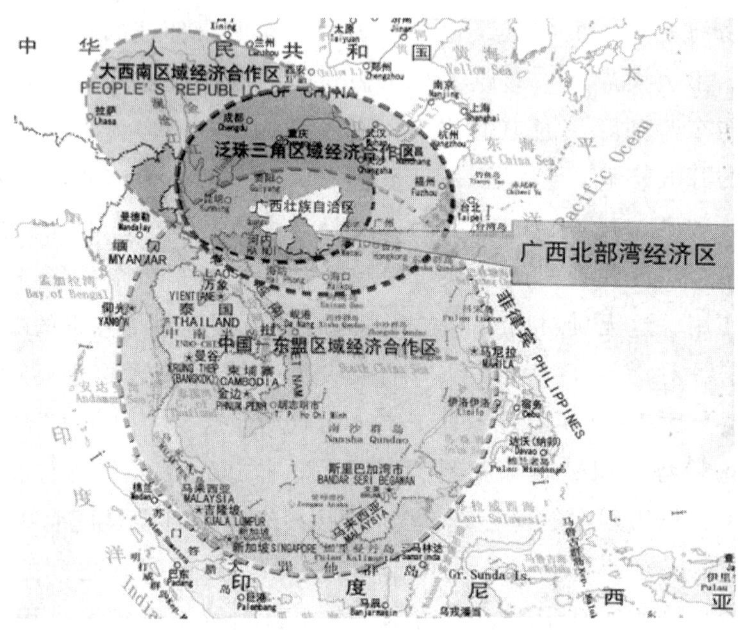

图 2—64　广西的区域经济环境

其次，珠三角经济向外扩张的重要节点。在泛珠三角联合及西部大开发的新形势下，南宁参与到以粤港为领头羊的泛珠三角经济圈，强化作为大西南通道的枢纽作用，辐射东南亚和大西南，成为粤港珠三角河西区经济产业向西拓展的枢纽。

再次，西南地区的交通主枢纽。南宁具有较大优势的交通地理区位和相对发达的综合交通水平，可以为建设西南交通运输枢纽提供有力支撑。中国东部沿海地区与大西南地区的重要东西向联系通道南宁铁路枢纽是中国西南部铁路运输的主枢纽之一。

最后，广西北部湾经济区的中心城市。南宁作为广西环北部湾地区的最大城市，在区位、人才、资金、技术和市场等方面的优势使其在城市群的经济合作中起到领导和带动作用。

五　南宁市农产品流通存在的突出问题

经过多年的发展，南宁市农产品流通在繁荣市场、方便人民生活、拉动内需、促进全市经济发展中发挥着重要作用。目前，南宁市农产品流通依然存在着一些问题，如市场整体规划布局不合理、政府扶持力度不足、农产品检测检疫环节存在安全隐患等问题。这些问题制约了南宁市农产品流通的发展，有待今后逐步改善。

（一）市场整体规划布局不合理

农贸市场建设布局不合理，缺乏全市范围统筹考虑的顶层设计和统一规划。由于农村市场体系方面的政策法规建设与管理涉及诸多部门，缺乏统一协调的专门机构，农村市场管理相对滞后，宏观调控和政策引导缺乏力度。在农产品批发市场建设中，由于缺乏统一规划，缺乏对市场需求的准确把握，造成有的地方出现“有场无市”现象；农产品产地由于缺乏资金建设市场，造成有的地方又存在“有市无场”的情况，恶性竞争时有发生。在城市发展规划中对市场的选址原则过于强调城市边缘，导致老市场不愿迁移，新市场的商圈培育难度增加，从而造成恶性循环和资源浪费。

（二）政府部门难以实现无缝监管

政府部门实行农产品分段监管机制，各部门间难以实现无缝衔接。农村流通体系建设与管理涉及诸多部门，由于未能很好地做到统筹规划，在资金投入、项目选择、市场监管等方面未能形成合力。例如，根据《食品安全法》，质监、工商和食品药品监管部门分别对食品生产、食品流通、餐饮服务活动实施监督管理。在这样的食品安全分段监管模式下，各职能部门工作难以实现无缝衔接，各方利益难以协调，造成农产品流通产业链上的监管漏洞，阻碍了正常的流通市场秩序的形成，不法分子也因惩罚成本过低而甘冒风险，从而使消费者的正常利益受到了挑战。

（三）政府扶持力度有待加强

相对其他农业化程度高的城市，南宁市政府的扶持力度显得明显不够，尤其是民间农产品流通组织在农村经济发展中的重要性认识不够。南宁市农业产业化发展方面，虽然出台了龙头企业扶植方面的政策，但在利益联结机制、风险机制等方面还没有出台相关的政策。国有流通企业仍然享有较为优越的政策优势。政策资源乃至一些市场资源仍然比较多地集聚在国有流通企业中，各县、乡的信息和技术服务跟不上产业化发展的需要，信息闭塞，政府信息系统和技术部门尚未引起高度重视，产前、产中、产后各项服务也跟不上，整体服务体系处在滞后状态，远远不能满足农业产业化发展的要求。

（四）农产品检测检疫机制问题

新鲜农产品可直接作为食品或食品原料，国家质量监督检验检疫总局和各地检验检疫机构先后出台了针对种植基地、生产加工厂、检验监管等方面的管理规定和实施办法。目前，南宁市农产品的生产渐渐由农户作坊式向专业化模式发展，种植基地和加工厂基本形成规模，相应的质量保证体系和管理体系也日趋完善。针对近年来食品安全问题频繁出现的严峻现实，南宁市一些有条件的农贸市场建立了农产品检测检疫部门，同时与质监等部门组成了一体化质量安全检测监督中心，建设可追溯系统，对进场的所有农产品进行检疫检验，保证食品安全。但由于政府支持监管力度不一、农户意识淡薄、缺乏相应的检验检疫技术等多方面因素的影响，造成部分农贸市场难以严格执行检验检疫标准，有些小型农贸市场甚至没有设立检验检疫机构，农产品检验检疫工作仍是永恒的话题。

（五）流通方式仍较落后

流通方式仍较落后，主要体现在：一是流通的现代化、标准化水平不高，农超对接、产销对接、连锁经营、冷链物流等现代流通方式发展较慢。二是流通组织化、产品包装化、经营品牌化的程度不高，绝大多数经营主体是个体经营户，冷鲜肉、分割包装肉、品牌肉的市场份额不到10%，包装蔬菜占有率更低。三是肉类蔬菜配送运输方式落后，肉品冷链配送、集中配送的比例较低，猪肉零售商开着摩托车运送片猪肉的现象屡见不鲜；全市暂时还没有第三方蔬菜配送企业，农贸市场销售的蔬菜有70%—80%由零售商直接向本地郊区菜农购进，当本地蔬菜供应不足时才从批发市场购入蔬菜，部分连锁超市也刚开始建立蔬菜瓜果采购配送中心。四是肉类蔬菜流通企业信息系统建设处于起步阶段，生猪屠宰环节、蔬菜批发环节均未能实现电子结算。

六　南宁市农产品流通的对策建议

（一）制定合理的农产品流通发展规划

首先，要结合南宁市在全国、中国—东盟自贸区的发展要求，合理界定南宁市农产品流通的职能定位，从农产品流通集散地的角度对南宁市农产品流通的发展方向、发展模式及发展路径进行前瞻性规划。同时注重结合当地实际情况，合理规划、布局、建设各类农产品市场，为服务当地、辐射国内外打造良好的农产品流通基础设施。

其次，政府应结合本地农产品的实际市场容量（基于本地人口和农产品消费量）合理规划设置一级农产品批发市场、二级农贸市场及其他小规模的交易市场的规模及数量，既要避免由于规划过多市场造成资源的浪费或市场主体间的恶性竞争，又要防止一家独大对当地农产品市场形成垄断。

（二）理清市场相关主体的职能定位，完善相关规章制度建设

针对南宁市流通机制不健全以及农产品流通主体存在一定程度权责不明的现状，要着力加快相关农产品流通法制建设，理清政府、企业、农产品流通合作组织、相关批发市场的权利与义务，各司其职，共谋发展，形成发展中的合力。从政府角度看，要切实履行市场建设与监管的责任，建立同各个主体的市

场信息反馈机制，合理安排财政资金，切实保证相关农产品流通政策的落实；从企业角度看，企业的发展方向应该与政府相关发展规划要求相一致，抓住东盟自贸区的发展机遇，积极做大做强；农产品及农业合作组织要本着服务“三农”的宗旨，加强同政府、企业的沟通，保证相关政策、市场信息及时有效地传达给农民，带动农民增收致富；各级批发市场、农贸市场要及时收集市场信息，保证地区农产品供应，加强对农产品质量安全的检测，建立和完善高效的农产品质量安全反馈机制等。

（三）加强政策引导与支持，培育特色农业产业

经过调研发现，部分企业、批发市场反映政府财政支持不明显，往往是政府对于企业前期项目投入时各项优惠支持到位，项目完成运营后的支持薄弱。此外，对批发市场内部商贩是否征税问题企业与政府也存在矛盾。政府应结合本地农产品流通规划，鼓励支持有条件的企业发展，在条件允许的情况下，各项优惠措施应保持持续性和稳定性，提高企业参与农产品流通发展的积极性。对于批发市场的税收问题，由于摊贩已经向批发市场经营者交过一定的租金，构成摊贩成本的一部分，因此可以考虑扣除这部分税收，减轻摊贩们的压力，推动批发市场的活跃发展。

除此之外，政府及有关部门在加强领导强化宏观调控的同时，应加大对特色农业产业化龙头企业、专业协会、农村专合组织的培育和扶持力度，着力引进一批带动面广、竞争力强的农业龙头企业和农产品深加工项目。[①] 加强品牌建设，提高南宁市特色农产品市场竞争力，推动南宁市特色农产品走向国内国际市场，实现农业跨越式发展，增加农民收入。

（四）完善农产品检测检疫机制建设

按照《农产品质量安全法》的有关规定，完善农产品检测检疫机制建设。政府食品和药品监督管理局、批发市场检测中心、农贸市场等要建立统一的协作机制，强化农产品质量安全反馈机制，严格保证食品质量安全。在批发市场、农贸市场的检测检疫方面，由于是现时抽样检测，即一边检测一边销售，可能出现某种农产品出现问题已经销售出去的现象，不利于问题产品的追溯。针对这种现象，可以建立起农产品检测检疫的区域性合作机制，进场的产品要提前出具检验合格证书或者提前送检，这样既可以节省时间，又可以减少损耗。此外，要积极引进相关检测人才，强化检测技术基础，完善检测设备配备，提高检测结果的准确性和真实性。

① 钟育强：《南宁市加快特色农业发展研究》，《中共南宁市委党校学报》2012 年第 6 期。

（五）推进农产品流通电子化信息化发展

第一，在农产品流通网络积极应用管理信息系统。借助物联网发展的机遇，大力倡导农产品流通电子信息化发展，积极引进先进的交易管理系统，实现实物商品与网上产品信息的对应，推动农产品品质标准化建设的发展。通过电子商务信息系统的应用，市场主体可以对市场产品的销量、价格、交易时间、产品来源等进行系统的记录，能够保证交易的便捷性，引导市场根据需求合理配给农产品。

第二，推进电子商务与农产品流通环节的对接，发挥批发市场、农贸市场交易性特性，逐步推广电子交易方式。在农产品流通的各个环节，从“田间地头—批发市场—农贸市场（包括超市）—餐饮企业”等各个流通交易环节积极推进电子交易方式。一方面可以降低农产品流通中的交易成本，另一方面可以促进交易环节的简化，各环节可以自由组合，加快市场的流通速度，农民可以直接跨过批发市场、农贸市场，直接将产品供应给餐饮企业或者消费者，是“互联网+”在农产品流通中的体现。

第七节　长沙市农产品流通发展报告

长沙位于湘中偏东北处，湘江下游，洞庭湖南。它北控荆楚，南邻桂粤，东接浙赣，西引川黔，据中华腹地，扼南北要冲，素有“荆豫唇齿，黔粤咽喉”之称，战略位置十分重要。正如南宋学者王应麟所说：欲征南方，“不得长沙，无以成席卷之势”。长沙居东南沿海和长江流域两个通江达海大市场的腹部，是内陆通向两广沿海和西南边陲的前缘地带；又位于上海、广州、重庆、武汉四大全国性商贸中心聚辐的交错地带，东南西北四大城市的辐射作用可在长沙地区产生叠加效应，使之成为支撑沿海、沿江开放地区的后方基地和促进内地开放的先导城市。长沙在全国“东靠西移”、“南北对流”的战略布局中，发挥着承东启西、连南接北的枢纽作用，在多边的大流通中可以东西逢源、南北策应，既得益于沿海市场的强劲辐射，又受惠于内陆市场的全面联动。加之长沙享有部分省级权限和沿江开放城市的优惠政策，是湖南“呼应两东（广东、浦东），开放带动”战略的重点发展地区，必将促使湖南乃至邻省及港澳地区的资金、产品、技术、信息、人才等生产要素迅速往长沙地区聚集，使之得到优先发展，成为区域经济的“发展极”。处于如此重要地位的长沙市其农产品流通的作用可见一斑。

经过多年发展，长沙市农产品流通体系逐步形成了以东、西、南、北、空港五大物流园区为流通主体，马王堆和红星等农产品批发市场为补充，以连锁超市、农贸市场为终端的农产品流通体系。

一　长沙市大类和特色农产品供需状况及特点分析

（一）长沙市农产品需求状况分析

长沙作为中部地区大型城市，2013 年全年实现地区生产总值 7153.13 亿元，比上年增长 12.0%，GDP 总量在全省的占比为 28.9%，人均 GDP 为全省的 2.7 倍，经济总量在长沙、株洲、湘潭三市中的占比达 67.7%；全市居民消费价格总指数 34，比上年增长 14.2%；城镇居民人均可支配收入高于全省平均水平 10256 元，农民人均可支配收入高于全省平均水平 11663 元。全年人均消费性支出 22346.17 元，其中占第一位的仍是食品支出（见图 2—65）。全市商品零售价格指数为 101.7，增幅同比持平。城市居民消费价格总指数为 102.8，增幅同比提升 0.5%。城市商品零售价格指数为 101.2，增幅同比回落 0.3%。

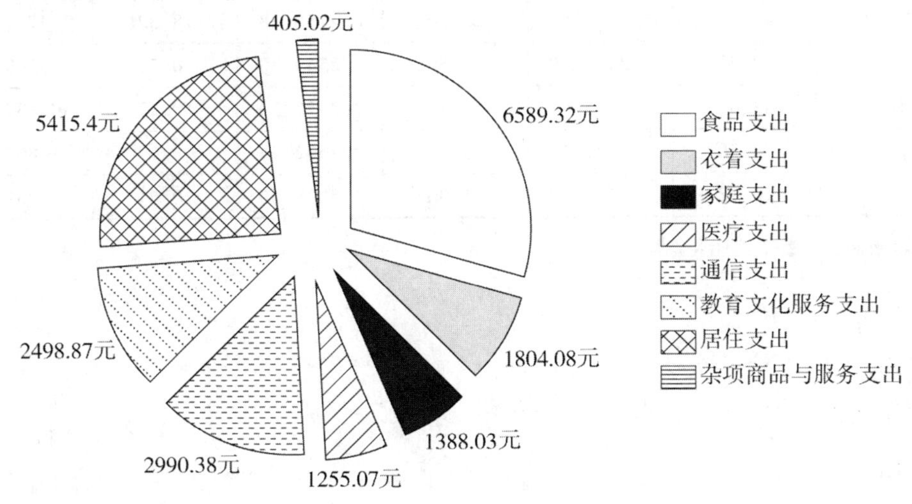

图 2—65　长沙市人均消费性支出构成

资料来源：长沙市统计局。

1. 农产品消费量

长沙作为一个消费型城市，对蔬菜、水果、水产品、粮食等农产品的需求量一直居高不下。《长沙统计年鉴（2014）》的数据显示，2013 年长沙市总人口 662.8122 万人，人均食品消费支出 6589.32 元。从表 2—20、图 2—66 可以看出，近几年长沙市主要农产品消费量最大的是蔬菜，约 784769.64 吨，其次是鲜瓜果约 301837.12 吨、大米约 300817.40 吨、猪肉约 140721.36 吨、鱼类约 79538.16 吨、食用植物油约 73419.84 吨、鲜蛋约 47416.98 吨、鲜乳品约

44867.68 吨、面粉约 11726.78 吨。

长沙市特色农产品年消费量呈逐年递增趋势，不仅满足了长沙本地的需求，而且还辐射全国，出口国外。

表 2—20　**城镇居民家庭主要食品消费量**

指标	2011 年		2012 年		2013 年	
	人均消费量（公斤）	总消费量（吨）	人均消费量（公斤）	总消费量（吨）	人均消费量（公斤）	总消费量（吨）
大米	46.80	238614.48	45.60	232496.16	58.96	300817.40
面粉	2.80	14276.08	3.10	15805.66	2.32	11726.78
食用植物油	11.40	58124.04	12.30	62712.78	14.41	73419.84
猪肉	25.30	128994.58	23.50	119817.10	27.64	140721.36
鲜蛋	7.90	40278.94	8.10	41298.66	9.31	47416.98
鱼	12.00	61183.20	11.60	59143.76	15.63	79538.16
鲜菜	141.50	721451.90	128.30	654150.38	118.37	784769.64
茶叶	0.50	2549.30	0.50	2549.30	0.72	3569.02
鲜瓜果	53.00	270225.80	55.50	282972.30	59.17	301837.12
鲜乳品	6.30	32121.18	5.40	27532.44	8.77	44867.68
奶粉	0.70	3569.02	1.00	5098.60	0.61	3059.16

资料来源：长沙市统计局。

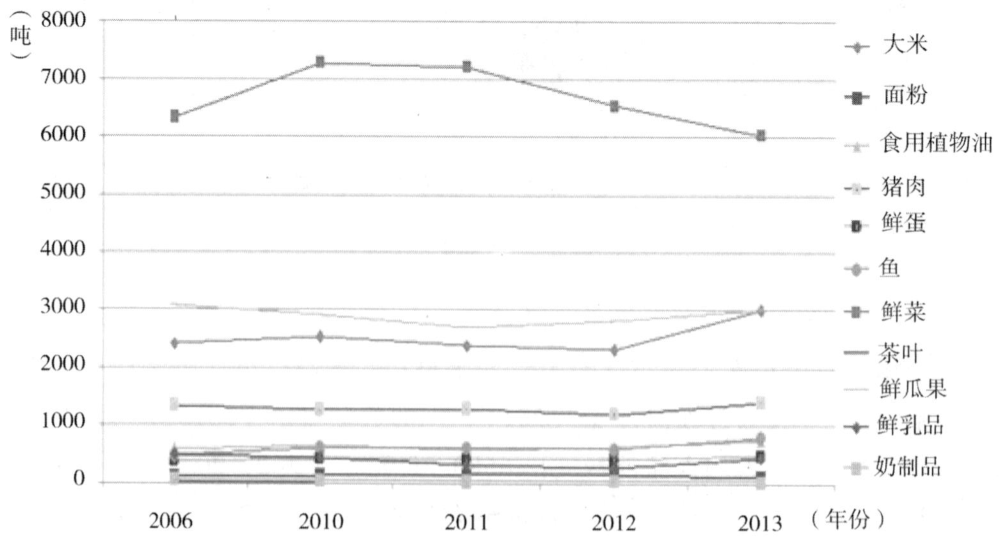

图 2—66　长沙市近几年主要农产品总消费量

资料来源：长沙市统计局。

2. 农产品消费额

从农产品消费结构上看，城镇居民家庭人均食品消费额为3505.11元，占总消费性支出的比例为15.69%（见表2—21）。其中，粮食、肉类、鲜菜及干鲜瓜果比重较大，鲜乳品和茶叶比重最小。

表2—21　　**城镇居民家庭人均主要食品支出情况**

	合计	低收入户	中低收入户	中等收入户	中高收入户	高收入户
消费性支出（元）	22346.17	13880.73	16402.73	21299.63	25654.18	37554.88
谷物（元）	439.32	351.98	395.82	458.63	496.13	542.20
油脂类（元）	278.93	224.09	258.56	273.89	312.79	305.32
肉类（元）	1061.30	758.20	939.39	1068.18	1245.99	1239.23
鲜蛋（元）	115.32	72.02	100.43	107.23	123.25	159.70
鱼（元）	227.93	147.30	196.31	221.61	281.37	297.25
鲜菜（元）	671.80	477.64	568.54	617.37	755.83	887.02
茶叶（元）	56.56	22.58	30.79	58.03	71.11	96.37
干鲜瓜果（元）	579.04	331.56	467.60	588.49	700.69	873.63
鲜乳品（元）	74.91	48.41	62.20	67.97	74.29	108.83
主要食品消费合计（元）	3505.11	2433.78	3019.64	3461.40	4061.45	4509.55
占消费性支出比例（%）	15.69	17.53	18.41	16.25	15.83	12.01

资料来源：长沙市统计局。

（二）长沙市农产品供给状况分析

从农产品供给情况来看，2013年长沙市全年完成农林牧渔业增加值318.04亿元，比上年增长4.5%（见图2—67）。近几年，粮食、蔬菜、水果、水产等均保持稳定增长，主要农产品的耕种面积和水产品的养殖面积也是在缓慢增加中。

长沙市城乡居民对粮食等重要农产品消费需求的增长，仍然高于长沙市粮食和其他重要农产品供给的增加，主要原因有四个：一是长沙市2013年的人口自然增长率为4.73%，这部分增加的人口自然增加了需求。二是城乡居民收入水平的提高，导致对农产品消费水平的增加，尤其是高热量、高脂肪、高蛋白的农产品增长更快。这部分食物需要大量粮食来转化。三是大量的农业人口转移到城镇，这部分群体需要消耗大量的肉蛋奶来满足需求。四是在科技不断发展的情况下，粮食的用途不断多元化，各种以粮食为原料的工业越来越多。

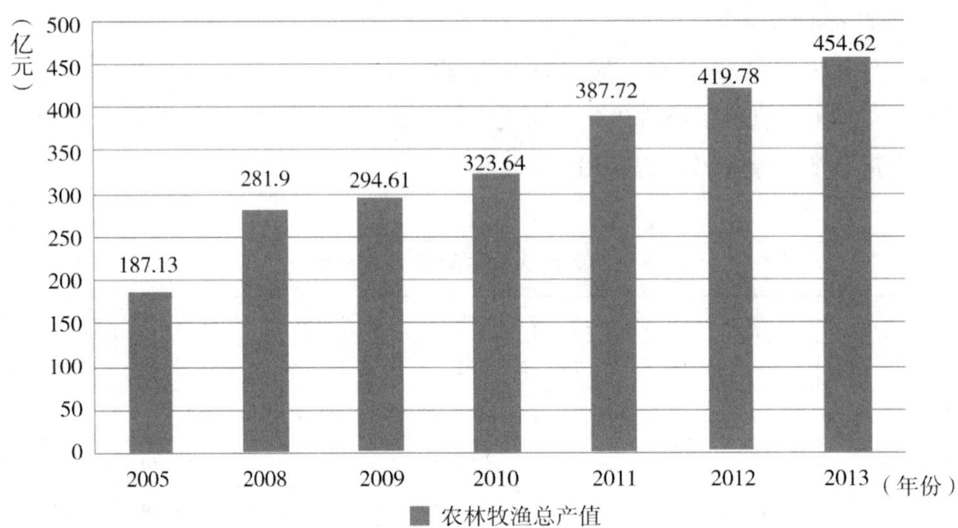

图 2—67　长沙市历年农、林、牧、渔总产值

资料来源：长沙市统计局。

湖南省是中国的农业大省，长沙作为湖南的省会，近几年农产品产量一直比较稳定。2013 年粮食总产量 2442253 吨，其中稻谷 2298039 吨，占总产量的 94%；水产品产量 119349 吨；全年出栏肉猪 835.68 头，猪肉产量 602575 吨；禽蛋产量 55486 吨；水果产量 390082 吨，其中柑橘产量 100438 吨，占水果产量的 25.7%，果园面积 17.6 千公顷。水产品总产量 119349 吨，淡水产品捕捞总量 8606 吨，养殖产量 114084 吨，淡水养殖面积合计 28.22 千公顷（见表 2—22、表 2—23）。

长沙市特色农产品如优质水稻产量 395155 吨，面积 117.7 千公顷；茶叶产量 28649 吨；柑橘产量 100438 吨；葡萄产量 9859 吨，种植面积 1.2 千公顷。举例来说，宁乡县花猪是全国四大地方良种之一，生产量达 5 万头，基本上解决了规模生产的问题。

表 2—22　　**2010—2013 年长沙市主要农产品耕种面积及总产量**

	蔬菜		水果		水产品	
	耕种面积（千公顷）	总产量（吨）	耕种面积（千公顷）	总产量（吨）	养殖面积（千公顷）	总产量（吨）
2010	139.27	4404960	17.08	310584	26.7	106571
2011	146.67	4708907	18.2	343210	26.68	107154

续表

	蔬菜		水果		水产品	
	耕种面积（千公顷）	总产量（吨）	耕种面积（千公顷）	总产量（吨）	养殖面积（千公顷）	总产量（吨）
2012	154.41	4966859	17.73	376979	26.24	114084
2013	167.63	5356376	17.6	390082	28.22	119349

资料来源：长沙市统计局。

表 2—23　**2013 年长沙市主要农产品产量**

种类	长沙产量（吨）	湖南产量（吨）	占全省的比例（%）
粮食	2442253	29257000	8.35
稻谷	2298039	25615300	8.97
小麦	2137	109600	1.95
油料产量	85900	2244391	3.83
肉类产量	715100	4594500	15.56
猪肉	602575	5736004	10.51
牛肉	12901	219014	5.89
羊肉	13431	118713	11.31
禽蛋	55486	1136757	4.88
水果	390082	8794434	4.46
柑橘	100438	4173169	2.41
茶叶	28649	146031	19.62
水产品	119349	2339083	5.10
淡水鱼	8606	2339083	0.37
蔬菜	5356376	36035491	15.80

资料来源：长沙市统计局。

由表 2—23 可知，长沙市主要的农产品产量占全省的比例普遍不高，最高的茶叶，占 19.62%；最低的淡水鱼仅为 0.37%。这是由于长沙本身的自然条件限制，首先长沙地形复杂，全市多为丘陵山区，平原较少；其次，长沙气候不稳定，天气反复无常；最后，长沙土壤富含金属物质，可种植的农作物比较少。以上几方面的原因决定了长沙市农产品的生产能力并不能满足本地人的日常需求，这就需要外地的供应来弥补差额。根据此次长沙调研所得到的结果，长沙市已经实施了产销对接模式，在全国各地都有生产基地和生产联合社，不仅能保证长沙市本地的农产品供应，而且可覆盖周围地区。比如长沙市蔬菜在平时本地菜供应仅为10%，旺季为30%，而50%销往了地级市，另外50%销往市区各大酒店、超市，其他全靠外地供应。对于水产品来说，5%是自产，95%由外省供应支持，具体对于淡水鱼来说，60%来自于襄阳。

（三）长沙市农产品流通设施分析

商品流通基础设施都是公共或准公共物品，但政府投入资金建设一批公益性商品流通基础设施，不仅被认为是政府公共服务的一部分，而且也是市场经济国家的通例。长沙市从农产品物流发展趋势与产业经济理论的高度，对农产品流通设施的建设进行了整体规划与设计，启动并实施了《长沙市现代服务业发展规划》、《长沙市现代农产品物流发展专项规划》、《长沙市商业网点规划》、《长沙市现代物流业发展规划（2011—2020年）》等工作，成效明显。

1. 农产品物流中心建设

湖南长沙农产品物流中心分为七大功能区：标准化农产品交易区、电子化交易大厅、现代物流加工配送中心、农产品质量安全检测中心、物流仓储、综合服务配套设施、公用配套设施；在功能定位上，实现农产品现代物流的十一大功能，即集散功能、交易功能、冷链仓储功能、配送功能、信息功能、结算功能、质检功能、溯源功能、展示功能、引导功能、资源低碳循环利用功能；在农产品流通模式创新上，积极引进全国联网式客户服务平台、信息发布平台，使用电子结算方式，推行食品质量安全可追溯体系，探索农产品拍卖交易等新型电子商务模式，建立本地农产品展示中心，培育本地优质农产品品牌，实现农产品产销一体化经营服务模式；在项目配套设施建设上，将太阳能、风能以及废弃物回收利用再生、污水循环利用处理等环保节能技术应用于项目的规划设计建设当中；在经营管理模式上，引进全国专业的农产品市场管理品牌——“海吉星”，实现市场标准化经营管理。

项目通过打造先进的绿色硬件设施、引进科学高效的绿色软件管理、强化食品安全监管体系建设、引进绿色市场参与者，建立高效、环保、便捷低碳的新型农产品流通形式，实现从“单点经营”向“网络化经营”的方式转变，将传统批发市场转型升级为现代农产品物流综合服务平台，为解决农产品食品安全、价格稳定、产销链条顺畅、供求信息透明共享等问题探索出一条新路径，全方位保证市民的“菜篮子”能够丰富多彩、物美价廉、安全放心。至2015年底，一座以长株潭地区为中心、中南第一、全国一流的绿色、安全、生态的农产品现代物流枢纽中心呈现在市民眼前。

2. 农产品追溯体系的建设

长沙力求构建确保农产品安全的物流体系，规范农产品全产业链的全过程安全管理，利用先进的 RFID 技术、GPS 技术、无线通信技术及温度传感技术等物联网技术的有机结合，保证农产品从源头到销售终端甚至是餐桌的全程溯源与监控，确保农产品的品质安全。新五丰鲜生猪安全追溯管理系统是利用猪耳标作为信息载体，在仔猪出生后统一由养猪场给每头猪在耳朵上安装具有全国唯一的“生猪号码”，建立起每头猪的“电子身份证”，实现了对猪肉的全程信息可追溯。长沙市将围绕全国现代服务业综合改革试点区建设，坚持创新体制、技术和管理，全面调整优化产业结构，带动农产品物流产业占领高水平的产业链高端，将长沙打造成为中部地区现代农产品物流发展带动区、示范区和创新区。到 2015 年，长沙社会物流总额将突破 3 万亿元，以 RFID 为代表的物联网技术将得到系统化应用，企业物流管理方式和商业模式创新上取得全国性突破，农产品安全溯源信息体系全面建成，大流通和大物流的格局基本形成。2012 年 6 月，长沙市人民政府与商务部签订协议，长沙成为商务部肉菜流通追溯体系建设第三批 15 个试点城市之一，在认真吸取前两批试点城市经验的基础上，逐步建立完善了富有自身特色的肉菜流通追溯体系。

3. 交通基础设施状况

长沙处于战略位置，农产品物流的交通运输基础决定物流园区的发展。在政府指引投资下，区域优势日渐突出，综合运输体系粗具规模。在湖南省人民政府办公厅关于印发《湖南省“十二五”物流业发展规划》的通知中表明，综合运输体系初具规模。

公路方面：截至 2012 年底，全省在建高速公路项目达 28 个，总里程 2482 公里，在建里程居全国前列。长沙以南北京株、东西上瑞两大高速公路为主，长常高速公路、长永高速公路、长吉高速公路、长潭西高速公路、绕城高速公路、机场高速公路和长娄高速为辅，106 国道、107 国道、207 国道、209 国道、319 国道、320 国道、322 国道为网络经脉，构成长沙连接省内外的高速快捷的通道，其中，全省等级公路达到 203638 公里，占公路总里程的 87.01%；二级以上公路达到 15136 公里，占公路总里程的 6.47%，其中高速公路 3968 公里、一级公路 1057 公里、二级公路 10111 公里；全省铺装和简易铺装路面达到 155743 公里，占公路总里程的 66.54%。2012 年全省普通公路建设完成投资 198.43 亿元。其中，路网改造完成投资 138.22 亿元，建成通车里程 2000 公里。公路交叉网络的建成，使常德石门的柑橘、湘西的腊肉、郴州的东江鱼、沿海的海鲜等新鲜的农副产品能一天到达物流园区。

铁路水路方面：湖南省的铁路网较为发达，有京广、沪昆、湘桂、焦柳、洛湛、武广高铁等六条铁路干线贯穿全省，铁路通车里程4893公里，增长1.74倍；千吨级航道达到607公里，建成千吨级泊位87个；内河通航里程达11968公里，2012年湖南省完成水路货运量1.87亿吨，居全国第三位。

空运方面：湖南省现有以长沙黄花国际机场为中心的五个民用机场，连接湖南的东南西北。构成以长沙为中心，另外四个民用机场为辅相互配合、辐射全省乃至全国的航空物流运输网络，为长沙的农产品航空运输提供了有力的保障。

长沙以公路、铁路、水运和航运等交通方式构成了全方位的立体交通，为成功搭建高效物流平台提供了条件。而且在政策上也明确提出，进一步完善综合运输体系建设，实现多方式联运的有效衔接。加快统一规划和建设新的铁路、港口、机场、公路等基础设施，完善中转联运设施，优化站、场布局，实现多种运输方式的有效衔接。

4. 物流信息服务体系建设

农产品物流园区信息化程度的高低，是决定农产品物流体系健全与否的关键，是提高农产品流通信息服务体系健全完善以及提高运作效率与效益的基础和有力保证。资料显示，长沙物流园区与长沙市周边绿色农业基地、各农业县和20%的乡镇分别建立了农业信息服务机构体系，园区物流信息化工作取得了较大的进展，形成了初具规模的物流信息服务体系。随着人们消费观念的改变以及电子信息技术的快速发展，信息化在长沙农产品流通领域中发挥着越来越重要的作用，农产品批发市场信息采集发布网络和检验检测网络基本形成，基于电子信息平台管理的现代农产品物流体系逐渐建设和发展起来。如长沙市的马王堆农产品批发大市场、红星农副产品批发大市场、雷锋镇农产品批发大市场，内部就装有大型电子显示屏、电子监控系统、农药残留检测系统、恒温冷库，还设有IC卡系统、互联网信息平台等电子管理设施。马王堆农产品批发市场利用这些条件，使信息网络连通全国，吸纳了全国30个省（市）、600多个县区的经商户进场经营，成了目前中南地区最大的农产品交易集散地。红星农副产品批发大市场，在此基础上，建设了占地面积280余亩、建筑面积4.2万平方米的长沙红星国际会展中心（配备有国际会议厅、多功能厅、接待厅、地下停车场及先进的电子显示屏，最快捷的网络信息平台，最方便的自动电梯等设备），每年的湖南省（国际）名优特新农副产品博览交易会都在此举行。在政府和企业的双重推动下，长沙市农产品物流园区的电子商务物流平台、电子口岸平台、政府监管物流平台等建设已粗具规模，并将获得快速的发展。

二　长沙市农产品流通组织分析

（一）长沙市农产品流通网点布局分析

农产品流通组织是指介于农产品生产者与消费者之间，参与农产品流通的各类组织，它不仅仅指专门从事农产品流通活动的专职流通组织，而且还包括从事农产品加工的流通导向型组织以及为农产品流通提供服务的各种组织。它是随着剩余农产品出现和农产品市场发育基础上逐渐形成起来的，随着社会生产力提高和分工的深化而不断演进。

长沙作为中南地区重要的农副产品输入输出节点和流通集散中心，是中国中部地区唯一的现代服务业试点城市，其农产品物流体系的建设，对周边省份及城市有积极的示范引领作用。目前，长沙市已形成了以农产品批发市场为枢纽，以农贸市场、社区销售点和超市为基础的流通网点布局。

1. 批发市场

长沙市现共有批发市场 62 个，其中主城区范围内有批发市场 41 个，占总数的 66%。农业部定点农产品批发市场有马王堆农产品批发市场、红星农产品批发市场、湖南宁乡沙河市场、湖南粮食中心批发市场。马王堆、红星批发市场交易额均达到 200 亿元以上，承担长沙市大部分的农产品供应。

例如，马王堆农产品批发市场位于长沙市芙蓉区。市场承担了长沙市 85%以上的蔬菜和 90% 的海鲜水产供应任务，保障了全省 60% 的蔬菜和 80%的海鲜水产供给。每天农产品物流的供应量和产销量达到 400 公斤以上，市场营销依托长沙中下游区域体、泛珠三角洲区域体，辐射全国 20 多个省、市，410 多个县、区，已经成为服务长沙本地、面向全省、辐射全国的农产品物流集散中心、价格指导中心、数据信息发布中心，是湖南省、农业部确定的鲜活农产品物流园区。

根据《长沙市现代物流业发展规划（2011—2020 年）》，确定长沙市现代物流系统的基础设施网络将采用综合物流园区—专业物流中心—企业配送中心三层物流节点模式。构筑由长沙金霞物流园、长沙空港物流园、长沙西物流园、长沙南物流园、安沙物流园、黄兴物流园六大物流园区及长沙西物流中心、含浦物流中心、长沙南物流中心、长沙农贸物流中心、大托钢铁物流中心、长沙特种物流中心、金霞粮食物流中心、暮云烟草物流中心等八大物流中心及物流节点的网络，构成长沙市的现代货运枢纽系统（见图 2—68）。

其中，长沙农贸物流中心由长沙马王堆农产品股份有限公司全资兴建，作为省市重点工程、长沙市“菜篮子”升级工程、六个走在前列的帮扶工程、三大市场迁建的引领工程，项目一期 2015 年 7 月已接近完工，预计 8 月中旬项目一期 14 栋可全部主体封顶，11 月中旬项目具备运营条件。目前项目的招商对象已经明确，经营项目已经敲定，进入整体搬迁升级的筹备阶段，马王堆蔬菜批发市场力争 2015 年底整体搬迁到这里。

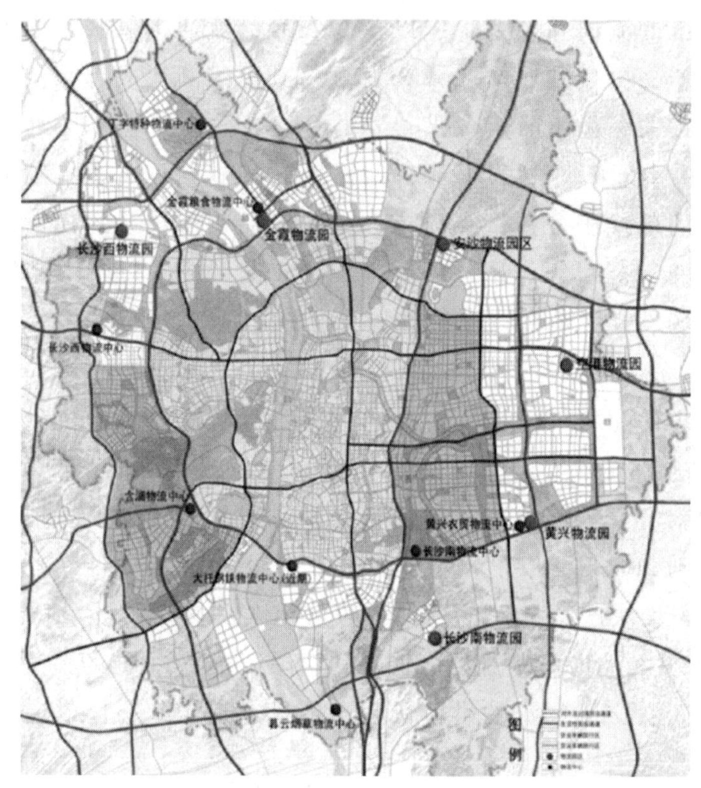

图 2—68　长沙市城市物流系统规划图（2003—2020 年）（2011 年修改）

资料来源：长沙市物流园区规划蓝皮书。

2. 农贸市场

农贸市场是城市零售业态的一种，是城市社区商业的重要组成部分，与城市居民的日常生活息息相关。截至 2014 年，全市标准化改造、新建农贸市场 207 家：新建 101 家、提质 99 家、加固 7 家。其中城区 129 家、县（市）乡镇 78 家，总建设面积约 31. 3 万平方米，各级财政总投资约 5 亿元，其中获得商务部补贴支持近 3000 万元。2015 年，长沙将改造新建 15 家农贸市场，涉及雨花区、长沙县、浏阳市、宁乡县、高新区。其中，雨花区、高新区进行提质改造，县级地区改造与新建同步进行。根据实际现场调查全市现有农贸市场 147 处（不含批发市场），其分布情况见表 2—24。

表 2—24　　**长沙市农贸市场分布情况**

政区	规划范围内总面积（平方公里）	现有人口（万人）	农贸市场总数（处）	建筑面积 1500 平方米以上的个数	建筑面积 1000—1500 平方米的个数
芙蓉区	42.8	40.63	34	12	3
天心区	73.64	39.23	25	6	6
岳麓区	125.41	62.44	21	3	4
雨花区	114.21	56.54	43	6	3
开福区	187.01	44.16	23	4	2
合计	543.07	243.00	146	31	18

资料来源：湖南省商务公众信息网。

由表 2—24 可以看出，农贸市场主要是集中在中心城区，占 80%以上，雨花区农贸市场占全市农贸市场的比例最高为 29.25%，高新区的比例最低为 0.68%。芙蓉区东部、天心区和雨花区南部、岳麓区西部、开福区北部和高新区的农贸市场数量明显不足（见图 2—69）。中心城区的农贸市场服务半径基本满足了不大于 1000 米的要求，而在中心城区之外的农贸市场服务半径大部分都超过了 1000 米的设置标准。

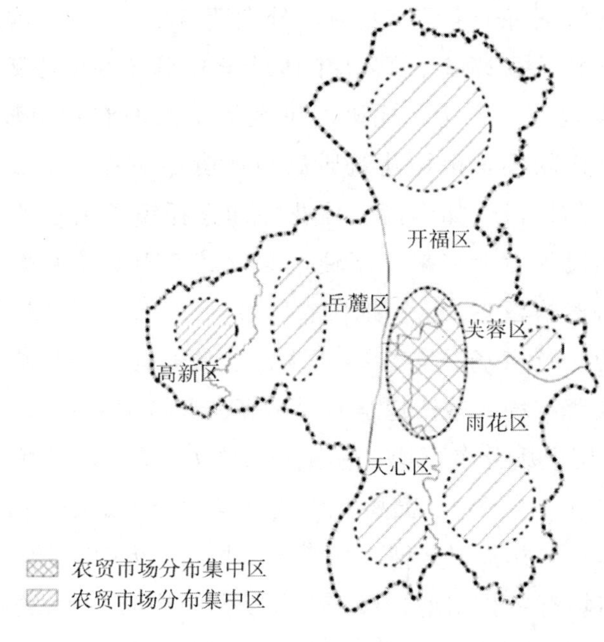

图 2—69　长沙市农贸市场分布图

资料来源：www. hnup. com。

由表2—25可知，市商务局提供的数据显示现有的146处农贸市场中，主要分为露天市场、独立式室内市场、连体式室内市场、独立式棚顶市场几种类型。这些农贸市场经过常年使用已经非常陈旧，建筑质量不高，毫无自身的特色，反映出建设管理部门在规划时缺乏对农贸市场的景观考虑。

表2—25 **长沙市农贸市场主要类型**

政区	农贸市场总数	露天市场	独立式室内市场	连体式室内市场	独立式棚顶市场
芙蓉区	34	1	7	19	7
天心区	25	5	5	10	5
岳麓区	21	3	8	7	3
雨花区	35	3	12	14	6
开福区	23	3	12	5	3

资料来源：http：//blog. sina. com. cn/s/blog_ 66930caf0100jozl. html。

芙蓉区农贸市场主要分布在浏阳河以西的老城区，其服务半径和规模已经基本满足了周边居民的生活需求，但由于地段用地紧张，农贸市场普遍存在规模过小、环境及市场硬件条件差的问题。浏阳河以东为东岸乡，汽车东站周边的人口分布相对集中，因此在这附近的农贸市场分布多，而其他地段是呈组团式的人口分布，现状是每个组团基本有一处农贸市场。

天心区现有农贸市场25个，其中有19个集中分布在中心区一带人口较为密集的地段，且密度较大，故这一地段居民生活所需的农贸市场数量已能满足。但总体而言这一地段的农贸市场建筑质量与环境都偏差。在二环线以南人口分布较少也较为分散的地段，如青园、桂花坪和大托镇等街道成形的农贸市场较少，这就给周边居民的生活带来了不便，而且随着南部天心生态新城建设的推进，人口增长是必然的趋势，这一地段农贸市场总量过少的问题将日益突出。

岳麓区现有的农贸市场分布东多西少，主要是呈带状均质地分布于东侧，西侧基本上没有农贸市场。整体建筑质量不高，环境偏差。

雨花区现有农贸市场分布不均，主要分布在人口较为密集的中心地段，如侯家塘、左家塘、东塘、砂子塘、高桥和雨花亭等六个街道办事处，且市场的建筑质量和环境都较差；洞井镇、奎塘、黎托乡面积大，人口分散，成形的农贸市场不多，部分农贸市场有单独用地、用房，但是都结构简易、设施不完善。随着城市建设的步伐加快、城区向周边拓展，环外的人口在未来几年里会有大幅度增长。

开福区的市场大部分是集中在浏阳河以南人口分布较为密集的地段，总体而言市场的数量不多，建筑质量和环境都偏差。而浏阳河以北的地段，人口比较分散而且稀少，还没有成形的农贸市场，但是随着北城住宅产业的发展，人口在未来几年里会有大幅度增长，对于农贸市场的需求也越来越迫切。

高新区存在一处农贸市场（东塘农贸市场），位于枫林路北侧、涉外经济学院的西侧，但由于枫林路的扩建，面临迁址重建的问题。

3．超市

超市一直以来是重要的零售终端，也是消费者购买生鲜农产品主要的场所。在进行农产品物流超市化、连锁经营化的趋势下，长沙近几年生鲜超市/超市生鲜专柜发展迅速，尤其是在近几年，产销对接是长沙市建设重点。

由表2—26可知，全市共有超市、便利店5846家，其中，长沙市区的超市分布比较分散，基本上五个区的超市数量相当。相比之下，郊区以及下属县、市超市数量明显减少，原因一是与各区的人口数量相适应，二是超市建设发展落后。其中，根据2013年《中国零售和餐饮连锁企业统计年鉴》数据可知，大型超市主要有39个，主要有国际大型零售企业沃尔玛、家乐福、麦德龙、普尔斯马特，外资企业大润发、好又多，国内零售企业有新一佳、步步高、华银旺和、家润多、通程万惠等。大部分大型综合超市分布在中心老城区环线以内、湘江以东、京广铁路线以西的部分。随着长株潭一体化进程的加快和大河西先导区的推进，大型综合超市网点有向南向西拓展的趋势。进一步分析可知，长沙市超市的分布主要分布在各大商圈内。何瑞彪（2010）研究长沙市农贸市场规划布局的结果可知，农贸市场与生鲜超市有如图2—70。

表2—26　**长沙市超市/便利店分布**

政区	现有人口（万人）	超市/便利店数量（个）	在全市超市/便利比例（%）
芙蓉区	40.63	805	13.77
天心区	39.23	491	8.40
岳麓区	62.44	882	15.09
雨花区	56.54	882	15.09
开福区	44.16	753	12.88
长沙县	81.89	807	13.80
宁乡县	137.70	320	5.47
望城区	56.25	405	6.93
浏阳市	14.40	501	8.57
合计	533.24	5846	100

资料来源：大众点评网。

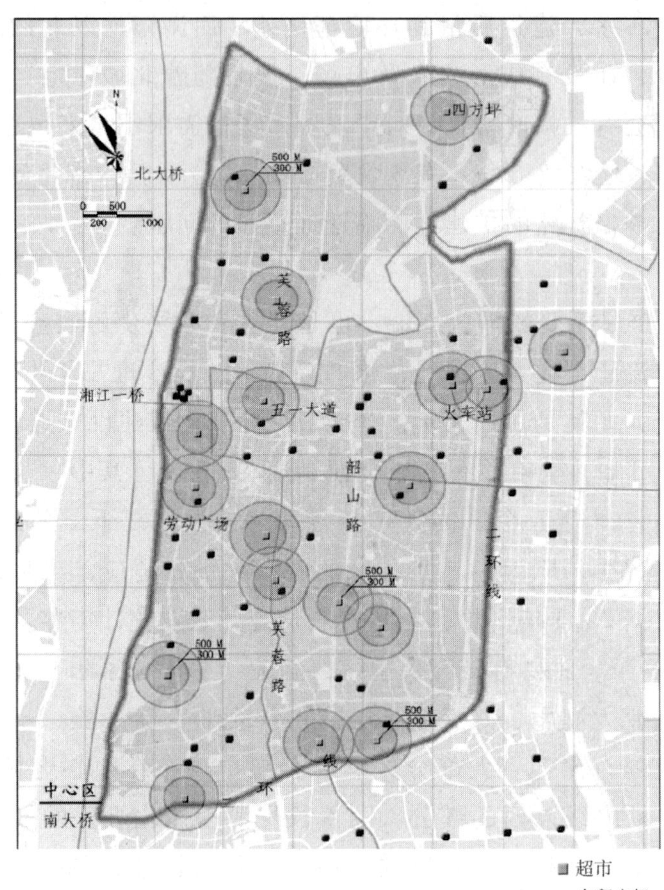

图 2—70　长沙市农贸市场与超市的关系

资料来源：长沙市农贸市场规划布局研究。

由图 2—70 可知，超市半径 500 米范围内共有农贸市场 20 个，何瑞彪抽样调查了其中 14 个。在这 14 个农贸市场中，经营效益较好的 6 个，一般的 4 个，差的有 4 个，从比例构成上并不能看出生鲜超市的存在对农贸市场能造成太大影响。在距离超市 300 米范围内的 9 个农贸市场中，经营效益较好的占了 55.6%，这个数字比距离超市 300—500 米范围内的（20%）还要高，农贸市场的经营并没有出现距离生鲜超市越近效益越差的现象，而远离超市也没令经营效益好转。

（二）长沙市农产品流通模式及其特点

农产品流通主要是从产地到销地的过程，其中产地的生产主体主要是农村千家万户的农民生产者和一些农产品生产基地（属于企业或地方政府的），销地的销售主体主要是农贸市场（菜市场）、超市、销地批发市场、宾馆饭店和出口等。从生产主体到销售主体之间所经过的环节即为流通环节。经调查，长沙市的农产品流通模式主要就是直采、直供，通过批发市场直销，但也存在其他多元化的形式，主要归结为以下几类。

1. 以生产者自运销售为主的传统营销渠道

生产者不借助外部渠道，直接将农产品销售给消费者，省去中间环节。一方面它节省了中间环节费用，提高了渠道效率，使消费者在价格上受益；另一方面，它也有很大的局限性，这种模式只适合零散销售，销售范围有限且数量不大。

传统的销售渠道一般是由独立的生产者和零售商组成。农产品生产者一般是独立分散的、以家庭为单位的农户，由于获取市场信息的能力有限以及生产规模的限制，这类农户通常只能生产一些时令蔬菜，并依靠自家的人力、物力将自产的农产品销售给贩运户，或是运往集贸市场直接销售给终端消费者，如图 2—71 所示。这种销售渠道的主要特点是生产的规模效应低，渠道成员都是作为独立的主体去追求自身利润的最大化，没有集中统一的规划与销售目标，只是一个松散的销售网络。农户由于缺乏了解市场行情的能力，只是市场既定价格的接受者，往往最容易遭受经济利益损失。

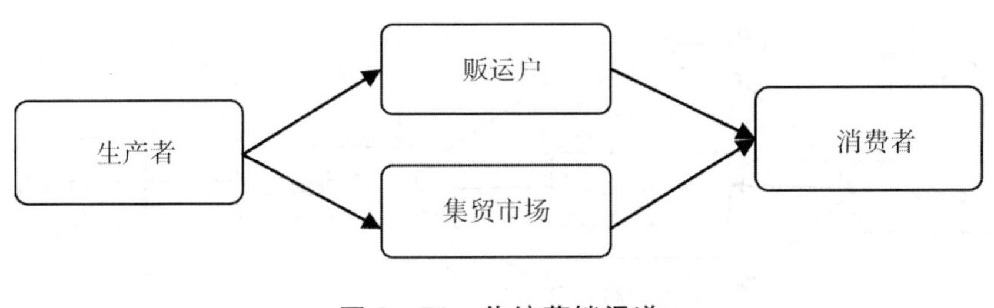

图 2—71　传统营销渠道

2. 较多中间商的长营销渠道模式

长营销渠道最主要的特征是参与农产品流通的中间商比较多，长沙市目前最长的营销渠道有四个中间机构，即产地批发商、二级批发商、销地批发商、零售商（见图 2—72）。

一方面，农产品流通过程中的中间商越多，流通渠道就越长，完成流通所需的时间就会越久。因为农产品中很多品类的产品具有很强的时效性，所以较长的流通渠道不利于农产品的运输，会造成农产品较大的损耗。另一方面，每一级中间商都会从农产品流通中抽取利润，这就意味着，流通渠道的层级越多，附加在农产品上的成本就越高，到达消费者手中的价格就会偏高，最终损害了消费者的利益。

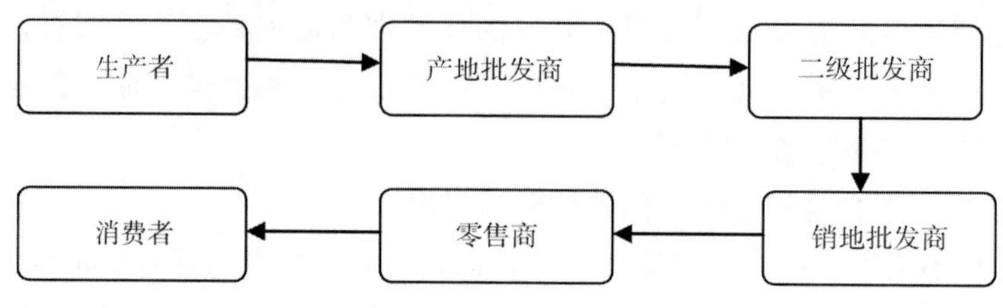

图 2—72　长营销渠道

3. 以“加工+销售”为主的宽营销渠道

宽营销渠道是生产者在某一环节选择两个以上的同类中间商销售商品，以“加工+销售”为主的宽营销渠道是指农产品加工企业和销售公司一起作为农产品销售的中间商参与流通。加工企业不仅连接了农产品原料的生产者，同时也连接了下游的分销商，是农产品供应链上关键的一环（见图 2—73）。

由于宽流通渠道有多个相同类型的中间分销商参与，加大了中间商的竞争，为了争取更多的利润和市场份额，这些中间商会以提升服务质量和提供合理价格等条件来吸引客户，从而形成一种良好的市场竞争氛围。

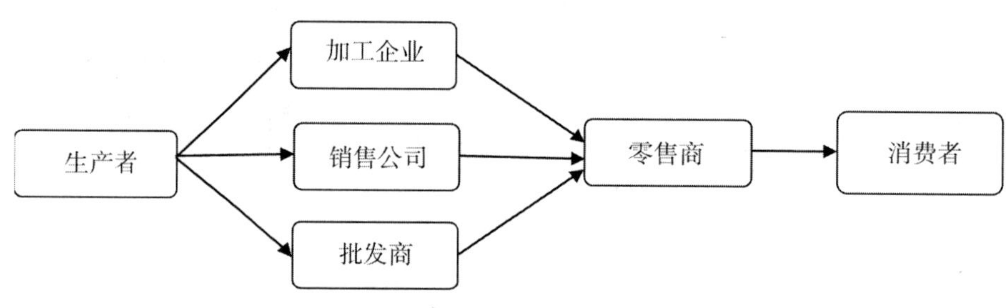

图 2—73　宽营销渠道

“加工+销售”形式的宽流通模式是农产品在流转的同时进行一些加工处理，如分类、清洗、包装等，然后由同一级上的分销商出售给消费者。这样，减少了农产品流转的环节，缩短了流通时间，同时也降低了农产品的损耗率，从总体上看，节省了流通费用。而且，以“加工+销售”为主的流通模式由于流通渠道短，流通级数低，便于进行售后服务以及农产品安全追溯。但是，中间商的数量太大，功能又不尽相同，这给市场管理带来了很大不便。

4.“农超对接”的营销渠道

这是近几年长沙市大力发展的一种农产品营销模式，为了减少流通环节，降低流通成本，一些中小型超市、社区菜市场和餐饮店省去了向农产品批发市场或农贸市场采购农产品这一环节，直接与农户签订意向性协议书，由农户向超市、菜市场和餐饮店直供农产品（见图2—74），可避免生产的盲目性，稳定农产品销售渠道和价格，而且通过直采模式可以降低流通成本20%—30%，给消费者带来实惠。

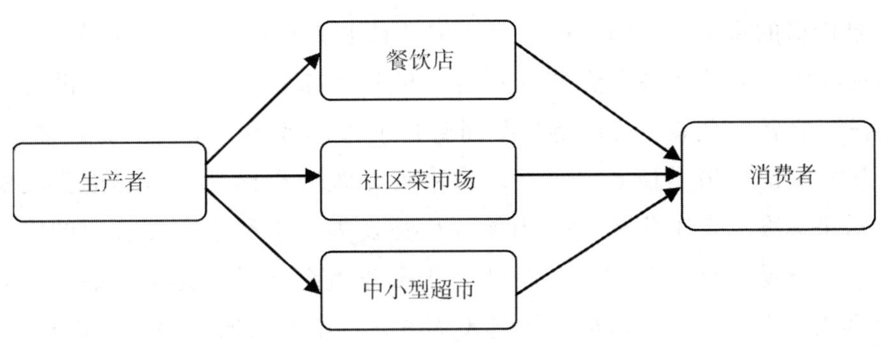

图2—74 “农超对接”营销渠道

“农超对接”模式是指超市凭借自身在市场管理、市场信息等方面的优势，全过程参与农产品生产、加工、流通，为农户提供信息咨询、物流配送、产品销售、技术支持等多方面服务，将小农户与大市场有效连接起来，从而成为农户与消费者之间的联系纽带，充分发挥流通带动生产的作用，促进农民增收。“农超对接”模式具有如下特征：超市作为零售终端与农户以及农民合作社直接进行交易，双方之间没有其他的环节，农产品流通是通过“直采”或者“直供”的形式完成的。在“农超对接”过程中，超市凭借自身在市场信息、资金、技术、管理等方面的优势为农户提供全面服务，参与农产品产供销整个产业链，减少流通环节、降低流通成本，有效连接农户和消费者，使农户和消费者能够同时受益。“农超对接”模式是对原有农产品流通模式的创新和优化，形式上减少了流通环节，实现了农户与消费者之间有效的对接，提升了农产品流通效率。

其缺点是这些连接农户和消费者的超市、餐饮店的管理水平、市场控制能力、物流配送系统等相关配套设备都还不完善，主要表现在它们并不关注农户的生产情况，对消费者需求的变化和市场信息的反馈也不太关注，容易出现滞销或是供不应求的情况。

（三）长沙市主要农产品流通模式存在问题分析

1. 水果

流通模式：长沙的水果流通体制基本上形成了一个以集贸市场零售为主、果品批发市场为中转枢纽、多渠道、多主体的流通格局。水果流通渠道主要可以归纳为：城乡集贸市场、果品批发市场两种。

城乡集贸市场。城乡集贸市场内的水果有的是从上游批发市场批发的，有的则是个体运销户直接从产地果农处采购的，其特点是来源广泛、一次交易量小、交易次数频繁、交易不规范等。

果品批发市场。果品批发市场在集中产区水果、水果的跨区域流通和外销以及水果价格的形成等方面占有重要地位，是水果流通的主要中转支点。

存在问题：一是水果采后处理不足。目前大部分的水果采摘后没有经过分级、清洗、打蜡、包装、冷藏等环节而直接上市，既影响了水果的贮藏、销售，也不利于水果的价值增值。二是缺乏水果的分级分类标准和对标准实施的严格监督。水果标准制定工作落后于当前的形势发展，不利于商品价值的实现，尤其是在出口贸易中处于劣势。三是社会化服务组织还很不完善，小生产与大市场的矛盾依旧很突出。销售员、经纪人队伍数量不足。四是缺乏一批实力雄厚、经营稳健的大批发商。目前水果市场上批发商众多，但规模都偏小。小批发商一旦出现经营问题，就有可能退出水果流通，从而影响水果流通的稳定。五是批发市场的布局不够合理，功能不全，交易方式落后。现有的批发市场在地区布局、产地和销地的分配上不尽合理。目前批发市场的功能还基本上停留在商品集散这一层次上，缺少竞价拍卖、电子结算、远程交易等先进的交易方式。

2. 蔬菜

流通模式：蔬菜流通已形成了多种经济成分、多种流通渠道、多种经营形式、多种业态并存的流通格局。目前长沙存在的流通模式主要有以下几种：①以产地和销地批发市场为主的流通模式。②供应商直接向零售商供货的企业一体化流通模式。经由这种模式流通的蔬菜数量虽然不是很大，但是其快捷、高效的特点使它日益受到人们的青睐。③供应商直接向需方供货的流通模式。近年来，随着农产品生产基地规模的扩大和基地农产品质量的提高，其产品知名度、美誉度也得到不断提高，一些大酒店、单位食堂开始向生产基地直接订货。

存在问题：①市场主体（农户）及其组织发育迟缓，流通效率较低。农民自身的产销合作组织力量不够大，在交易中处于被动和从属的地位，许多合理的利益被流通环节盘剥了。②市场机制和市场体系不健全。目前，蔬菜流通仍以现货交易为主，交易分散且规模小。比较规范的批发市场数量偏少，蔬菜交易过程中的交易失范和流通秩序混乱现象广为存在。③蔬菜商品标准化体系不完善且缺乏有效监督。大部分蔬菜批发市场处于缺乏监管的状态之下，蔬菜标准的执行就变得十分随意。

3. 水产、肉类、蛋类

流通模式：近年来，鸡蛋、水产及肉类食品的生产、流通有了长足的发展，买方市场成为常态。鸡蛋、水产及肉类产销组织向规模化、现代化、贸工农一体化、品牌化方向迈进，生产流通的集约化程度提高。同时，通过开发、引进等多种方式，部分水产及肉类加工技术提高很快，各种低温配送中心和现代冷藏物流设施快速发展，顺应了以冷链方式销售水产及肉类食品的发展方向。在调查中发现水产及肉类食品的流通模式主要有以下两种：①批发商（生产基地）—零售模式（超市、农贸批发市场）。畜禽饲养方式仍以家庭生产为主，肉类食品的流通主要由定点屠宰厂或肉类加工企业收购农户或养殖场的畜禽，经屠宰后以鲜肉的形式批发给各级的零售组织或经过再加工后以各种类型的肉制品出售。由于鸡蛋属于易碎、易浪费的产品，因此大部分超市都是与基地直采或直购的。②“养+销一体化”模式。水产品以基地养殖为主。近年来，水产类农民专业合作社发展迅速，水产品的销售主要以冷冻保鲜和干腌渍为主。

存在问题：水产及肉类加工产业主体实力欠强。总体而言，大多数水产及肉类加工企业其加工品种少、规模小、加工手段落后、安全质量差、产业链条短、产品附加值低、利润空间小，其生产管理仍停留在经验管理的基础上。

三　案例分析：马王堆农产品批发市场的购销模式分析

（一）背景介绍

长沙市马王堆农产品批发市场占地面积10.7万平方米，建筑面积4.9万平方米。公司下设蔬菜批发市场、干货调料批发市场、种子批发市场、水果批发市场、冷贮经营公司和信息咨询公司六个单位。经营范围以蔬菜、果品批发和冷藏为主，兼营干酱调料、粮油食杂、家禽水产、园艺花木等各类农副产品。拥有贮藏鲜菜2000吨、水果5000吨的冷库一座。设有招待所、信息中心、电视监控、电脑结算货运，专业治安队伍、公安、工商部门驻场管理。公司主营农产品的批发、储藏和配送经营，下辖马王堆蔬菜批发市场（见图2—75）、马王堆海鲜水产批发市场、毛家桥果品批发市场、马王堆蔬菜食品配送经营公司等经营实体。

马王堆农产品批发市场在1999年以前是老国有企业，在1999年之后才改建为批发市场。市场总占地245亩，其中蔬菜区就占了160亩，这也与市场主要经营蔬菜和水产的现状相吻合。在2014年市场总的交易量为480万—490万吨，其中蔬菜的交易量就达到200万吨，交易额400亿元。营销辐射全国20多个省市，400多个县区，辐射人群达1亿人，已成为服务长沙、面向全省、辐射全国的蔬菜集散中心、价格指导中心、信息发布中心，是农业部确定的鲜活农产

图 2—75　马王堆蔬菜批发市场规划图

资料来源：《长沙市马王堆农产品批发市场交流材料 2014》。

品中心批发市场。由于产品需求的多样性，除了本市的农产品供应外，市场在除西藏和新疆之外的其他各省市均有货源，以保证农产品特别是蔬菜、水果和水产的多样化供应。作为一个销地批发市场，马王堆蔬菜批发市场从凌晨到晚上都有采购的客户：凌晨主要是市内的商户采购；上午是外市的商户，比如武汉、萍乡、贵州等地；到了下午就主要是近市（距本市 100—200 公里）的客户；傍晚就是市内的一些超市，超市在傍晚时段主要采购水产品。

（二）海鲜水产品“产销对接”模式

马王堆海鲜市场每年销售量最多的产品有六种，分别为：鲈鱼、多宝鱼、柴鱼（乌鳢）、对虾、鳜鱼、牛蛙，而这些产品大多不是本地生产的，比如多宝鱼就是从山东、辽宁运输到长沙的，市场内的牛蛙有 80% 是从福建漳州运往长沙的。市场内销售的水产品要保证其质量和安全就必须从产地抓起，由于产地与销地市场相隔遥远，要对水产品的养殖进行监督检测比较困难，于是，马王堆海鲜市场与生产地的养殖户之间签订“产销对接”合同，明确养殖户必须保证海鲜产品的质量与安全。长沙市水产局在马王堆海鲜市场设有安全监测部门，市场会定期派工作人员前往产地对养殖水质以及海鲜产品进行检测，一旦检测不合格，那么该批水产品就不能进入市场销售。另一情况是市场内的经营户自检部门，自行对这些签订产销对接协议的养殖户的产品进行安全检测。为了进一步保障食品安全，市场会对每一个经营户收取一定的押金。若在生产环节没有问题，产品在进入市场前需要从海鲜部门领取有效的“马王堆海鲜水产批发市场分销卡”（见

图 2—76)，之后才能销往各处酒店、超市以及二级批发市场。

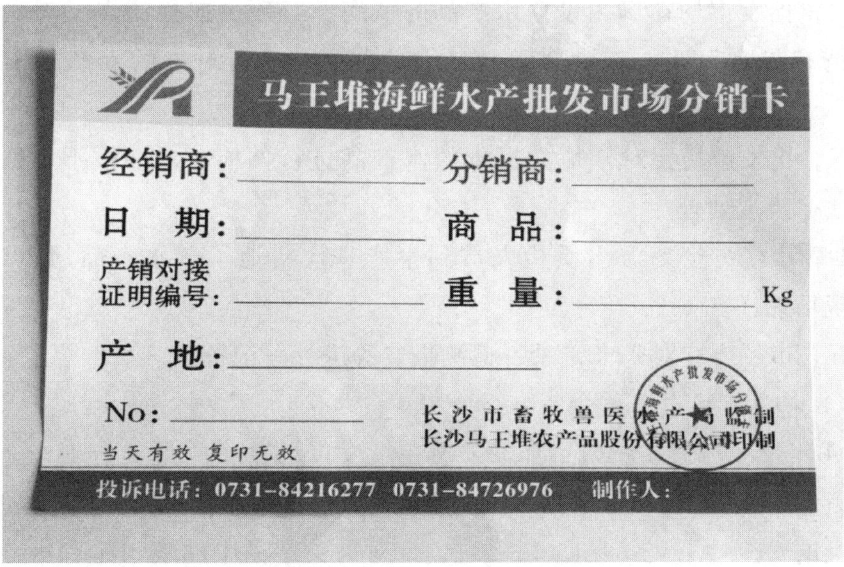

马王堆海鲜水产批发市场分销卡
经销商：＿＿＿＿　分销商：＿＿＿＿
日　期：＿＿＿＿　商　品：＿＿＿＿
产销对接证明编号：＿＿＿＿　重　量：＿＿＿＿Kg
产　地：＿＿＿＿
No：＿＿＿＿　长沙市畜牧兽医水产局监制
长沙马王堆农产品股份有限公司印制
当天有效　复印无效
投诉电话：0731-84216277　0731-84726976　制作人：

图 2—76　马王堆海鲜水产批发市场分销卡

水产品产销对接模式流程（见图 2—77）如下。

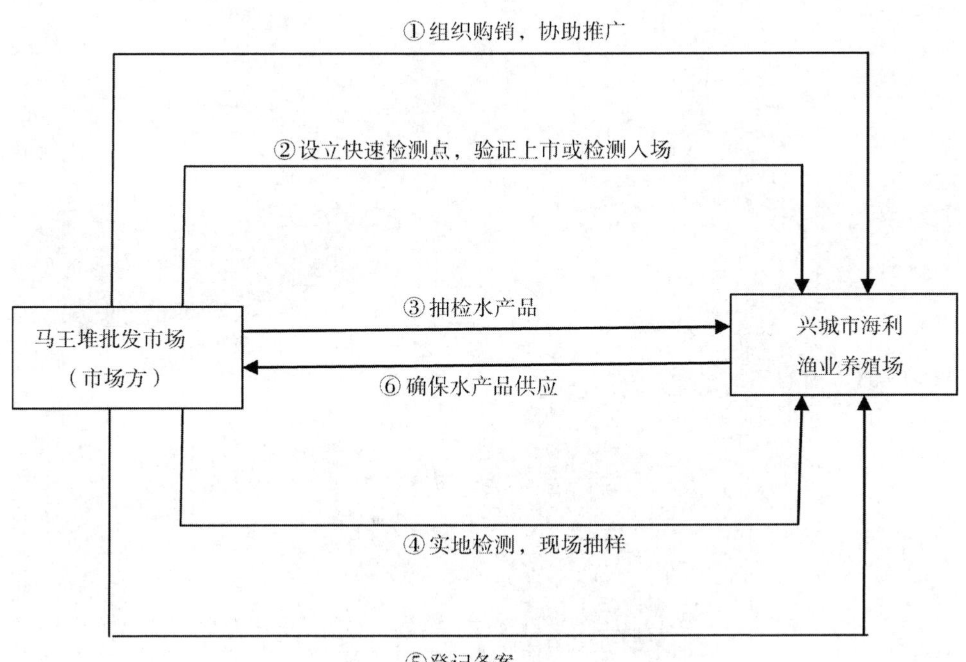

图 2—77　水产品产销对接模式流程

第一，批发市场组织场内经营户购销基地方提供的各类水产品，并协助基地方进行相关推广活动。

第二，批发市场在场内设立水产品的疫病、药残快速检测点，对参与产销对接且持有产地证明的产品验证上市；对未参与产销对接的水产品实行检验入场。

第三，批发市场要对基地方提供的水产品进行抽检，对抽检不合格的产品按有关法律规定处理。

第四，市场方定期派出质检人员到生产基地实地了解水产品的生产情况，并进行现场抽样。

第五，市场方应对采样记录、检测报告等进行登记备案。

（三）批发市场内自建食品安全检测部门

2014 年长沙马王堆农产品有限公司在批发市场食品质量安全工作上投入了近 180 万元，配备了 15 名检测人员，购置了一系列的检测配套设备，建立起蔬菜和肉类的安全检测室（见图 2—78），针对肉类产品中的瘦肉精和水分以及蔬菜水果农药残留等情况进行检测排查。每天每批次的产品在进入市场前要进行抽查采样，进行快检，检测合格的产品才被批准进入市场销售。

图 2—78　马王堆蔬菜批发市场安全检测室

2013—2014年长沙马王堆农产品有限公司质量安全工作目标完成情况、总体及分类检测情况如表2—27—表2—29所示。

表2—27　　2013—2014年度食品安全工作目标完成情况

食品安全工作目标	2013年	2014年
重大食品安全事故（次）	0	0
蔬菜农药残留抽检年平均合格率（%）	99.78	99.95
肉类瘦肉精抽检年平均合格率（%）	100	100
水产品药物残留抽检年平均合格率（%）	99.58	99.34
蔬菜批发日抽检品种覆盖率（%）	79	79
蔬菜批发日抽检样本数（个）	300	300
《食品安全协议书》签约比例（%）	100	100
食品安全培训场次（市场管理人员）（次）	6	2
食品安全培训场次（经营户）（次）	3	5

资料来源：长沙市马王堆农产品批发市场：《食品安全白皮书》。

表2—28　　市场商品质量总体检测情况

检测分类	2013年			2014年		
	检测批次（次）	合格批次（次）	检测合格率（%）	检测批次（次）	合格批次（次）	检测合格率（%）
蔬菜	105527	105295	99.78	105664	105615	99.95
水果	1455	1455	100	480	480	100
水产品	2134	2125	99.58	2561	2544	99.34
肉类	4053	4053	100	4376	4376	100
合计	113169	112928	99.79	113081	113015	99.94

表2—29　　市场商品质量分类检测情况

商品种类	检测项目	2013年			2014年		
		检测批次（次）	合格批次（次）	检测合格率（%）	检测批次（次）	合格批次（次）	检测合格率（%）
蔬菜	有机磷农药残留快速检测	105527	105295	99.78	105664	105615	99.95

续表

商品种类	检测项目	2013年			2014年		
		检测批次（次）	合格批次（次）	检测合格率（%）	检测批次（次）	合格批次（次）	检测合格率（%）
水果	有机磷农药残留快速检测	1455	1455	100	480	480	100
肉类产品	瘦肉精	4053	4053	100	4376	4376	100
	水分	4053	4053	100	4376	4376	100
水产品	孔雀石绿	1805	1797	99.56	2561	2548	99.49
	呋喃类	1604	1603	99.94	2561	2557	99.84
	氯霉素	1161	1161	100	2561	2561	100

资料来源：长沙市马王堆农产品批发市场：《食品安全白皮书》。

（四）海鲜大户特色经营模式

马王堆海鲜市场的经营大户——八百里海鲜水产有限责任公司于2006年正式成立，经营产品有甲鱼、大闸蟹等50多个品种，市场内平均每个门店年销售额达200万元。公司有自己的生产基地，并且与益阳市的农户合作，建立了八百里水产合作联社，以保障货源稳定。销售渠道主要是市内各大酒店，如徐记海鲜，一级批发市场。现在以超市为试点，试行“店对店”模式，由八百里海鲜水产公司直接供应步步高超市，并派人员驻店销售。与传统销售方式不同的是，八百里海鲜水产公司在超市设立体验馆，一来让顾客了解单品的各种信息，如生产地、生长环境、营养成分、对身体的好处等；二来教会顾客挑选海鲜，并教授烹饪方法。公司未来的发展方向将会是自行制作半成品或者即食产品出售，生鲜水产、半成品以及即食产品的占比为2∶1∶2。为了实现这一设想，八百里海鲜水产公司初步会在长沙建立中央厨房，由中央厨房烹饪完成后，分散到周边各个配送中心，完成海鲜成品的配送。

（五）长沙市马王堆农产品批发市场经营模式启示

1. 建立农产品“产—运—销”联盟

农产品的易腐性、生产地域性决定了它的流通特殊性，需要有更少的流通层级、更快速有效的流通模式。马王堆市场的“产销对接”模式不同于普通意义上的农产品生产基地直接与消费者对接，一步完成销售活动，这种模式是对上游生产、中转阶段的对接，缩短了中间流通的时间。对于农产品运输的及时性要求，最直接的方法是减少流通中间商、缩短流通渠道，而实现这一目的的途径可以通过建立“产—运—销”联盟，从上游生产基地的农户到中间物流商，再到零售商之间建立起统一的农产品流通机制，节约生产基地农户为销售农产品进行询价、联络买方的成本，也避免因缺乏对市场信息的了解而造成损失的情况。同时，农产品的物流运输也能目标明确，及时快速地将农产品运送到零售商、销地批发市场或是生鲜超市等地。

2. 建立农产品的电子商务销售渠道

电子商务模式必然是未来农产品销售的趋势，目前，长沙市红星花卉市场已经率先采用了电商模式以度过经营寒冬期。农产品电商需要考虑的首要问题是选定目标用户群，农产品电商的快捷性和操作方便性决定了其客户是年轻人群，并且对网络依赖性强。另外，由于农产品储存运输的特殊性，在配送过程中需要有冷藏冷冻功能的封闭式车辆，以及冷藏柜和恒温箱等设备，否则对于一些储存期短的农产品，在运送途中极易遭受物理损伤或是腐烂变质，不仅影响农产品的品质，还会影响其销售价格，因而，提升物流配送的效率将是农产品电商平台面临的最大挑战。

3. 增强生产者和批发市场、零售商等中间转运商的产品质量安全意识

从生产环节开始把控农产品的质量安全，对于农户施用的化肥、喷洒的农药以及灌溉的水质进行把控。不仅如此，在农产品进入批发市场、超市时还要进行安全检测，防止出现食物中毒、农产品有害物质超标的现象。农产品质量安全问题要引起市场和消费者足够的重视，农产品质量安全是基础，抛开质量安全单一追求销售利润最大化是一种不健康的市场现象。

四　长沙市大类和特色农产品价格影响因素及形成机制

（一）长沙市农产品价格形成机制的主要影响因素

1. 农产品生产的自然条件决定短期供求不平衡，继而导致价格变动

根据2014年湖南省第二次土地调查，全省土地总面积约为2118.29万公顷，其中耕地面积为413.50万公顷。从人均耕地看，湖南省人均耕地为0.06公顷（0.9亩），仅为全国人均耕地（1.52亩）的59.2%。从耕地质量来看，部分耕地质量不高，湖南土地含有多种有色金属，并且常年以湖水灌溉，湖水中同样含有对人体有害的有色金属。再加上湖南地处中部，雨水充足，日照相对较少，导致一些特定品种的农产品水分过多，影响其食用口感和消费量。因此，湖南自然资源和气候决定农产品生产的不稳定性，致使供求不平衡变为常态，引发价格变动。

2. 金融市场投资热点转向农产品，从而导致价格变动

由于农产品现实交易价格采用货币标价，因此不能回避金融市场的作用。同时，金融市场存在交易信息透明度较低、市场存在显著垄断性的结构特征，在这种市场条件下，金融投机者可能操纵市场放大价格波动。当大量的货币投放到农产品期货市场时，对农产品的期货价格会产生明显影响，进而波及农产品现货市场的价格。

3. 农产品生产要素成本增加推动农产品价格持续上涨

2012年，湖南城镇化率达到46.65%，到2015年，湖南省城镇化率为50.89%。城镇化及产业化发展到一定阶段，农产品各类生产要素成本都会上升，2015年相比于2008年，湖南省生产稻谷、小麦和玉米三种粮食的投入要素中，种子化肥单位价格、雇工工价以及土地租金都明显上涨，最低涨幅接近90%，最高涨幅接近186%。

4. 流通环节过长导致流通费用增加，从而推高农产品销售价格

农产品要经过收购环节、运输环节、批发环节、分销环节等诸多节点而推高农产品的出售价格。

5. 农产品供求信息不对称导致投机资本干扰

对农产品而言，信息不对称造成现货市场种种缺陷给农业生产带来了诸多不利影响，强化生产盲目性、分散化特征，使得农业生产为“蛛网困境”所困扰，在单一的现货市场条件下，农业生产只能根据当前现货市场价格做出生产安排。由于农作物生产周期较长，本期的生产安排只能形成下一期产出，这样就会出现生产产量与下期预期价格不一致的情况。

（二）长沙市大类和特色农产品价格形成机制

农业产品的生产成本主要分为物质费用、劳动用工费和税金三大部分。由于劳动力价格的上涨，劳动密集型农产品的生产成本也面临同样的上升趋势。随着中国现代化建设的进一步发展，农业劳动力向非农产业转移，以及随着农民收入增长而带来的劳动日工价的提高，必然要减少劳动力投入，促使中国农业发展劳动替代型技术。但是，客观上中国农业劳动力向非农产业转移和农村城镇化发展迟缓，把大量的劳动耗费在土地上，使得生产成本中的用工费居高不下。

农产品流通费用对农产品最终价格的形成有直接影响。中国经济转型时期的体制和制度变迁给农产品流通带来了很高的制度成本。一是垄断，由于某些部门和行业的垄断，形成进入壁垒，使其他部门和行业进入成本非常高；二是地区和行业封锁，设置进入障碍；三是市场体系不完善，市场组织功能未能充分发挥，从而产生额外流通费用。

1. 蔬菜

目前，长沙市蔬菜供应主要来自两个方面，即本地自产和外地供应，在淡季本地蔬菜与外地蔬菜供应比例为1∶9，在旺季这个比值为3∶7。由此看来，长沙市的蔬菜主要依靠外来供应，那么运输中的损耗和费用必然会引起蔬菜价格的大幅增长。

因为蔬菜生产具有分散面广、周期长等特点，受自然条件的制约，经常会出现供求失衡的情况，最终导致价格频繁波动。蔬菜价格是在市场机制作用下由市场供求关系决定的，不同的流通模式，形成不同性质的农产品价格。通过农产品批发市场流通模式可以吸引大量外地蔬菜在较短时间内完成交易，再把蔬菜输送到周边各地，迅速实现商品的价值和让渡其使用价值，能较真实地反映蔬菜的价值和市场供求规律。同时，由于流通环节的冗长，必然会导致较高的流通费用、损耗率，以及信息传导障碍等一系列问题，使得蔬菜价格形成机制失灵。

2. 水产

长沙市本地拥有水产基地45万亩，每年生产水产品达10.2万吨，但自产水产进入市场不到5%，其他均要依靠外购。例如，长沙市每年消费量最大的几种海鲜中，对虾主要是从广东、广西、海南和湛江进购，牛蛙从广东汕头以及福建漳州进购，还有多宝鱼也并非本地生产，而是从山东、辽宁还有福建采购的。

在市场机制的作用下，海鲜水产品的价格是由市场供给和市场需求共同决定的。水产的供给主要取决于外地生产基地的养殖数量与本地自产的数量；而水产品的需求则取决于居民的消费习惯，更多的是居民家庭收入，因为海鲜水产品与蔬菜不同，它属于较高水平的消费，价格波动对其消费量影响很大。此外，长沙市水产品的价格形成还受政府政策的影响，自2014年公费消费额度大幅降低以后，海鲜水产的消费总量明显下降，以致海鲜供给严重超过居民需求，使市价大幅下降。

五 长沙市农产品流通存在的主要问题

（一）农产品市场流通体系不够完善

长沙市农产品流通体系不完善，主要表现在农产品流通的基础设施和技术水平跟不上物流行业快速发展的步伐。随着经济的快速增长、消费水平的不断提高，人们对农产品的需求已经不仅仅满足于数量上的充足，更多的是要求农产品种类的多样化和品质的优良。这就要求农户生产出来的农产品要快速、高效地运往每一个家庭的餐桌上，而对于一些不易储存、保质期短的生鲜农产品，在不影响流通时间的前提下，物流过程中最重要的是保证品质。长沙统计局公布的数据显示，2013年长沙市的水产品的冷链流通率为21%，肉类和生鲜果蔬则分别为16%和7%，这一比例远远低于生鲜农产品快速优良地运往消费者手中所需达到的水平。除了冷链运输比例达不到标准以外，一些现有的冷链设施，如冷库、封闭式货运车厢、冷藏车、制冷机械等也都很陈旧落后了，而且普遍缺乏先进的冷藏设备、大型冷库等储存设施。在农产品运输方面，由于封闭式的货运车厢比较少，大部分是采用敞篷的卡车运输。例如，刚从地里采摘的蔬菜只是经过简单的捆扎和粗略的包装就集中堆码，采用没有任何保鲜和温度控制设备的敞篷卡车运送到批发市场进行交易，这样的运输方法会导致蔬菜在途中的损耗增多，蔬菜的品质也很难保障。因此，长沙市农产品流通，特别是生鲜类农产品的运输还远远达不到高效优质的标准，如此一来，直接影响了农产品的流通效率，也会造成消费者还有中间商的利益损失。

（二）市场规划建设不合理

长沙市农产品批发市场规划布局不科学，而且还存在简易的露天市场，市场内卫生不过关，人流车流拥堵，给人一种“脏乱差”的印象，这些已经严重阻碍了长沙市农产品物流的健康快速发展。目前，长沙市规模比较大的农产品批发市场有两个，一个是马王堆农产品批发市场，另一个是红星农产品批发市场。其中，马王堆批发市场又包括海鲜水产和蔬菜这两个比较有影响力的批发市场，这两个市场中交易的海鲜水产和蔬菜总量占整个长沙市日交易总量的60%以上。由于市场的占地规模偏小，而马王堆海鲜和蔬菜市场每天的交易量很大，进出市场的车辆很多，已经严重影响了周边居民的正常生活和城市交通。而且市场内的秩序混乱，区域分配也不合理，原本是供进出车辆行驶的道路也被一些散户占用以销售自己的蔬菜或是水产。市场内的卫生状况差，本来就不宽敞的行车道上经常会有丢弃的已经腐坏的蔬菜叶子，车辆通常是在这些烂菜叶子上通行。遇到下雨天，市场内雨水混合着烂菜叶子，清理不及时就会散发出腐烂的臭味，给来往的顾客带来了诸多不便的同时，也影响了蔬菜水产的质量，让消费者和中间商逐渐丧失信心，不利于这些农产品下一步流通的进行。

（三）农产品物流企业管理方式落后

长沙市的物流企业还处于初级发展阶段，没有专业化程度高的物流设施和先进的物流管理理念、方式，使得当地的物流服务只停留于简单的、初级的运输和仓储，对于农产品物流这种专业化要求比较高的物流服务一般很难满足。因而，低端初级的物流服务是阻碍长沙市农产品高效流通的重要因素之一。在马王堆蔬菜批发市场内就有提供整车运输的物流公司，但因为他们的经营方式简单，就是为了获取利润，所提供的物流服务大多限于装车、运输，而且运输的车辆也不是密闭的温度控制良好的卡车，不能很好地保证所运输蔬菜的品质，会大大提高其损耗率，增加流通成本，对中间分销商的利益造成损害。

（四）物流企业组织化程度低

长沙市大型的专业化程度高的第三方物流很少，而且这些第三方物流公司所能提供的物流服务也很有限，能够满足生鲜农产品的合理有效运输要求的很少。由于长沙人均耕种面积少，农户之间竞争意识强烈，一方面很难形成有组织性的农户生产合作组织，另一方面他们也很难会有与人合作的意识，大多数农户会选择自己全程经营，如蔬菜种植户在蔬菜成熟后会依靠自身或是单独一家的力量运输蔬菜，再贩卖给农贸市场或是直接自主销售。这种传统的小型的农产品流通模式在长沙并不少见，即使是大型的农产品加工企业和一些生产企业也坚持自营物流，自我服务。总的来说，长沙不管大型生产企业还是独立的农户大都坚持自主经营，自我承担物流作业，使得专业化的第三方物流公司很稀缺的同时还缺少业务来源，最终会导致农产品流通的发展受阻。

（五）农产品物流信息化程度低

农产品从产地运送到消费者餐桌上需要经过很多中间商的转交和运输，每一环节都附带着许多的信息。例如，农产品订单的数量、品种、品质、目的地、运输载体、负责物流的公司相关信息、订单跟踪等。随时随地清楚地掌握这些信息对于农产品流通的高效进行至关重要。目前，长沙物流园区对农产品流通过程中产生的一系列信息的分析查询服务还很不完善。例如，马王堆农产品批发市场和红星农产品批发市场是长沙最大的两个农产品批发市场，在这两个市场中普遍存在着信息不对称、信息缺乏等现象，农产品供应者对市场的需求了解不够，往往是生产者根据经验判断应该生产多少农产品，农产品收获后又不知道市场价格是多少，通常获取价格信息的渠道就是批发市场内的商贩，通过专业化的信息网站获取信息是极少数的。在农产品交易方式上，还是采用传统的手工交易方式，借助电子交易和结算的方式占比很小。虽然现在红星批发市场已经开始建立网上销售平台，但是对于国外一些比较先进的拍卖交易方式从未涉及过。

六　政策建议

（一）强化基础设施建设

1. 积极营造环境，搭建高效物流平台

鼓励现代化物流网点基础设施建设，包括仓储设施和配送中心等，同时加

强物流系统整体的衔接效率。强化铁路、港口、机场、公路和管道转运设施之间的联动和相互配合，优化物流节点以及系统布局，提高物流网络与节点之间的衔接效率。通过重点发展和建设一批现代化功能齐全的，能够提供精细化、高质量的物流服务的物流园区和物流中心，逐渐提高整体物流系统的功能和服务水平，满足农产品市场对流通效率的进一步需求。

2. 大力发展冷链物流

冷链物流在农产品的保鲜、冷藏、预冷、运输、查验等过程中都起着至关重要的作用，是提升农产品流通效率和质量的重要方式。重点加强关键物流节点的冷藏功能建设，发展城市附近地区的具备低温配送与处理功能的生鲜农产品配送中心。降低温度湿度控制设备的成本，改善和推广农产品加工环节的温度控制措施及其追溯体系，对冷链食品的安全性做到生产、流通环节的全面监控。积极鼓励企业发展冷链物流，大力支持企业推广与冷链物流相配套的查验、检测设备，以及产地预冷、销地冷藏、保鲜运输加工等技术，引导企业学习先进的冷链技术，完善各种与冷链物流配套的基础设施。推动各种交通方式之间的联网，完善多渠道冷链物流联运体系，实现冷链物流与其他运输方式的无缝连接。

（二）统筹合理规划布局

湘江从南向北贯穿长沙市区，将长沙分为河东河西两大部分。目前，长沙市大型的农产品物流基地都集中在河东地区，而河西的居民，以及宁乡、益阳、常德等地居民的农产品往来都需要横穿长沙市区，十分不便，且容易造成交通的拥堵。这严重影响了河西地区的农产品流通。河西地区依托长潭西高速、长常高速，还可以利用湘江这一天然通道，既有发达的交通线路，又有较为迫切的需要，应当建立一些连接东西城区的农产品物流园区，以缓解河东地区农产品物流基地的压力，还能降低不必要的运输和交通负担。

在河西地区建立农产品物流基地应遵循以下几个原则：首先，应全面地考虑交通运输情况。农产品基地由于运输、配送、转运业务繁忙，交通运输压力大，如果能够充分依托长沙市现有的铁路、公路、江河口岸、航空运输等交通设施，实现不同流通渠道之间的无缝对接，将多种运输方式结合起来，就能够缓解交通压力，提高物流效率，同时方便河西地区居民的日常生活。其次，农产品物流园区的位置还需要在供应地与产品市场之间进行权衡。接近农产品供应地有助于保证农产品的新鲜，减少物流成本，降低流通中的损耗；而接近消费市场则有助于利用庞大的消费人群，促进农产品的销售，还可以针对不同消费群体的需求进行市场细分，以增加农产品的附加值。

（三）加强信息体系建设

信息化建设已成为各个产业提高生产效率、扩大生产规模所必然选择的道路。高度的信息化对农产品物流的发展也有着重要的作用。然而，目前长沙市的农村地区农产品市场仍然没有一套信息化交易体系，农民缺乏市场信息，不能准确、及时地联系买家，降低了农产品市场的效率。地方政府应当着力构建农村信息化设施建设，并引导和指导农民积极使用信息化手段，为他们提供农产品及物流市场的信息。

第八节　海口市农产品流通发展报告

2015 年 2 月，海南省商务厅提供了商务部包括海南在内的各地蔬菜价格采集的数据。统计显示，岛外菜在海南的价格，比北京、广东、上海三地均价高出 50%甚至 100%以上；海南菜在海南本地也不便宜，相对于运出岛外的海南本地菜也只便宜了 20%—30%。①

2015 年 11 月，"北京候鸟" 给海南省省长写信反映物价问题，省长刘赐贵做出了回应："是到了应该彻查的时候了。"②

"北京候鸟" 来信抄录如下：

刘省长：

您好！我是每年都来海口过冬的 "北京候鸟"。海口的人均收入水平不及北京人的一半，但蔬菜水果价格却是北京的几倍，更奇怪的是卖到北京市场的海南产紫薯和香蕉比海口本地卖的还要便宜。仅举几例，2015 年葡萄大丰收，北京巨峰葡萄 10 块钱 5 斤，海南文华菜市场却卖到 6—8 块一斤，最便宜的海玻市场也要 4—5 块钱一斤。烟台苹果北京 10 块钱 3—4 斤，文华菜市场卖到 10 块钱一斤，海玻市场卖到 5 块钱一斤。大白菜北京 5 毛钱一斤，文华菜市场卖到 5 块钱一斤，海玻市场卖到 2.5 块钱一斤。西红柿北京卖 1.8 块一斤，海口卖到 5 块钱一斤，凡此种种不胜枚举。市场规律是货往价高处走，钱往价低处走。

海南物价与内地相差如此悬殊，大路货应该蜂拥而至，物价也应该应声

① 海口网：《省商务厅厅长叶章和：过去几年抑制菜价措施成效不明显》（http：//www.hkwb.net/news/content/2015-02/11/content_ 2484904.htm）。

② 中新网海南频道（http：//news.hainan.net/gundong/2015/11/14/2615652.shtml）。

下降才对。究其原因，百姓们有的说是物价部门不作为，但更深层次的问题是，据说海南有民间组织控制了市场和物价，控制了进货渠道和销售渠道（此事本人没有调查核实，但根据北京也曾发生类似情况，所以我认为应当彻查）。他们不但限制岛外货物流入本岛，就连本岛自产货物也被他们在地区之间限制流通。海南的物价虚高，老百姓特别是低收入群体怨声载道，前任省长病得半条命无暇顾及也就罢了，您挟巡航钓鱼岛雄风应该不信邪不怕事，不该不为民生考虑。建议您向当年的北京市长王岐山学习，责成公安、工商、物价、城管等有关部门，彻底打掉在流通领域横行多年、欺行霸市的民间组织，拆除本岛与大陆以及本岛内的贸易壁垒，斩断垄断市场抢钱的所有黑手，还海南百姓一个公道的物价吧！

“海南作为全国‘菜篮子’，却吃着全国最贵的菜。”这种质疑，频频出现在媒体、网络社区，乃至街头巷尾。海南每年冬季向北方城市供应300多万吨瓜菜，与此同时，海南本岛却时常“缺菜”。①

那么，海口市让消费者难以接受、奇高的蔬菜价格到底是怎么回事呢？

一　海口市农产品流通现状

（一）海口市基本情况

海南省有海口、三亚、三沙、儋州4个地级市，5个县级市，4个县，6个民族自治县，1个经济开发区。2014年末，海南省常住人口总量达到903.48万人。

海口市辖秀英、龙华、琼山、美兰4个区（县级）。2013年底，海口市常住人口217.11万人，其中秀英区36.65万人、龙华区64.01万人、琼山区49.37万人、美兰区67.08万人。全市户籍人口163.23万人，其中农业人口65.46万人，非农业人口97.77万人。②

（二）海口市蔬菜消费需求

根据海口市农业部门发布的数据，海口市每天的蔬菜需求是1000吨左右，夏秋季节的外地菜大约占到60%，约有600吨。但实际上，南海网记者连续多日跟踪海口部分农贸市场的蔬菜销售情况发现，在台风多雨集中的时期，岛外菜占到了海口农贸市场销售量的80%左右。

（三）海口菠菜最高10元一斤

海南省物价局监测显示，外进蔬菜批发价格明显上涨。2015年8月31日，

① 《海南日报》2015年1月29日。

② 海口市政府网（http：//www.haikou.gov.cn/rshk/hkgk/rkmz/201506/t20150623_865686.html）。

以外进菜为主的海口南北市场24种蔬菜价格走势为“13涨7降4平”，批发均价比8月20日上涨7.26%，比2014年同期上涨23.34%。特别是云南调入的蔬菜价格涨幅较大，如生菜、胡萝卜、西红柿、大白菜、青椒，批发均价都有所上涨。[①]

2015年9月9日，海口市坡博、培龙、金花等菜市场的小白菜、菜心、空心菜等价格都有所上涨，特别是小白菜、菜心，价格都卖到6元一斤，比平时高了近一倍。[②]

2015年9月10日，海口市龙华区金贸文华菜市场、海口培龙市场和金花市场，近一周以来，菠菜的价格从5—6元一斤涨至现在的8—9元一斤不等，最高的甚至涨到10元一斤。[③]

（四）基本蔬菜品种目标价格管理机制

2015年4月30日，海口市出台了《海口市基本蔬菜品种目标价格管理实施试行办法》，并于当年5月1日起实施。基本内容为：海口实施基本蔬菜品种目标价格管理机制，12种基本蔬菜品种以淡旺两季进行基本控价，确保市民常年享受平价菜优惠。

海口市综合考虑历年平价菜销售调控情况，以满足常年生产，便于调运和储备，兼顾不同消费群体的饮食习惯为原则，确定地瓜叶、空心菜、菜心、茄子、圆白菜、上海青、生菜、小白菜、白萝卜、冬瓜、土豆、苦瓜等12种蔬菜作为实施目标价格管理的基本蔬菜品种。

今后，海口以近三年基本蔬菜品种的销售价格水平为参考，结合年度CPI蔬菜类上涨指数及历年执行平价菜销售调控情况，分淡季（5—10月）、旺季（11月—次年4月）确定基准价格。基本蔬菜品种的平均零售价格涨幅，正常气候条件下不超过基准价格的30%，台风、旱涝、长期低温阴雨等重大灾害天气期间不超过基准价格的50%，并以此确定12个蔬菜品种的目标价格。[④]

（五）全国最高菜价城市

海南本是供应中国冬季瓜菜的重要种植基地，因其四季适宜的环境，成为全国的“菜园子”。然而，坐守“菜园子”的中心城市海口，却长期因菜价高企令市民怨声载道，每逢节假日前后这一问题更加凸显。当地政府部门多头分段管理，试图以单点政策、项目撬动菜价系统，但收效甚微。菜价失控俨然成为这座“菜城”绕不开、解不了、剪不断的民生之殇。

---

① 新华网海南频道（http：//www.hq.xinhuanet.com/finance/2015-09/10/c_1116515627.htm）。

② 同上。

③ 《海口蔬菜价格上涨明显　菠菜最高10元/斤》，《海南日报》2015年9月10日。

④ 《海南日报》2015年5月1日。

海南省统计局的数据显示，2014 年海南居民人均食品支出达 3895 元，占居民消费支出 31.2%。据海南省物价局数据，海口鸡蛋每公斤零售价格为 15 元，在全国 36 个大中城市排名第一。海口大白菜、土豆、白萝卜，在全国 36 个大中城市分别排在第一、第二、第三。①

（六）2015 年海口蔬菜平价销售

1. 2015 年 9 月 15 日—10 月 31 日

为了缓解蔬菜价格过快上涨对群众生活造成的影响，确保中秋、国庆期间市场蔬菜价格基本稳定，经海口市政府同意，自 2015 年 9 月 15 日起至 10 月 31 日止，共计 47 天。物价部门将对八种蔬菜实行平价销售，设立 78 家政府平价蔬菜供应点。②

海口市政府委托海口南北蔬菜批发市场等相关企业组织货源，蔬菜品种为大白菜、小白菜、莲花白、上海青、菜心、菠菜、胡萝卜、白萝卜，数量为 150 吨/天，在此期间累计组织 7050 吨蔬菜平价供应海口市场。

政府平价蔬菜批发价格、零售价格由市物价局按低于目前市场价格进行核定，同时根据实际情况可每周对政府平价蔬菜销售价格进行调整。公益性批发市场和指定已设立公益摊位的农贸市场、平价商店、平价专区和超市专门设立政府平价蔬菜供应点共 78 家。

另外，已设立公益摊位的农贸市场由海口南北蔬菜批发市场集中批发供货；没有设立公益摊位的农贸市场及超市、平价商店，需与政府价格主管部门签订平价蔬菜销售协议，每个农贸市场限 5—10 个摊位，由价格主管部门及市场管理业主共同确定，按政府确定的平价蔬菜品种及价格向市民销售。具体售价见表 2—30。

表 2—30 **2015 年 9 月 15 日—10 月 31 日**

海口市政府平价蔬菜销售价格 单位：元/500 克

品种	批发价格	零售价格	品种	批发价格	零售价格
大白菜	1.50	1.90	菜心	3.20	3.60
小白菜	1.60	2.00	菠菜	5.20	5.60

① 王存福：《坐守“菜园子”，却吃高价菜，海口蔬菜流通现“硬伤”》，2015 年 4 月 17 日，半月谈网（http：//www.banyuetan.org/chcontent/jrt/2015415/131656.html）。

② 《海口 8 种蔬菜平价销售 47 天，设 78 家平价菜供应点》，南海网（http：//www.hinews.cn/news/system/2015/09/14/017800036.shtml）。

续表

品种	批发价格	零售价格	品种	批发价格	零售价格
莲花白	1.40	1.80	胡萝卜	3.10	3.50
上海青	2.40	2.80	白萝卜	1.20	1.60

资料来源：南海网（http：//www.hinews.cn/news/system/2015/09/14/017800036.shtml）。

2. 2015 年 11 月 1—30 日[①]

为了缓解蔬菜价格过快上涨对群众生活造成的影响，确保市场蔬菜价格基本稳定，经海口市政府同意，11 月 1 日起至 11 月 30 日止，持续平价销售 30 天，物价部门对 8 种蔬菜实行平价销售，设立 77 家政府平价蔬菜供应点。

海口市政府委托海口南北蔬菜批发市场等相关企业组织货源，蔬菜品种为大白菜、小白菜、莲花白、上海青、菜心、菠菜、胡萝卜、白萝卜，数量为 150 吨/天，连续组织 30 天，累计组织 4500 吨蔬菜平价供应海口市场。

3. 2015 年 12 月 1—31 日[②]

自 12 月 1 日起至 12 月 31 日止，物价部门将对 12 种蔬菜实行平价销售，持续平价销售 31 天，在海口设立 78 家政府平价蔬菜供应点，品种与菜价见表 2—31。

海口市政府委托海口南北蔬菜批发市场等相关企业组织货源，蔬菜品种为大白菜、小白菜、莲花白、上海青、菜心、菠菜、胡萝卜、白萝卜、莴笋、油麦菜、生菜、白花菜，数量为 300 吨/天，连续组织 31 天，累计增加 9300 吨蔬菜平价供应海口市场。

表 2—31　**2015 年 12 月 1—31 日海口市政府平价蔬菜销售价格**　单位：元/500 克

品种	批发价格	零售价格	品种	批发价格	零售价格
大白菜	1.30	1.70	胡萝卜	2.40	2.80
小白菜	1.30	1.70	白萝卜	1.30	1.70
莲花白	1.20	1.60	莴笋	2.10	2.50
上海青	2.00	2.40	油麦菜	2.00	2.40

① 《海口八种蔬菜将持续平价销售 30 天，设 77 家供应点》，南海网（http：//news.163.com/15/1031/14/B78TRQIV00014AED.html）。

② 《好消息　海口 12 种蔬菜平价销售再延长一个月》，人民网—海南视窗（http：//news.0898.net/n/2015/1201/c231190—27217113.html）。

续表

品种	批发价格	零售价格	品种	批发价格	零售价格
菜心	2.00	2.40	生菜	2.60	3.00
菠菜	4.00	4.40	白花菜	2.40	2.80

资料来源：人民网—海南视窗（http：//news.0898.net/n/2015/1201/c231190-27217113.html）。

二　海口市农产品批发市场

2015年12月底，海口从事蔬菜批发的市场有海口南北蔬菜批发市场、海玻农贸市场与海南中商农产品批发市场。已有的海口南北蔬菜、南北水果两大市场，在海口经营近20年，占有海口乃至全岛80%以上销地市场份额，已形成了一级批发—二级批发—农贸市场—零售终端的完整农产品供应链。①

（一）海口南北蔬菜批发市场简介

海口南北蔬菜批发市场始建于1985年，位于海口长堤路，1991年场地迁往海口新港，1998年迁至海口滨河路，2001年又将该市场迁至府城镇中山南路。市场四次易地建设用地均为租赁土地，全靠几位股东艰苦创业，自筹资金建设起来。

现海口南北蔬菜批发市场于2001年9月易地建设竣工投入使用，该市场是海南省目前规模最大的蔬菜批发市场，既是蔬菜集散地，也是南北蔬菜调运的中转站。占地面积80亩，设有交易摊位400多个，其中一级批发摊位86个，经营数量比较大的有49个，一级批发商有35人。市场主要是以经营省外蔬菜为主，其他为辅，省外蔬菜主要来源是昆明、广西、广州、徐闻等地；经营品种达100多个。

另外，内设停车场、冷藏库、检测器等，年交易量约70万吨，以供应本地需求为主，交易额接近30亿元。平常日蔬菜批发1500—2000吨，台风季节蔬菜批发量2000—3000吨，出岛蔬菜月800—1000吨，是国家商务部指定的城市必需品市场监测点。

南北蔬菜批发市场主要批发北菜，每年本地菜批发销售量为7万吨，占20%左右。②

（二）海南中商农产品中心市场简况

海南中商农产品中心市场位于粤海大道西侧、南海大道北侧，与东环铁路

① 新华网—海南频道。

② 同上。

夹角地带。占地 1200 亩，其中一期启动用地 328 亩。总投资 12 亿元，其中一期投资 4 亿元。

市场主要设施：以瓜果菜为主的农产品现货交易区、加工配送区、10 万吨冷库区、铁路专用货场、电子商务区、总部经济区、综合服务区和展览展销区。总建筑面积 60 万平方米。其中一期占地 328 亩，建筑面积 14 万平方米，主要建设内容包括 3 万吨冷库、现货交易区、加工配送中心和综合服务设施：信息中心、结算中心、检测中心、监控中心、垃圾处理中心等。

主要功能和运作模式：通过提高生产环节的组织化程度和推广品牌化、标准化、冷链化等，提高农产品加工深度，将生产与销售在场内和通过电子商务实现直接对接，引导农业产业结构调整、形成公平价格、降低物流成本、拉长交易季节、促进“两进两出”和食品安全体系建设。

海南中商农产品批发市场因各方面原因造成目前有场无市。①

与 24 家集配中心相比，海南中商市场所在地海口市不是海南出岛瓜菜主产区，与产地集配中心相比无地域优势，导致产地经营难以开展。②

（三）海口四处公益性蔬菜批发市场建成投入使用③

2014 年 3 月 13 日，作为海口市委、市政府为民办实事项目，由市政府出资在四个区各建设一个公益性蔬菜批发市场。项目工程建设已完成并投入运营。

四个批发市场分别位于秀英区海秀镇儒益村北东侧，用地面积 2874 平方米；龙华区滨涯路（佳捷商务酒店旁），用地面积 3000 平方米；琼山区府城中山南路延长线与振发横路交会处，用地面积 6173 平方米；美兰区文明东路山内村（原水果批发市场内），用地面积 4214 平方米。

四个批发市场总用地面积 16261 平方米，总建筑面积 8159 平方米，项目总投资 1155 万元。

批发市场属于公益性，为蔬菜交易提供免费经营场所，不收取进场费、摊位费等。

对海口现存的高登街、业里村、海玻、坡博、长堤、海甸万恒等六个夜间马路批发点进行引导入场经营。

（四）罗牛山冷链物流园④

位于海口桂林洋经济开发区的罗牛山农产品加工产业园内，罗牛山冷链物

① 新华网—海南频道。
② 同上。
③ 人民网—海南视窗。
④ 张中宝：《罗牛山冷链物流园建设进入尾声》，《海南日报》2015 年 8 月 27 日。

流园正加快建设，将成为省内规模最大的安全食品冷链物流。

罗牛山冷链物流园项目规划建设冷库容量共计8万吨。项目分两期进行，其中一期建设规模4万吨冷库，二期规划建成4万吨冷库（冷藏、冷冻）。

冷链物流园区采用国际上最先进的冷链物流中心的建造技术与制冷设备，打造冷链物流食品的质检中心及信息追溯中心、冷链食品批发交易中心，实现24小时内全岛配送及产地冷链物流功能，成为国家战略储备（肉类）冻库以及后勤储备和补给型物流。该园区全部建成并投入使用后，将涵盖冷链仓储配送、电子商务贸易等功能区及附属配套设施，成为"冷链技术最先进，运行节能最环保，食品安全最放心"的安全食品冷链物流基地。主要功能及特点为：冷链物流食品的质检中心及信息追溯中心、冷链食品批发交易中心、24小时内全岛配送、产地冷链物流功能、国家战略储备（肉类）冻库、后勤储备及补给型物流。[①]

三　海南农产品现代流通综合试点项目

（一）海南农产品现代流通综合试点项目

2010年11月8日，在商务部、财政部的直接指导和帮助下，海南省率先启动"农产品现代流通综合试点"工作。总体目标确定为：用三年时间，打破点对点的传统流通模式，逐步形成由点到面、由面到网的流通格局，探索出效率高、损耗低、产销稳定、调节灵敏、质量安全的现代农产品流通新模式。总投资30亿元，主要用于建设信息、物流2大服务平台、1个产地中心批发市场、25个产地集配中心、15个销地交易配送专区、40条商流链条等。

1. 主要建设内容

海南农产品现代流通体系、海南农产品信息服务体系、海南农产品加工转化体系、海南农产品收储调节体系、海南农产品出口促进体系、海南农产品流通标准化和追溯体系。

2. 物流管道建设

其工作目标是对现有农产品流通资源进行整合、完善、提高，构建起通畅高效的物流管道，长期稳定的商流链条。依托大型龙头企业，推进"农超对接"、"农批零对接"、"农批批零对接"三种产销对接模式，在海口建设海南农产品中心批发市场，以海口为中心枢纽，按照海南各区域农业资源优势和产业布局，建设改造25个海南产地集配中心，按照海南果菜主要流向，在长江以北

---

① 《海南日报》2015年8月28日。

15个主销区城市批发市场建设海南农产品交易配送专区，形成海南至北京、天津、石家庄、太原、呼和浩特、哈尔滨、沈阳、长春、寿光、郑州、武汉、西安、兰州、银川、乌鲁木齐15条连接南北的稳定物流管道，每条管道培育2—3条商流链条，支持农产品经营企业龙头企业，通过投资合作，建立上连生产基地、下连零售终端的商流链条，形成长期稳定的购销关系，提高农产品流通的组织化程度。

（二）海南农产品现代流通综合试点全面推进

海南综合试点：一要建立稳定的产销关系，把生产基地、集配中心、批发市场、零售终端这些“点”连成“线”，有效捆绑产销链条上的各个利益主体，打造上连生产基地、下接零售终端，具有长期稳定关系的流通链条。

二要建立起现代化的物流。现代化物流的建设不仅仅是在硬件设施上，还需要建立起现代物流理念。采用现代物流技术，建设集“信息发布、运力协调、物流组织”为一体的现代化物流调运平台；依托集配中心把松散的农户聚合起来，使分散采购变为集中采购，提高采购的组织化程度，形成产销对接端口。

三要提高农产品流通水平，推进海南蔬菜流通标准化进程的同时，也加强瓜菜流通可追溯系统建设，使海南的农产品更安全。①

（三）海南农产品流通试点项目基本完工，涉及95个项目

2014年1月，从2010年起在全国率先开展的海南农产品现代流通综合试点工作支持建设的95个项目，已基本完工并投入运营，完成总投资达16亿元。

2010—2012年，中央财政安排5.4亿元，省级财政配套0.7亿元，在海南产地和北方销区支持95个项目建设，包括1个海南农产品中心市场、27个农产品产地集配中心、12个销地交易配送专区、47个海南产地至北方销地的产销商物流链条以及海南农产品流通公共信息服务平台、物流调运平台等项目。

通过项目建设，试点工作在产销两地建成冷库20.74万吨、集散配送区17.63万平方米、分拣加工车间5.4万平方米、440余个销售网点以及配套的信息管理追溯系统和检测系统。特别是在海南产地新增瓜果菜冷库14.3万吨，是试点前全省果菜冷库库容的1.3倍，极大地提高了海南流通农产品的预冷处理率，大大降低了流通损耗，增加了流通附加值。②

（四）海南农产品流通公共信息服务平台

2011年4月23日，海南农产品流通公共信息服务平台（http://ncp.dofcom.

① 《海南农产品现代流通综合试点全面推进》，中广网北京。
② 《海南农产品流通试点项目基本完工　涉及95个项目》，《海南日报》2014年1月27日。

gov. cn）正式开通。开通海南农产品流通公共信息服务平台是试点工作的进一步推进，社会各界可通过该平台共享农产品生产流通信息。此平台融农产品信息采取、加工、发布为一体，既反映出海南农产品种植品种、数量规模、上市时间等供给信息，又反映农产品主销区市场需求和价格情况，将有效引导农产品生产、流通和消费。

海南农产品流通公共信息服务平台采集指标全面，包括种植产量信息、流量流向信息和产地销地价格信息。样本覆盖广泛，包括产地集配中心、运销企业、批发市场和销地批发零售企业3000余家。采集技术先进，利用在线与无线相结合、人工报送与信息泵自动泵取相结合的方式采集信息。系统功能齐全，包括市场行情、销售信息、生产概况、出岛信息、市场分析、产销对接、咨询服务、法律标准和政策发布九个栏目。使用智能便捷，充分利用了移动互联、地理信息、智能数据库和物联网、云计算等现代信息技术，建立覆盖农产品产业链条的信息服务机制。①

（五）总体设计先天缺陷

2010年底，海南省启动海南农产品现代流通综合试点项目，力图改变田间地头交易模式，而在海南18个县市瓜菜主产区设立24家农产品集配中心，实际上其作用和功能与海南中商农产品中心市场相同。②

四　外地蔬菜进岛

（一）夏秋季吃菜以岛外供应为主

海南省夏秋季蔬菜自给率40%左右。从种植面积比较，全省冬季瓜菜面积在300万亩左右，而常年蔬菜用地面积8万亩，仅为冬季瓜菜用地面积的1/40左右。从消费量分析，海南省2011年从云南、广西等调入的蔬菜总量约80万吨，占全省全年蔬菜消费量的50%左右。从品种上分析，海南省夏季26个蔬菜品种，21个从岛外进入。冬春季调入的主要是红萝卜、西红柿、土豆、大白菜、洋葱、西蓝花、莲藕等本地种植较少的品种，夏秋季大多数品种蔬菜均需从外省调入。省内各地蔬菜自给率差异也很大：海口作为省会城市全年自给率约为42%，夏秋季自给率仅为10%。③

① 《海南农产品流通公共信息服务平台开通》，商务部网站（http：//www. mofcom. gov. cn/article/ae/ai/201104/20110407514090. shtml）。

② 新华网—海南频道。

③ 海南省物价局：《海南蔬菜生产流通调查报告》，2012年3月21日，海南省人民政府网站（http：//www. hainan. gov. cn/hn/zwgk/tjdc/hntj/dcfx/201203/t20120321_ 770744. html）。

（二）天津海运至海南蔬菜品种将不断扩大

2013年10月23日晚，由天津港出发载有22吨大白菜的“仁建广州”号轮船抵达海口港集装箱新码头。24日，22吨大白菜分别投放到海口市区的10家平价蔬菜直供直销网点，这是“北菜南运”海运冷链第一箱。海运蔬菜售价比市场价便宜一到三成。

这箱大白菜有22吨，全部产自天津，从田头到海口，差不多有15天的时间。大白菜收割后，先在原产地天津预冷36小时，直接装进冷藏集装箱，通过海运方式到达海口后进入冷库，然后再从冷库进网点。虽然时间已有半个月，但大白菜的色泽仍比较鲜艳。

海南中商从源头抓起，与既有的联营合作生产基地和内地的农产品批发市场对接单位入手，采用直采直批、直接入库、直接销售的方式，切实减少流通环节，大幅度降低经营成本，确保投入市场的蔬菜销售价格均比各农贸市场蔬菜销售价格降低10%—30%。

海运时间比较长，但运输成本比较便宜，只是陆运的一半多，每斤菜的运输费用最少降低0.3元。①

（三）进岛环节费用调查

从担负的运费情况看，每公斤蔬菜从昆明、南宁运到海口的成本就分别增加了0.54元和0.50元，每公斤蔬菜从昆明运到三亚的成本就增加了0.60元，如从昆明运到海口再转运往三亚，则仅运费就使蔬菜每公斤成本增加0.65元。运费情况见表2—32。②

表2—32 **主要岛外市场蔬菜运费** 单位：元

序号	运输线路	平均每吨运费	备注
1	昆明—海口	540	含司机工资、油费、预冷费、过路过海费等
2	广州—海口	340	
3	南宁—海口	500	
4	昆明—三亚	600	
5	海口—三亚	110	

① 《天津海运至海南蔬菜品种将不断扩大》，海口网（http：//www.askci.com/news/201310/25/251113150553.shtml）。

② 海南省物价局：《海南蔬菜生产流通调查报告》，2012年3月21日，海南省人民政府网站（http：//www.hainan.gov.cn/hn/zwgk/tjdc/hntj/dcfx/201203/t20120321_770744.html）。

五　海南蔬菜生产概况

截至2015年2月底，全省常年蔬菜基地面积共计15.47万亩，实际种植面积11.79万亩，种植率为76.22%；全省建成冷库709个，总容量246731吨，冷藏配送车20辆，一次配送能力达438.5吨。①

海口市农业局提供数据，该市每年本地蔬菜生产量约54万吨，其中南北蔬菜批发市场每年本地菜批发销售量为7万，海玻农贸市场批发销售量3万吨。②

（一）海南蔬菜生产③

1. 2012年

2012年，海南全省完成冬季瓜菜种植面积300万亩，同比增长13.6%；产量达450吨，同比增长10.8%。初步建成50万亩标准化国家冬季瓜菜生产基地，新建常年蔬菜基地3.8万亩，常年蔬菜自给率提高15个百分点，达到70%。

2. 2014年

2014年海南全省冬季瓜菜总产量达465万吨，出岛量332万吨，占比超过70%。海南冬季北调的豆角、苦瓜、尖椒、茄子等主要菜品，生产基地直接对准岛外市场，只有少部分流入本地市场。海南省已建成的常年蔬菜基地13万亩中，投入生产的仅为8万多亩，使用率六成多，而充分发挥效益的仅三成。④

（二）海口蔬菜生产⑤

海口市农业局的数据显示，截至2014年底，海口市常年蔬菜基地达到5.1万亩，其中2011—2014年新建蔬菜大棚2900亩。全市常年蔬菜基地实际种植率约85%，冬季种植叶菜的基地则更少。市场自给率71%。

（三）海南种植以冬季瓜菜为主

2005年以来，海南蔬菜种植以瓜类和椒类为主，品种有苦瓜、南瓜、冬瓜、尖椒、泡椒、豇豆等，面积和产量呈逐年增长的走势。据统计，2005—2010年海南蔬菜播种面积分别为258.64万亩、276.32万亩、262.50万亩、282.85万亩、303.34万亩和369.47万亩；蔬菜总产量分别为312.16万吨、341.01万吨、358.51万吨、379.21万吨、410万吨和532.13万吨。2009—2010年度冬

---

① 中国经济网。

② 新华网—海南频道。

③ 南海网海口。

④ 同上。

⑤ 《海南作为蔬菜生产基地　守着菜篮子吃菜咋还贵》，人民网—人民日报（http://yn.people.com.cn/comment/supervise/n/2015/0226/c228513-23992742.html）。

季蔬菜种植数据表明，目前种植面积和产量较大的五个市县分别为乐东、文昌、澄迈、陵水、东方。

六　海南蔬菜出岛

海南冬季瓜菜出岛量每年平均约350万吨（全年日出岛量约1万吨），通过各集配中心出岛量占15%—20%，大部分都是直接通过田间地头出岛。[①]

（一）海南蔬菜直供香港品种扩大至26种[②]

2009年3月31日10点15分，首批两个集装箱共计40吨的海南优质蔬菜徐徐驶出澄迈县金马大道，它们驶抵码头后，再直接发往香港市场。海南蔬菜首发供港货柜车将于次日抵达香港，直接供港澳蔬菜品种从原来的两种扩大为26种。

海南蔬菜供港澳已有近20年历史，但以往都是经广东、深圳转口销往港澳地区。为改变间接供港局面，由香港南光绿色集团有限公司、海南金荔农业有限公司、澄迈惠民果菜产销合作社三家单位共同组建“海南惠民农产品出口配送有限公司”。该基地现已成为海南唯一直销港澳蔬菜的窗口企业，基地系统包括规范的蔬菜种植基地、出口蔬菜价格基地、农产品检验检测中心、澄迈惠民果菜产销合作社和相应的输港物流运力。海南省现有5.4万亩供港备案基地，涉及品种豆角、辣椒、青瓜、苦瓜等12个。

（二）海南蔬菜首次集中进入西安市场

2011年1月22日下午，经过近40小时的长途运输，20辆载有500吨海南蔬菜的大卡车驶入西安欣桥农产品物流中心，这也标志着西北首个海南农产品销售专区正式启用。

此次运至西安的各式新鲜蔬菜，有青椒、豆角、瓜类、菌类等20多个品种，总量达500吨，全部集散在西安欣桥农产品物流中心专门开设的海南农产品销售专区，再发向各大批发市场。在西安建设海南农产品销售专区，是商务部、财政部、海南省政府、陕西省政府和西安市政府为促进海南农产品流通，加大“南菜北运”力度而实施的一项战略性工程。每年11月到次年5月是陕西的蔬菜淡季，而此期间有600多万吨的海南菜大量上市。[③]

---

① 新华网—海南频道。

② 《海南蔬菜首次直供香港品种由原来两种扩大到26种》，海口晚报网（http：//nanhai.hinews.cn/thread-172372-1-1.html）。

③ 《海南蔬菜首次集中进入西安市场》，中国新闻网（http：//www.chinanews.com/df/2011/01-23/2805800.shtml）。

（三）海南冬季农产品交易会

1998年，为打开海南冬季瓜菜市场，促进订单农业发展，海南省决定举办“冬季农产品交易会”。冬交会已从区域性的交易会逐渐成长为全国农业重点品牌展会。在冬交会的推动下，农业结构不断优化升级，初步形成以冬季瓜菜、南繁育种、热带水果、天然橡胶、畜牧业、海洋渔业等特色优势产业为主导的现代农业产业体系；冬交会搭建了农业招商引资的重要平台，15年累计引进农业项目达556个，覆盖农业生产、加工和销售各个环节。截止到2013年，累计近30万人次、50多个国家和地区的政要、客商参加冬交会，促进海南农业在国内、国际的合作交流；累计签订农产品订单4730万吨，金额1611亿元，促进海南省农产品出岛出口。

（四）内地大棚蔬菜发展压缩海南冬季瓜菜利润空间

据农业部的不完全统计，全国大棚蔬菜种植面积从2001年的1700万亩，发展到现在已有5000万亩左右，遍布东北、华北等地，大棚蔬菜上市的时间也提前到了12月至次年2月。

特别是2009年广西大力开发冬季农业，提出每年新增秋冬种面积200万亩、五年新增1000万亩的“千万亩秋冬种开发行动计划”。到2012年，广西冬季蔬菜种植面积达到1420万亩以上，每年有800万吨供应到北方市场，一举成为全国秋冬蔬菜主力军和中国“南菜北运”重要基地。也是在2009年，商务部为了稳定北方冬春蔬菜价格，启动了冬春蔬菜储备，时间为每年9月到次年3月。目前，51个北方大中城市已经相继建立冬春蔬菜的储备制度。

海南瓜菜如何改变在“夹缝”中生存的命运，如何在激烈的竞争环境中取得优势是面临的一个现实课题。①

七　海南蔬菜流通现状调查与研究

（一）60公里菜价涨3倍

2013年2月21日，从海南澄迈县田间到海口菜市场和超市，短短60公里的距离，蔬菜价格翻了4—5倍。以高品质的红尖椒为例，农田收购价格为每市斤3.5元，加上0.3元的包装成本和0.2元的批发利润，到达海口南北蔬菜批发市场后，价格上涨至4元左右，而超市及散户菜贩的销售价格已分别达到13.5元和15元。②

① 记者况昌勋。

② 《海南部分瓜菜收购价低　网友称销售价涨5—20倍》，新华网—海南频道（http：//news.xinhuanet.com/local/2013-02/24/c_ 114781271.htm）。

（二）海南蔬菜生产流通调查

调查表明，人工成本、农药与化肥费用、运输费、摊位费及进岛费用变化对蔬菜价格影响较大。近年来地租价格的不断上涨也是菜价较快上升的一个重要推手。当前农村蔬菜采摘工价已从前两年 50 元/天涨到 100 元/天。地租价格更是成倍上涨，前几年一亩地租金几十元，现在坡地租金为 800—1000 元/亩，水田租金为 1200 元/亩左右。①

（三）缺乏常年蔬菜种植规划

由于冬季瓜菜种植与常年瓜菜相比，反季节特征明显，市场竞争力强，企业、合作社及农户获得的利润相对较高，使得各市县政府普通重视冬季瓜菜生产投入，而忽视常年蔬菜基地建设，对常年“菜篮子”建设缺乏规划、措施少。全年蔬菜 50%以上从岛外调入，岛外购进蔬菜一般要经历生产者—中间商贩—批发市场—二级批发—零售市场—消费者等五六个环节，每公斤蔬菜从昆明、南宁运到海口的费用分别为 0.54 元和 0.5 元，从昆明运到三亚费用达到 0.6 元。这是导致海南省背负冬季全国人民“菜篮子”美名，却让当地居民吃着高价菜的主要原因之一。②

（四）如何破解海南菜价

2015 年 5 月 7 日下午，海南省商务厅副厅长李龙生、省物价局副局长董德标做客由海南省人民政府门户网站、人民网海南视窗共同主办的《问政》栏目，以“积极调控菜价，破解菜贱伤农、菜贵伤民政策措施”为主题，和网友交流“菜价”问题。③

1. 省商务厅副厅长李龙生

海南的菜价实事求是来讲在全国还是比较高的，这个是事实。建省以后这么多年根据我的感觉，也有数据，每一年菜价的平均值都比上一年要高出 10%—20%，就是从 1988 年建省，到 2014 年底。但是我们从 2012 年开始抓“菜篮子”工程，市县长是要签责任状的，在省政府领导下，各部门齐心做了很多工作，我感觉 2014 年我们的菜价应该是一个转折点，商务跟物价部门监测数据同时显示，2014 年平均菜价跟 2013 年同期相比没有上涨，应该说略有下降，或者说持平，这个是建省之后第一次出现菜价和上年同期比没有上涨，我觉得这是一个很好的现象。

---

① 海南省物价局：《海南蔬菜生产流通调查报告》，2012 年 3 月 21 日，海南省人民政府网站（http：//www. hainan. gov. cn/hn/zwgk/tjdc/hntj/dcfx/201203/t20120321_ 770744. html）。

② 同上。

③ 《问政寻计百姓“菜篮子”》，海南省人民政府网（http：//www. hainan. gov. cn/fangtan. html）。

2. 省物价局副局长董德标

从历史的角度来看，海南建省以来有两次价格快速上涨时期：第一个阶段在建省之后的1993年、1994年，CPI上涨24%—26%；第二个阶段在2010年、2011年，CPI上涨4%—6%，这两个时期出现了物价的快速上涨，蔬菜价格2012年以来一直稳定在3块钱多一点，这是19种蔬菜的均价。而且2014年比2013年有一个小幅下降，2012年至2014总体稳定。大家觉得菜价贵，是因为我们均价高于全国的平均水平，我们城乡居民收入这几年尽管也有快速上涨，但是毕竟我们是边远欠发达地区。

（五）瓜菜大棚撂倒12个农业局长

2014年7月，海南省审计厅对涉农专项资金绩效审计情况向海南省政府报告时指出，审计资金21.55亿元中，查出违纪违规金额5.05亿元，其中大棚建设补贴资金方面违纪违规现象突出，涉及虚报冒领、闲置浪费的大棚补贴资金过亿元，主管部门严重失职甚至渎职。

2014年8—11月，海南省纪委通报，这个省19个市县中有9个市县农业系统官员因大棚补贴资金涉嫌违纪，12名正副局长被调查。目前，移送纪检、检察机关案件就达30起。

海南省纪委相关人士表示，半数市县的农业官员因大棚补贴问题“落马”，而且案件普遍呈现窝案性质，令人震惊。

调查发现，为解决海南本地菜价高、常年“菜篮子”建设投入不足的问题，海南省近年来投入巨额补贴支持蔬菜大棚建设，仅2012年和2013年就分别投入1.24亿元和9300万元重点支持常年蔬菜设施大棚建设。

一些不法分子打起这些补贴的主意。他们为了套取补贴，花重金拉拢掌握审批、审核权的农业系统干部。上级授意、下级操作，大开“绿灯”审核通过后，不法分子成功套取补贴，建好的大棚便丢弃撂荒，“人走棚空”。

海南省审计厅对全省11个市县近三年大棚建设资金进行审计的报告指出：11个市县121个大棚5180.15亩闲置或损毁严重，涉及补贴资金6746.79万元。其中61个大棚完全损毁；24个大棚闲置弃荒；36个大棚仅仅是钢架竖立在土地中，无法发挥作用。①

八　海南蔬菜流通政策与对策

（一）海口召开“菜篮子”专题会议

近期以来，由于岛内外多种因素叠加影响，海口市禽肉蛋价格虽然波动不

---

① 新华网—海口（http://news.xinhuanet.com/2014-11/25/c_1113394044.htm）。

大，但本地市民喜爱的菜心、地瓜叶、油菜、空心菜、油麦菜、上海青、生菜、大白菜、小白菜、圆白菜、菠菜和芥菜等12种叶菜价格波动较大，引起省委书记罗保铭高度重视，要求海口市拿出得力措施，解决菜价问题。省委常委、市委书记陈辞多次对蔬菜保供稳价进行部署。为此，市委副书记、市长倪强带领政府部门深入调研，采取措施稳价保供。2015年1月1日下午，海口市政府召开“菜篮子”专题会议，出台一系列措施，力求平抑部分波动的菜价。

会议决定，海口市建立“菜篮子”工程建设联席会议制度，由倪强市长任总召集人，分管农业、商务、物价的三位副市长为召集人，并下设规划稳控组、保障组和宣传组，形成多个层面的工作机制，及时追踪菜价、适时调整，落实“菜篮子”保供稳价。①

（二）海口“菜篮子”工程建设

2015年1月14日，海口市人民政府发布了《海口市人民政府关于推进我市“菜篮子”工程建设工作的意见》（海府〔2015〕1号）。其中提到以下内容。

1. 蔬菜基地

以保障城乡叶菜供应为重点，以实现蔬菜周年均衡上市为目标，采取鼓励政策，引导和扶持企业、农民专业合作社和蔬菜种植大户，重点在马坡洋、新坡洋和那力洋等常年蔬菜基地，通过土地流转，规模种植叶菜，直销本地市场。同时，加大投入，大力改善龙头洋、业里洋、坡沙坡和苍东坡等近郊保障性叶菜常年蔬菜基地，加强菜田灌溉水源、灌排泵站、管道输水及沟渠等工程建设，建设田间生产道路，完善生产用电设施，配套农资、农机具库房、田头沼液池等设施。

2. 加快流通体系建设

（1）大中型农副产品综合批发市场

引入市场竞争机制，对农副产品流通全链条实行整合优化。将大中型农产品市场规划纳入全市城乡建设总体规划和土地利用总体规划，研究建设若干家主体多元、功能齐全、分区合理、辐射全省的大中型农副产品综合批发市场，形成公开有序、规范透明的竞争机制。切实发挥批发市场的农产品聚合、集散、配送、仓储和辐射带动作用，整合优化收购、批发、配送、零售等蔬菜等农副产品流通环节，充分发挥大型农副产品综合批发市场的调控作用，减少流通环节，降低流通成本，提高流通效率。在全市蔬菜等农副产品批发市场开辟“海口市菜篮子基地蔬菜批发交易专区”，畅通平价蔬菜批发销售渠道，同时鼓励各

① 《海口晚报》2015年1月1日。

个蔬菜生产企业和零售商、经销商在批发市场内建设直供直销配送部，承接全市团体终端用户的配送业务。

（2）农产品零售网点

将政府主导的农贸市场建设纳入城乡基础设施建设总体规划，科学规划，合理布局，解决规划选址和用地性质等问题，提升服务功能、调控功能、辐射能力、便民化程度和覆盖率。大力发展新型蔬菜销售模式，扶持发展生鲜农产品电子商务、便民流动平价菜车（点）、便民社区平价菜摊、直供直销配送中心、基地（经销商）自营门店、便民平价菜店（超市专区、农贸市场摊位）等肉蛋菜流通新型业态。鼓励引导大型肉蛋菜流通企业、大中型连锁超市、学校、酒店等团体终端用户，直接与“菜篮子”生产基地、农民专业合作社开展产供销对接合作，形成多层次、高效率、环节少的农副产品直供直销配送体系。

继续推动农贸市场建设和升级改造，引导市供销合作社等国有或者集体所有的企业主导或者参与农贸市场建设，在国贸片区、长秀片区、长流起步区和江东片区等农贸市场覆盖率低的城区，加快建设农贸市场。严格农贸市场管理，控制摊位费上涨幅度，确保升级改造成果。要规范管理公益蔬菜批发直销市场，完善其配套设施建设，拓展完善日间平价蔬菜直销功能，丰富蔬菜及其他农副产品种类，发挥其在保供稳价中的重要作用，满足本地蔬菜入市销售需求和市民肉蛋菜消费需求。

（三）做实五个对接

2015 年 2 月 1 日上午，市委副书记、市长倪强再次调研海口市“菜篮子”生产基地，了解之前部署的蔬菜生产落实情况，现场解决涉农企业、合作社提出的困难。他指出，“菜篮子”是重要民生工程，省委省政府主要领导多次做出重要指示。2014 年底以来，市政府认真落实省委省政府以及市委的部署，采取一系列措施确保海口市蔬菜特别是本地叶菜的供应，鼓励涉农企业参与上游种植产业，形成良性竞争机制，在生产模式、流通环节等方面做出实质性探索，在平抑市场菜价方面取得初步成效。下一步，要继续在产品直销、减少中间环节上下功夫，解决蔬菜“贵在最后一公里”的问题。

他强调，在探索有效模式的同时，针对本地叶菜的种植和销售，力争做实“五个对接”：田头与市场无缝对接，市场与“菜篮子”无缝对接，政府服务与企业、合作社无缝对接，企业与合作社无缝对接，菜农与企业、合作社无缝对接。[①]

（四）“菜篮子”流通优化建设工程

2015 年 5 月 8 日，海口市政府召开第四次“菜篮子”联席会议，审议并原

---

① 海口网（http：//www.hkwb.net　2015 年 2 月 2 日）。

则通过《海口市“菜篮子”流通优化建设工程细化实施方案（试行）》。

以“菜篮子”蔬菜监测、储备、投放、调运“四位一体”体系为保障，在“试行方案”出台三个月后，争取实现“菜篮子”蔬菜日销售量达到50吨。2015年底，争取实现日销售量达到100吨，且“菜篮子”蔬菜品种价格控制在目标价格的合理涨幅内，基本满足市民对肉蛋菜等农产品日益增长的新鲜、便宜、安全、便捷、多样的消费需求，实现省政府提出的“坚决把过高的菜价降下来，让市民吃上放心菜、便宜菜”的目标要求。

2015年计划在33个以上的农贸市场设置172个“菜篮子”蔬菜销售摊位，在10个以上连锁便利店、32个超市门店、24个农副产品平价商店设置“菜篮子”蔬菜销售专区，设置19个“菜篮子”蔬菜便民流动销售点，设置100个以上的“菜篮子”蔬菜社区销售点，建成2个以上全链条覆盖的“菜篮子”蔬菜加工配送项目，引导不少于4家生鲜电商企业参与“菜篮子”流通工程，完成11家农贸市场升级改造，新建2个农贸市场，启动规划建设2个大中型农副产品综合批发市场。项目建成后，“菜篮子”蔬菜销售渠道日销售量力争完成100吨。①

（五）2015年省政府工作报告

2015年2月9日，海南省省长刘赐贵在海南省第五届人民代表大会第三次会议上所做的《2015年海南省政府工作报告》中讲道：“加强物价调控。加强市场建设，保障市场供给。加强价格监管，严厉打击欺行霸市、哄抬物价等行为。严格落实‘菜篮子’市县长负责制，扩大本地蔬菜种植面积，完善进岛蔬菜‘绿色通道’政策，适时启动物价联动补贴机制，坚决把过高的菜价降下来，真正让老百姓吃上放心菜、便宜菜。”②

（六）公示“田头菜价”③

2015年9月16日，海南省农业厅公开回应：目前岛内蔬菜供应自给自足，且蔬菜田头价格合理，将通过每天公示全省蔬菜田头价格的方式，做到菜价公开透明，打击市场上出现的蔬菜价格不合理现象。

省农业厅相关负责人表示，普通市民往往很难了解蔬菜的田头收购价格，市场出现价格波动后，只能依靠自己主观判断原因，而不少经销商正是利用消费者与生产者之间的信息不对称，恶意提高销售价格，赚取利润。为此，省农

① 《海南蔬菜均价高全国约15%　海口发力破菜篮子流通梗阻》，海口网（http：//www.hinews.cn/news/system/2015/05/08/017547847.shtml）。

② 《2015年海南省政府工作报告》，海南省人民政府网（http：//www.haikoutour.gov.cv/gov./New_ View.asp？GovID_ 1764）。

③ 刘笑非、戴诚：《市场供求信息混乱　海南公示田头菜价打击价格虚高》，《海南日报》2015年9月16日。

业厅决定从近日起，每天通过主流报纸、广播电视媒体向公众公示主要蔬菜产地的田头收购价及产量，让公众能够及时、真实地了解每天的蔬菜供应情况，同时也对市场价格有自己的判断。

（七）确保常住人口每天一斤菜①

2011年9月30日，海南省政府出台了《海南省加快常年蔬菜生产流通考核评价试行办法》（琼府办2011〔173〕号）（以下简称《办法》）。以市场供应充足、价格基本稳定、质量安全可靠为目标，推动“菜篮子”工程建设。

《办法》在考核内容方面主要从组织领导、主要目标、政策措施三方面12项内容来考核评分。其中主要目标为：一是编制并组织实施本地蔬菜产业发展规划，对本地蔬菜基地进行造册归档。二是常年高标准蔬菜基地面积要有保证，实现本地城镇常住人口及旅游人口每人每天一斤菜，自给率达到70%的目标。三是各市县主要蔬菜产品夏季（5—10月）自给率达到50%以上，冬季（11—4月）自给率达到80%以上。四是加强对“菜篮子”产品批发市场、零售市场的建设与管理。五是建立“菜篮子”产品质量监管监测体系，严格责任追究。

（八）联合国粮农组织对海南冬季蔬菜生产开启技术援助②

2015年5月13日，联合国粮农组织“海南冬菜安全高产栽培技术开发与推广”项目启动会在海口召开。项目计划在两年时间内，在琼海、儋州和临高三地试点和推广安全、高产、环境友好、资源节约型的现代冬季瓜菜生产技术。

为提高瓜菜产量，保证食品安全，提高农民的收入水平，海南省农业厅向联合国粮农组织（FAO）组织申报“海南冬菜安全高产栽培技术开发与推广”项目，向该组织提请技术援助。该项目日前获批，粮农组织将提供总金额为20万美元的无偿技术援助。在粮农组织和农业部的共同推动下，项目正式启动。

（九）海南成立热带农产品市场协会③

2013年10月26日，由海南省农业厅主管、海南省民政厅登记备案的海南省热带农产品市场协会在海口隆重成立。海南省副省长陈志荣担任该协会荣誉会长。

当日，该协会高级顾问、顾问和近200名副会长、常务理事、理事及会员出席成立大会。

① 《海南加快蔬菜生产流通　确保常住人口每天一斤菜》，南海网—南国都市报。

② 《联合国粮农组织对海南冬季蔬菜生产开启技术援助》，南海网（http://www.hinews.cn/news/system/2015/05/13/017563893.shtml）。

③ 《海南成立热带农产品市场协会　副省长陈志荣任荣誉会长》，中国新闻网。

九 思考与探讨

（一）49个档口"掌控"全岛外地菜

从2013年9月下旬起，在海南菜价飙升的时候，南海网记者连续多日蹲点海南海口南北蔬菜批发市场采访，揭开海南蔬菜批发行业鲜为人知的秘密：一边是一个一家独大的蔬菜批发49个档口"掌控"着全岛经营的外地菜；一边则是一个致力于建立公益性农产品市场批发商档口"冷清"，不得不跑到海口的各社区布点"卖菜"。海南蔬菜批发行业格局如何破解，才能使市民买菜真正得到实惠？

每天傍晚6点到夜间10点，一辆辆从岛外满载着瓜菜的大货车开进这个批发市场的档口卸货。从云南、广东、广西、天津、山东等地调运进海南的瓜菜，都是通过海口南北蔬菜批发市场，再批发往海南各市县。连陵水、三亚、乐东等这些离海口比较远的市县，岛外菜都得从这个批发市场进货。

虽然说南北蔬菜批发市场内的档口有上百个，但真正有大货车卸货的档口只有49个，编号为A1—A49，这些档口的老板，就是我们所说的"一级批发商"。他们把外地菜批发给这个市场内或海南各市县的二级批发商。一般海口以外的各市县二级批发商会在晚上10点到凌晨2点集中到南北市场进货，海口的农贸市场摊主会集中在凌晨3点至6点、中午12点两个时间段来进货。

可以说，南北蔬菜批发市场内的这49个档口几乎"掌控"着海南全岛人民所吃的外地菜，外地菜品种主要包括大白菜、小白菜、上海青、菜心、菠菜、红萝卜、白萝卜、西红柿、玉米、洋葱、土豆、冬瓜、酸菜、竹笋等。

虽然批发市场内的档口不算少，但是有的蔬菜品种只有少数档口来做。比如运输消耗少、容易储存的土豆和洋葱只有两个档口批发，红萝卜、白萝卜只有四五家批发，酸菜、竹笋只有少数两三家批发。

据介绍，2013年夏秋季节，海口南北蔬菜批发市场每天的交易量保持在1700吨，95%都是外地菜。而在2009年的夏秋季节，南北蔬菜批发市场每天的交易量只有700吨左右。四年间，海南岛对岛外蔬菜的需求量翻了两倍多。[①]

（二）记者看海口蔬菜流通

2015年4月17日，记者在海口南北批发市场追踪发现，从外省运来的小芹菜被一级批发商以4元/公斤收购，随后经过二级批发商、三级批发商层层加价后，小芹菜出现在海口金贸文华菜市场摊位上时达到了12元一公斤，涨幅高达

① 南海网。

200%。

针对高菜价，海南省物价、商务、农业等部门也曾频频出手。如物价系统主要进行平价菜店等项目建设，商务部门则主推流通体系建设，农业部门则主推基地建设等，甚至后期由海南省政府出面推动“菜篮子”工程建设，但是各个部门的项目对菜价的实际影响效果并不明显，菜价长期处于失控高企状态。

海口市物价部门曾重点推出平价菜店体系，后来却有多家平价菜店突然关门歇业。并且受布点局限，这一政策并不能被多数市民共享，目前平价菜店依然处于挣扎状态。

由商务部、海南省商务厅等部门主导推动的现代农产品流通综合试点项目也不成功。经过近五年的推进之后，总投资12亿元的龙头项目海南中商农产品中心市场，如今已成为年亏损逾6000万元的“烂摊子”。[①]

（三）海南日报记者分析

菜农算了一笔账：在夏秋季，由于蔬菜病虫害严重、蔬菜所需肥料多，肥料和农药成本约1100元，而高温烈日天气，需要喷滴灌设施费用100元，水电费也增加一倍，需要60多元，合计每茬青菜的种植成本在1500元左右，这还不算地租与人工费，每茬亩产不到800斤，合计成本约1.8元/斤。此外，如果算上暴雨、台风带来的损失，每斤青菜成本在2元/斤。

供应海口的叶菜，主要是来自广西、云南等地的农民在秀英、琼山等城市近郊租地种植，每亩地租价格在1500—3000元，大棚农地租金高达4000—5000元/亩。如此算下来，每斤叶菜成本高达2.5元/斤，并且不计人工成本。[②]

（四）全国人大代表分析

2015年3月7日，在海南省代表团审议政府工作报告时，全国人大代表、海南省儋州市政协主席邓泽永认为：海南各市县的菜有时候卖不出去，而各市县的菜又进不了海口的市场。海口的蔬菜市场需求量大，而其他市县却难以解决蔬菜销售渠道问题。海南解决菜价贵问题，要充分发挥各市县的作用，省会海口应该加强与各市县的联系，将菜包给各市县种植。现在是种菜的赚不到钱，卖菜的和各中间环节赚得多，这样不利于农民增收。[③]

（五）海南日报记者分析

政府频频出招，为何没能从根本上抑制菜价上涨？破解海南蔬菜贵问题，

---

① 王存福：《坐守“菜园子”，却吃高价菜，海口蔬菜流通现“硬伤”》，2015年4月17日，半月谈网（http://www.banyuetan.org/chcontent/jrt/2015415/131656.html）。

② 《海南夏秋季缺菜因高温多雨　中部农民不擅种菜》，《海南日报》2015年1月29日。

③ 何伟：《邓泽永代表：压缩蔬菜流通中间环节》，中国经济网—经济日报。

政府从未缺席。近年来，海南投入真金白银，通过建设常年瓜菜基地、蔬菜平价超市，补贴大棚设施、流通环节等系列措施，频频干预市场，希望能够抑制菜价的上涨。

这些举措在一定程度上有效地应对了菜价上涨，但从长期来看，菜价高的问题并未得到彻底解决。随着常年瓜菜基地闲置、平价菜超市关门等现象发生，不少市民质疑：为何这些调控措施治标不治本?[①]

（六）海口市相关部门分析

2013 年 2 月，在人民网海南视窗率先报道“海口菜价赶超香港”的现象后，海口市相关部门的官员和与蔬菜有关的商人们终于出面，称海口菜价远低于香港，同时也分析了菜价高涨的十大原因。

一是青菜等供应本地市场蔬菜种植面积有所减少。前两年本地叶菜价格降幅较大，出现季节性售菜难现象。2011 年冬 2012 年春海南冬季瓜菜价格高，农民转向种植椒类等冬季瓜菜，青菜等短期叶菜种植面积减少。

二是成本上升，市场价格波动大，种叶菜积极性受挫。据调查，海口农民种植蔬菜成本达每公斤 2.8 元以上，企业蔬菜大棚基地种植成本达每公斤 3.6 元以上。2011 年海口田头价格曾跌至每公斤 1 元，9 月份渐回升。

三是 2011 年 10 月以来受热带特殊气候因素影响，叶菜种植困难。

四是外来人员增多，蔬菜消费量需求增大。冬季来临，全国“候鸟”人群纷纷来琼，同时多个大型展会在琼召开，旅客增多，需求量增大拉升价格。

五是本地能种菜品有限。大白菜、土豆、花菜、洋葱等市场需求量大的品种海南暂未种植。

六是岛内各市县蔬菜需求量加大，部分市郊农民就近外市县销售。

七是海口能种蔬菜的土地减少，海口最大蔬菜批发市场南北批发市场以及龙华农贸市场相关负责人说：“市郊以前种菜的多，但现在土地多用来盖房子做房地产了，菜价只有一年比一年贵!”

八是流通环节繁多，海口主管农业的副市长蒙国海调查发现，从田头到市民餐桌，蔬菜起码要经过 3—4 个中间流通环节，层层加价，利润被中间环节瓜分，农民获利反而较少。

九是海口菜农手工种植蔬菜，效益较低。南北批发市场有关负责人称，海口菜农多是人工栽种、人工采摘，机械化程度低，效率低，成本高，经济效益也低。

---

① 《海南菜价调查报告：为何没能从根本上抑制菜价上涨?》，《海南日报》2015 年 2 月 1 日。

十是政府扶持平价蔬菜作用有限。目前，全市政府平价蔬菜供应点有81家，近期将新增9家农贸市场，使平价蔬菜供应点达到90家。海南中平农副产品平价商店有关负责人坦承，当前海口平价蔬菜供应量占全市销售量比例很小，所起作用有限，他希望政府给予平价店房租等补贴，让企业扩大经营规模。①

（七）海南省农业厅分析

2015年9月中旬，虽然受降雨的影响，蔬菜价格难免出现波动，但价格虚高已经超出了正常范围。省农业厅相关负责人分析认为，不少经销商正是利用消费者与生产者之间的信息不对称，恶意抬高价格，牟取暴利。这进一步坐实了近期蔬菜价格的上涨，并非蔬菜供应的不足，也非收购价格的攀升，而是由于蔬菜在流通过程中出现了“肠梗阻”。②

（八）人民网海南视窗评论员分析

我们认为，政府官员固然可以为海南居民“守着菜篮子、吃高价菜”找出种种客观理由，但如果只是用这些客观理由来推卸自己本应承担的责任，对和自身利益有关的垄断和“农改超”带来的负面效应等问题视而不见，避重就轻地开一些“头痛医头，脚痛医脚”的“处方”，而非建立起一套行之有效的平抑菜价的长效机制，那么海南可能永远也无法走出“守着菜篮子、吃高价菜”的怪圈。

在很多人看来，海南的老百姓多年来“守着菜篮子，吃高价菜”并不奇怪，怪的是在每一轮菜价上涨之后，我们的某些官员总是能够给出十分“充分”的涨价理由，来证明涨价是“不可避免”的，并安抚说会采取什么样的措施来平抑物价，会让更多老百姓吃上平价菜云云。

我们建议，是否可以让那些给不出“海口菜价赶超香港”理由，拿不出降价措施的官员下课？而后根据“任人唯贤、任人唯能”的原则，以竞争性选拔的方式，找出可以治理“海口菜价赶超香港”的官员，拿出“不降菜价就下课”的劲头来，切切实实地采取一些行之有效的措施，让海南的老百姓不再为菜价的居高不下而愁眉不展。③

（九）海南省商务厅厅长分析

2015年2月10日上午，列席省“两会”的海南省商务厅厅长叶章和公开回

① 《本网评论：谁是海南菜价上涨的幕后推手?》，2013年2月22日，人民网—海南视窗（http：//www.hinews.cn/news/system/2013/01/22/015377206.shtml）。

② 张成林：《灭掉流通环节的菜价虚火》，2015年9月18日，新华网—海南日报。

③ 《本网评论：谁是海南菜价上涨的幕后推手?》，2013年2月22日，人民网—海南视窗（http：//www.hinews.cn/news/system/2013/01/22/015377206.shtml）。

应“菜价贵”问题，他向人大代表坦陈过去几年在抑制菜价的措施方面成效不明显，经过细致摸底调研分析，发现导致海南菜价整体偏贵的主要因素集中在流通环节。对于部分地区出现的流通“垄断”问题，他强调政府仍将不懈地持续加大在流通环节的调控能力，在菜价问题上，政府将拿出决心通过“组合拳”努力将菜价“压”下去。

省商务厅调研后认为，在对众多导致菜贵的因素中进行比对分析，仍然认为流通环节的弊病是主要原因。

这几年，按照商务部的试点要求，以直销方式建立了15个大型直销配送中心，力图用最短的时间和最短的距离，来降低菜价。老百姓到农贸市场买菜依然是主流，农贸市场大部分菜价仍贵。商务部门打造的超市和配送点覆盖面还不够，在海口200多万人口的城市，覆盖的人口仅有20万人，且主要是宾馆、学校等集团消费，所以普通群众感受甚少。此外，我们还做了详细规划，在每个市县都争取建立一个一级或者二级的大型批发市场，然而推进不甚理想，目前只有三亚、屯昌、海口秀英和琼山运营尚可，但也面临销量过少等现实状况。

“我认为，加快海南批发市场建设的目的，就是要通过市场把海南需要岛外菜比较集中的运输省份，比如云南、广西、广东等主流岛外批发菜市场与海南进行对接，甚至今后各市县的蔬菜不再从海口南北批发市场集散，而是直接与外地市场对接，直接配送到市县。”叶章和说。

“真正要解决菜价贵问题，批发市场不能完全市场化，全由私人老板说了算，政府起码要有话语权！我打个比方，海口南北蔬菜批发市场49个档口，如果都掌控在24个股东手里，早晚会出现垄断倾向，为此，我一直建议，借助南北市场搬迁契机，今后要建设更多档口，一半用于保证现有股东运营，另外一半广泛招商。”①

（十）海南中商农产品中心分析

中商进入海南，是希望建设成为一个功能齐全、吞吐量大、现代化、高水平的海南热带农产品交易平台，但是项目一期运行以后，却面临着重重困难。

其主要原因是长期以来海南只有一个蔬菜批发市场，无论是批发环节，还是零售环节，大家已经自然形成了一个利益链条，整个农产品流通渠道既单一，又是封闭的，中商根本进不去。

---

① 《省商务厅厅长叶章和：过去几年抑制菜价措施成效不明显》，2015年2月11日，海口网（http：//www.hkwb.net/news/content/2015-02/11/content_2484904.htm）。

第九节　郑州市农产品流通发展报告

郑州市是河南省首府和中原经济区首位城市。全市总面积7446平方公里，常住人口938万。其中，城镇人口641万；市区面积1010平方公里，建成区面积382.7平方公里。[①]

郑州地处中国地理中心，是全国重要的铁路、航空、高速公路枢纽城市。形成了全国普通铁路和高速铁路网中少有的“双十字”中心和全国“米”字形高速铁路网。2012年，国务院批复《中原经济区规划（2012—2020年）》，标志着中原经济区发展上升到国家战略高度。2013年国务院正式批复《郑州航空港经济综合实验区发展规划（2013—2025年）》，郑州成为全国首个上升为国家战略的航空港经济发展先行区，这正式揭开了郑州市立足中原、服务全国、连通世界的国际化航空大都市建设的序幕。

借助于便捷的交通区位条件和历史上著名商埠，郑州在中国商贸流通发展中处于重要的枢纽地位，是全国知名的商贸中心城市。20世纪90年代初以亚细亚为代表的大型商场引领了中国新的商业模式，1997年被批准为国家商贸改革试点城市，2010年被确定为国家服务业综合改革试点城市。郑州商品交易所是三大全国性商品交易所之一，“郑州价格”一直是世界粮食生产和流通的指导价格。经历了改革开放以来的快速发展，郑州市形成了汽车、装备制造、煤电铝、食品、纺织服装、电子信息等六大优势产业，氧化铝产量占全国总产量的50%，拥有亚洲最大、最先进的大中型客车生产企业，冷冻食品占全国市场份额的40%以上。

农产品流通在郑州市商贸流通中占据重要地位，也是全国粮食大省河南省粮食辐射周边的重要枢纽。郑州市的农产品市场在全国农产品流通体系中始终占据重要地位。近年来，伴随着郑州市建设国际化航空大都市序幕的拉开，中心城区空间功能重构，商贸集聚区建设加速，河南万邦国际农产品物流股份有限公司（以下简称“万邦国际”）、郑州华中果品物流港有限公司（以下简称“华中果品”）、郑州信基调味品城有限公司（以下简称“信基调味”）等一系列农产品市场在全国农产品流通体系中的地位进一步提高，使郑州在全国农产品流通网络体系中发挥更大的作用，有力地推动了郑州市乃至河南省的农业现

① 数据来源于《河南省统计年鉴（2015）》，人口为2014年底数据。

代化进程。

一　农产品消费

农产品是城乡居民生活的重要消费品。农产品流通体系的健全和完善关系到城乡居民的民生改善。近年来，伴随着经济社会的快速发展，郑州市城乡居民农产品消费水平逐步提高，消费结构持续优化。

（一）农产品消费结构

与2009年相比，2014年郑州市城镇居民家庭消费支出增长86%，年家庭消费支出从10803.9元增长到20122.2元。其中，居住消费增速最快，由2009年的1082.6元增长到4259.5元，增长293%（见表2—33）。居住消费也是带动居民家庭消费支出增长最为主要的因素，对家庭消费支出增长的贡献率达到34.1%。其次，食品支出在消费增长中也发挥了重要作用，对家庭消费支出增长的贡献率达到23.5%。

表2—33　**郑州市城镇居民家庭消费支出变化**

	事项	消费性支出	食品	衣着	居住	家庭设备用品及服务
2009年	金额（元）	10803.9	3760.7	1553.3	1082.6	769.3
	占比（%）	100	34.8	14.4	10.0	7.1
2014年	金额（元）	20122.2	5948.4	2522.5	4259.5	1946.4
	占比（%）	100	29.6	12.5	21.2	9.7

	事项	医疗保健	交通和通信	教育文化娱乐服务	杂项商品和服务
2009年	金额（元）	819.6	1203.4	1234.1	380.9
	占比（%）	7.6	11.1	11.4	3.5
2014年	金额（元）	1118.5	1798.1	1985	543.8
	占比（%）	5.6	8.9	9.9	2.7

资料来源：《河南省统计年鉴（2010年、2015年）》。

城镇居民家庭消费支出的变化反映了城镇居民生活水平的持续改善。经济学家通常用恩格尔系数①来描述家庭富裕程度的变化，2009—2014年，郑州市城镇居民的恩格尔系数由0.348降低到0.294，表明郑州市城镇居民富裕程度的提高。但是，应考虑到居住因素在消费增长和消费结构变迁中的重要作用。扣除居住因素，从结构上讲，城镇居民生活水平并未发生根本性改变（见表2—

① 恩格尔系数=家庭食物支出/家庭消费支出。

34）。这意味着，郑州市城镇居民富裕程度的提升并不明显。

表 2—34　**郑州市城镇居民家庭消费支出结构变化**

（扣除居住因素后）　单位:%

消费结构	食品	衣着	家庭设备用品及服务	医疗保健	交通和通信	教育文化娱乐服务	杂项商品和服务
2009 年	38.7	16.0	7.9	8.4	12.4	12.7	3.9
2014 年	37.5	15.9	12.3	7.1	11.3	12.5	3.4

资料来源:《河南省统计年鉴（2010 年、2015 年）》。

当然，从城镇居民消费结构的变化来看，食品消费量呈明显的结构性变化。与 2009 年相比，2014 年郑州市城镇居民家庭消费的主要食品中，鲜菜、大米面粉、鲜蛋消费量明显下降，食用植物油、猪牛羊肉、鲜奶、鱼虾消费量显著上升。尤其是鲜蛋、鲜菜消费量分别下降 62%和 30.9%，食用植物油、鲜奶分别上升 47.3%和 32%（见表 2—35）。这种变化反映了郑州市城镇居民消费水平的持续提高和消费结构的不断变化。

表 2—35　**郑州市城镇居民家庭平均每人主要食品消费量**　单位:%

	大米面粉	鲜菜	食用植物油	猪牛羊肉	鸡鸭	鲜蛋	鱼虾	鲜奶	酒
2009 年	40.7	146.2	7.4	17.8	5.6	12.3	6.8	16.3	7.5
2014 年	34.1	101.0	10.9	21.0	6.4	4.7	7.6	21.5	7.2

资料来源:《河南省统计年鉴（2010 年、2015 年）》。

（二）农产品消费的规模

以郑州为核心的中原经济区是国家重要的粮食生产和现代农业基地，也是全国重要的畜产品生产和加工基地，是全国农产品流通中的重要产地。

本节按照全市常住人口数量以及城镇居民家庭平均每人主要食品消费量和农村居民家庭平均每人主要食品消费量核算农产品产销剩余。2014 年，郑州市年消费粮食 51.55 万吨，蔬菜 89.63 万吨，鲜奶和奶制品 16.41 万吨，猪牛羊肉 16.34 万吨。全市城乡日均消费蔬菜 2455.5 吨，粮食 1412.4 吨，鲜奶和奶制品 449.7 吨，猪牛羊肉 447.8 吨（见表 2—36）。

表 2—36 郑州市城乡居民农产品消费量（2014 年）

	粮食	蔬菜	食油	猪牛羊肉	家禽	蛋类及其制品	水产品	鲜奶和奶制品	酒
年消费量（万吨）	51.55	89.63	9.42	16.34	4.69	5.36	5.44	16.41	5.75
日消费量（吨）	1412.4	2455.5	258.0	447.8	128.4	146.8	148.9	449.7	157.6

资料来源：《河南省统计年鉴（2015 年）》。

当然，与 2009 年相比较全市农产品消费总量呈上升趋势，更为明显的是结构变化。粮食、蛋类及其制品消费量分别减少 5.29 万吨、1.88 万吨，而蔬菜、食油、猪牛羊肉、鲜奶及其制品、水产品、酒均呈增长趋势，尤其是鲜奶及其制品由 2009 年的 7.19 万吨增长到 2014 年的 16.41 万吨，增长 128.2%（见表 2—36、表 2—37）。

表 2—37 郑州市城乡居民农产品消费量（2009 年）

	粮食	蔬菜	食油	猪牛羊肉	家禽	蛋类及其制品	水产品	鲜奶和奶制品	酒
年消费量（万吨）	56.84	83.10	4.77	9.57	2.71	7.24	3.13	7.19	4.15
日消费量（吨）	1557.39	2276.67	130.79	262.21	74.17	198.38	85.87	196.88	113.60

资料来源：《河南省统计年鉴（2010 年）》。

二 农产品生产

河南省是农业大省，是中国重要的农产品供应基地。按照《中原经济区规划》，要把中原经济区建设成为国家重要的粮食生产和现代农业基地。以郑州为中心的中原经济区农业生产条件优越，产量高、品质好，为发达都市区农产品消费提供了丰富的供给资源。

（一）农产品的生产量

统计数据显示，2014 年，郑州市实现粮食产量 161.97 万吨，蔬菜和食用菌产量 286.33 万吨，奶类 48.98 万吨，油料 16.2 万吨，猪牛羊肉 21.31 万吨，禽蛋 22.80 万吨（见表 2—38）。

表 2—38　　2014 年郑州市农产品产量水平　　单位：万吨

粮食	蔬菜及食用菌	油料	猪牛羊肉	禽蛋	水产品	奶类
161.97	286.33	16.2	21.31	22.80	15.67	48.98

资料来源：《河南省统计年鉴（2015 年）》。

与 2009 年相比，猪牛羊肉、水产品、禽蛋分别增长 20.9%、19.0%和 10.8%，油料、粮食则分别下降 14.8%和 2.5%（见表 2—39）。整体来看，产量规模变化不大。

表 2—39　　郑州市农产品产量水平变化　　单位：万吨

	粮食	油料	蔬菜及食用菌	猪牛羊肉	奶类	禽蛋	水产品
2009 年	166.08	19.02	274.39	17.62	46.76	20.57	13.17
2014 年	161.97	16.20	286.33	21.31	48.98	22.80	15.67

资料来源：《河南省统计年鉴（2010 年、2015 年）》。

（二）农产品的对外供给

对比农产品生产和消费，不考虑餐饮网点、团体消费以及损耗，大致可以估计郑州市对外辐射的农产品供给量。2014 年，扣除本地城乡居民消费，大致可产生的农产品直接产销差额为：蔬菜 196.70 万吨，粮食 110.42 万吨，鲜奶和奶制品 32.57 万吨，蛋类及其制品 17.64 万吨，水产品 10.23 万吨，猪牛羊肉 4.97 万吨，合计 372.53 万吨（见表 2—40）。理论上讲[①]，这些农产品有可能通过农产品流通渠道供给周边地区，尤其是发达都市区；或者通过流通渠道进入再加工领域。

当然，对周边地区辐射量的多少，不仅仅依赖于郑州市自身农产品产销剩余，还要考虑周边其他城市的农产品产销剩余。统计数据表明，以郑州及其周边城市为核心的七个城市均有相应的农产品产销剩余。2014 年合计可向区域外

① 当然，这一数据只作为描述对外辐射可能性的参数。实际上，核算全国 2010—2012 年的生产量与人均购买相关农产品数据的差额，即直接消费率 =（城镇人口×城镇人口购买数量+乡村人口×农村居民家庭平均消费量）/生产量，可以看出，大量的农产品都会通过流通过程进入居民直接消费环节或再加工环节，但居民直接消费占比并不高。

农产品种类	粮食	蔬菜	猪牛羊肉	蛋类及其制品	水产品	牛奶
直接消费率	0.297	0.203	0.445	0.378	0.247	0.346

供给的农产品量可达 3818.2 万吨。其中，以蔬菜和粮食为主，分别达到 1927.46 万吨和 1416.77 万吨（见表 2—41）。中原经济区作为国家重要的粮食生产和现代农业基地的地位得到充分体现。

表 2—40　**郑州市农产品产销差额（2014 年）**　单位：万吨

	粮食	蔬菜	猪牛羊肉	蛋类及其制品	水产品	鲜奶和奶制品
郑州市	110.42	196.70	4.97	17.64	10.23	32.57

资料来源：《河南省统计年鉴（2015 年）》。

表 2—41　**郑州及周边城市农产品消费剩余情况（2014 年）**　单位：万吨

	粮食	蔬菜	猪牛羊肉	蛋类及其制品	水产品	鲜奶和奶制品
郑州市	110.42	196.70	4.97	17.64	10.23	32.57
开封市	235.25	652.54	33.11	21.63	5.35	23.76
洛阳市	156.58	215.38	15.96	8.59	3.35	35.53
平顶山市	120.76	187.94	28.08	11.75	3.68	20.97
焦作市	175.03	204.94	10.82	19.93	0.74	16.88
许昌市	246.05	184.70	31.51	19.67	1.08	4.85
新乡市	372.68	285.26	26.46	28.63	4.83	31.40
合计	1416.77	1927.46	150.91	127.84	29.26	165.96

注：（1）消费剩余量=产量-（城镇居民家庭平均每人主要食品消费量×城镇常住人口数+农村居民家庭平均每人主要食品消费量×农村常住人口数）。（2）该数据仅用于估计，实际消费还涉及餐饮业消费、团体消费、再加工以及流通过程损耗等。

资料来源：《河南省统计年鉴（2015 年）》。

尤其是开封市作为蔬菜输出大市的地位日益显著。2014 年，蔬菜产销剩余达到 652.54 万吨，是本地消费 32.22 万吨的近 20 倍（见表 2—42）。新乡市、许昌市、开封市作为粮食输出城市的地位充分体现。

表 2—42　**开封市农产品生产量与消费量的对比（2014 年）**　单位：万吨

	粮食	蔬菜及食用菌	猪牛羊肉	禽蛋	水产品	奶类
生产量	278.55	684.76	37.93	26	6.7998	27.1
消费量	43.30	32.22	4.82	4.37	1.45	3.29

资料来源：《河南省统计年鉴（2015 年）》。

三　农产品流通

产地批发市场是农产品流通的重要载体，城市农产品流通通过具有全国影响力的农产品批发市场嵌入全国流通网络体系。郑州市作为中原经济区的首位城市，也是全国性交通枢纽，农产品批发市场的发展和持续壮大认证了其农产品流通中心地位。

“十二五”时期是郑州市市场体系的重大变革期，经历了“中心城区市场外迁、外迁市场集聚发展”的变迁过程。伴随着郑州市建设国家中心城市步伐的加快，郑州市着力实施了中心城区功能改造提升，也推动了城郊农产品集聚区的崛起。

（一）体系变迁

2012年，国务院正式批复《中原经济区规划》，郑州市发展由中原经济区层面上升到国家战略高度，加快建设郑州国家中心城市步入快车道。同年，《郑州都市区总体规划（2012—2030年）》出台，确定了“国家中心城市、国际航空大都市、世界文化旅游名城、中原经济区核心增长区”定位（以下简称“一区三城”）。郑州市着力落实《中原经济区规划》国家战略，编制了《中原经济区郑州都市区建设纲要》，《纲要》提出要“改造提升中心城区功能”，以三环内批发市场、工业仓储、行政事业单位外迁为抓手，加快整街坊整片区有机更新，着力深化片区改造。随后，郑州市委、市政府出台《郑州市人民政府关于加快推进中心城区市场外迁工作的实施意见》（郑政〔2012〕23号）和《郑州市加快推进中心城区市场外迁三年行动计划》，提出用三年时间对中心城区177家批发市场实施外迁，同时规定“四环以内除规划的公益性农贸类市场外，原则上一律不再审批新建、扩建商品交易批发市场”。

为配合搬迁升级工作，郑州市重点规划了“一区两翼”型商品交易批发市场集聚区承接外迁市场。包括：重点承接食品、服装、钢材、建材等生活消费品市场和工业生产资料为主的综合集聚区（即“一区”），重点承接汽车及汽车后市场、电子产品批发市场的“东翼”，重点承接家具、农产品、纺织、工程机械等批发市场的“西翼”。这些承接地包括：华南城等12个重大的集聚区。其中，中部两岸海鲜果蔬物流港、荥阳国际农产品交易中心均为农产品流通体系的重要节点（见表2—43）。

表 2—43　　**郑州市市场外迁主要承接地**

序号	名称	市场规模	布局产业	战略目标
1	中牟汽车产业园	4800 亩	打造汽车及汽车后市场集聚区，整合整车市场、零部件市场、汽车4S店	全国最大的汽车市场
2	新郑市龙湖镇	15000 亩	打造建材市场集聚区，作为建材批发市场外迁的主要承接地	全国最大的建材市场集聚区
3	管城区	1800 亩	对现有钢材市场及仓储物流进行搬迁整合，打造钢材市场集聚区	中西部地区钢材集散中心
4	金水国际软件园	1200 亩	对电子科技产品加工装配、仓储物流进行外迁	中部具有影响力、辐射力的软件园
5	富士康电子产品交易市场	3000 亩	承接电子科技产品批发市场外迁	电子产品交易市场
6	华南城	15000 亩	现代综合商贸物流集成商、全链条采购平台	中西部商贸物流集成式、全链条采购平台
7	金马凯旋家具CBD	2700 亩	融生产、销售、培训、研发、博览、服务为一体的家具CBD	中部家具产业最强、最大的产业链
8	CSD 国际时尚商贸中心	6400 亩	国际时尚商贸中心、中西部地区最大的小商品集散地	中西部最大的国际时尚商贸中心
9	新密曲梁服装批发市场	3000 亩	布局服装类批发市场	中西部具有辐射力的服装类批发市场
10	锦艺轻纺城	2700 亩	布局纺织布匹类市场	中西部具有辐射力的布匹类市场
11	荥阳国际农产品交易中心	6350 亩	招引全国农产品批发十强企业	打造全国最大的农产品市场集聚区
12	中部两岸海鲜果蔬物流港	600 亩（建筑面积）	两岸海鲜果蔬	

资料来源：根据相关资料整理。

按照“规划引领、先建后迁、市区联动、以区为主、先易后难、分步实施”的市场外迁工作总要求，三年以来，郑州市相继推动了这 177 家市场的外迁工作。其中，2012 年外迁 23 家，2013 年完成外迁 50 家，2014 年完成外迁 54 家，2015 年基本完成，截至 2016 年 3 月，中心城区市场外迁宣布圆满收官，但仍有

10 家市场经市政府同意延迟外迁。在外迁过程中，黄河食品城、华中果品、黑庄农资批发市场等农产品流通网点一并外迁（见表 2—44）。农产品流通网点主要迁往河南万邦国际农产品物流股份有限公司。

表 2—44　　2014 年搬迁市场中的涉农市场

市场名称	所在位置	占地面积（平方米）	建设时间
黄河食品城	东三环北段	4500	2011 年
黑庄农资批发市场		44000	2006 年
华中果品	连云港路与航海路交叉口	53280	2004 年

资料来源：根据《2014 年中心城区市场外迁实施方案》整理。

在市场体系变迁过程中，郑州市极为重视农产品流通体系的功能再造，把建设大型、具有广泛影响力的农产品批发市场作为市场体系建设的重要内容。第一，2011 年投入运营、占地总面积达 5300 亩的河南万邦国际农产品物流城成为外迁农产品市场的重要承载地。第二，作为承载地的荥阳国际农产品交易中心和中部两岸海鲜果蔬物流港的建设，也将成为郑州农产品流通的重要节点。第三，在中心城区农产品批发市场外迁的同时，郑州市也十分重视城区标准化菜市场、农贸市场、新建和改造社区便利店，着力补齐农产品便民消费缺口。其中，2011 年完成市内 5 区新建蔬菜批发市场 3 个、农贸市场 15 个，增设蔬菜早市 23 个，新建和改造社区便利店 239 家。2013 年，市政府将新建、改建 5 家标准化菜市场和新建 50 家社区便利店列入为民承诺的“十大实事”之一。全年完成新建、改建标准化菜市场 5 家，社区便利店 55 个，新增生鲜农产品营业面积 49614 平方米。2015 年，继续将“推进农产品流通体系建设”作为重点推进市场体系建设的工作之一。提出要“壮大集散地批发市场规模，推进大型农产品批发市场、农贸市场、标准化菜市场、社区便利店建设，开展农产品电子商务现代营销模式，完善农产品流通网络基础设施，打造农产品交易产业链”。

（二）对外辐射

与 2009 年相比，全省亿元以上批发市场摊位数增加 29974 个，增长 30.9%。其中，粮油、食品类摊位数增加 5494 个，增长 19.7%；尤其是水产品类、干鲜果品类摊位数分别增长 193.8%和 125.3%；水产品类、蔬菜类、干鲜果品类摊位数共计增加 11717 个，占摊位数增量的 39.1%。以上三类成交额共计增长 902.02 亿元，占成交额增量的 46.1%（见表 2—45）。

表 2—45　　**河南省亿元以上市场发展情况**

	摊位数（个）		成交额（亿元）	
	2009 年	2014 年	2009 年	2014 年
市场整体	96951	126925	1157.96	3114.99
粮油、食品类	27848	33342	345.76	1293.91
粮油类	3582	3679	102.04	199.63
肉禽蛋类	1529	2282	6.68	37.81
水产品类	1484	4360	12.68	189.70
蔬菜类	9758	14567	116.94	496.82
干鲜果品类	3218	7250	19.62	364.74
饮料类	2268	1730	39.95	30.77
烟酒类	2377	2104	32.33	21.51

资料来源：《河南省统计年鉴（2010 年、2015 年）》。

农产品市场规模的持续扩大推动郑州在全国农产品流通中的地位不断提高。在 2014 年度全国百强农产品批发市场的排名中，河南万邦国际农产品物流股份有限公司成为全国交易额和交易量仅次于北京新发地农产品批发市场的第二大市场。此外，华中果品物流港、陈砦花卉服务有限公司、信基调味品城、毛庄农产品批发市场等五大市场均位居全国前列。郑州市初步形成了以万邦国际为龙头，以毛庄农批的农产品、华中果品的水果、陈砦的花卉、信基的调味品为特色的农产品集散体系（见表 2—46）。

表 2—46　　**郑州市各农产品市场在全国的地位**

市场名称	基本情况	全国排名
河南万邦国际农产品物流股份有限公司	位于南三环东段万洪路两侧，市场总规划占地 5300 亩。一期蔬菜果品区 2011 年投入运营，占地 1000 亩；二期水产品区 2013 年投入运营，占地 600 亩；三期粮油、调味品、肉蛋禽、茶叶、花卉及农资交易区和大宗农产品交易、电子交易、质量检测、科技研发、仓储调控“五个中心”，共占地 3700 亩，于 2014 年底开工建设，计划 2016 年底建成并投入运营	交易额百强第 2 名，交易量百强第 2 名，农产品综合批发 50 强第 2 名
郑州陈砦花卉服务有限公司	位于北环路中段，由陈砦村委建成于 1996 年 3 月，占地面积 7 万平方米。配套有占地百亩、储量总吨位达 3 万吨的现代化冷库，可容纳 8000 多商户入场经营	花卉批发市场 10 强第 8 名

续表

市场名称	基本情况	全国排名
郑州华中果品物流港有限公司	位于中心城区西南方向，在原冯庄果品批发市场基础上升级改造扩建而成，占地100亩，分为香蕉区、葡萄区、西瓜区、甘蔗区、苹果区、杂果区和洋果区七个部分，配套万吨恒温库一座，可容纳400家批发商户入驻	交易额百强第24名，交易量百强第14名，果品批发市场20强第3名
郑州毛庄农产品批发市场	位于北郊，建于1992年，现占地面积近300亩。市场交易总面积11.5万平方米，冷藏区2.5万平方米，停车场1.5万平方米，商住面积2.5万平方米	交易额百强第77名，交易量百强第21名
郑州信基调味品城	位于江山路与连霍高速交叉口，占地面积20万平方米，进驻商户3000多家，以调味品、农副土特产品、水产品、冻鲜食品及其深加工品为主，配套建设10万吨连体冷库和3万平方米冻品交易大厅。分调味品展销厅、冻品储藏展销区、鲜活区、酒店专供区、厨具区、仓库区和物流配送区	干货调味品批发市场10强第1名
郑州信基调味品城有限公司	创建于1993年，旗下商户6000余家，下辖信基调味品城、信基冻品大世界、信基淡水鱼市场、信基鲜活市场、信基厨具市场、信基建材家具城、信基黄河生活广场、信基电动车自行车市场、信基家纺市场等九家大型批发市场，市场交易额达200亿元	交易额百强第51名，交易量百强第16名，农产品综合批发50强第41名

资料来源：市场基本情况来源于网上资料。全国排名资料来源于全国城市农贸中心联合会网站（www.cawa.org.cn）。

当然，规划中的荥阳国际农产品交易中心、中部两岸海鲜果蔬物流港将进一步提高郑州农产品在全国流通中的地位。荥阳国际农产品交易中心位于南四环机场高速附近，拟规划占地面积6350亩，将建设成为全国性的农产品展示交易、信息发布、质量检测、仓储加工、进出口贸易和物流配送中心。中部两岸海鲜果蔬物流港位于中州大道北四环交会处。规划总建筑面积约40万平方米，项目总投资20亿元。

在郑州市的带动下，河南省农产品批发市场在全国农产品流通中发挥了重要作用。2014年度，河南省有四家批发市场进入全国蔬菜专业批发市场50强，有三家批发市场进入全国花卉专业批发市场10强，有三家批发市场进入全国干货调味品批发市场10强，有八家批发市场进入全国批发市场交易额百强市场（见表2—47）。

表 2—47　**河南省批发市场发展情况**

河南省新野新蔬菜有限责任公司	蔬菜批发市场 50 强第 23 名
河南省豫东蔬菜农产品批发市场	蔬菜批发市场 50 强第 47 名
洛阳宏进农副产品批发市场有限公司	蔬菜批发市场 50 强第 49 名
新乡市牧绿菜业有限公司	蔬菜批发市场 50 强第 42 名
洛阳新村花木有限公司	花卉批发市场 10 强第 10 名
平顶山市花卉大世界	花卉批发市场 10 强第 9 名
郑州陈砦花卉服务有限公司	花卉批发市场 10 强第 8 名
鹤壁市四季青农产品批发市场	交易额百强第 76 名
唐河中原辣椒城交易市场	干货调味品批发市场 10 强第 9 名
鄢陵县三营综合农产品批发交易市场	干货调味品批发市场 10 强第 10 名
郑州信基调味品城	干货调味品批发市场 10 强第 1 名
河南万邦国际农产品物流股份有限公司	交易额百强第 2 名，交易量百强第 2 名，农产品综合批发 50 强第 2 名
洛阳通河农副产品有限公司	交易额百强第 34 名，交易量百强第 34 名，农产品综合批发 50 强第 30 名
商丘农产品中心批发市场	交易额百强第 18 名，交易量百强第 3 名，农产品综合批发 50 强第 16 名
郑州华中果品物流港有限公司	交易额百强第 24 名，交易量百强第 14 名，果品批发市场 20 强第 3 名
郑州毛庄农产品批发市场	交易额百强第 77 名，交易量百强第 21 名
郑州信基调味品城有限公司	交易额百强第 51 名，交易量百强第 16 名，农产品综合批发 50 强第 41 名
周口市黄淮物流港农产品批发市场有限公司	交易额百强第 29 名，交易量百强第 6 名，农产品综合批发 50 强第 26 名

资料来源：全国城市农贸中心联合会（www. cawa. org. cn）。

（三）市内流通

从城市内部流通来看，现有五大主体（万邦国际、毛庄农批、华中果品、陈砦花卉、信基调味品）以及规划中的两大农产品节点（荥阳国际农产品交易中心、中部两岸海鲜果蔬物流港）也成为服务城乡居民消费的核心，是城区二三级批发市场、农贸市场、菜店、便利店的上一级批发主体。

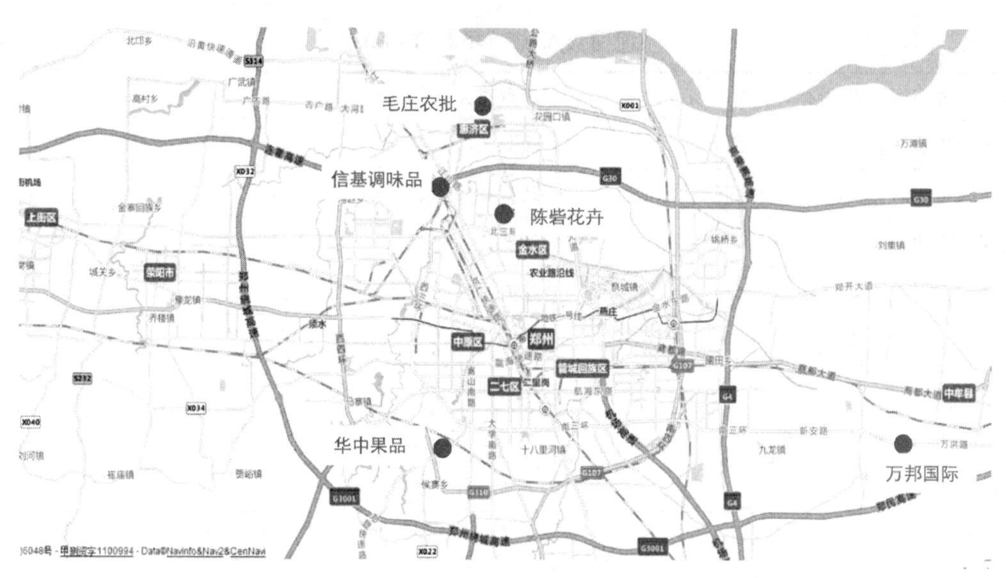

图 2—79 郑州市五大农产品批发市场空间布局

立足五大农批市场的龙头带动，依托传统菜市场、农贸市场和现代大型综合超市、连锁便利店等，形成了中心城区的农产品便民服务体系。

1. 菜市场、农贸市场

菜市场、农贸市场的建设和发展与城市相伴而生，是中心城区、老旧小区最为主要的农产品流通渠道。2010 年以来，郑州市承办国家农产品现代流通综合试点项目，对接国家农产品流通体系优化政策，着力开展标准化菜市场的建设和传统农贸市场升级改造工作，进一步完善城区社区便利店网络体系，提高消费者农产品购物的便利性。2011 年完成新建蔬菜批发市场 3 个、农贸市场 15 个，增设蔬菜早市 23 个，新建和改造社区便利店 239 家。2013 年，完成新建、改建标准化菜市场 5 家、社区便利店 55 个，新增生鲜农产品营业面积 49614 平方米。初步形成了标准化菜市场、农贸市场、生鲜农产品网点。

根据大众点评网（www. dianping. com）数据，中心城区有菜市场 76 家，菜店 82 家，集贸市场 31 家，重点分布在金水区、管城区和二七区等老城区。金水区分布最为广泛，有菜市场 34 家，菜店 35 家，集贸市场 15 家，总计 84 家，占网点总数的 44.4%。管城区和二七区分别有网点 32 家和 27 家，占网点总数的 16.9%和 14.3%（见表 2—48）。

表 2—48　　郑州市中心城区菜市场和菜店分布　　单位：家

	二七区	高新区	管城区	惠济区	金水区	上街区	郑东新区	中原区
菜市场	9	1	15	3	34	2	5	7
菜店	14	0	13	4	35	2	2	12
集贸市场	4	1	4	1	15	0	3	3

资料来源：大众点评网（www. dianping. com），经整理。

2. 连锁超市、便利店

除了菜市场、农贸市场、菜店，连锁超市、便利店也是重要的农产品流通渠道。数据显示，金水区、二七区、管城区、中原区连锁超市、便利店分布最为广泛，四大城区超市、便利店占全市连锁超市和便利店的比重达到 89.8%（见表 2—49）。

表 2—49　　连锁超市/便利店分布　　单位:%

所在城区	金水区	二七区	中原区	管城区
超市/便利店占比	39.3	16.0	16.1	18.4
综合商场	36.9	25.5	13.1	16.3
所在城区	郑东新区	惠济区	高新区	上街区
超市/便利店占比	2.0	5.7	1.7	0.7
综合商场	3.7	2.7	1.3	0.6

资料来源：大众点评网（www. dianping. com），经整理。

3. 龙头企业

（1）河南万邦国际农产品物流股份有限公司

河南万邦国际农产品物流股份有限公司起源于 2002 年原郑州农产品物流配送中心有限公司。2010 年，公司选址中牟县郑庵镇筹划河南万邦国际农产品物流园区，同年 4 月河南万邦国际农产品物流股份有限公司登记注册成立。

规划建设的万邦国际农产品物流园区占地面积 5300 亩，计划建设蔬菜交易区、水果交易区、粮油交易区、水产海鲜交易区、花卉交易区、肉类交易区、干货交易区、农资交易区、交易结算区、冷藏保鲜仓储区、农产品加工配送区、会展中心、科技研发中心、电子结算及期货交易中心、食品安全检测中心、办公生活配套区等，初步形成农产品物流园区“一园、十二区、五大中心”的规划布局。公司分三期建设，一期 1000 亩的蔬菜果品区、二期 600 亩的水产海鲜及冻品冷链物流中心已经投入运营；三期占地3700亩，规划建设粮油、调味品、肉蛋禽、茶叶、花卉及农资交易区和大宗农产品交易、电子交易、质量检测、科技研发、仓储调控“五个中心”，拟于2016年底建成运营。

万邦国际农产品物流园区是河南万邦国际农产品物流股份有限公司的龙头产业。2014年3月，成立河南万邦商业连锁有限公司，开始铺设万邦生鲜网点，并筹建万邦生鲜网上商城（http：//www. wbsyls. com/）。4月成立河南万邦前程物流有限公司，着手冷链甩挂干线物流业务。2015年1月，成立郑州万邦农业有限公司。2月，全资收购郑州新绿地配送中心并正式更名为万邦新绿地农产品有限公司。12月万邦国际酒店用品批发市场盛大开业。至此，河南万邦国际农产品物流股份有限公司构建了以市场和信息为龙头和平台，前向连接“菜篮子”，后向提供现代物流服务的产业结构体系，也发展成为中部地区最具影响力的国家级大型集散地批发市场，获得了全国性骨干集散地农产品批发市场、农业部定点市场、农业产业化国家级重点龙头企业、国家农产品现代流通综合试点单位等称号。

（2）郑州信基调味品城有限公司

郑州信基实业有限公司于1993年创建了郑州信基黄河食品城、信基调味食品城，专门从事食品、调味品批发。建筑面积近50000平方米，仓储面积20000平方米。1996年投资建设信基建材城。2008年，为进一步拓展空间，信基调味食品城搬迁至新址。原信基黄河食品城升级改造，开始从事小商品、电动车自行车、家纺和鲜活农产品批发。2011年信基冻品市场投入运营。至今已经发展成为拥有6000余家商户，交易额达200亿元，包含信基调味品城、信基冻品大世界、信基淡水鱼市场、信基鲜活市场、信基厨具市场、信基建材家具城、信基黄河生活广场、信基电动车自行车市场、信基家纺市场等九大批发市场在内，具有广泛社会影响力的大型批发市场开发建设和运营管理企业。

信基调味品城位于连霍高速郑州段惠济高速路口，占地面积近20万平方米，经营调味品、农副土特产品、鲜活农产品、厨具等上万个品种，是全国最大的调味品批发市场，也是信基实业的龙头。信基冻品大世界位于郑州信基调味品城院内南侧，占地120亩，冷库库容达10万吨，是中国中西部地区最大的现代化连体冷库。郑州信基建材家具城位于南阳路立交桥东侧，横跨惠济、金水两大行政区，建筑面积18万平方米，入驻商户2000多家，是板材、布艺、采暖、厨卫、电器、洁具、门业、地板砖、玻璃石材、五金机电等家具建材的专业批发市场，也是郑州市规模大、档次高、专业化的大型综合建材家具城。信基黄河生活广场位于市区，是最早创办的食品专业批发市场。建筑面积近5

万平方米，是包括小商品、电动车自行车、家纺和鲜活农产品等的综合性批发市场。

（3）河南鲜易供应链股份有限公司

河南鲜易供应链股份有限公司是一家以网络化冷库和冷链物流运输系统为基础，以两大基石（温控仓储、冷链物流）、两大中心（生鲜加工、生鲜配送）、两大平台（供应链平台、电商平台）、两大市场（农批市场、冷批市场）为核心的服务系统，集成国际贸易、供应链金融、供应链咨询服务等相关服务，致力于打造统一、安全、高效、协同的温控供应链行业世界级企业。

河南鲜易供应链股份有限公司总部在郑州。已在许昌设立鲜之达农产品物流公司，规划了占地面积2000余亩，建筑面积145万平方米的农产品市场；已在许昌、天津、昆山设立冷链物流基地，总容积280多万立方米（见表2—50）；已在郑州、武汉、天津、沈阳、长春、上海、南京、合肥、西安九个核心城市设立城市配送中心，着力搭建具有全国辐射能力的冷链物流网络。

表2—50　**鲜易供应链的冷链物流基地分布**

名称	库容	其他配套	备注
中原冷链物流基地	50万立方米，3万个托盘位	5000平方米生鲜加工车间	温度从-23℃—-30℃
天津冷链物流基地	8000个托盘位心，二期80万立方米	1100平方米生鲜加工中心，二期配套保税、商检等功能	打造环渤海规模最大、标准最高的冷链物流基地
昆山冷链物流基地	150万立方米	配套保税库和商检库	打造华东规模最大、标准化程度最高、服务项目最全的冷链物流基地

资料来源：鲜易供应链公司网站（http：//www．hnxianyi．com/index．html）。

鲜易供应链已导入WMS、TMS、ERP、GPS等信息化系统服务平台，与下游客户开设有链接端口，客户可随时查询、调取库内产品质量、车辆在途运输质量等信息，并实现从集采到终端全流程的标准化、信息化、透明化管理，使得产品从入库、在库、出库、在途、终端都可以无缝监控。同时，可依托物联网技术对客户满意度、客户需求、产品流量、流速、流向等数据进行采集、分析与挖掘，进而打造大数据平台生态圈。2016年2月，鲜易供应链成功入选“商贸物流标准化专项行动第二批重点推进企业”。

后　记

城市农产品流通是城镇居民的民生基础保障，同时是农民将农产品变现的主渠道。如何描绘勾勒出地大物博的中国众多城市的农产品流通特色，并对业界有一定的参考价值，的确是一道难以完成的任务。

2015 年 4 月，北京物资学院与全国城市农贸中心联合会联合成立城市农产品流通研究所，共同策划并公开出版了《中国城市农产品流通发展报告（2014）》一书。书中包含了 5 个专题，8 个一线、二线城市的农产品流通研究，其观点与内容得到业界的肯定。在第一本的基础上，我们再接再厉，又共同策划《中国城市农产品流通发展报告（2015）》。《中国城市农产品流通发展报告（2015）》主要由第一章的 6 个专业报告、第二章的 9 个城市报告组成。第一章专业报告：第一节中国农产品批发市场结构分析，由洪岚教授与其研究生曹文昊共同完成；第二节中国农产品流通标准发展报告，由张敏（中商流通生产力促进中心）撰写；第三节中国农产品冷链物流发展报告，由李学工（曲阜师范大学管理学院）、朱红（浙江大学宁波理工学院）、安久意共同撰写；第四节中国连锁超市企业生鲜经营状况研究报告，由李志博（河北大学）撰写；第五节京津冀一体化农产品流通体系投资建设模式研究，由梁娜博士（北京菜篮子集团公司）独立完成；第六节中国农产品电子商务发展报告，由洪岚、朱群芳、肖歆（洪岚教授研究生）共同完成。第二章城市报告：第一节北京市农产品市场研究报告，由张军撰写；第二节上海市农产品流通发展报告，由王晓平、杨丽撰写；第三节广州市农产品流通发展报告，由李志博（河北大学）撰写；第四节福州市农产品流通发展报告，由温卫娟撰写；第五节厦门市农产品流通发展报告，由郭红莲撰写；第六节南宁市农产品流通发展报告，由赵娴教授及其研究生陈阳、耿鲁、龚月共同完成；第七节长沙市农产品流通发展报告，由潘健伟教授与其研究生阳世洁共同完成；第八节海口市农产品流通发展报告，由孙前进撰写；第九节郑州市农产品流通发展报告，由刘玉奇撰写。全书由洪岚教授及其研究生尹相荣、王惠颖统稿。本书各报告中主要原始数据是各研究人员经过实地调研，认真收集、交流和整理得出来的，基本上都是第一手资料。本书是我所及外聘研究员辛苦调研与勤奋研究的结晶，对他们的付出，在此表示感谢！

本书的完成得到北京物资学院经济学院资助。本书的编写还参阅了大量国内外文献资料，作者已尽可能地在书中对文献出处进行注明，衷心感谢这些学者和专家对城市农产品流通研究所做出的贡献。

作为我所的中国城市农产品流通发展系列报告的第二本，我们在风格上尽量与第一本保持一致，但在专业报告的选题上听取有关专家意见，有创新，基本上都是热点话题的专业研究。另外，在城市报告选题上，除了一线城市北京、上海仍保留外，加入广州市，并重点研究华南、华中的省会及副省会城市。我们力图在实践中尽情阐述城市农产品流通发展理论的丰富多彩，以弥补第一本报告的不足之处，但成书过程中，仍觉得时间的仓促以及实地调研与数据收集存在难以言明的困难，因此每个报告，无论是专业报告还是城市报告，都不全面，且有很多不足之处，敬请读者批评指正！另外，我们诚挚地面向全球、全领域征求合作，诚邀关注农产品流通的同行，能够相互切磋，联合创作，共同致力于研究水准之提高。

北京物资学院城市农产品流通研究所所长 洪岚
2016 年 8 月

城市农产品流通研究所

Center for Logistics Research of Agricultural Products

城市农产品流通研究所（以下简称“研究所”）是由全国城市农贸中心联合会与北京物资学院联合成立的研究机构，设在北京物资学院。研究所旨在充分挖掘双方资源潜力，搭建农产品流通研究平台，围绕政府机构、企事业单位开展定向研究，着力推动全国农产品流通网络体系的构建。研究所成立以后，将广泛整合全国城市农贸中心联合会和北京物资学院资源，依托我会在农产品流通领域的平台和市场优势，发挥北京物资学院在农产品流通行业的理论专业优势，各取所长，面向中国“三农”问题的实际需要，积极探索现代城市农产品流通的发展需求和规律，构建协会、高等院校、科研院所之间的高效联动新机制，实现教学科研共融、培养优秀人才、国际学术交流的有机结合，促进理论、机制、人才培养方式等方面的创新，推动中国农产品流通领域有序健康发展。

全国城市农贸中心联合会（中文简称“农贸联”，英文简称 CAWA）是经中华人民共和国民政部批准的全国性行业协会，隶属于国务院国有资产监督管理委员会，在业务上接受商务部指导。农贸联以大中型骨干农产品批发市场为主体，吸纳农产品流通相关企业、科研单位、社会团体和知名专家学者组成，目前拥有年交易额亿元以上的农产品批发市场会员近 300 家，密切联系的农产品批发市场近千家，已成为中国农产品流通企业交流的主要平台。

北京物资学院是一所北京市属的普通高等院校。“十二五”以来，学院致力于建设以物流和流通为特色的“高水平、特色型”大学。学校现有经济学院、物流学院、信息学院、商学院、劳动科学与法律学院、外国语言与文化学院共 6 个学院，有农业与食品物流研究所、流通经济研究所、期货研究所等多个科研平台。

2015 年，研究所牵头编制出版了《中国城市农产品流通发展报告（2014）》；2016 年，研究所策划出版了《中国城市农产品流通发展报告（2015）》。这两本报告以北京、深圳、上海等一线、二线城市为调研对象，全面梳理和把握中国大都市区农产品流通体系状况、特色及变革趋势，对这些城市的农产品批发市场、流通网络、流通企业以及农产品物流四个重点问题进行了总结，同时对农产品标准、农产品电子商务、冷链物流等热点问题进行专题研究，适合农产品流通研究人员、有关行业及企事业单位等参阅。

农业与食品物流研究所

Institute of Agriculture & Food Logistics

农业与食品物流研究所成立于2013年1月。立足中国农产品流通现实问题，整合我校流通和物流资源，面向政府机构、行业协会、相关企业，搭建产、学、研一体化平台，为农产品流通创新发展提供理论基础和政策建议。

研究所现有教授4人，副教授10人，讲师6人，具有博士学位15人。所长洪岚教授，是我国知名的农业与食品物流专家。研究所成员在洪教授带领下，先后主持、参加并完成了国家科技支撑计划、国家自然基金等各类项目20多项，获得各类科技研究成果奖10多个。

近年来，研究所着力落实学校“立地顶天”战略，深入一线调研农产品流通问题，高屋建瓴把握农产品流通方向，开展城市农产品流通研究，主要包括：

1．中国城市农产品流通发展报告

城市农产品流通发展规划。着力服务城市居民生活，整合连锁超市、农贸市场、批发市场各类农产品流通组织，构建农产品流通服务体系。

大都市区农产品流通基地规划。立足城市群发展，服务城市群农产品流通网络，着力谋划保供型农产品流通基地，推动区域农产品流通升级。

2．农产品批发市场相关研究

农产品批发市场定位研究。围绕农产品批发市场、流通基地发展，立足区域开展相关研究，帮助市场（基地）科学谋划产业定位、功能布局和交通动线。

农产品批发市场（预）可行性研究报告。帮助市场（基地）围绕定位开展项目可行性分析，研讨投资模式、投资回报，帮助市场对接相关政策。

3．农产品流通政策研究

城市农产品流通相关扶持政策研究。服务于城市农产品流通定位，帮助城市推动农产品流通产业发展，制定相关扶持政策。

农产品批发市场（基地）政策设计。服务于农产品批发市场（基地）发展，立足于社会化服务功能，帮助批发市场（基地）对接相关扶持政策等。